JN317644

変わる
イスラーム

源流・進展・未来

レザー・アスラン

白須英子訳

Reza Aslan

No god but God

The Origins, Evolution, and Future of Islam

藤原書店

Reza ASLAN

No god but God
The Origins, Evolution, and Future of Islam

Copyright © 2005 by Reza Aslan

All rights reserved.
This translation published by arrangement with Random House,
an imprint of Random House Publishing Group, a division of Random House, Inc.
through Tuttle-Mori Agency, Inc., Tokyo.

日本語版への序文

カイロの町のざわざわした中心部に、かの有名なアズハル大学が建っている。ここの巨大なモスクと神学校は、過去一〇〇〇年以上にわたりスンナ派イスラーム学の中心的役割を果たしてきた。言ってみれば、ムスリム世界のヴァチカンに近い存在だ。その神聖な壁の内側では、イスラーム知識人《ウラマー》たちが、信者の生活のあらゆる局面を規定する「イスラーム法《シャリーア》」と呼ばれる総合的な行動規範をまとめるために、何世代にもわたって努力を重ねてきた。世界中のムスリムが、適切なお祈りの仕方から、切った爪の捨て方にいたるまで、アズハルの偉い学者先生におうかがいを立てていた頃もあったのである。今はもう、そんな時代ではない。

今日、ムスリムが法的・宗教的に正しい生活を送るにはどうしたらよいか知りたいときには、古くさいアズハルの学識を仰ぐのを避けて、幅広い層に人気のあるムスリム・テレビ伝道者アムル・ハーリドのテレビ番組を見てしまいがちだ。アムル・ハーリドは学者でもなければ宗教指導者でもない。アズハル大学で学んだこともない。事実、なんらかの職務上の必要から、イスラーム法を学んだことさえなかった。だが、毎週のテレビ番組と、人気のある彼のウエブサイト amrkhaled. net を通して、ジャカルタからデトロイトにいたるまで数億人ものムスリムに対し宗教的・法的問題についてアドバイスを与えている。アムル・ハーリドはムスリム信仰の意味とメッセージの比類のない解釈者として、長いあいだイスラームの宗教指導者機関に専有されていた役目を引き受けているのである。きたれイスラームの宗教改革。

本書のアメリカでの刊行（二〇〇五年）につづいて、アラビア語、トルコ語、ドイツ語、オランダ語、ギリシア語、ヘブライ語、韓国語、そして今回の日本語版発行にいたるあいだに、「ムスリム世界は一六世紀のヨーロッパに発生したキリスト教の宗教改革に似た改革のまっただなかにある」という本書のメイン・テーマをめぐって大きなとまどいや論争が巻き起こっている。〝宗教改革〟という言葉は、キリスト教徒ヨーロッパ人にとって、アラブ・ムスリム世界に広く蔓延している複雑な社会・政治的紛争には単純に当てはめられないという思いが払拭しきれないであろうことを考えれば無理もない。だが、私は意図的に〝宗教改革〟という言葉を使う。なぜなら、この言葉をその歴史的背景からはずし、ほとんどすべての偉大な宗教的伝統のなかで発生している「普遍的な宗教がらみの現象」として再定義したいからである。それは、キリスト教徒の宗教改革をだれが定義するにしても、結局は、だれが信仰を定義する権威をもっているか、個人なのか、機関なのかをめぐる論争だったからだ。

その論争が究極的にはキリスト教を、たがいに張り合ういくつかの宗派や分派に分裂させた。だが、キリスト教の宗教改革の根底にある対立は、決してヨーロッパ史あるいはキリスト教史に見られるユニークな現象ではない。それどころか、宗教史全般にわたって、とりわけいわゆる〝西洋宗教史〟においては、信仰の意義を定義するのは機関か、個人かをめぐる絶え間ない闘争だったと理解してよい。社会的・政治的激動期には、こうした恒常的な対立が表面化し、しばしば悲劇的な結末をもたらした。私はこれを〝宗教改革現象〟と呼んでいる。

宗教改革現象は、ユダヤ教においても、キリスト教においてもすでに終わっている。紀元一世紀のローマ帝国支配下のパレスチナにおけるたくさんの小さな、時には過激なユダヤ人グループ（エッセネ派、熱心党、その他のメシア信仰の分派を含む）が、ユダヤ教とは何かを定義する神殿の権威ある祭司たちに積極的に挑戦し始めた。ユダヤ教の宗教改革と呼んでいいものは、究極的には、導師《ラビ》によるユダヤ教を生み出したばかりでなく、ナザレのイエスと呼ばれる人物を信奉するキリスト教徒というまったく新たなユダヤ教分派も発生させた。イエスの基本的なメッセージは、信仰を定義する権威は機関（この場合は神殿の祭司）にあるのではなく、個人に委ねられているとするものだった。

宗教改革現象がまったく新たな宗教的伝統を生み出すのはめずらしいことではない。アブラハムに連なる三人の偉大な預言者、モーセ、イエス、ムハンマドはみな、宗教改革現象の所産である。それぞれの時代の宗教機関（もしくは制度的慣習）に挑戦することによって、これらの預言者たちは思いがけなく、自分たちなりの宗教改革を先導し、結果的には、独自の新しい宗教機関を生み出すことになったのである。

本書では、ユダヤ教やキリスト教に起こった〝宗教改革現象〟がイスラーム内部にも現在起こりつつあることを論じる。もちろん、ユダヤ教やキリスト教とちがって、イスラームは単独の宗教的権力機関をもったことはなかった。言い換えれば、〝ムスリム神殿〟とか〝ムスリム・ヴァチカン〟と言ったような、ムスリム・コミュニティー全体に発言権をもつ中央集権化された宗教機関をもったことはなかったのである（「カリフ」は政治的地位であって、宗教的権威者ではない）。とりわけ世界の一三億人のムスリムの約八五パーセントを占めるスンナ派では、宗教的な権威が個人や単独の機関に委ねられることはなく、たくさんの競合する宗教指導者組織や法学諸派に分散されている。

だが、こうした宗教界の権威者は自任制であって、神により授けられたものではないことを知っておくことが重要である。ユダヤ教の律法学者《ラビ》と同様、ムスリム宗教指導者も学者であって、聖職者ではない。特定の問題についての宗教指導者の判断が尊重され、人々がそれに従うのは、その人物が神の定めた権威者であるからではなくて、学識ある宗教指導者は、人間に対する神意の洞察が自分たちよりすぐれていると思われているからだ。その結果、一四〇〇年にわたるイスラーム宗教指導機関は宗教的解釈の独占権を維持することができた。それは、彼らが宗教的知識をずっと独占してきたからにほかならない。

ところが、今はそうではない。

今日、識字率と教育のめざましい向上によって、ムスリムは新しい考え方や情報源にこれまでになく容易にアクセスできるようになった。おまけに、グローバル化は日増しに進み、インターネットの発明で世界はますます小さくなり、移動しやすい場所になっている。その結果、これまでイスラームの伝統的宗教機関の専有だった信仰の意味とメッセージを定義する権威を、ムスリム自身が自分で把握する傾向がどんどん強まるにつれて、伝統的宗教機関の宗教的権威はじわじわと侵食されつつある。

ムスリム世界では今、イスラームの宗教改革現象を促進する三つの大きな進展が見られる。その第一は、このところ五〇年間にクルアーンの翻訳がこれまでにない率で増えたことである。章句が収集され、正典として公認された七世紀以来、クルアーンは原典のアラビア語だけに限定されてきた。その理由は、イスラームの宗教指導者機関が、神の言葉を他の言語に翻訳することは、啓典本来の神聖さを冒瀆するものだと主張したからである。今日まで、非アラビア語のクルアーンは、クルアーンの注釈書であって、クルアーンそのものではないと考えられてきた。このことは、過去一四〇〇年近く、アラビア語を主要言語としない世界のムスリムの九〇パーセントがクルアーンの意味とメッセージの解明を自分たちの宗教指導者に頼らざるを得なくした。啓典に対するそのような不可抗力の管理権は、ムスリム女性に対してとりわけ不利な影響を与えてきた。女性たちは歴史的に見ても書物に縁遠かった上、その唯一の解釈者が、二、三の特筆すべき例外を除いて、ほとんどまったく男性に限られていたからである。

だが、こうしたことすべてが変わりつつある。二〇世紀には、クルアーンはそれまでの一四〇〇年間に翻訳された言語数を上回る多数の言語に翻訳されたことがわかっている。大勢のムスリム平信徒、とりわけ女性たちが、伝統主義者で男性優位を当然とする、しばしば女性嫌悪症の宗教指導者たちによる数百年にわたる解釈を無視し、クルアーンを性別にとらわれない個人として読むようになってきた。世界中のムスリムが、数百年間に堆積した宗教指導者による解釈をどけて、イスラームの原典に回帰しようとしている。

このプロセスがマルティン・ルターの「みことばのみによって《ソラ・スクリプチュラ》」——聖書はその意味を定義する教皇という仲介者の必要なしに個人による解釈が可能であるという概念——をめぐる論争のように聞こえるなら、あなたは宗教改革現象の普遍的特質を認め始めたことになる。実際、宗教史を通読すれば、宗教的権力は常に、啓典を解釈する権利の保有者だと自任する人たちの掌中に握られてきた。そういうわけで、啓典の管理権はしばしば宗教改革の主要な武器であることは驚くに当たらない。ムスリム男女は今、過去の偉大な宗教改革者たちに倣い、クルアーンを定義する権威を、これを頑固に握りしめる宗教指導者機関から奪い取りつつある。彼らは自分たち自身の新たに浮上してくる義務や責任に見合ったイスラームの再解釈を積極的に模索しているのである。

イスラームの宗教改革を促進している第二の進展は、ヨーロッパと北アメリカへのムスリム移住者の急増である。欧米化した新世代の改宗者や、〝ヴェール復活派〟とも呼ばれるムスリム（二〇〇一年九月一一日の攻撃のあと、うわべだけ自分たちの信仰と伝統に戻ったムスリム）たちが、地球規模になったイスラームのイメージを変えつつあり、事実、まったく新種のイスラーム教徒の生成を促しつつある。

第三は、イスラームの宗教改革を前進させる展開としては、これがおそらく一番重要な要素であるインターネットの急速な普及である。イスラームの宗教改革にこの発明が果たした役割は、キリスト教の宗教改革に印刷物が果たした役割をはるかに凌駕している。いまでは、インターネットにより、ムスリムが自分自身の宗教指導者の意見を探索できるばかりでなく、ムスリム活動家、学者、イスラームの新しい独創的な解釈を提供する平信徒リーダーたちもこれを利用することができ、平和のメッセージを伝える者もいれば、破壊的行為を呼びかける者もいる。

五〇年前なら、日本にいたムスリムが係争中の問題にイスラーム教徒としての法的見解《ファトワー》が必要になったとき、自分の近くに住む宗教指導者の宗教的見解を仰ぐしかなかったであろう。その指導者の言葉が、少なくともその信者にとっては絶対的な掟《おきて》だったのだ。ところが今では、法的見解を探し求めるムスリムは、fatowa-onnline.com もしくは Islamonline.net など、およそ想定できる問題すべてについて既成の法的見解《ファトワー》を提供してくれるサイトの広大なデータベースを検索しまくる。あるいは、アムル・ハーリド（amrkhaled.net）かアリー・アル・シスターニー大師（sistani.org）、もしくは自分の影響力を地元のコミュニティー以遠にまで喜んで広げたいと思っているムスリムの学者兼宗教指導者や、それ以外の人たちがもっている同じようなサイトにEメールを送ることもできる。だれの見解が論理的に正しく、だれのものが根拠に乏しいかを決める中央集権化された宗教的権威者はイスラーム世界に存在しないので、ムスリムはただ単純に自分がベストと思った法的見解《ファトワー》に従えばよいのである。

　宗教的権威が機関から個人へと移されるにつれて、極端な社会的・政治的行動を進める必要があるという義務感から、宗教の急進的な再解釈をおこなう男女が出てくるのを避けられないことは、歴史が示すとおりである。キリスト教の宗教改革が、たくさんのしばしば対立する、時には不可解な解釈をもたらしたのと同じように、イスラームの宗教改革においても、多くのとんでもなく逸脱した、たがいに張り合うイデオロギーを生み出してきたが、そのなかで、しばしば一番大きい、もっとも極端な声しか聞こえてこないという嘆かわしい結果を招いている。私たちはこうしたレンズを通してウサマ・ビン・ラーディンやジハード主義の台頭を眺め、イスラームにおける宗教改革現象の副産物として理解するべきである。実際、これから先の世代の歴史家たちは、ビン・ラーディンを二〇世紀のファシスト・リーダーの側ではなく、宗教的個人主義の原則をぞっとするような限界にまで押し進めた〝過激派宗教改革者〟と呼ばれるトマス・ミュンツァー、ヤコブ・フッター、ハンス・フート、あるいはマルティン・ルターまでも含む一六世紀のキリスト教徒改革者たちと同列に置くようになるかも知れない。こうした人たちと同様、ビン・ラーディンはたとえば、自分独自の法的見解《ファトワー》を発行するなど、これまでイスラームの宗教指導者階級のものであった諸権力を掌中にし、自分を意図的に宗教の制度的権威者たちの対極に位置づけている（イスラーム法によれば、そのような宣言はこれまで、イスラーム公認の法学派のだれかと密接な関係をもった有資格宗教指導者にだけ許されてきた）。
もっと驚くべきことはおそらく、ビン・ラーディンのジハードに対する原理主義的再解釈であろう。かつては、たとえば帝国とか国家とかの政治的枠組のなかで、有資格の宗教権威者の命令によってのみ、主に集団的義務として遂行されてきたことが、ビン・ラーディンの意のままに、いかなる制度的権力ともまったく無縁の、あくまでも個人の義務にされてしまった。ビン・ラーディンのイスラーム観には制度的な統制がなく、だれでも法的見解《ファトワー》を発行でき、だれでもジハードを宣言できるのである。

ビン・ラーディンがムスリムたちの心を揺すぶるのは、彼が意図的にこのような宗教的権威者の代役を務めているからにほかならない。ムスリムのなかでも、とりわけ地域社会からの社会的・経済的・宗教的疎外感を抱いているヨーロッパ在住者は、体制外のリーダーシップに強いあこがれをもたざるを得ないからだ。ビン・ラーディンは口頭でも文書でも、こうしたムスリムたちに、彼らそれぞれの宗教権威者の言うことに耳を傾けるなと警告している。連中は彼らの要望をきちんと受け止める能力がないとビン・ラーディンは見ているのである。事実、このような〝不信仰者《タクフィール》〟（ビン・ラーディンの言うこの言葉は、彼のイスラーム理解と異なる見解をもつという意味）である宗教権威者に従うことは、「神ではなく、［不信仰な］彼らを信奉するに等しい」とビン・ラーディンは断言する。そこで彼はこれまでイスラームの宗教指導者階級に専有されていた「正しいことを命じ、間違っていることを禁じる」役目を傲然と引き受けて見せる。

ムスリムに自分たちの宗教権威者に従うのをやめようと思い込ませておいて、同時に自分がその権威者に代わる宗教指導者の任務を引き受けるとは、頭のいい巧妙な手口である。ビン・ラーディンがムスリム世界であれほど神話的人物に成り上がったのも不思議ではない。

宗教改革とは、キリスト教史を見てもわかるように、幾多の混沌とした血なまぐさい出来事をともなうものである。

イスラームの宗教改革も、決着がつくまでにはまだ道のりがある。ビン・ラーディンの個人主義がこれから先のムスリムにどこまで影響を与えるかを推測するのは早すぎるであろう。だが、ビン・ラーディンの声は、イスラームの意味とメッセージの定義を求めるやかましい大合唱のなかの一つであることに留意する必要がある。イスラームの解釈の権利を奪取することによって、自分たちの斬新な解釈を広めて行こうとしている人たちはまだまだ数え切れないほどたくさんいる。そのなかには平和と寛容を推進しようとする人もいれば、偏狭さとピューリタニズムの輪を広げたがっている人たちもいる。イスラーム信仰の将来においてだれが勝利するのか、じっと見守るほかかない。

レザー・アスラン

二〇〇九年一月二四日

変わるイスラーム／目　次

第4章　神の道のために戦え——ジハードの意味　123

第5章　正しく導かれた者たち——ムハンマドの後継者たち　163

第6章　この宗教は一種の学問である——イスラーム神学・法学の発達　203

第7章　殉教者の足跡をたどる——シーア派形成からホメイニー台頭まで　243

変わるイスラーム

——源流・進展・未来

母ソヘイラ、父ハッサンに捧ぐ

謝辞

決して私を疑ったことのない両親、私の背中を押してくれたキャサリーン・ベル、機会を与えてくれたフランク・コンロイ、私を認めてくれたエリス・チーニ、私を信頼してくれたダニエル・メナカー、段取りを整えてくれたアマンダ・フォーティニ、私を発憤させてくれた先生方、それ以外のすべてのことに気配りしてくれたイアン・ウェレットに感謝する。

慈悲ぶかく慈愛あつき神の御名《みな》において

プロローグ　一神教徒同士の衝突

マラケシュ行きの夜行列車で

　深夜、マラケシュまであと五時間。夜行列車ではいつもよく眠れない。線路を走る車輪の低いリズミカルな連続音がいつも私の眠りを妨げる。遠くから聞こえるが、無視するには音量が大きすぎる音楽みたいに。夜更けのコンパートメントにみなぎる暗闇さえも助けになりそうもない。車窓をかすめる広大無音の砂漠にまたたく光は星だけという夜はさらにいけない。

　これはありがたくない奇癖だ。夜のモロッコの旅は眠るのが一番なのだから。列車には〝偽ガイド《フォーギド》〟がわんさと乗り込んでいて、客室を次々とのぞき込んではツーリストを探し、うまいレストラン、格安のホテル、いい女を紹介するからいっしょに行こうと誘う。モロッコの偽ガイドは数カ国語をしゃべれるので、無視するのはむずかしい。だいたいにおいて連中は私のようなオリーヴ色の肌、濃い眉毛、黒い髪の人間にはあまり寄りつかないが、完全に彼らを避ける唯一の方法は眠っていることだ。そうすれば連中は仕方なく次の客室へ移り、つきまとえそうな旅行客を物色する。

　隣《となり》のコンパートメントから声高な話し声が聞こえてきたとき、そらきたな、と私は思った。それはいかにも偽ガイドと気乗りのしない客の会話のように思えたからだ。私には理解できないほどの早口のアラビア語で荒っぽくまくし立てるのを、アメリカ人が腹立たしそうに何度も遮っている。

　そんなやりとりをもう何度も見てきた。乗合タクシー《グランタクシ》のなかで、バザールで、とりわけ列車のなかでは目に余るほどに。モロッコに来て数か月、土地の人たちが突然怒り出す光景には慣れていた。それはまるで会話の最中に起こる青天の霹靂《へきれき》みたいで――ああ夕立かとわかる頃、たちまちつぶやき声に変わり、やがて親しげに背中をたたいて終わるのである。

　隣の客室の声がどんどん大きくなるにつれて事態を掌握できた。偽ガイド《フォーギド》なんかではない。だれかが叱責されている。事情はよくわからないが、それはこの国の役人が外国人を威嚇したいときに使うベルベル語の方言混じりの言葉であることがわかった。アメリカ人のほうはしきりに、「ちょっと待ってくれ《ウェイタミニッツ》」と言い、「英語は話せるか《パルレヴ・アングレ》？」「フランス語は話せるか《パルレヴ・フランセ》？」と訊いている。くだんのモロッコ人は、パスポートを見せろ、と要求しているようだった。

　私は好奇心に駆られて立ち上がり、となりで背を丸めて鼾をかいているビジネスマンの膝をそっとまたぎ、スライド式の扉を身体がやっと通れる分だけずらして通路へ出た。薄明かりに目が慣れると、となりのコンパートメントのガラス戸越しに見慣れた赤と黒の車掌の制服がちらりと見えた。私は軽くノックし、返事を待たずになかに入った。

「こんばんは《サラーム・アライクム》」と私は挨拶した。アラビア語の字義どおりの「あなたがたの上に平安あれ」と願う気持ちで。

　車掌は激しく非難するのをやめて私のほうへ振り向き、習慣どおり、「そちらさまにも《ワライクム・サラーム》」と答えた。顔が上気し、目まで赤いのは怒りのためではなさそうだった。櫛を入れていない髪、たたんだしわの残っている制服から察すると、起きたばかりらしい。意思疎通をむずかしくしていたのは、彼のつっけんどんな話し方のせいだった。私がきたので彼は気を取り直した。

「お客さん、ここはナイトクラブじゃないんだ。子供たちもいるし。ここはナイトクラブじゃないんだよ」と彼ははっきりした、わかりやすいアラビア語で言った。

　私はそれがどういう意味だかさっぱりわからなかった。

　相手のアメリカ人は私の肩をつかんで、自分のほうへ向かせ、「ぼくらは眠っていたんだと、この人に言ってもらえませんか？」と言った。男は若くて驚くほどの長身、顔にかかったくしゃくしゃのブロンドの髪をしきりに指で掻きあげている。「ぼくらは眠っていただけなんだ」と、唇の動きでやっとわかるくらいにもぞもぞと繰り返し、

「わかるでしょう《コンプランデヴ》？」とフランス語で念を押した。

私は車掌のほうに振り返り、「彼は眠っていたんだと言っていますよ」と通訳してやった。

車掌は激怒して、興奮のあまりまたもやわかりにくいベルベル語の方言に戻った。大げさな身振り手振りから察すると、まじめな男のようだ。私は彼が眠っているカップルをそんな風に叱りつけるつもりはなかったのだと受け止めた。自分には子供もいるし、と彼は話しつづけた。父親であるし、ムスリムなのだ、などなど。だが、私はそこで耳を傾けるのをやめ、客室内のもう一人の人物に注目せずにはいられなかった。

その女性はわざと男の陰に隠れるようにその真うしろに座り、無造作に足を組んで両手を膝の上に重ねていた。髪はぼさぼさで、頬は紅潮している。われわれのほうを直接には見ないで、窓ガラスに映る弓状にしなった人影を通して、成り行きを観察しているようだった。

「ぼくらは眠っていたんだと言ってくれましたか？」とそのアメリカ人は私に訊いた。

「車掌はあなたを信用していないようです」と私は答えた。

私の英語にもぎょっとしたであろうが、彼は自分が叱責されたことにショックを受けていて、その理由を追究できなかった。「ぼくを信用しないって？　まいったな。どうしようって言うんだ。われわれを石打ちの刑にでもするというのか？」

「マルコム！」と女性が思わず大きな声で叫び、男のほうへ手を伸ばして引き寄せ、自分の隣《となり》に座らせた。

「わかったよ。いくらやれば出て行くのか訊いてくれ」とマルコムはためいき混じりに言いながら、自分のシャツのポケットを探り、おんぼろの色刷り紙幣の束を取り出した。彼がそれを扇状に広げる前に、私は男の前に立ちはだかって車掌のほうに両腕を差し出し、「このアメリカ人は申しわけないことをした、本当にすみません、と言っています」と車掌に伝えた。

車掌の腕をとって、扉のほうに穏やかに導こうとしたが、彼は男のわびの言葉を聞き入れようとせず、再度パスポートを見せろと要求した。私はその言葉がわからないふりをした。その行為がいかにも不自然に見えたからだ。たぶん、車掌はこのカップルが不適切な行為をしているのを目にしたのだろう。それなら厳しく注意するだけで十分ではないか。二人は若いのだし、おまけに外国人で、ムスリム国のややこしい風習を知らなかったのだ。それくらいは車掌も承知のはずだった。それなのに彼は、一見悪気のなさそうなこのカップルに心底不愉快にさせられ、個人としては許せないと思っているように見えた。自分は父親で、しかもムスリムなのだ、とくどいように言う。私は相づちを打ち、マラケシュに着くまでこのカップルといっしょにいるからと約束し、「どうかお目こぼしを」と言って扉を開けた。

車掌はしかたなげに手を胸に当て、私に礼を言った。ところが、通路に足を踏み出す寸前、くるりとコンパートメントのほうに向き直り、震える指で座っているカップルを指しながら、「キリスト教徒め！」と英語で吐き捨てるように言った。その声には軽蔑がみなぎっていた。車掌は引き戸を閉めると、足音も荒々しく通路を去っていった。

しばらくはみんな無言。私は扉のそばに立ち、列車が大きくカーブするあいだ荷物棚につかまりながら、「へんなことを言われましたね」と笑いながら言った。

「私、ジェニファーと申します。こちらは夫のマルコム。助けていただいてありがとうございました。厄介なことになるところでした」とその若い女は言った。

「そんなことはなかったと思いますよ。今ごろ車掌はきっと、何もかも忘れているんじゃないかな」

「どうかな。けっこう執念深かったからね」とマルコム。

「たしかに」

そこでマルコムは急に憤慨しだした。「実を言うと、あの男はぼくらが乗車してからずっとつきまとっていたんだ」

「マルコム」とジェニファーは小さい声で言って、彼の手をぎゅっと握った。私は視線を合わせようとしたが、彼女は目を伏せたままだった。マルコムは怒りで震えていた。

「なんでまた車掌はそんなことを？」と訊くと、

「聞いたでしょう。ぼくらがキリスト教徒だからですよ」とうわずった声で言う。

私はたじろいだ。思わず眉をしかめただけだったのに、ジェニファーはそれを見逃さず、まるで弁解するかのようにこう言った。「私たち、宣教師なんです。西サハラへ伝道に行く途中なんですよ」

なるほどと呑み込めた。なぜ車掌がこのカップルをつけまわし、憎悪を丸出しにして、二人の名誉が傷つきかねない場面に容赦なく乗り込んできたのかを。私はそのとき初めてこのコンパートメントの荷物棚にある二つのナップザックのあいだに小さな、蓋の開いたダンボール箱があるのに気がついた。箱には緑色のポケット・サイズの、新約聖書のアラビア語版がぎっしり詰まっていて、上のほうの三、四冊がなくなっていた。

「一冊いかがですか？　みなさんに配っているのよ」とジェニファーが言った。

宗教とは何か？

二〇〇一年九月一一日の同時多発テロ以来、欧米中の評論家、政治家、伝道者らが、今ではすっかり有名になったサミュエル・ハンティントン（一九二七―二〇〇八）の言葉を借りて、世界は今や近代的、啓蒙的な民主主義社会である欧米と、古風で野蛮な、独裁社会である中東のあいだの〝文明の衝突〟に巻き込まれつつあると論じてきた。著名な学者のなかには、こうした議論をさらに進めて、ムスリム世界に民主主義が台頭しない原因は、ムスリムの文化がリベラリズム、社会的多元性、個性や人権の尊重といった啓蒙主義運動の価値観と本質的に相容れないからではないかと示唆する人たちもいる。それゆえ、このように相反するイデオロギーをもった二つの偉大な文明のあいだに悲劇的な衝突が起こるのは時間の問題にすぎないという。すると、いわゆる「テロとの戦い」は、その避けがたい実例ということになるのだろうか？

だが、このように人々を誤った方向に導き、分裂を助長するような言葉遣いの裏には、それよりもっと微妙な、はるかに有害と言ってよい感情がある。それは文化摩擦というよりも宗教摩擦なのだ。われわれは〝文明の衝突〟というよりもむしろ、〝一神教徒同士の衝突〟のまっただなかにいるのである。

一神教徒同士の衝突という心理構造《メンタリティー》は、〔先代の〕アメリカ大統領ジョージ・W・ブッシュ（一九四六年生）の宗教顧問ビリー・グラハムの息子で、著名な上、政治的影響力の大きいフランクリン・グラハム牧師（一九五二年生）が説教のなかで、イスラームを「有害で邪悪な宗教」と言っていることにも表われている。切り口の鋭さでものすごく人気のある保守派のコラムニスト、アン・コールター（一九六一年生）は、九月一一日以降、欧米諸国は「ムスリム諸国に侵攻し、指導者らを殺して、国民をキリスト教に改宗させるべきだ」という趣旨の記事をいくつも書いている。大西洋のどちら側でも、「テロとの戦い」を裏で言うとき、純然たるキリスト教用語である「善と悪との戦い」という言い回しが使われやすい。そうした傾向はイラクやアフガニスタンの戦時捕虜収容所のなかでも見られ、捕らえたほうは、ムスリムに豚を食え、酒を飲め、預言者ムハンマドを罵れ、さもないと拷問にかけると脅した。

もちろん、イスラーム世界にも反キリスト教徒、反ユダヤ教徒プロパガンダがないわけではない。事実、ムスリム国のもっとも穏健な説教者や政治家でさえ、「十字軍やユダヤ人」の陰謀説に言及して、「彼ら」を〝われわれ〟とはちがう、顔のない植民地主義者、シオニスト、帝国主義者という〝他者〟であると、言い立てずにはいられないようだ。つまり、一神教徒同士の衝突は、決して目新しい現象ではないのである。実際、初期のイスラーム世界拡大のための血みどろの戦いや十字軍の異端審問から、植民地主義やイスラエルとパレスチナの暴力の応酬、ユダヤ教徒、キリスト教徒、ムスリムのあいだの関係をめぐる反目、不信、しばしば暴力にまで発展する不寛容さは、西洋史の終わりのないテーマの一つになっている。

だが、このところ数年間に、国際紛争がますます終末論的な言葉で表現され、政治的な協議事項がどちらの側でも神学用語混じりで述べられるようになるにつれて、過去の破壊的ないくつもの宗教戦争の火種となった、無知で敵意を含んだ言葉遣いと、今日の中東紛争を激化させている言葉遣いには、驚くほど類似点があることを認めないわけにはいかない。預言者ムハンマドのことを「悪魔に取り憑かれた小児性愛者《ペドファイル》」と呼んだときの南部バプテスト教会連盟の前会長ジェリー・ヴァインズ牧師（一九三七年生）の声はいかにも薄気味悪そうで、中世の法王庁の伝道者がムハンマドを反キリストと呼び、イスラーム教徒の進出をこの世の終わりの始まりと叫んだのとそっくりだった。中東で起こっている紛争は政治的なものでも領土的なものでもなく、「神の言葉が真実であるかどうかをめぐる争いである」とアメリカ議会の壇上で発言したオクラホマ選出の共和党上院議員ジェイムズ・インホーフ（一九三五年生）の言葉は、故意に使用したのかどうかはわからないが、十字軍の台詞である。

一神教徒同士の衝突は、一神教そのものがもっている必然的な結果であると言えるだろう。たくさんの神々をもつ宗教が、それらを人間のありようになぞらえたさまざまな神話をもっているのに対して、神は一人とする宗教の神話は一つで、他のすべての神々を否定するばかりでなく、そのたった一人の神についての説明も一つしか認めない。神がたった一人なら、真理も一つしかないはずで、たがいに譲れない絶対説をめぐって血みどろの戦いになりやすい。宣教師の活動は、世界の恵まれない人たちに衛生観念や教育を与えたりするりっぱな行為であるが、その基盤には、神への道はただ一つ、それ以外の道は罪や破滅につながるという信仰がある。

私のマラケシュへの旅の途中で出会ったマルコムとジェニファーも、最近とくにムスリム世界に焦点に当てることが多くなったキリスト教宣教活動の仲間だった。キリスト教徒の熱心な伝道は、ムスリム国ではにがにがしげに非難されることが多い。その大きな理由は、植民地拡大時代の記憶がちらつくためだ。当時のヨーロッパの忌まわしい〃文明開化使節団〞は熱烈な反イスラーム的〝キリスト教宣教師団〞と手を取り合ってやってきた。だが、昨今の伝道組織のなかには、ムスリム諸国に派遣する宣教師たちに、「身分を隠して」ムスリムそっくりの服装（ヴェールを含む）をし、ムスリムと同じように断食や礼拝までおこなうように指示しているところもある。同時にアメリカ政府はたくさんのキリスト教徒援助組織に対し、イラクとアフガニスタンの二度にわたる戦争のあとのインフラ再構築に積極的な役割を果たすよう奨励し、これらの国々の占領をムスリムに対する別手のキリスト教十字軍と想定したい人たちに武器を与えている。ムスリム世界にこうした認識が広がっていることに加えて、アメリカとイスラエルのあいだにはムスリム世界の権利全般、とりわけパレスチナ人の権利を損なうような共謀があるため、欧米に対するムスリムの憤懣と猜疑心はふくらむばかりで、それがたいへん不幸な結果をもたらしつつあることがわかる。

宗教的信条がいかに無造作に政治的イデオロギーと絡み合ってきたかを考慮に入れた上で、現代社会に深く根を張っている一神教徒同士の衝突という心理構造《メンタリティー》をどうしたら克服できるであろうか？　教育と寛容が欠かせないことは明らかだが、それ以上にぜひとも必要なのは、隣人の宗教を好意的に評価することなどより、宗教そのものをもっと徹底的に理解することではないだろうか。

宗教とは、信仰とは違って、解釈を必要とする。宗教とは、信仰にまつわる《物語》である。宗教とは、同信者同士がたがいに聖なるものの存在に遭遇した体験を共有するための共通言語を提供するシンボルや比喩（儀式や神話と読み替えてもいい）を系統立ててまとめたものである。宗教とは、実際の歴史ではなく、川の流れのような時間の経過をたどらない「宗教ならではの歴史」と関係がある。「宗教ならではの歴史」とは、言ってみれば原初の時間に深く根ざした神聖な木のようなもので、時間・空間の境界には無頓着に実際の歴史に出たり入ったりしながら枝を伸ばす。実際、「宗教ならではの歴史」と実際の歴史がぶつかる瞬間に、まさに宗教が生まれるのである。一神教徒同士の衝突は、神秘的で言葉では言い尽くせない、まったく類型化の不可能な信仰が、こうしたごつごつした宗教という枝にからまりつくときに起こるのだ。

イスラーム世界に内在する葛藤

そういうわけで、本書はイスラームにまつわる《物語》である。典拠にしているのは、初代のムスリムたちの記憶と、イブン・イスハーク(七六七年没)、イブン・ヒシャーム(八三三年没)、バラーズリー(八九二年没)、タバリー(九二三年没)らによる預言者ムハンマドの初期の伝記作者が整理した資料である。物語の中心は、預言者ムハンマドがマッカ(メッカ)とマディーナ(メディナ)で二三年ほどにわたって受けた神の啓示――『輝かしきクルアーン』である。クルアーンには、ムハンマドの生涯についてはほとんど書かれていない(実際、ムハンマドについての言及はほとんどない)が、ムスリムの信仰が宗教になり、その宗教が制度化される以前の、萌芽期のムスリム信仰のイデオロギーを明らかにするためには計り知れない重要性をもっている。

だが、クルアーンと預言者ムハンマドの伝承が、どれほどかけがえのない、歴史的価値の高いものであろうと、それらは《神話》に基づいたものであることを忘れてはならない。《神話》という言葉は本来、超自然的なものにまつわる物語を指すものだった。ところが、神話には常に真実が含まれているのに、神話という言葉が「作り話」と同義語になってしまっているのは残念である。神話には本来、正統性と信憑性が含まれているものだ。神話が伝える真実と、歴史的事実はあまり関係がない。モーセは本当に紅海を二分したのか、キリストは実際に死んだはずのラザロを立ち上がらせたのか、神の言葉は確かにムハンマドの唇を通して語られたのか、などはまったく見当違いな質問である。宗教やそれにまつわる神話に関する唯一の問いかけは、「そうした物語が何を意味しているか?」である。

世界中に信者をもつ偉大な宗教の伝道者で、歴史的な出来事を客観的に観察して記録することにのみ関心を払う人はいなかったであろう。客観的事実など、まったく記録してこなかったと言ってよい！　伝道者たちはむしろ、信者同士が共有する神話や儀式を体系化し、意味づけするために、そうした出来事を〝解釈し〟、のちの世代に共通の自己認識《アイデンティティー》、共通の願望、共通の《物語》を与えてきた。つまり、宗教とは、平たく言えば神話や儀式の解釈であって、どんな解釈にもそれなりに正当な根拠がある。だが、ある解釈のほうが、その他の解釈よりも理にかなっていることはある。したがって、十二世紀の霊的直感力にすぐれたユダヤ人哲学者モーゼス・マイモニデスがはるか昔に述べているように、何が信じてもよいことで、何がそうでないかを決定するのは、想像力ではなくて、理性なのだ。

学者はある特定の宗教の伝承について理にかなった解釈を形成する手段として、その宗教にまつわる神話を、そうした神話が生まれてきた精神構造、政治的状況についての知識と混ぜ合わせる。預言者ムハンマドが生まれ、彼のメッセージが形成された文化的背景の理解に努めながら、クルアーンとムハンマドの伝承を見てゆくことによって、イスラームの源流とその後の進展をいっそう理にかなった形に再構築することができる。これは容易な仕事ではないが、十九世紀フランスの哲学者エルネスト・ルナンの言葉を借りれば、ムハンマドが「豊富な歴史認識をもって」生き、非常に成功した預言者として死んだらしい（キリスト教徒とユダヤ教徒のなかには、預言者を完全な歴史上の人物とするルナンを決して許せないと誹謗する人たちもいる）という前提に立てば、その仕事はいくらか楽になるであろう。

六世紀から七世紀にかけてのアラビア半島でなぜイスラームが勃興したかについていったん理にかなった解釈が形成されれば、ムハンマドの示した守るべき行動規範や社会的平等主義についての革命的なメッセージが、後継者たちによってこれと競合する厳格な律法主義のイデオロギーや非妥協的な正統派学説へと解釈し直され、それがムスリム社会を分裂させて、主流のスンナ派イスラームと、その他のシーア派やスーフィズムという二つの大きな分派とのギャップを深めていった経緯を知ることができる。同じ宗教の歴史を共有しながら、それぞれのグループは独自の聖典の解釈、神学や法律についての独自の考え方、独自の信仰共同体の発展に努力してきた。そのために十八世紀から十九世紀にかけての植民地主義への対応も、それぞれのグループによって異なっている。たしかにこの経験が、ムスリム社会全体に対して、近代的社会における信仰の役割とは何かを再考せざるを得なくした。ムスリムのなかには、宗教と関係のない欧米の民主主義という概念に代わるイスラーム固有の啓蒙運動を創出するべきだと考える人たちもいれば、社会を完全に〝イスラーム化する〟ことによって、欧米文化の理想とは一線を画するべきだと唱導する人たちもいる。二十世紀に入り植民地主義の終焉とともにイスラーム国家が誕生して以来、これらの二つのグループは、純粋なイスラーム的民主主義形成への公算をめぐって現在ムスリム世界で進行中の議論を背景に、緻密な論争を展開してきた。だが、追って明らかにするように、イスラームと民主主義をめぐるこうした論争の中心には、それよりはるかに重要な内的葛藤がある。今、ムスリム世界で進行中のイスラームの宗教改革の問題点を明らかにするのはいったいだれなのか？

キリスト教の宗教改革は恐ろしいプロセスをたどった。だが、それは、よく言われてきたような、プロテスタントの改革意識とカトリックの非妥協的態度の衝突ではなかった。キリスト教の宗教改革はむしろ、信仰の行く末をめぐる論争だったといってよい。その激しい、血みどろの論争がヨーロッパを荒廃させ、百年以上にわたる戦争を引き起こした。

これまでのところ、イスラームの宗教改革も、まったく同じ経緯をたどっている。西側世界の多くの人たちにとって、二〇〇一年九月一一日の事件は、紛れもない文明の衝突の顕示であり、イスラーム教徒と欧米との世界規模の戦いの始まりを暗示する警鐘だった。だが、イスラーム教徒のほうから見れば、ニューヨークとワシントンへの攻撃は、自分たちの価値観を現代世界の現実に合わせようと努力するムスリムと、近代化や改革に反発して、時には狂信的に、自分たちの信仰の〝原点〟に立ち返ろうとするムスリムとのあいだで進行中の衝突の一端である。

本書はイスラームの源流とその後の進展を、ただ単に批判的に再評価するものでもなければ、現今のイスラーム教徒のあいだの葛藤を詳述して、このすばらしい宗教でありながら誤解されているイスラーム信仰の行く末を有体に述べるだけのものでもない。本書は、それらに加えて改革について論じる。改革は背教だという人がいてもかまわない。預言者でさえ、神《アッラー》については語るが、だれも神《アッラー》の擁護のために語る人はいないのである。それを弁明と呼ぶ人がいるかも知れないが、弁明は悪いことだとは言えない。弁明は一種の弁護である。自分の信仰を、とりわけ無知や憎悪に対して弁護することにまさる天職はない。そういうわけで、このイスラームの信仰にまつわる物語を具体的でわかりやすいものにするために、今から千四百年ほど前の六世紀末に、神の使徒《ラスール・アッラー》ムハンマド・イブン・アブドゥッラー・イブン・アブド・アル・ムッタリブの生まれた宗教都市マッカから話を始めることにする。彼の上に平安と祝福あれ。

イスラーム関連年表

五七〇年	預言者ムハンマドの誕生
六一〇年	ムハンマドがヒラー山で最初の啓示を受ける
六二二年	ムスリムがマッカからヤスリブ（のちのマディーナ）に移住（聖遷《ヒジュラ》）
六二四年	マッカとクライシュ族に対する「バドルの戦い」
六二五年	「ウフドの戦い」
六二七年	「塹壕の戦い」
六二八年	マディーナとマッカの「フダイビーヤの和議」
六三〇年	ムハンマドのクライシュ族に対する勝利とムスリムのマッカ占領
六三二年	ムハンマド死去
六三二―六三四年	アブー・バクルのカリフ時代
六三四―六四四年	ウマルのカリフ時代
六四四―六五六年	ウスマーンのカリフ時代
六五六―六六一年	シーア派初代イマームと考えられるアリーのカリフ時代
六八〇年	預言者の孫フサインがカルバラーで戦死
六六一―七五〇年	ウマイヤ朝
七五〇―八五〇年	アッバース朝
七五六年	ウマイヤ家最後の王子アブド・アッラフマーンがスペインにライバル・カリフ座を樹立

八七四年	「救世主」（マフディー）と呼ばれた第一二代イマーム幽隠
九三四—一〇六二年	ブワイフ朝がイラン西部、イラク、メソポタミアを支配
九六九—一一七一年	ファーティマ朝がアフリカ北部、エジプト、シリアを支配
九七九—一一八六年	ガズナ朝がフラーサーン、アフガニスタン、インド北部を支配
一〇九五年	教皇ウルバン二世による十字軍がスタート
一二五〇—一五一七年	マムルーク朝がエジプトとシリアを支配
一二八一—一九二四年	オスマン帝国
一五〇一—一七二五年	サファヴィー朝がイランを支配
一五二六—一八五八年	ムガル帝国がインドを支配
一八五七年	イギリスに対する「インドの大反乱」
一九二四年	非宗教主義擁護のトルコ共和国誕生とオスマン帝国カリフ座の廃止
一九二五年	イランのパフラヴィー朝成立
一九二八年	エジプトのハサン・アル・バンナーによる「ムスリム同胞団」の設立
一九三二年	サウディアラビア王国成立
一九四七年	最初のイスラーム国パキスタン誕生
一九四八年	イスラエル国家誕生
一九五二年	エジプトでナセルの率いる「自由将校団」による蜂起発生
一九七九年	イラン革命
一九九〇—九一年	ペルシア湾岸戦争、「アル・カーイダ」成立
二〇〇一年	「アル・カーイダ」によるニューヨークとワシントンの攻撃

イスラーム世界地図

フスタン
キルギス
（新疆ウイグル
自治区）
タジキスタン
フガニスタン
キスタン
インド
バングラデシュ
中華人民共和国
太平洋
フィリピン
ブルネイ
マレーシア
インドネシア
モルジブ
インド洋

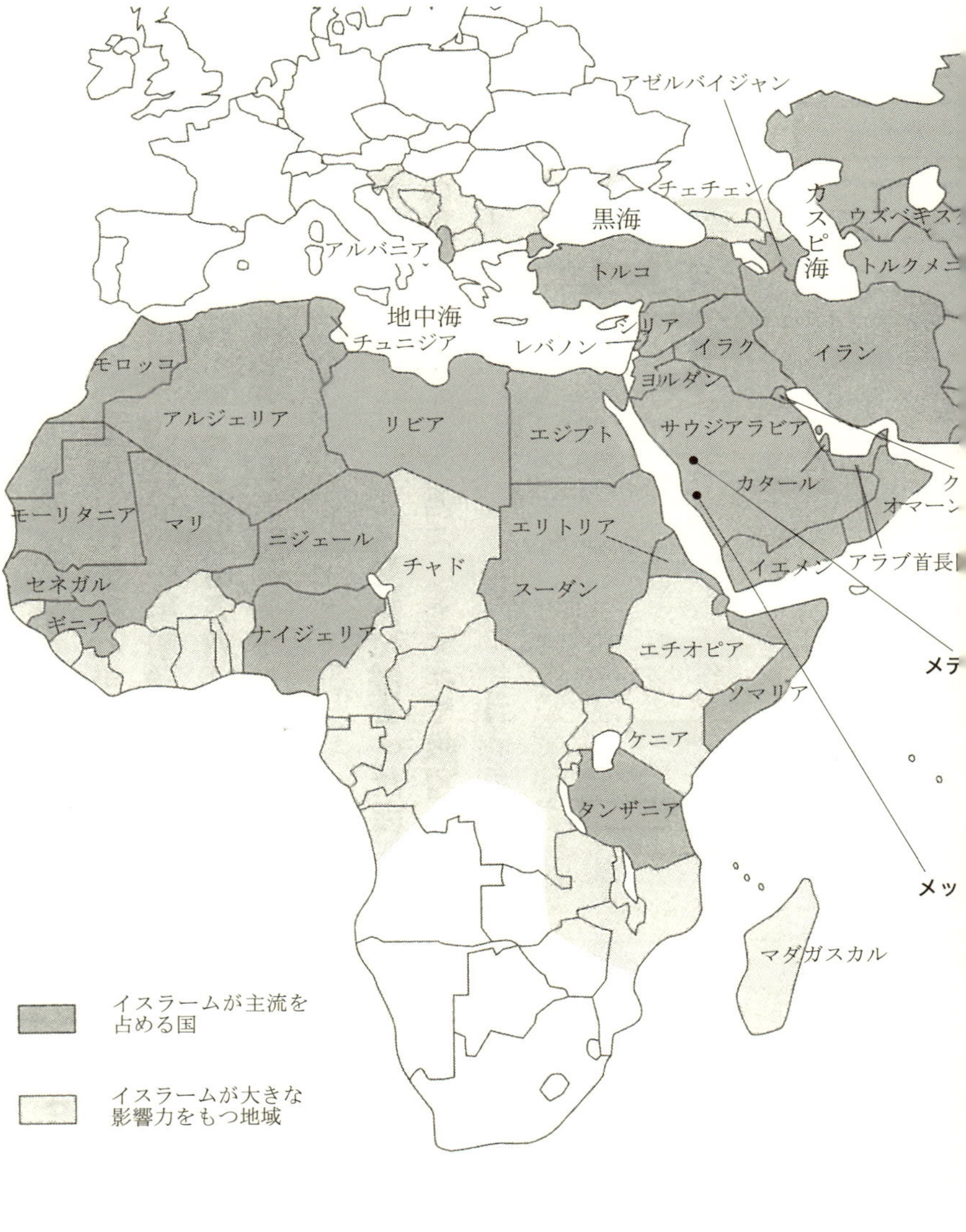

アゼルバイジャン
チェチェン
黒海
カスピ海
ウズベキスタ
トルクメニ
アルバニア
トルコ
地中海
チュニジア
シリア
レバノン
イラク
イラン
ヨルダン
モロッコ
アルジェリア
リビア
エジプト
サウジアラビア
カタール
オマーン
モーリタニア
マリ
ニジェール
チャド
エリトリア
イエメン
アラブ首長
セネガル
スーダン
ギニア
ナイジェリア
エチオピア
メデ
ソマリア
ケニア
タンザニア
メッ
マダガスカル
イスラームが主流を占める国
イスラームが大きな影響力をもつ地域

第1章　砂漠の聖所《サンクチュアリ》——イスラーム勃興以前のアラビア

六世紀のアラビア半島

四方を不毛で荒涼とした裸山にかこまれたアラビア砂漠のマッカの盆地に、古代アラビア語で「立方体」を意味する「カアバ」と呼ばれる小さな、さして特徴もない聖所《サンクチュアリ》があった。ざらざらの石壁でできた屋根なしのずんぐりした建造物が、砂地の谷に沈んだような光景である。小ヤギが飛び越せると言われたその小さな外壁には、帯状の厚地の布が巻きつけられていた。底部の灰色の土台石には、そこから内部の聖所《サンクチュアリ》に入れるように二つの扉がのみでくり抜かれている。聖所《サンクチュアリ》のなかにはシリアの月神「フバル」や、エジプトでは「イシス」と呼ばれ、ギリシアでは「アフローディテ」の名で知られる有力な女神「アル・ウッザー」、ナバテア人の書物と占いの神様「アル・クトゥバ」、キリスト教徒にとっては神の化身であるイエスと聖母マリアの像などがごちゃごちゃと祀られていた。

当時のカアバには、その頃のアラビア半島で認められていたすべての神の像三六〇体が収められていたといわれる。神事がおこなわれる月には砂漠に市が立ち、マッカの町の周辺が一大マーケットのようになり、アラビア半島全域から巡礼者がそれぞれの部族神への参詣を兼ねてこの不毛の土地までやってくるのだった。巡礼者たちは参詣歌を歌い、神々の前で踊り、いけにえを捧げて無病息災を祈った。それから巡礼者たちは、起源はよくわからないが、グループごとに分かれてカアバの周りを七回まわるというめずらしい儀式をおこなう。聖所《サンクチュアリ》の四つの角ごとに立ち止まって、次の人波に押し流される前に壁に口づけする人もいた。

カアバのまわりに集まる多神教徒のアラブ人たちは、この聖殿が最初の人類アダムによって造られたが、その建造物は「大洪水」（旧約聖書「創世記」七章）で破壊され、のちにノアによって再建されたと信じていた。その後、何百年も忘れられていたが、アブラハムの側女《そばめ》ハガルと二人のあいだに生まれたイシュマエルが、子のない正妻サラにつらく当たられて砂漠に姿を消していたため、二人を訪ねて行ったアブラハムによって再発見されたのだという。アブラハムはまさにこの場所で、〔正妻サラとのあいだにのちに生まれた〕弟イサクと同様、イシュマエルをいけにえとして神に捧げようとしたとき、神は土壇場でそれをやめさせ、イシュマエルもまた、偉大な国民の父にすると約束したので、今日その子孫が砂地のマッカの谷に舞う砂漠の旋風のように広がったのだと信じられてきた。

もちろん、こうした話はカアバがどんな重要性をもつものかを伝えるための物語にすぎず、確かな根拠はない。実際、だれがカアバを建て、いつ頃からここにあるのかもわかっていない。聖所《サンクチュアリ》があったからこの場所が聖地になったわけでもないようだ。カアバの近くには「ザムザム」と呼ばれる豊富な地下水がわき出ている泉があり、これはハガルとイシュマエルをはぐくむために神がこの場に備えられたのだという伝説がある。それほど想像力をたくましくしなくても、砂漠のど真ん中にある泉が、アラビア半島を遊牧するベドウィンたちにとって神聖な場所になったのはうなずける。カアバそのものはアラブ人の万神殿《パンテオン》のようなものではなく、後年、ザムザムの泉のまわりでおこなわれるようになった儀式に使われる聖具の保管場所のようなものとして建てられたのかも知れない。実際、カアバにまつわるもっとも古い伝説によれば、壁の内側には砂地に掘った穴があり、そこに収められていた〃財宝〃を蛇が魔力で守っていたという。

この最初の聖所《サンクチュアリ》は、古代アラブ人の宇宙観に関連した意味をもっていた可能性もある。カアバ聖殿に祀られていたたくさんの偶像が惑星その他の星と関係があったばかりでなく、三六〇を数える伝説も星の世界になぞらえた解釈を暗示しているからである。アラビア語で「タワーフ」と呼ばれるカアバ聖殿の周囲を七回まわる儀式や、今でも重要視されている年に一度の「ハッジ」と呼ばれる巡礼行事は、天体の動きを真似たものだったのかも知れない。つまり、古代人のあいだにあった共通の信仰によれば、神殿や聖殿は天地創造が始まった宇宙の山の地球上のレプリカだったのである。エジプトのピラミッドやエルサレム神殿と同様、カアバ聖殿は、大地とその揺るぎない天蓋との関連を示す神聖な場所として建立され、宇宙はこの「世界軸《アクシス・ムンディ》」、時には「へそのような場所」とも呼ばれるものを中心として回転していると考えられていた可能性もある。かつてはカアバ聖殿の床に一本の釘が打ち込まれていて、古代アラブ人はそれを「世界のへそ」と呼んでいたと言われる理由の説明もつく。英国の東洋学者G・R・ホーティングによれば、古代の巡礼者たちはときどきこの聖殿に入り、大急ぎで衣服を脱いで、自分のへそをこの釘の上に重ね、宇宙と合体した気持ちになったという。

残念ながら、カアバ聖殿にまつわる伝説はあまりにもたくさんあり、そのいずれの根拠も後世の推測にすぎない。学者のあいだで唯一確実とされていることは、この小さな土と石でできた聖殿が、イスラーム勃興以前の六世紀頃のアラビア半島で宗教行事の中心になっていたことである。興味をそそるが実態はよくわかっていないこの偶像崇拝時代を、ムスリムは「無明時代《ジャーヒリーヤ》」と呼んでいる。

紀元前から崇められていた神《アッラー》

伝承によれば、ムスリムのいう「無明時代《ジャーヒリーヤ》」とは、道義心が乱れ、宗教的な内輪もめが顕著だった時代を指す。当時のイシュマエルの子孫たちのあいだでは、一神教信仰が薄れ、アラビア半島は偶像を崇拝する暗愚の時代に突入していた。ちょうどその頃、すなわち七世紀の初めのマッカに、まるで夜明けの訪れのように預言者ムハンマドが登場し、唯一神のメッセージを伝え、妥協を許さない道義を人々に説いたのである。神から与えられた不思議な啓示を通して、ムハンマドはアラブ人の偶像崇拝に終止符を打ち、無明時代《ジャーヒリーヤ》をイスラームという普遍的な宗教の時代に変えたのであった。

イスラーム勃興以前のアラブ人の宗教体験は、実際にはこうした伝承が示すよりはるかに複雑なものだった。イスラーム以前のアラビア半島に偶像崇拝が蔓延していたのは事実だが、「偶像崇拝《ペイガニズム》」という言葉は、「ヒンドゥー教《ヒンドゥイズム》」という言葉と同様、そうしたしきたりの圏外にいる人間が、現実にあるあまりにも種々雑多な信仰やそれにまつわる風習を十把一絡《ひとから》げにするときにもちいる、意味のない、やや軽蔑的な言葉である。語源であるラテン語の〝paganus《パガヌス》〟という言葉は元来、「粗野な村人」もしくは「田舎者」を意味し、最初はキリスト教徒が自分たち以外の宗教を信じている人たちを口汚く罵るときに使っていた。この指摘はいくつかの点では当たっている。キリスト教とちがって、偶像崇拝は宗教的見地から見た信仰とそれに伴う礼拝などの慣習にあまりまとまりがなく、さまざまな影響や解釈を取り込んだものだった。偶像崇拝、すなわち多神教は、常にではないが、普遍性はなく、徹底的に厳格な道義の追求もしない場合が多かった。多神教徒の使徒信条や法令集のようなものもなかった。〝多神教徒正統派〟とか〝多神教徒異端〟という言葉がふさわしい存在もなかった。

さらに、イスラーム勃興以前のアラブ人の偶像崇拝と言っても、遊牧生活をするベドウィンの宗教体験と、マッカのような人口の多い地域に定住する部族のそれとを区別することが重要である。六世紀のアラビア半島におけるベドウィンの偶像崇拝は、呪物崇拝から族霊崇拝、祖先崇拝にまで広がる信仰や礼拝行事を伴うものであったかも知れないが、アラビア半島のもっと大きな定住社会で醸成されていたような、死後の世界に関わる問題などのきわめて抽象的な問題にはあまり関心が示されてはいなかった。これは、ベドウィンには原始的な偶像崇拝以外、何もなかったというわけではない。それどころか、イスラーム勃興以前のアラビアのベドウィンは多彩な宗教的伝統行事を楽しんでいた。だが、遊牧民的生活様式に必要なのは、どの神様が砂漠のなかの水場に導いてくれるか、どの神様が病気を癒してくれるかなど、目先の心配事にかかわりあう宗教だった。

これに対して、アラビアの定住社会の偶像崇拝は、時期的にももっと早くから素朴な形態で始まり、造物主と人間のあいだに立ってとりなしてくれる神か、それに近い聖性を宿した存在を提供する「ネオ・アニミズム」というもっと複雑な形態を発達させてきた。この造物主は、単に「特定の神《ザ・ゴッド》」を表わすアラビア語「アル・イッラー」の縮小形である「神《アッラー》」と呼ばれていた。

「神《アッラー》」は、ギリシア神話でこれに相当する「ゼウス」と同じように、もともとは雨と空を司る神で、イスラーム勃興以前のアラブ人のあいだで最高神に格上げされたものである。「神《アッラー》」は全面的に頼れる有力な神であったが、多くの「高位の神々」と同様、アラブの万神殿《パンテオン》では庶民の願いごとを聞く以上の格段に高い地位を与えられ、重大な危機のときにのみ、この神様に嘆願することになっていたのである。それ以外のときは、「神《アッラー》」へのとりなし役となってくれるもっと下位の身近な神々にお願いするほうが好都合だった。なかでも、「神《アッラー》」の三人の娘「アッラート」（特定の女神）、「アル・ウッザー」（有力な女神）、「マナート」（運命の女神、その名はおそらく、ヘブライ語で〝部分〟とか〝割当〟を意味する〝マナ〟に由来するらしい）がもっとも神通力があるとされた。これらのとりなし役の神々は、カアバ聖殿に祀られていたばかりでなく、「アッラート」はターイフの町に、「アル・ウッザー」はナハラに、「マナート」はクダイドという風に、アラビア半島のあちこちに独自の神殿をもっていた。アラブ人は雨乞いが必要なとき、子供が病気になったとき、戦場に出陣したり、「ジン」の棲みかといわれる油断のならない砂漠の奥地への旅に出かけるときなどに、そこへお詣りに行った。この「ジン」は、西欧では「精霊」と呼ばれ、煙のない火炎でできた、賢くて姿の見えない、「神《アッラー》」に救われることもある存在とされていて、アラビアの神話ではニンフや妖精の役割をする。

イスラーム勃興以前のアラビアには神官もおらず、多神教徒用の権威ある書物もなかったが、神々が無言だったわけではない。「カーヒン」と呼ばれる霊能者の一団が恍惚状態になって呪文を唱えると、決まって姿を現わした。霊能者《カーヒン》は元来、詩人だが、その主な役目は占い師で、お金を払うと、瞑想の末、没我状態になって、神からのメッセージを、韻を踏んだ対句として引き出してくれる。詩人はイスラーム以前の社会ではすでに重要な役割をもっており、吟遊詩人、部族の歴史家、社会評論家、倫理学者代わり、場合によっては裁判官のようなこともしていた。霊能者《カーヒン》の役割は、精神的にはどちらかというと詩人に近かったであろう。数多くの女性を含む、あらゆる社会的、経済的階級の出身者がおり、夢占い、犯罪の始末、行方不明の動物探し、もめごとの解決、道徳観についての説明もおこなっていた。だが、デルフォイでアポロの神託を伝える巫女と同様、霊能者《カーヒン》の託宣は曖昧で、わざとぼかしてあったので、神々が実際に何を告げようとしていたのかは依頼者の判断に委ねられていた。

霊能者《カーヒン》は人間と神のつなぎ役と考えられていたけれども、直接神々と交流するのではなくて、無明時代《ジャーヒリーヤ》の宗教意識とは切り離せない「ジン」などを霊媒にして働きかけた。それでも、霊能者《カーヒン》もその他のだれも「神《アッラー》」には近づかなかった。天地を創造し、自分のイメージに似せて人間を形づくったこの神は、カアバ聖殿にある偶像では表わしきれない唯一の神だった。「神《アッラー》」は「神々の王」、「家の主《あるじ》」と呼ばれていたが、カアバ聖殿に祀られた神々の中心的存在ではなかった。その名誉を与えられていたのは、イスラームの勃興より数百年前にマッカに運ばれてきたシリアの神「フバル」だった。

イスラーム以前のアラビアでの宗教的崇拝の対象としては「神《アッラー》」の役割は小さかったものの、アラブの万神殿《パンテオン》のなかでの「神《アッラー》」の突出した地位は、アラビア半島の偶像崇拝が素朴なアニミズムにいかに深く由来しているかをありありと示している。カアバ聖殿に向かう巡礼者たちが繰り返し口ずさむ伝統的な歌には、その経緯が驚くほどよく表われている。

あなたの御前に参りました、神《アッラー》よ、あなたの御前に参りました
比類なき御方
大権はあなたのものです

はっきりと高らかに唱えられるこれらの言葉は、ムスリムの信仰告白《シャハーダ》である「神《アッラー》のほかに神なし」と驚くほどよく似ていて、イスラーム以前のアラビアにその起源があることを示していると言えそうだ。ドイツの言語学者マックス・ミュラー（一八二八―一九〇〇）は、他の下位の神々の存在を必ずしも否定せずに一人の最高神を信仰する「ヘノセイズム」という言葉でこの現象を説明している。アラビア半島におけるヘノセイズムの最初の徴候は、紀元前二世紀に現在のイエメンの近くに住んでいたアーミル部族にまで遡ることができる。彼らは「天界の主」を意味する「ズー・サマウィ」と呼ばれる高位の神を崇拝していた。アーミル部族の宗教の詳細は歴史のなかに埋没してしまっているが、ほとんどの学者は、六世紀までにはヘノセイズムは定住アラブ人の大多数に公認された信仰になっていたと見なしている。定住アラブ人たちは「神《アッラー》」を高位の神として認めていたばかりでなく、ユダヤ人にとっての神「ヤハウェ」と同じ神だと主張していた。

ユダヤ教・キリスト教・ゾロアスター教のはざまで

ユダヤ教徒のアラビア半島への登場は、学説的には、それより一千年ほど前の「バビロンからの脱出」の頃が最初ではないかと言われている。それ以降、ローマ人がエルサレム神殿を強奪した西暦七〇年や、シモン・バル・コホバによるエルサレム解放のための蜂起があった一三二年にも移住してきた人たちがいたかも知れない。移住ユダヤ教徒のほとんどが、イスラーム以前のアラビア半島の社会的・宗教的環境に自分たちの文化や伝統を完全に同化させて子孫を増やし、大きな影響力をもつようになっていった。アラブ人改宗者であろうとパレスチナからの移住者であろうと、ユダヤ教徒はアラブ社会のあらゆるレベルに入り込んだ。中東史の専門家ゴードン・ニュービーによれば、アラビア半島全土にわたってユダヤ教徒の商人、ベドウィン、農民、詩人、兵士がいたという。ユダヤ教徒の男はアラブ風の名前をもち、女性はアラブ風の被り物を身につけていた。そうしたユダヤ教徒のなかにはアラム語（あるいは少なくともその崩れた言葉）を話す人もいたようだが、彼らの主要言語はアラビア語だった。

近東のあちこちにあった大きなユダヤ教徒の居住地と接触はあったものの、アラビア半島のユダヤ教徒は伝統的なユダヤ教徒の信仰と生活習慣を自分たちなりに変えながら暮らしていた。ユダヤ教徒が多神教徒アラブ人と共有している宗教的な観念はいろいろあった。とりわけ呪術や魔除けのお守り、占いなどいわゆる〝民間信仰〟的なものに頼ることがあった。たとえば、アラビア半島のいくつかの地方には、小規模ながらもれっきとしたユダヤ教宗教指導者が駐在していた証拠もあるいっぽう、「コーヘン」と呼ばれるユダヤ人占い師の一団もいて、多神教徒の霊能者《カーヒン》とよく似た聖なるご託宣を扱いながらも、彼らよりもはるかに祭司的な役割を担っていた。

ユダヤ教徒と多神教徒アラブ人はうまく共生していた。ユダヤ教徒が大いにアラブ化していたばかりでなく、アラブ人もユダヤ教徒の信仰や生活慣習に並々ならない影響を受けていたからである。だいたいカアバ聖殿そのものの起源にまつわる神話が、ユダヤ教徒の伝承に深く根ざしたセム族の聖殿（アラビア語では「ハラム」）だったことが、その何よりの証拠であることを見逃してはならない。イスラーム勃興のはるか前から、カアバ聖殿はアダム、ノア、アブラハム、モーセ、アーロンらとさまざまな縁《ゆかり》があったとされており、今日でもこの聖殿の南東の角に据えてあるいわくありげな「黒石」は、もともとはヤコブ〔アダム以下いずれも旧約聖書の登場人物〕が有名な「天地を結ぶはしご」の夢を見たときに頭をのせた石だとされている。

多神教徒アラブ人とユダヤ教徒のつながりは、アラブ人がユダヤ教徒と同様、自分たちもアブラハムの子孫であり、そのおかげでカアバ聖殿を再発見できたばかりでなく、ここで巡礼行事がおこなわれることになったと考えていることからもすんなり理解できる。アブラハムはアラビア半島ではたいへん尊敬されていたので、カアバ聖殿のなかには、霊媒師《シャーマン》風の占い棒をもち、伝統的な多神教徒風の服装をしたアブラハム像が祀られていた。昔のアラブ人は、アブラハムは神様でも多神教徒でもないということや、自分たちの神「神《アッラー》」はユダヤ教徒の神「ヤハウェ」と同じかどうかなど、あまり気にしていなかった。六世紀のアラビア半島では、一神教徒のユダヤ人が、本質的に異質な宗教的イデオロギーの豊饒の角《コルヌコピア》を気楽に受け入れることができた多神教徒アラブ人に異端視されることはなかった。多神教徒アラブ人にとって、ユダヤ教は同じような宗教意識を別な形で表現したものにすぎないと考えられていた可能性が高い。

　ユダヤ教と同じように、アラビア半島に大きな影響力をもった存在であったキリスト教に対するアラブ人の受け止め方にも同じようなことが言えそうだ。アラブ人の諸部族は、北西部ではシリア人のキリスト教徒、北東部ではメソポタミアのキリスト教徒、南部にはアビシニア〔エチオピアの旧称〕人のキリスト教徒らにかこまれていた。実際、六世紀頃までには、イエメンがアラビア半島のキリスト教徒のあこがれの地になっており、ナジュラーンの町はアラブ人キリスト教徒の中心地として広く知られていた。大きな教会が建設されていたサヌアは、一時はこの地域の主要巡礼地としてマッカと張り合うほどだった。

　だが、布教熱心なキリスト教徒は、アラブの辺境の地で満足してはいなかった。信者たちが協調してアラビア半島全域に福音を述べ伝えたおかげで、たくさんのアラブ部族が集団でキリスト教に改宗した。その最大の部族集団が、ローマ帝国とアラブ世界の境界にまたがり、キリスト教徒のビザンツ帝国と〝未開の〟遊牧民の調停役を果たしていたガッサーン朝〔死海からダマスカスにわたる地域を五世紀から六三六年にかけて支配したアラブ人の王朝〕である。ガッサーン朝はアラビア半島での布教活動を積極的に支援するいっぽう、ビザンツ皇帝たちも司教を砂漠の奥地にまで派遣して、多神教徒アラブ人をキリスト教世界に取り込もうとした。だが、ガッサーン人とビザンツ帝国人が説くキリスト教はまったく異なっていたのである。

　イエスは完全に神であるとともに完全に人間でもあると宣言したニカイア公会議〔三二五年〕と、キリスト教神学に「三位一体」説を確立させたカルケドン公会議〔四五一年〕以降、ローマ帝国の正統派キリスト教徒は近東のキリスト教徒の大半を異端とした。「三位一体」（この言葉は三世紀はじめ頃のカルタゴの神学者の一人テルトゥリアヌスの造語）という概念は新約聖書に明示されていないので、初期のキリスト教徒社会で広く採用されてもおらず、普遍的な解釈とも思われていなかった。テルトゥリアヌスのようなモンタヌス派のキリスト教徒は、イエスは神と同じ神聖な「性質《クオリティー》」をもつが、神と同じ「大きさ《クオンティティー》」はもたないと信じた。様態論派《モダリスト》は、「三位一体」を神が最初は「父」、次に「子」、最後に永久的に「精霊」になったと理解した。ネストリウス派は、イエスが人間と神性という二つのまったく異なる性質をもっていたと主張したのに対し、グノーシス派のなかの仮現説信奉者《ドーステティスト》は、イエスが実際は完全に神であるが、人間の姿で現われたにすぎないと主張した。もちろん、「三位一体」論を全面的に否定するアリウス派のような人たちもいた。

キリスト教がローマ帝国の国教になってから、イエスのアイデンティティーにまつわるこうしたさまざまな解釈はすべて、三つの位格をもった一人の神である「父」と〝同質の存在である〟「子」とした、ヒッポの司教アウグスティヌス（四三〇年没）を始祖とする正統派の統一見解に置き換えられ、モンタノス派、様態論派、ネストリウス派、グノーシス派、アリウス派はすべて、ただちに異端とされ、彼らの教義は抑圧された。

コンスタンティノープルのこれまでにない厳しい統制の圏外に暮らしていた多くのキリスト教徒と同様、ガッサーン朝はキリスト単性論派で、イエスには神と人間の二つの性質があると認めたニカイア公会議の決定を拒否した。その代わり、キリスト単性論派はイエスが人であると同時に神であるという唯一の性質を信じたが、学派によってはそのどちらかを他方より強調する人たちもいた。全体的にはアンティオキアではイエスの人間性を重視し、アレクサンドリアでは神性を強調した。ガッサーン人はキリスト教徒で、ビザンツ帝国の臣民のように振る舞っていたかも知れないが、宗主国のお偉方と同じ神学は共有していなかった。

そこでもう一度、カアバ聖殿の内部をのぞき、アラビアにはキリスト教のどの見解が根を下ろしていたのかを見てみる必要がある。伝承によれば、この聖殿に祀られていたイエスの彫像は、バクラと呼ばれるコプト派（アレクサンドリアの単性論派）キリスト教徒が置いたものだという。もしそれが本当なら、カアバ聖殿のイエスの存在は、キリストを完全な神人とする単性論を肯定していたとも考えられるし、そうしたキリスト論なら多神教徒アラブ人にも異論なく認められていたであろう。

アラビア半島でのキリスト教の出現は、正統派であろうと異端であろうと、多神教徒アラブ人に大きな影響を与えていたにちがいない。聖書にある物語はクルアーンにもたびたび登場して、とりわけイエスを扱ったものはキリスト教信者の伝統や語り口をよく知っていたことがうかがわれる。終末論、最後の審判、救われた者を待っている天国などについての描写は、キリスト教徒のそれとクルアーンの言葉は驚くほどよく似ている。こうした類似性は、クルアーンが神から啓示されたと考えるムスリムの信仰と矛盾しないが、最後の審判の日についてのクルアーンにあるような想定は、この地域にキリスト教がある程度広まっていたおかげで、多神教徒アラブ人がすでになじんでいたそうした事柄にまつわる一連のシンボルや比喩を通して啓示された可能性を示唆するものである。

ガッサーン朝がビザンツ帝国とアラブのあいだの緩衝地帯の役目を果たしていたのに対し、もう一つのアラブ人王朝であるラフム朝〔三世紀末から六〇二年まで今のイラクのヒーラを中心に栄えた〕は当時のもう一つの大国サーサーン朝ペルシアに対し、似たような役割を提供していた。キュロス大王がいて、中央アジアを千年近く支配してきた古代ペルシア帝国の後継者であるサーサーン朝の人たちはゾロアスター教徒で、一五〇〇年も昔のイラン人預言者ザラスシュトラを開祖とする素朴な宗教の信者だった。ザラスシュトラの説く天地創造から宇宙論、終末論は、この地域の他の宗教、とりわけユダヤ教とキリスト教の発展に並々ならない影響を与えた。

キリストの生まれる千年以上も前に、ザラスシュトラは天国と地獄の存在、死後の復活の思想、いつの日か万人の救世主が若き乙女から奇跡的に生まれるという徴候、この世の終わりに天使の率いる善軍と悪魔の率いる悪軍のあいだに最終的な宇宙戦争が起こるだろうという予想について説いていた。ザラスシュトラの神学の中心にあったのは、アフラ・マズダー（「智恵ある神」の意）という天と地、夜と昼、光と闇を形成した唯一神だった。だが、多くの古代人と同様、ザラスシュトラも自分の神が善と悪の両方の根源であるとは容易に納得できなかった。そこで彼は、善と悪をそれぞれ代表する「スプンタ・マンユ」（情け深い霊）と「アンラ・マンユ」（敵対する霊）を対置させ、善悪二元論を展開した。これらはアフラ・マズダーの〝双生児〟とも呼ばれるが、この二つの霊は神ではなく、真実と虚偽の化身としての霊にすぎない。

サーサーン朝の頃には、ザラスシュトラの時代からの素朴な一神教は確固とした二元論に形を変え、最初の二つの霊は「光の神」〝オルマズド（アフラ・マズダー）〟とキリスト教徒の概念でいう悪魔の原型である「暗黒の神」〝アーリマン〟という二つの神になり、人間の魂をめぐって永遠の戦いを余儀なくされた。ゾロアスター教は、布教活動はせず、厳格な社会階級制度と異常なほどしきたりの純粋性にこだわることから、改宗するのはほとんど不可能な宗教だが、それにもかかわらずサーサーン朝の軍隊がアラビア半島に進出すると、いくつかの部族がゾロアスター教に影響を受けたマズダク教やマニ教に改宗した。

ヒジャーズの一神教運動

このようなイスラーム勃興以前のアラブ人の宗教体験から想定されるのは、近東では最後まで残っていた偶像崇拝（とは言っても多神のなかの一つの神を選んで信仰するヘノセイズム）地域の一つに、ゾロアスター教、キリスト教、ユダヤ教が混ざり合う時代があったことである。この三大宗教の中心地がたがいに比較的離れたところにあったために、それぞれの教義や儀式を、斬新で革新的なイデオロギーに発展させてゆく自由を謳歌できた。とりわけ無明時代《ジャーヒリーヤ》の宗教体験の中心地であったマッカのような、異なった宗教をもつ集団が活気ある生活を繰り広げていたところでは、大胆で新しい発想や好奇心をそそる宗教的試みが発生しやすい素地があった。そのなかでも重要なのが、およそ六世紀頃に起こった「ハニーフィズム」と呼ばれるアラブの漠然とした一神教運動で、アラブ人が「ヒジャーズ」と呼んでいたアラビア半島西部以外では見られなかったものである。

ハニーフィズムの伝説めいた起源については、ムハンマドの初期の伝記作者の一人イブン・ヒシャームの著作に詳しく述べられている。ある日、マッカの人たちがカアバ聖殿で多神教徒の祭りを祝っていたとき、ワラカ・イブン・ナウファル、ウスマーン・イブン・フワイリス、ウバイド・アッラー・イブン・ジャフシャ、ザイド・イブン・アムルの四人が参詣者の群れを離れて砂漠で密会した。四人はそこで〝友情の契り〟を結び、祖先がおこなってきた偶像崇拝を今後はしないことに同意した。彼らはアブラハムの純粋な宗教に戻ることをおごそかに誓い合った。アブラハムはユダヤ教徒でもキリスト教徒でもない、純粋な一神教徒「ハニーフ」(アラビア語の語源は「離反する」の意の〝フンフ〟からきており、偶像崇拝から離脱する人を意味する)であると彼らは見なした。四人の男たちはマッカを去り、それぞれ別の方向へ新しい宗教の布教に出かけ、入信者を探した。最終的にワラカ、ウスマーン、ウバイド・アッラーの三人がキリスト教徒に改宗したのは、この地域にキリスト教の影響力が広まっていたことを示唆している。だが、ザイドは身内の宗教を捨て、彼自身の言葉によれば、聖殿のなかの「無力、無害な偶像」を崇拝することもやめて、新たな信心の道を歩みつづけた。

カアバ聖殿の建物の日陰に立ち、でこぼこの石壁に背をもたせながら、ザイドは仲間のマッカ人に、「われアッラートとアル・ウッザーの二人の女神と絶縁せり……フバルはわが判断力の乏しかりし頃の神だが、今後は崇拝せぬ。汝らのなかでわれ以外、アブラハムの宗教を信ずる者はなし」と大きな声で叫んだ。彼の声は市場の人混みを突き抜け、商人たちの立てる喧噪をものともせず響きわたった。

当時の説教者はみなそうだったように、ザイドも詩人で、伝承によれば、この異常な宣言も詩文体で行われたという。「神《アッラー》にわが賞賛と感謝を捧げ祀る。神《アッラー》を超える神なし」と彼は唱えた。だが、一神教を唱え、聖所《サンクチュアリ》内の偶像崇拝を拒否しながらも、ザイドはカアバ聖殿そのものに対しては深い崇敬の念をもちつづけた。この聖殿がアブラハムと宗教上の関連があると信じていたからである。「アブラハムが安らぎを求めしところにわれも安らぎを求む」とザイドは宣言した。

純粋な一神教徒《ハニーフ》の運動がヒジャーズ全域に盛んになっていたことについては諸説が一致している。とりわけターイフでは詩人ウマイヤ・イブン・アビ・サルトと、ヤスリブでは地元出身者で一神教信者の有力なリーダー格だったアブー・アミール・アッラーヒブとアブー・クアイス・イブン・アッラスラートが「アブラハムの宗教」を賞揚する詩を書いた。ほかにも「人々に理解されなかった預言者」と言われたハーリド・イブン・スィナンや、「アラブ人のなかの賢者」として知られたカース・イブン・サーイダーらの一神教唱道者がいた。イスラーム勃興以前にどれだけ多くの一神教への改宗者がいたか、あるいはその運動がどれほど大きくなっていたかはわからない。だが、アラビア半島には、たくさんの神々のなかから一人だけ選んでとくに信仰するというようなアラブ人の漠然とした一神教を、ジョナサン・フューイクがいう「アラブ民族の一神教」へと変えてゆこうと積極的に奮闘する人たちがたくさんいたことは確かだったようだ。

だが、ハニーフィズムは単なる原始的なアラブ人の一神教運動以上のものだったように思われる。伝承によれば、この純粋な一神教徒《ハニーフ》たちは、自分の創造した人間の心の奥底まで積極的に入り込んでくる神、自分と人間のあいだに立つ仲介者を必要としない神のことを説いて歩いた。運動の中核になっているのは、ゆるぎない道義心をかたくなに守る情熱である。偶像崇拝をやめるというだけでは十分ではない。純粋な一神教徒《ハニーフ》は品行方正であるように絶えず努力しなくてはならないと信じていた。「われはあわれみ深い神に仕えむ。さすれば神はわが罪を許さるべし」とザイドは言っている。

純粋な一神教徒《ハニーフ》はまた、だれもが自分のおこないについて答えなければならない最後の審判の日が将来やってくるという抽象的な話もした。「人々よ、死後の世界について用心すべし！　汝らは神に何一つ隠し立てはできぬ」とザイドはマッカの仲間たちに言った。人間に死後の世界があるというのは彼らにとってまったく新しい概念だったであろうし、ましてやそれが生前の品行と関係があるなどとは思っても見なかったであろう。ハニーフィズムはキリスト教徒同様、布教熱心な宗教だったから、その思考形態《イデオロギー》はヒジャーズ全域に広まったと思われる。大半の定住アラブ人は純粋な一神教徒《ハニーフ》の説教者のことを聞いたことがあったであろう。マッカの住民なら、純粋な一神教徒《ハニーフ》の社会運動をよく知っていたにちがいない。預言者ムハンマドがその両方を知っていたとしてもおかしくない。

あまり知られていないが、この純粋な一神教徒《ハニーフ》だったザイドと十代のムハンマドの驚くべき出会いを詳述した伝説がある。この物語はもともと、ムハンマドの最初の伝記作者イブン・イスハークが確かな出典と認めているユーヌス・イブン・ブカイルの報告書によるものだったようだ。イブン・ヒシャームによるムハンマドの伝記からは除外されているようだが、M・J・キスターはこれとほとんど同じ話を詳述した伝説を一一種類も挙げている。

「マッカのある暑い日のことだった」と年代記作者は語る。ムハンマドとその友だちのイブン・ハリーサはターイフへゆき、偶像神の一つ（たぶん女神「アッラート」）にいけにえとして捧げるために雌ヒツジを殺して焙ったあと、家に帰る途中だった。マッカの谷の上手《かみて》のほうからやってきた二人の少年は、このあたりの高地で隠遁生活をしていたか、あるいは長期の精神修養の最中だったらしいザイドとばったり出会った。彼が純粋な一神教徒《ハニーフ》であることがすぐにわかったムハンマドとハリーサは挨拶をして、彼の隣《となり》に座った。

「アムルさんはみんなに嫌われているみたいだけど、どうしてなの？」とムハンマドは訊ねた。

「連中は神《アッラー》を、その他もろもろの神々と同じようなものだと思っている。だが、わしはそれに同調したくない。わしはアブラハムの宗教を求めているのでな」とザイドは答えた。

ムハンマドはその説明に納得したので、黙ってもっていた袋を開けていけにえに捧げた肉を取り出し、「少し食べませんか、おじさん」と言った。

だが、ザイドは不快な表情を示した。「おまえさん、これは偶像の神々に捧げたいけにえの一部じゃないのかね？」

ムハンマドが、そうだと答えると、ザイドは憤然として怒鳴った。「わしはいけにえの供物は決して食わん。そんな供物はわしと関係ないからじゃ。わしは神《アッラー》の神以外のために殺されたものを食うような人間ではない」

ザイドの叱責にショックを受けたムハンマドは、後年、このときのことを語るとき、「神《アッラー》が自分を使徒と認めてくれるまで、二度と人々が崇める偶像神にへつらったり……いけにえの供物を捧げたりはしない」と断言していた。

若い多神教徒ムハンマドが純粋な一神教徒《ハニーフ》からその偶像崇拝をなじられたように聞こえるこの話は、預言者ムハンマドは終始一貫、純粋な一神教徒だとするムスリムの伝統的概念に水を差すものである。イスラーム教徒のあいだでは一般に、ムハンマドは神の召命を受ける前から、コミュニティーの多神教徒の祭事には参加したことはなかったと信じられている。預言者ムハンマドの話に触れた歴史家タバリーは、神はムハンマドが強制されてやむを得なかった場合を除き、いかなる多神教徒の祭事からも遠ざけておいたと記している。だが、こうした見方は、カトリック教徒が聖母マリアの永遠の処女性を信じているのと同じで、歴史的にも権威ある記録物にもそれを証明する根拠はほとんどない。クルアーンの第九三章七節にあるように、神《アッラー》は「迷っていた」ムハンマドを導いてくださったことを認めているばかりでなく、古い伝承でも、ムハンマドがカアバ聖殿の周囲をまわり、いけにえの供物を捧げ、「タハンヌス」と呼ばれる偶像崇拝者たちの「籠もり場」に出かけていたなど、当時のマッカの宗教的慣習にどっぷりひたっていたことを明らかに示している。実際、この偶像崇拝者たちの聖殿が取り壊され、建て直される（拡張され、ついに屋根付きになる）ことになったとき、ムハンマドはこの再建に積極的に参加していた。

同時に、ムハンマドは完全な一神教徒だったという説はムスリムの信仰の重要な一面である。なぜなら、それは彼が受けた「啓示」は一人の神からきたものと信じられているからである。ムハンマドがザイドのような人物に影響を受けていたのかも知れないと認めることは、一部のムスリムにとって、ムハンマドのメッセージが神の力添えによる霊感から生まれたことを否定するのに等しい。だが、そのような信仰は、宗教というものがある種の文化的真空から生まれてくるものだという、よくある間違った思い込みに根ざしたものである。宗教は断じてそうではない。

どんな宗教も、それが勃興し、発展してゆく社会的、精神的、文化的環境と抜き差しならない関連性をもっているものだ。宗教を生み出すのは預言者たちではないのである。預言者とは、その属する共同体に現存する信仰や風習を再定義、再解釈する改革者であって、後世の人たちにこの世の本質の説明を可能にする新たなシンボルや比喩を提供する存在である。実際、預言者の言行の形を変え、わかりやすい宗教的体系にまとめる責任はほとんどみな、その後継者たちに委ねられる。

ムハンマドは、それ以前の多くの預言者と同様、自分が新興宗教の始祖であると宣言したことは一度もなかった。彼自身が認めているところによれば、ムハンマドはイスラーム勃興以前のアラビア半島に存在した信仰や文化的風習を改め、ユダヤ教徒とキリスト教徒の神をアラブ人にも知ってもらおうとした。クルアーンの第四二章一三節には、「神は、ノアにお告げになった宗教を、おまえたち［アラブ人］の宗教とおさだめになった。それは、アブラハムやモーセやイエスに告げたものと同じ宗教である」とある。それゆえ、ムハンマドは、イスラーム勃興以前のアラビアの宗教的背景の影響を受けた青年であったであろうことは驚くに当たらない。イスラーム推進運動はユニークで、神の力添えによる霊感に鼓吹されたものであったかも知れないが、その起源は、青年としてのムハンマドのイマジネーションを育ててきた、多民族で、いくつもの宗教の入り交じった社会と明らかに関係があり、自分がぜひとも伝えたいと願っていた多神教徒アラブ人たちにわかってもらえそうな言葉で、彼の革命的なメッセージを巧みに表現することを許した社会にある。なぜなら、ムハンマドが預言者以外の何になっていようと、また、たとえ彼が生まれた時代を、わざわざ無明時代《ジャーヒリーヤ》と呼ぶ人がいようと、彼はその時代の申し子であったことは間違いないのだから。

時代の申し子ムハンマド誕生

ムスリムの伝承によると、ムハンマドが生まれたのは五七〇年、イエメンのキリスト教徒アビシニア（エチオピア）人支配者アブラハが、ゾウの大群を率いてマッカを攻撃し、カアバ聖殿を破壊してサヌアに教会を建て、ここをアラビア半島の宗教の中心地にしようとしていた年だったという。アブラハの軍隊が町に近づいてきたとき、マッカの人たちはアビシニア人がアフリカから輸入したゾウの大群を見て仰天し、カアバ聖殿の警備をほったらかしにしたまま、山中に逃げ込んだと記されている。だが、アビシニア軍があわやこの聖殿を攻撃しようとした寸前、空が暗くなるほどの鳥の大群がやってきて、口にくわえた石ころを侵略者たちの上に神《アッラー》の怒りとして雨あられと降らせたので、アビシニア軍はイエメンに撤退せざるをえなくなったという。

きちんとした暦のなかった社会で、この「ゾウの年」として知られるようになった年は、人々の近年の記憶のなかでもっとも重要な年だっただけでなく、これを機に新たなアラブの年代記が書き始められたと言ってよい。初期の伝記作者がムハンマドの生年を五七〇年としているのは、ほかの重要な出来事があった日付と一致させたものであろう。だが、この五七〇年というのは、ムハンマドの生年としても、アビシニア軍のマッカ攻略の年としても正しくない。現代の学識によれば、このきわめて重要な事件は五五二年頃に起こったものとされている。今となっては、事実はだれにもわからない。ムハンマドの生年についても、イスラーム勃興以前のアラビア社会では、誕生日はそれほど重要な日付ではなかったために、当時のだれもそれを知らなかったにすぎない。ムハンマド自身も、自分が何年に生まれたのか知らなかったのではないだろうか。いずれにせよ、ムハンマドが預言者として認められるようになったずっとあとでさえ、もしかすると彼が死んでからも長いあいだ、ムハンマドの生まれた日付など、だれも気にとめなかったであろう。彼の信奉者たちが後年、確固としたイスラームの年代記を構築するために彼の生年を明らかにしたいと思ったであろうことだけはうなずける。すると、「ゾウの年」以上に適切な年は選びようがなかったのではないだろうか？いずれにしても、現代の歴史学的手法から計算できるムハンマドの生年は、六世紀後半のいずれかの年というのが一番妥当なところである。

多くの預言者と同様、ムハンマドの誕生についても予兆があったといわれる。タバリーによれば、ムハンマドの父アブダッラーが花嫁を迎えに行く途中、見知らぬ女性に呼び止められた。その女は彼の目元に光るものを見て、自分と寝てくれ、とせがんだ。アブダッラーはそれをていねいに断り、花嫁アーミナの家に急ぎ、その夜の床入りによって預言者ムハンマドが生まれることになる。翌日、アブダッラーは同じ女性にまた会ったので、「なぜ今日は昨日と同じ申し出をしないのか？」と訊ねると、女は、「昨日、あなたの目元に見えた光は消えてしまっているから、今日のあなたはいらない」と答えた。

アブダッラーはその女の言葉の謎を解けないまま、ムハンマドが生まれる前に、数頭のラクダとヒツジだけというつましい遺産を残して死んでしまった。だが、ムハンマドが預言者となる予兆はつづいた。アーミナは身ごもっているあいだに、「おまえはこの人たちの王を身ごもっている。その子が生まれたら、『羨む人たちの中傷から守るために、この子の世話を特定の方に委ねます』と言え。そしてその子をムハンマドと名付けよ」というお告げを聞いた。アーミナはときどき、身ごもったおなかから光が射し出て、それにより「シリアの城」らしい形が遠くに判別できたという。これはおそらくムハンマドがイエスを継ぐ預言者であることを示唆したものであろう（シリアは当時、キリスト教の重要な拠点だった)。

幼児の頃のムハンマドは、遊牧民《ベドウィン》の里親の所に預けられた。それは子供たちを先祖伝来の風習に従って砂漠で育てたいという定住社会のアラブ人のあいだに共通の伝統があったためである。これはまったくおあつらえ向きの処置だった。ムハンマドが預言者としての最初の体験をしたのは砂漠でのことだったからである。あるとき、ヒツジを追っているムハンマドのところに、雪を山盛りにした金のたらいをもった、白装束の二人の男が近づいてきた。二人の男はムハンマドのそばにくると、彼を地面にはりつけにした。彼らはムハンマドの胸に手を伸ばし、彼の心臓を取り出した。彼らはそこから黒い液体を一滴抽出すると、心臓をムハンマドの胸にていねいに戻して姿を消した。

ムハンマドが六歳のとき、母も亡くなり、彼は祖父のアブドゥル・ムッタリブのもとに送られ、そこで暮らすようになった。祖父はザムザムの泉の水を巡礼者たちに分け与える監督をする人物で、マッカの社会ではもっとも有力な多神教徒の一人だった。そのアブドゥル・ムッタリブも二年後に死に、孤児になったムハンマドは、またまた別の親戚に預けられた。今回はやはり有力者である伯父アブー・ターリブの家だった。少年を憐れんだアブー・ターリブは彼を自分の羽振りのいいキャラバン・ビジネスに雇った。ムハンマドの預言者的本性がついに顕わになったのは、こうした商取引の仕事でキャラバンがシリアへ向かう途中のことだった。

シリアへの大編成の商用旅行準備をしていたアブー・ターリブは、出発寸前になってムハンマドを連れて行くことにした。キャラバンが草木のない荒涼とした風景のなかをゆっくりと進み、バスラにある修道院のそばを通るのが、キリスト教徒修道僧のバヒーラの目にとまった。バヒーラは学識のある人で、自分の属する宗派に何世代も前から伝わる非公開の預言書をもっていた。自室にこもって昼も夜もその古い手稿本を熟読しているうちに、色あせた頁のなかから新たな預言者の到来についての記述を発見した。彼がキャラバンを呼び止めようと決心したのは、そのためだった。地平線上を細い灰色の線のようにとぼとぼと歩む隊列を見ていると、隊列のなかのある一人のメンバーの上に絶えず雲がかかり、それが灼熱の太陽光線を遮って、その人物に日陰を与えていることに気がついた。その人物が立ち止まると、雲も動かなくなった。彼がラクダを降りて木陰で休むと、雲もそちらに動き、貧弱なその木よりも大きな陰をつくってその人物を守った。

この徴候が何を意味するかに気づいたバヒーラは、キャラバンのリーダー格のところへ急いで使いを送り、「お食事を用意しています。貴人も下々の方も、奴隷も解放奴隷も全員おいでください」というメッセージを伝えさせた。キャラバンのメンバーたちは驚いた。彼らはシリアへの道中、この修道院のそばを何度も通ったことがあったが、バヒーラはこれまでそれに気づいたことはなかった。それでも一行はここで一夜を、その老修道僧といっしょに過ごすことにした。食事中、バヒーラは遠くから見たとき、雲と木々が守っていた人物が一行のなかにいないことに気づいた。バヒーラはキャラバンの全員がきているかどうか男衆に訊ね、「一人残らず会食に加わるように」と命じた。

男衆はもちろん、荷物の番をするために外にいるムハンマドという少年をのぞいて、出席するべき人は全員きていると答えた。バヒーラはすっかり嬉しくなり、その少年もみんなに加わるようにと重ねて言った。ムハンマドが修道院のなかに入ってくると、老僧は彼に短い駄目押しの質問をし、それから一同に向かって、この子は「この世の主《あるじ》の使徒」だと言った。

ムハンマドはそのとき九歳だった。

こうしたムハンマドの子供時代の話がありきたりな印象を与えるとしたら、それは預言者にまつわる型《トポス》どおりの話で、たいていの神話に見られるありふれた文学的パターンだからである。新約聖書のイエスの幼児期の物語と同様、それらの物語は歴史的な出来事との関連を示すものではなくて、預言者ならではの出来事の不思議さを明示するものだ。それらは次のような疑問に答える。それは預言者であることの何を意味しているか？　人はある日突然、預言者になるのか、それとも預言者という身分は、時空を超えた、誕生以前から定められた運命なのか？　もし後者であれば、預言者の到来、たとえば、通常とはちがう懐妊、預言者ならではの独自性《アイデンティティー》や使命などを予告するような徴候があったにちがいない。

アーミナの懐妊物語はキリスト教徒のマリアの話に驚くほどよく似ている。マリアは「あなたは身ごもって男の子を産むが、その子をイエスと名付けなさい。その子は偉大な人になり、いと高き方の子と言われる」（新約聖書「ルカによる福音書」第一章三一―三二節）という主の天使のお告げを聞いた。バヒーラの物語もユダヤ教徒のサムエルの話とそっくりである。サムエルは、エッサイの息子の一人がイスラエルの次の王になるであろうと神に告げられ、命令どおりにエッサイの家族全員を会食に招いた。末息子ダビデはヒツジの番をするために残った。エッサイのほかの息子たちを神が退けたとき、サムエルは「彼を連れてこさせてください。その子がここに来ないうちは、食卓には着きません」と言った。ダビデが部屋に入ってきた瞬間、彼は塗油により国王に聖別された（旧約聖書「サムエル記」上第一六章一―一三節）。

重ねて言うが、こうした型《トポス》どおりの話と歴史的事実とは関係がない。ムハンマド、イエス、ダビデの子供時代の話が真実であるかどうかは重要ではない。大事なのは、こうした物語が預言者、救世主、王について何を言おうとしているかである。彼らに共通なのは、神の天地創造の瞬間から定められていた神聖にして永遠なる天職意識である。

それはそれとして、イスラーム以前のアラビア社会で知られていたことと付き合わせてみると、こうした伝承から重要な歴史的情報を収集することができる。たとえば、ムハンマドはマッカの人で、孤児になり、年少の頃から伯父のキャラバンに参加して働き、このキャラバンはたびたびこの地方を往復しており、道中でアラブ社会にすっかり根を下ろしていたキリスト教徒、ゾロアスター教徒、ユダヤ教徒と遭遇していた可能性があることが十分うなずける。彼はまた、当時のマッカに浸透していた「ハニーフィズム」やその社会運動にもなじんでいて、これがムハンマド自身の布教の舞台を設定していた可能性が高い。実際、「ハニーフィズム」とイスラームとの関連性を強調するかのように、初期のムスリム伝記作者たちはザイドをキリストに洗礼を与えたヨハネになぞらえ、この人物に「イシュマエルの末裔、とりわけアブドゥル・ムッタリブの子孫から預言者が現われることを期待する」役割を与えている。「わが存命中にその人物を見ることあるまじ」とザイドは言ったと伝えられている。「だが、われはその人を信じ、彼のメッセージは真実なりと宣言し、彼は預言者なりと証言する」。

だが、たぶんザイドは間違っていた。彼はたぶん、この預言者に会っていたのだ。だが、彼が、偶像の神にいけにえを捧げるな、と戒めた孤児の少年が、いつの日か、ザイドがかつて立ったカアバ聖殿の日陰で、群れになってそこをまわる巡礼者たちに向かって声を張り上げ、「おまえたちは、それでもアッラートやアル・ウッザーのことを思っているのか。それから、三番目のマナートのことも？……それらは、おまえたちの先祖がそう呼んでいたただの名前にすぎないのだ……〔わしらは〕純正なる人アブラハムの宗教をとる。彼は多神教徒ではなかったぞ」（クルアーン第五三章一九、二三節、同第二章一三五節）と叫ぶようになるとは知らなかったはずだ。

第2章

鍵を握る人物――マッカのムハンマド

カアバ聖殿をめぐる宗教・経済システム

毎年、暦の最後の二か月とそれにつづく新年の一か月にわたる巡礼の季節が近づくと、昔から活気ある砂漠の中心都市《メトロポリス》マッカは変貌する。巡礼者や商人、近隣のウカーズやズッル・マジャーズなどの町で開かれる大きな定期市とのあいだを往来《ゆきき》するキャラバンなどが市の周辺部にどっと押し寄せるからだ。マッカで始まった慣習かどうかわからないが、町へ入るキャラバンはみな、マッカの谷の手前でひとまず止められ、積荷に割り符をつけ、商用旅行の目的が記録されることになっていた。ラクダから降ろした荷物は奴隷が預かる。マッカの役人は、キャラバンが定期市から仕入れてきた織物、油、ナツメヤシの実などの価格を調べ、その総額からマッカの町への入場料を徴収する。それは聖都の周辺でおこなわれるすべての商取引にかけられるささやかな税金のようなものだ。こうした手続きが完了して初めて、キャラバン隊員は汚れたヴェールを外し、カアバ聖殿に向かうことを許可される。

古代都市マッカは、中心部にある聖殿から放射状に広がっており、巡礼者たちはその動脈ともいうべきいくつかの細い泥道を通ってカアバ聖殿へ往復した。外辺部にある土と藁でできた家屋は、毎年この谷間を襲う洪水で流されてしまいがちな、その場しのぎの構築物だが、市の中心部に近いほど家は大きく、同じように土でできてはいても、ずっと頑丈なものだった（カアバ聖殿だけが石づくりだった）。このあたりは、「スーク」と呼ばれる商業地区で、空気はよどみ、煙が鼻を突き、屋台からは捌《さば》いた動物の血や香辛料の匂いが立ちこめていた。

キャラバン隊員たちはうんざりしながらマーケットの混雑を掻き分け、ヒツジの心臓やヤギの舌を焚き火で焙《あぶ》ったり、ばか陽気な商人と巡礼者が大声で値切り合ったり、黒衣の女性が中庭にうずくまっているそばを通り抜けたりして、ようやく聖別された聖殿の境界にたどり着く。男たちは「ザムザムの泉」で身体を清め、「この家の主《あるじ》」の御前にきました、と唱え、それからカアバ聖殿の周囲をまわる巡礼者たちの群れに加わる。

他方、聖殿のなかでは、染み一つない真っ白な長衣姿の老人が木像、石像のあいだを足を引きずりながら行き来して、ろうそくに火をともし、祭壇を並べ直している。この男は祭司でもなければ霊能者《カーヒン》でもない。それよりはるかに重要な人物だ。彼はマッカに数百年も定住している有力で、途方もなく豊かなクライシュ族の一員だった。「神の部族《アフル・アッラー》」、「聖殿の番人」としてのクライシュ族を、ヒジャーズ地方全域で知らない人はいなかった。

クライシュ族によるマッカの支配が始まったのは四世紀の終わり頃で、クサイイという名の野心的なアラブ人青年がカアバ聖殿の管理権をうまく掌中にし、いくつもの反目し合う支族を自分の統治下に入れた。アラビア半島の支族は、本来、家長を中心とした「〜家《バイト》」もしくは「〜の息子たち《バヌー》」と呼ばれる拡大家族で構成されていた。ムハンマドの属していた家は、「ハーシム家の息子たち《バヌーハーシム》」として知られていた。近親結婚や政治的同盟を通じて、いくつかの支族が一つにまとまり、「人びと」を意味する「アフル」もしくは「カウム」、一般的には「部族」と呼ばれる集団を形成していた。

マッカの定住が始まったばかりの頃は、たくさんある支族のうちのいくつかがゆるやかな同盟関係を結び、市の支配権をめぐって張り合っていた。クサイイが本当にやろうとしていたのは、血縁や結婚によって名目的に結ばれていた支族を「クライシュ族」という一つの支配階級部族にまとめることだった。

クサイイの非凡さは、マッカの権力の源泉は聖殿にあると見抜いていたことである。簡単に言えば、カアバ聖殿を支配する者が市の支配もしていたのだ。彼はクライシュ族の身内の者を「もっとも高貴で純粋なイシュマエルの子孫」と呼んで民族感情に訴えることにより、ライバルの支族からカアバ聖殿の管理権を奪い、自分自身を「マッカの王」であると宣言した。彼は巡礼行事はこれまでどおりおこなったが、聖殿の鍵は彼一人が管理するようにした。その結果、彼は巡礼者たちへの食料や水の供給、結婚式や割礼式がおこなわれるカアバ聖殿周辺の集会の取り仕切り、戦旗の引き渡しなどの権限を一手に握っていた。聖殿をいっそう権威あるものにするために、クサイイはマッカの居住区を内側と外側の二つに分け、聖殿に近いほど大きな権限をもつ者が住むようにした。クサイイの家は、事実上、カアバ聖殿に付属する建物内にあったらしい。

彼が聖殿のそばに住む重要性をマッカの人たちは十分承知していた。カアバ聖殿の周囲をまわる巡礼者たちはクサイイの家の周囲もまわることになる事実を無視するのはむずかしかったであろう。カアバ聖殿の内陣に入るにはクサイイの家のなかにある扉を通るほかなかったため、聖殿内の神々に近づくには、まず彼の前を通らなくてはならなかった。これによってクサイイはこの町にとって自分が政治的・宗教的権威者であることを印象づけた。彼は単に「マッカの王」であるだけでなく、「聖殿の鍵を握る人物」でもあったのだ。「彼の生前も死後も、クライシュ族のあいだでの彼の権威は、忠実に従うべき宗教のようなものだった」とイブン・イスハークは述べている。

クサイイが取り入れたもっとも重要な制度改革は、マッカの経済的基盤を揺るぎないものにしたことである。彼はこの町の重要度を高めるため、近隣の部族のあいだで崇められている偶像をすべて、とりわけ聖なる丘とされていたサファフとマルワフに安置されているものは残らずカアバ聖殿に集めさせ、ヒジャーズの礼拝の中心地となるようにした。それ以来、人びとはたとえばイサフやナーイラなどの恋の神様にお詣りしたいと思えばマッカに行かざるを得ず、すると、聖都に入城する権利を得るためにクライシュ族に通行料のようなものを払わなくてはならなくなった。

鍵を握る人物としてのクサイイはまた、巡礼者たちへの商品の売買、サービス業務の許認可権を独占し、見返りに町の居住者から税金を徴収して、余剰分を自分の懐《ふところ》に入れた。数年のうちにクサイイの考え出したこのシステムは、彼とその富の分け前にあずかろうと要領よく動いたクライシュ族の支配階級を大金持ちにした。だが、マッカにとってはそれ以上の御利益《ごりやく》があった。

セム族の聖殿がみなそうであるように、カアバ聖殿もこれを取り巻く敷地一帯が聖地とされ、マッカの市内は中立地帯として部族間の戦いは禁止され、武器の使用は許されなかった。巡礼の季節にマッカを訪れる巡礼者たちは交易用の商品を持参してきて、この町の平和と繁栄を謳歌するように奨励された。こうしたことを容易にするため、ヒジャーズの大定期市の開催は巡礼の季節に合わせて行なわれるようになり、そのどちらにも好都合なルールが定められた。こうした交易に課税することがクサイイのアイディアだったかどうかはわからない。この時点では、クライシュ族がマッカの市内と周辺でおこなわれる交易の唯一の世話役をつとめ、危険でパトロール隊もいない砂漠地帯のキャラバンの安全保障と引き替えに多少の手数料をとっていた可能性はある。だが、クサイイの数世代あとに、彼の孫でありムハンマドの曾祖父に当たるハーシムの指揮のもとに、クライシュ族はささやかではあるが実入りのいいマッカの商業地区をつくり出していたことは確かなようで、一族の生計の道はひとえに恒例のカアバ聖殿の巡礼の季節にかかっていた。

マッカの交易の規模がどれくらい大きかったかについては学者のあいだで激しい議論がある。長いあいだ、マッカはイエメン南部の港から金、銀、香辛料を輸入し、ビザンツ帝国やサーサーン朝ペルシアへそれらを輸出して莫大な利益を得る国際貿易ルートの要《かなめ》となっていたと考えるのが定説になっていた。圧倒的多数のアラビア語の資料により確認されているこの説によれば、クライシュ族はアラビア半島南北の中間に位置する天然の貿易拠点として地域の采配を振っていたことになる。そしてこの地域の名声はカアバ聖殿があることによっていっそう高くなっていたと思われる。そういうわけで、英国のイスラーム学者モンゴメリー・ワット（一九〇九―二〇〇六）は、マッカはヒジャーズの経済センターであり、交易は、ムハンマド・シャバンの言うとおり、マッカの「存在理由《レゾンデートル》」だったという。

だが、最近になって、多くの学者がこの説に疑問を投げかけている。その大きな理由は、アラビア語以外の資料で、マッカが国際貿易地帯の中心地だったとする説を確認できるものが一つも発見されていないからである。英国のイスラーム史学者パトリシア・クローン（一九四五年生）は、*Meccan Trade and the Rise of Islam*（『マッカの交易とイスラームの台頭』）のなかで、「クライシュ族と彼らが牛耳っていたとされる交易センターについては、イスラームによる征服以前のアラビア以外で作成されたギリシア語、ラテン語、シリア語、アラム語、コプト語その他のいかなる文献にもまったく記述がない。この沈黙は際立った、重要な特徴である」と書いている。

クローンその他の学者は、ペトラやパルミラのように確実な証拠のある交易センターの場合と違って、イスラーム勃興以前のマッカには何一つ資本の蓄積の確証がないという。しかも、アラビア語の資料にはあるとはいえ、歴史的証拠も最小限度の地理的感覚からしても、マッカはアラビア半島のどの交易ルートからも外れている。「キャラバンはターイフに立ち寄ることができるのに、なぜマッカの荒涼とした谷間の奥底にまで行かなければならなかったのか？」とクローンは疑問を投げかけるのである。

彼女の言い分は正しい。マッカに旅をし、さらにそこに滞在する理由など、まったくなかった。カアバ聖殿があることをのぞいては。

マッカが交易ルートを外れていたことは間違いない。ヒジャーズの天然の通商路は町の東側を通っていて、イスラーム勃興以前のアラビアの国際交易において、イエメン＝シリア間の通過地点としてマッカに寄るには、かなり回り道をしなければならなかったはずだ。通商路に近く、しかも聖殿（女神アッラートが祀られていた）もあるターイフのほうが、ルート沿いの宿場としてはずっと便利だったであろう。だが、マッカの町は、聖殿の存在とそこに祀られている神々の御利益《ごりやく》によってカアバ聖殿そのもの以上の特別な聖性があると考えられていた。

延々とつづく砂漠の風景の所々にあるほかの聖殿（それぞれの地元の神様が祀られていた）とちがって、カアバは万人のための聖殿と謳われているところがユニークだった。イスラーム以前のアラビアで崇められていたすべての神様が、部族信仰に関わりなくこの一つの聖殿に住んでいると言われていたために、アラビア半島の人たちはみな、カアバ聖殿ばかりでなく、それを一堂に集めている町と、大切に管理している部族にも深い宗教的義務を感じていた。クローンの言うアラビア語と非アラビア語の文献のちがいについての説明によれば、われわれがイスラーム以前のカアバについて知っていることのすべて、預言者ムハンマドと七世紀のアラビアにおけるイスラームの台頭についてのわれわれの知識全般は、八、九世紀のアラブ人ストーリーテラーによってでっち上げられた完全な虚構で、ちゃんとした歴史的証拠のひとかけらもない作り話ということになる。

真実はおそらく、ワットのいう「国際交易の中心地」説と、クローンによる「ムハンマドにまつわる作り話」説の中間ぐらいにあるのではないだろうか。非アラビア語文献はマッカが国際通商地帯の中心地という説をはっきり否定している。だが、これと反対に、圧倒的多数のアラビア語文献はイスラーム台頭のはるか前からマッカには少なくともある程度の交易がおこなわれていた証拠を示している。たとえこうした通商の規模が、祖先の熟達した商人ぶりを誇張したかったかも知れない書き手たちによるアラビア語資料では実際より大げさに記述されていたとしても、アメリカのイスラーム学者F・E・ピーターズのいうように、マッカの人びとがシリアとイラクの境界線沿いのささやかな交易地帯も含めた「国内バーター取引制度」のようなものに従事しており、それがもっぱらマッカの巡礼シーズンに意図的に合わせた恒例の定期市を目当てにおこなわれていたことは明らかであるように思われる。

大事なのは、こうした通商がたとえささやかな規模であったとしても、全面的にカアバ聖殿の所在に依存していたことで、マッカには何一つほかに理由がなかったことである。ここは砂漠の荒地で作物はまったくできない。アメリカの中東史家リチャード・ビューレの好著 *The Camel and the Wheel*（ラクダと車輌）にあるように、「マッカが大きな交易センターになった唯一の理由は、何かしら交易を支配する力があったからだった」。これこそまさにマッカが有効に利用した点だった。クサイイとその子孫は、この町の宗教と経済の営みをがっちりと結びつけることによって、カアバ聖殿とヒジャーズ地方全域から人びとがやってくる巡礼行事の支配権に依拠した斬新な宗教・経済システムを発展させ、クライシュ族だけがその経済的、宗教的、政治的優位性を確保できるようにしたのである。

アビシニア（エチオピア）人が「ゾウの年」にカアバ聖殿を破壊しようとした理由もそこにある。好況に沸くいくつものイエメンの貿易港に近いサヌアに、彼ら自身の巡礼センターを建設中だったアビシニア人がマッカの聖殿をぶち壊そうとしたのは、カアバ聖殿が宗教的脅威だったからではなく、経済的ライバルだったからだ。ターイフ、ミーナ、ウカーズその他の近隣の地域有力者たちと同様、アビシニア人もマッカの宗教・経済システムとそっくり同じものを自分たちの領土内に、自分たちの権限でぜひつくりたいと思っていたであろう。要するに、こうしたシステムが、ゆるやかな支族連合のようなクライシュ族を裕福にしたのなら、ほかのだれでも豊かになれるはずだというわけだ。

だが、マッカのだれもがクライシュ族の作ったシステムの恩恵を受けていたわけではなかった。マッカの定住社会ではごく当たり前の社会・経済構造も、自ずから制約の多い遊牧民《ベドウィン》の暮らしには適用されなかった。移動を常態とし、物質的な蓄積は実行不可能なコミュニティーで生き延びる唯一の方法は、当座に利用できるすべてのものを公平に分かち合う部族間の強い連帯意識を維持することである。それゆえ、部族の倫理とは、一人一人のメンバーが、部族のなかの最弱者もみな同等に、部族の安定維持に不可欠の機能をもっているという原則の上に立っている。部族のどのメンバーも同じ価値があるという概念は、社会的平等の理想的な形ではない。部族の倫理とはむしろ、見せかけだけの社会的平等を維持することによって、だれでもその地位に関係なく社会的・経済的権利や特権を共有でき、それが結果的に部族の統一を保つためのものである。

イスラーム以前のアラビアでは、部族倫理の維持の責任は、部族の「重鎮《サイイド》」もしくは「長老《シャイフ》」にあった。「匹敵者のなかの最適者」として満場一致で選ばれる長老《シャイフ》は、コミュニティーのなかでもっとも尊敬される人に与えられる称号であり、その部族の実力と徳の高さを表わす名目上の頭首である。統率力や人格の高潔さは家系の血筋によるものだと一般的に信じられてはいたが、長老《シャイフ》は世襲制ではなかった。アラブ人はビザンツ帝国やサーサーン朝の王たちの世襲による統治をひどく軽蔑していた。長老《シャイフ》になるたった一つの必要条件は、「ムルーワ」の理念を体現することであった。「ムルーワ」とは、勇敢さ、道義心、受容力、戦場での強さ、正義感、部族の集団的利益のためにたゆまぬ貢献をするというアラブ人の重要な特質を形成する部族の行動規範をいう。

アラブ人は指導者の機能すべてが一人の人間に集中することには警戒的なので、長老《シャイフ》には実際の執行権はあまりなかった。重要な決議はみな、部族のなかで同じように重要な役割を担っているほかの人たち、すなわち軍事指導者《カーイド》、祭儀を担当する霊能者《カーヒン》、係争の調停役《ハーカム》らを交えた集団的合議によっておこなわれる。長老《シャイフ》は場合によってはこうした機能の一つ以上を兼務することもあったかも知れないが、彼の最重要任務は、コミュニティーの構成員すべて、とりわけ自分自身を守れない貧者や弱者、子供や老人、孤児や未亡人を確実に保護し、部族内や、他の部族とのあいだの秩序を保つことであった。長老《シャイフ》への忠誠は、「バイア」と呼ばれる忠誠の誓いに象徴される。これはあくまでその「人物」に対しておこなわれるものであって、職務に対してではない。長老《シャイフ》がその任務を全うして部族内のすべてのメンバーに十分な保護を与えられないときには、この誓いは撤回され、別のリーダーがその地位に選ばれる。

「モーセの十戒」のような、神から示された倫理規範に規定された絶対的道徳律の概念のない社会においては、長老《シャイフ》は部族のあいだに秩序を維持するための唯一の法の番人であった。ラテン語で〝Lex talionis《レクス タリオニス》〟と呼ばれる「同害報復法」は、欧米では「目には目を」といういささか残酷な概念として広く知られている。だが、同害報復法は野蛮な法制度とはまるでちがう、実際には野蛮さを〝制限する〟意味合いをもっていた。それゆえ、隣人の片眼に負傷させた場合、報復として加害者の片眼は傷つけてもよいが、それ以上のことをしてはいけない。泥棒が隣人のラクダ一頭を盗んだのなら、きっちり一頭分の支払いを命じられる。隣人の息子を殺したら、自分自身の息子が処刑されることになる。報復をしやすくするために「血の代金」として知られる賠償金も、人間ばかりでなくすべての品物や財産について定められている。人間の身体のすべての部分についても規定がある。ムハンマドの時代には、自由人の男の命はラクダ一〇〇頭、自由人の女性の命は五〇頭と算出されていた。

部族内で起こったすべての犯罪に対し適切な報復措置ができるようにすることが、コミュニティー内の平和と安定を維持するための長老《シャイフ》の責任だった。自分の部族以外の人たちに対して犯された犯罪は処罰されなかったばかりか、実際に犯罪とさえ考えられていなかった。部族外の人に対する盗み、殺人、傷害は、その行為自体が道徳的に非難するべきだとは考えられておらず、そのような行為が部族の安定を弱めるときにのみ処罰された。

同害報復法が本来備えているバランス感覚は、数の計算がややこしいときには規則が曲げられることがある。たとえば、盗まれたラクダが妊娠していたとすれば、泥棒はラクダ一頭分の罰金の支払い義務があるのか、それとも二頭分か？　部族社会には正式な法の施行もなく司法制度もなかったために、折衝が必要なときには、両者が係争の調停《ハーカム》役をしてくれる中立の信頼できる第三者のもとに申し立てをすることになっていた。関係者全員が彼の調停を甘んじて受ける——建前どおりに実行するのは不可能だが——ことを約束させるために両者から保証金を集めたあと、調停者《ハーカム》は「妊娠しているラクダは二頭のラクダに匹敵する」という権威者としての裁定を下す。長いあいだに蓄積された調停者《ハーカム》の裁定結果は、「慣行《スンナ》」と呼ばれる標準的な法の基礎にされ、これが部族の法的規範になった。別な言葉で言えば、これで妊娠しているラクダの価値の裁定は、二度と調停の必要がないということになる。

だが、それぞれの部族が自分たち自身の調停者《ハーカム》と慣行《スンナ》をもっていたために、一つの部族の法律と慣例は他の部族には必ずしも通用しなかった。そのため、個人が部族の外に出てしまうと、なんの法的保護も権利も、社会的アイデンティティーもなくなってしまうケースがしばしばあった。イスラーム以前のアラブ人は、自分の部族以外のだれかを殺したり、傷害を負わせたり、所持品を盗んだりしても、道義的な罪を問われないなら、どうやって他の部族との秩序を維持していたのかは複雑な問題である。複数の部族はたがいに複雑な同盟や提携のネットワークを通じて関係を維持していたが、ある部族のだれかが別の部族のメンバーを傷つけた場合、傷つけられたほうの部族の力が強ければ、当然、報復を要求できたであろう。ということは、自分の部族のメンバーに対する攻撃行為は同等の復讐を受けることを近隣の部族に納得させるのも長老《シャイフ》の仕事だったわけだ。もしそういうことができなければ、もはや長老《シャイフ》の役目は務まらなかったであろう。

マッカで問題になっていたのは、数少ない支配階級家族の手に富が集中していたことが、市の社会的・経済的背景を変えてしまっていたばかりでなく、部族の倫理観を事実上、崩壊させてしまっていたことだった。マッカでは個人の財産が急に増えたことが、社会的平等主義という部族の理想を吹き飛ばした。貧者や底辺にいる者にはもはやなんの配慮もされなくなり、最弱者は強者と同じ部族の構成員とは見られなくなった。クライシュ族の長老《シャイフ》は、身寄りも財産もない者の世話よりも交易組織の維持のほうにはるかに多くの関心を払うようになっていった。係争中の一方の側があまりにも裕福かつ権力があるために、事実上、手の届かない存在だったとしたら、どうやって同害報復法を適切に機能させることができたであろうか？　クライシュ族がどんどん権力を拡大し、それをだれも非難できないようになったとき、どうすれば部族間の関係を維持できたであろうか？　マッカにおける「カアバ聖殿の鍵を握る人物」としてのクライシュ族の権威が、政治・経済のみならず、宗教にも及んでいたことが事態をむずかしくしていたことは確かだ。伝承によれば、純粋な一神教徒《ハニーフ》は同時代のマッカの人たちの強欲さを手厳しく非難していたと言うが、それでもクライシュ族への忠誠は揺るぎなく、彼らを「アブラハム以来のマッカとカアバ聖殿の神聖さを引き継ぐ正統な代理人」とみなしていたことを考えてみてほしい。

部族倫理が消滅するにつれて、マッカの社会階級格差ははっきりしてきた。頂点に立つのは、クライシュ族の支配階級家族のリーダーたちだった。幸いにしてささやかなビジネスを始められるくらいの資本がある者は、この町の宗教・経済システムを存分に利用できたであろう。だが、マッカの人たちの大半にとって、それは無理だった。とりわけ、公的保護のない孤児や未亡人は遺産の相続権もなかったため、金持ちから法外な利息で金を借りるしかなかった。

返済不可能になれば貧乏のどん底になり、仕方なく奴隷に身を落とすことになる。

格差社会の孤児ムハンマド

孤児だったムハンマドは、マッカの宗教・経済システムの圏外に放り出されたときの生きにくさを身にしみて知っていたにちがいない。それでも幸運なことに、彼の伯父で新たな庇護者になったアブー・ターリブは、大金持ちではないまでも、クライシュ族という有力部族のささやかではあるが名家の一つハーシム家の長老《シャイフ》であった。ムハンマドが当時のマッカの多くの孤児たちのように、借金地獄に陥った末、奴隷にされるのを防ぎ、家族の一員として引き取り、自分のキャラバンの仕事に就かせて、細々と生計を立てる機会をつくってくれたのはこのアブー・ターリブだった。

ムハンマドが仕事のできる男であったことには異論がない。彼の商機を逃さない敏腕な商人としての成功ぶりをどの伝承も長々と強調している。マッカの社会での身分は低かったにもかかわらず、裏表のない高潔な人物として町中にその名を知られていた。彼のニックネームは〝信用できる人〟を意味する「アル・アーミーン」で、ちょっとしたもめごとの調停者《ハーカム》に選ばれたことも一度ならずあった。

ムハンマドはまた、見た目もりっぱな人だったようで、胸幅が広く、豊かな髭に鉤鼻の堂々とした容姿だったと伝えられている。ぱっちりした黒い瞳、長いふさふさした黒髪を両耳の後ろで結び、編み下げにしていたという記述もたくさん残っている。だが、まじめで有能だったらしいムハンマドは、七世紀が始まる頃には二十五歳くらいになっていたはずだが、未婚で、自分自身の資本もビジネスもなく、仕事も寄宿先も寛大な伯父にひたすら頼るほかなかった。現に、彼の将来性は気が滅入るほど暗かったので、ムハンマドが伯父の娘ウンム・ハーニーに求婚したところ、彼女はもっと有望株の求婚者がいると言ってたちどころにそれを断った。

事態が一変したのは、ムハンマドがハディージャという名の四十歳になる非凡な未亡人に見込まれたことである。ハディージャは謎の女性だ。女性を奴隷扱いし、夫の財産の相続権もなかった社会で、彼女は裕福だったばかりでなく、人びとから一目置かれる女商人で、いつのまにかマッカの社会のもっとも尊敬されている人物の一人にのし上がっていた。彼女の手持ちのキャラバン・ビジネスは繁盛していたため、年上で子持ちであるのに、彼女に求婚する男性は大勢いた。その大半は彼女の金目当てだったであろう。

イブン・ヒシャームによれば、ハディージャが初めてムハンマドに会ったのは、彼女のキャラバンの一つの隊長に彼を雇ったときだった。ハディージャは彼が「誠実で信頼でき、人柄も申し分ない」と聞いていたので、シリアへの特別遠征隊の指揮を彼に任せることにした。ムハンマドは彼女の期待に応えた。彼はハディージャの予想の二倍を上回る利益を上げてこの旅から戻ったので、彼女はその褒賞として結婚を申し込んだ。ムハンマドはありがたく思ってこれを承諾した。

ハディージャとの結婚は、マッカ社会の上流階級の一員への道を地固めし、この町の宗教・経済システムへの参入を確実にした。だれが見ても、彼は妻のビジネスの発展、運営にこれ以上は望めないほど成功し、支配階級エリートには属さないまでも、身分も富も遅ればせながら〝中産階級〟とも考えられるような一員になり、自分の奴隷までもてるようになった。

だが、こうした成功にもかかわらず、ムハンマドはマッカ社会における自分の二重の身分にひどく矛盾を感じていた。一方では、彼のビジネスのやり方は寛大かつ公平だと評判になっていた。今では人びとからたいへん尊敬され、比較的裕福な商人ではあったが、彼はしばしば、マッカの谷を取り巻く山々や峡谷にある人里離れた隠れ家に〝自分を見つめるために〟出かけていった。彼はまた、カアバ聖殿の祭儀と連動した宗教的な慈善行事に貧しい者たちへの金や食物をいつも寄付していた。他方、彼はエリート層の富と権力を維持するために、この町の庇護者のいない大衆を搾取する宗教・経済システムに自分が連座していることを明敏に自覚していたと思われる。一五年にわたり、彼は自分のライフスタイルと自分の信条とのあいだの不調和に悩み、四十歳になる頃にはひどく悩むことの多い男になっていた。

そうこうするうちに六一〇年のある夜、ヒラー山にある籠もり場の一つに行っているとき、ムハンマドは世界を変えることになる出会いを体験する。

人里離れた山中の洞窟に一人座って瞑想していると、突然、目に見えない何ものかにきつく抱きしめられた。必死でそれを振りほどこうとしたができなかった。暗闇のなかで彼は圧倒された。胸部の圧迫感で、もはや息もできないくらいになり、自分は死ぬのかと思った。最後の息を吐き出したとき、光と恐ろしい声が「夜明けのように」彼の心をよぎった。

「読め！」とその声は命じた。

「何を読むのでしょうか？」ムハンマドはあえぎながら言った。

見えない存在がさらに強く彼を金縛りにした。「読め！」

「何を読むのでしょうか？」ムハンマドは身をちぢめながら、もう一度訊ねた。

見えない存在はもう一度彼をきつく抱きしめ、もう一度同じ命令を繰り返した。とうとう彼がこれ以上耐えられないと思った瞬間、胸部の圧迫感は止み、洞窟に静寂がみなぎった。するとムハンマドの心に次のような言葉がしっかり刻み込まれた。

読め、「創造主なる汝《なんじ》の主の御名において。

主は凝血から人間を造りたもうた」
読め、「汝の主はいとも心のひろきお方、
筆をとるすべを教えたまい、
人間に未知のことを教えたもうた」（クルアーン第九六章一―五節）

これがムハンマドにとっての「燃える柴」（「出エジプト記」第三章四節によれば、神は燃える柴のあいだからモーセに語りかけた）だった。その瞬間、彼は社会の病弊を憂うマッカのビジネスマンであることをやめて、アブラハムの伝承で言う「預言者」になった。だが、彼より以前の偉大な預言者アブラハム、モーセ、ダビデ、イエスに似た、それ以上の何かに、ムハンマドはなりそうだった。

ムスリムの信仰によれば、アダムからあらゆる宗教に登場する預言者すべてに、神は折あるごとにその姿を顕わしてきたという。彼らはアラビア語で「ナビー」と呼ばれ、神の神聖なメッセージをすべての人間に伝えるために選ばれた人たちである。だが、時としてそのなかの一人の預言者《ナビー》に神聖な言葉を伝える特別大きな義務が課せられることがある。モーセはモーセ五書《トーラー》で律法を人びとに明らかにし、ダビデは「詩篇」を作り、イエスの言葉は福音書の著者たちに霊感を与えた。こうした人たちは単なる預言者以上の神の「使徒《ラスール》」である。そういうわけで、マッカの商人ムハンマドは、以後二三年以上にわたりクルアーン（字義どおりの意味は「読むこと」）の全文を読みつづけることになり、それ以来、「神の使徒《ラスール・アッラー》」として知られるようになる。

ムハンマドにとって神の啓示の初体験がどのようなものであったか、詳述はむずかしい。情報源もあいまいだし、その内容が矛盾しているところもある。イブン・ヒシャームは、ムハンマドが眠っているとき、神の啓示は最初、夢のような形で示されたという。タバリーは、預言者ムハンマドは立っているときに神の啓示を受けて思わず跪《ひざまず》き、肩が震え、四つんばいになって逃げだそうとしたという。ムハンマドが洞窟のなかで聞いた神の命令《イクラー》は、タバリーの伝記にある「読誦《どくじゅ》せよ！」が一番ぴったりの解釈だが、イブン・ヒシャームは明らかに「読め！」という意味だとしている。実際、イブン・ヒシャームの伝承の一つによれば、最初の読誦は、ムハンマドの前に置かれた不思議なブロケードに浮き織にされた文章を読めと命じられたものだという。

ムスリムの伝承では、タバリーの「読誦せよ」という解釈に傾きがちだった。それは、クルアーンにあるムハンマドの形容語句「アン・ナビー・アル・ウンミー」が伝統的には「文字を知らない預言者」という意味だと解釈する人がいて、それを証拠に預言者ムハンマドは非識字者だったと言い張る人がいたためである。ムハンマドが文字を知らなかったとすれば、クルアーンの奇跡性は高まるかも知れないが、英国国教会の主教でイスラーム神学の研究者でもあるケネス・クレッグその他大勢の学者たちが指摘しているように、「アン・ナビー・アル・ウンミー」は、「啓典を知らない預言者」と解釈するほうが妥当であろう。この解釈は、文法的にも、ムハンマドがクルアーンは啓典をもたない人びとへの神の啓示であるとする一節、「われらは彼ら〔アラブ人〕に、学ぶべき啓典を与えてもいなかったし、汝より前に警告者を遣わしたこともない」（クルアーン第三四章四四節）とも矛盾しない。

実際の話、ムハンマドのような成功した商人が、自分の仕事を処理する上で、領収書一つ読んだり書いたりできなかったとは、ほとんどありえないことではないだろうか。確かに彼は書記でもなければ学者でもなかったし、ましてや言葉を武器とする詩人でもなかった。しかし彼は、名前や日付、商品名、サービスなどの基本的なアラビア語の読み書きはできたにちがいないし、顧客の多くがユダヤ人だったことを考えれば、アラム語で簡単な用を足すことさえできたのではないかと思われる。

ムハンマドが最初に神の啓示を受けたのは何歳の時だったかについても、異論がある。いくつかの年代記では四十歳とされ、別の資料では四十三歳になっているものもある。正確に知る方法はないが、英国の中近東医学史の研究者ローレンス・コンラッドによれば、古代アラブ人のあいだでは、「男は四十歳にしてやっと、肉体的にも知的にも活力の頂点に達することができる」と広く信じられていたという。クルアーン第四六章一五節でも、人間は四十歳で成年男子としての自覚を持つものだと述べて、こうした信仰を裏づけている。言葉を変えれば、古代の伝記作者たちは、こうしたことからヒラー山で啓示を受けたムハンマドの年齢を想定して、彼の誕生した年を推測したのではないだろうか。

同様に、最初の啓示を受けた正確な日付についても諸説がある。ラマダーン月（九月）の一四日としているのもあれば、一七日、一八日、二四日などさまざまだ。最初の読誦が何であったかについてさえ異論がある。神のムハンマドへの最初の命令は、「読誦せよ」でもなければ「読め」でもなく、「立ち上がり、警告せよ！」だったとしている年代記もいくつかあるのである。

伝承が曖昧で矛盾している理由は、おそらく、ムハンマドの預言者としての生涯のはじまりとなる神の啓示を受けたとされる出来事は、たった一度ではなく、小さな、取るに足りないような超常体験が次第に高まりを見せ、最後にすさまじい神との遭遇が起こったためかも知れない。預言者ムハンマドのもっとも身近にいて、一番可愛がられたと言われる教友アーイシャによれば、預言者となるべき最初の徴候は、ヒラー山の出来事よりはるか前に起こっていたという。それらの徴候は、夢のなかでムハンマドを襲う幻覚のような形で現われ、それが煩わしくて彼はますます引き籠もるようになった。「彼は独りになることが何より好きでした」とアーイシャは回想している。

ムハンマドを煩わせた幻覚には周囲に立ちこめる独特な雰囲気の知覚もともなっていたらしい。イブン・ヒシャームの記録によれば、預言者ムハンマドがお籠もりをしにマッカの峡谷に出かけるとき、彼が通る道ばたの小石や木々が、「汝に平安あれ。おお、神の使徒よ」とつぶやいたという。それに気づいたムハンマドは「右を見たり左を見たり、うしろを振り返ったりするが、木々や小石のほかは何も見えなかった」。こうした周囲の雰囲気や視覚的な幻覚は、ヒラー山で神に呼び出される寸前までつづいた。

預言者以外に神の啓示の体験を物語れる人物はいないことは確かだが、預言者としての自覚がゆっくりとしたプロセスを経て醸成されてくるものだと考えることは不合理でも異端でもない。イエスにも天が裂け、一羽の鳩が彼の頭上に舞い降りてきて、彼が救世主としての特性をもっていると断言させる必要があったし、神が神聖な使命を告げるために、時には彼一人を呼び出すことがあったことを、彼も理解していたのではないか？　お釈迦様も、よく言われるように、菩提樹の木陰に座っているときに閃光のように、突然、悟りが開けたのか、それとも幻覚が次第に現実と確信できるようになった結果、悟りが開けたのだろうか？　神の啓示はもしかしたら、いくつかの伝承が断言しているように、「曙光のように」ムハンマドに届いたのか、それとも言語に絶する超常体験を通して、少しずつ自覚されるようになったのか、だれにもわからない。だが、彼より以前のほかのすべての預言者と同様、ムハンマドも神の召命などまったく望んでいなかったことは確かのように思われる。この経験に意気消沈した彼が最初に考えたのは自殺だった。

ムハンマドの知る限り、彼が不埒な食わせものとして軽蔑していた霊能者《カーヒン》（「奴らを見るのもいやだ」と叫んだことがある）しか、天からのメッセージを受け取る者はいなかった。もしもヒラー山の体験が、自分が霊能者《カーヒン》になってしまったことを意味し、マッカの仲間たちが最近、彼もそのような存在と見なすようになりつつあるなら、死んだほうがましだった。

「クライシュ族にわしを断じてそんな風に呼ばせない！」とムハンマドは誓った。「わしはあの山のてっぺんに登り、そこから身投げして死ねば、安らかになれるだろう」

ムハンマドが霊能者《カーヒン》にたとえられるのを嫌がったのは当然だった。ムハンマドへの啓示の最初の数行は、どの翻訳を見ても見分けがつきにくいほどこの上なく美しい詩文である。あの最初の読誦部分とそれにつづく言葉は韻を踏んだ二行連句になっていて、霊能者《カーヒン》が没我状態で唱える句とそっくりであった。これは決してあり得ないことではない。アラブ人にとって神の言葉は詩の形で聞こえてくるものと考えられていた。詩は言語を聖なる領域に高めたものと思われていたのである。だが、ずっとあとになって、ムハンマドのメッセージがマッカのエリートたちと衝突するようになると、彼の敵は霊能者《カーヒン》のご託宣とムハンマドの読誦がよく似ているとからかい、「われわれが、ものに憑《つ》かれた詩人のためにわれわれの神々を捨て去らねばならないなんてことがあるか」（クルアーン第三七章三六節）と問いかけたのである。

　クルアーンにはムハンマドが霊能者《カーヒン》であるという非難に異議を唱える詩句がたくさんあるのは、この問題が初期のムスリム共同体にとっていかに重要な問題であったかを示している。ムハンマドの布教活動が地域全体に広がるにつれて、啓示の形も次第に散文的になり、初期の詩句に見られるようなご託宣口調に似たものはなくなった。だが、はじめの頃のムハンマドは、自分がなんと言われているかを正確に知り、当時の人たちから霊能者《カーヒン》と見なされていると思っただけで、危うく自殺してしまうところだった。

　神はついにムハンマドが正気であることを保証して彼の不安をぬぐい去った。だが、ハディージャがいなかったら、彼は自分の計画を最後までやりぬかなかったかも知れず、その結果、歴史はまったく異なった方向に展開していたであろう。

「彼女によって、神は預言者の重荷を軽減された。全能の神よ、彼女に慈悲をたれたまえ！」とイブン・ヒシャームはハディージャの非凡さについて書いている。

　洞窟のなかでの体験におびえ、震えながら、ムハンマドは家に戻り、妻ハディージャのそばに這い寄って、「わしをくるんでくれ！　わしをくるんでくれ！」と叫んだ。

ハディージャはすぐにマントを彼の上にかけ、震えと痙攣が止まるまで両腕でしっかりと彼を抱きしめた。少し落ち着くと、ムハンマドは涙ながらに自分に起こったことを説明しようとした。「ハディージャ、わしは気が狂ってしまったのだと思う」と彼は言った。

「そんなはずはないわ」とハディージャは彼の髪をたたきながら答えた。「神があなたをそんな風に扱うはずはありません。神はあなたが真面目で、信頼でき、いい人で、やさしい方であることをご存じですもの」

だが、それでもムハンマドを慰めきれなかったので、ハディージャは急いで外衣を身にまとい、夫に起こったことをわかってくれそうなたった一人の男を探しに出かけた。それは彼女のいとこでキリスト教徒のワラカだった。キリスト教徒に改宗する前は、最初の純粋な一神教徒《ハニーフ》だったあのワラカである。ワラカは聖書になじんでいたので、ムハンマドの体験が何を意味するかわかった。

「彼はこの土地の人たちの預言者ですよ」とワラカはいとこの話を聞いて請け合った。「元気を出して、と言っておやりなさい」

それでもムハンマドは不安だった。とりわけ今、神に召されて何をするべきかわからなかったからである。悪いことに、彼が一番保証を求めているときに、神は沈黙された。ヒラー山での最初の啓示体験のあと、長いあいだの神の沈黙に、ムハンマドの体験が事実であったことを少しも疑わなかったハディージャでさえも、しばらくすると、この啓示の意味に疑問を感じ始めた。「あなたの主《しゅ》は、あなたを嫌うようになったにちがいないわ」と彼女はムハンマドに正直に言った。

やがてムハンマドがもっとも落ち込んでいるときに、二度目の御言葉《みことば》が天から降り注いだ。すると、最初のときとまったく同じ激しい苦痛に襲われた。今回は、ムハンマドが好むと好まざるとにかかわらず、彼が今や「神の使徒」

であることに対する疑念を払うものであった。


汝《なんじ》の王のみ恵みのおかげで、汝はものに憑《つ》かれた者ではない。

汝には、つきることのない報酬が授けられる。

汝は偉大な特性を備えた者。

いずれ汝は見る、そして彼らも見る。

おまえたちの中で、だれがものに憑かれた者であるかを（クルアーン第六八章二―六節）。


ムハンマドにはもはや選択の余地はなく、「立ち上がり、警告する」ほかなかった。

社会改革者への神の声

ムハンマドがマッカの人びとに示した最初の詩句は、宗教と社会という二つの大きなテーマに分けられる。そのどちらにも同じ言語が使われている。まず第一に、驚くほど美しい詩句で、ムハンマドは、「大地に割れ目を造り、そこに育てるものには、穀物あり、ブドウあり、青草あり、ナツメヤシあり、うっそうと茂った庭園あり」と、神の力と栄光について礼讃している。これは今までマッカの大半の人たちがなじんでいた、強力で遠くにいる（第八〇章二六―三〇節）最高神と同じではなかった。これは創造をこよなく愛された「よき」神、「慈愛ぶかいお方《アッラフマーン》」（同第五五章一節）、「いとも心ひろきお方《アル・アクラーム》」（同第九六章三節）であった。そういうわけで、これは感謝と崇拝に値する神であった。「あなたがたは主から受けた恩恵をいくつ否定するつもりか？」とムハンマドは同族の男たちに訊ねた。

こうした初期の詩句に神の威力ややさしさが明らかに欠けているのは、一神教の正式な宣言であるか、多神教の断固とした批判であるためだ。ムハンマドはまずはじめに、いくつの神があるかではなく、「神《アッラー》」とはどんな神であるのかを明らかにすることに心を砕いていたように思われる。それはおそらく、すでに述べたように、ムハンマドが、すでにある程度の一神教的――あるいは少なくともたくさんの神のなかから一つの神を選んで信仰する傾向をもっているコミュニティーに対して発言しているためであろう。クライシュ族には、神はたった一つであるとわざわざ言う必要はなかった。彼らは以前から、ユダヤ教徒、キリスト教徒、純粋な一神教徒《ハニーフ》から、何度もそのことを聞いており、必ずしもそれに異を唱えていたわけではなかった。この時点での彼の任務は、もっとずっと緊急度の高いメッセージを伝えることだった。

ムハンマドの初期の読誦の大部分で伝えようとしている第二のテーマは、マッカにおける部族倫理の消滅である。ムハンマドが強い言葉で激しく非難しているのは、弱者や保護を失った者たちの不当な扱いと搾取についてだった。彼は貧しい者を奴隷にしてしまうインチキ契約や法外な高利をとる習慣をやめるように呼びかけた。彼は恵まれない者や抑圧されている者の権利について語り、彼らの世話をするのは金持ちや有力者の義務であると、驚くべきことを主張した。「汝、孤児を苦しめるな。乞食を叱りつけるな」とクルアーンは命じている（第九三章九―一〇節）。これは気軽な忠告ではない。警告である。神はクライシュ族の邪悪、強欲ぶりを見ていて、これ以上、我慢できなくなったのであろう。

悪口をたたき、中傷する者にはみな禍《わざわい》あれ。
財を集めては勘定に耽《ふけ》り、
その財が自分を不滅にすると考える。

いな、彼らは粉砕釜に投げ込まれるのだ（同第一〇四章一―四節）。

ムハンマドは何よりもまず自分を、同じコミュニティーのなかで孤児を排斥し、貧者に食事を与えることを奨励しない者、礼拝しながらも礼拝に身がはいらず、慈善を断わる者（同第一〇七章一―七節）にメッセージを伝える警告者であると考えた。彼のメッセージはシンプルだった。「最後の審判の日」が近づいている。そのときには、「天が割れて、大地が平らに伸べられ」るであろう。「奴隷を放し、飢えに苦しむ日、食事を与えてやる」ことをしなかった者は、業火《ごうか》にたたき込まれるという（同第九〇章一三―二〇節）。

これは根本的変革を求めるメッセージで、マッカの人たちがこれまでに聞いたことがないものだった。彼は新しい宗教を確立しようとしていたのではない。大々的な社会改革を求めていたのだった。一神教を説こうとしたのではなく、公正な経済行為を命じたのである。だがこうした革命的で、非常に刷新的な彼のメッセージは、多かれ少なかれ無視された。

それはムハンマドがいたらなかったせいでもあった。どの伝承でも、ムハンマドは最初、神の啓示を自分の一番親しい友人と家族に打ち明けたとしている。彼のメッセージを最初に受け入れたのはハディージャだったことはたしかだ。彼女はムハンマドに出会ってから死ぬまで、とりわけ彼がひどく落ち込んでいるときは夫のそばにいた。彼のメッセージを二番目に受け入れたのはだれかについてはムスリムの宗派によって大きく意見が異なるが、ムハンマドが引き取られた伯父アブー・ターリブの息子で、ムハンマドにとっては従弟に当たり、同じ屋根の下で育ったアリーだったと見るのが妥当であると思われる。彼は妻に次いで彼と親密な関係にある人物だった。

アリーに受け入れてもらえたことで、ムハンマドはどんなにかほっとしたことだろう。なぜなら、彼はムハンマドの従弟であっただけでなく、もっとも身近な味方だったからだ。ムハンマドは彼のことを「弟」とたびたび紹介している。アリーもそれに応えて、イスラームのもっとも尊敬される戦士へと成長してゆく。アリーはやがてムハンマドの愛娘ファーティマと結婚し、二人のあいだに預言者にとってのちに伝説的存在となる孫のハサンとフサインが生まれる。選ばれた少数者にのみ明かされる奥義の源泉、イスラーム的論理体系の父として尊敬されるアリーがいつの日かイスラームのまったく新しい宗派に影響を与えることになるのも不思議ではない。だが、預言者の呼びかけに応えて、ハーシム家のなかで最初に立ち上がったときの彼は、まだやっと十三歳の少年だった。

アリーの改宗後すぐに、ムハンマドの奴隷ザイドも改宗し、身分を解放された。それに引き続き、ムハンマドの親しい友人で、クライシュ族の裕福な商人だったアブー・バクルも信奉者になった。非常に忠実で熱烈な信奉者だったバクルがムハンマドのメッセージを受け入れて最初にしたのは、自分の財産がまったくなくなるまで仲間の商人の所有する奴隷を買い上げて、解放したことだった。アブー・バクルを通して、メッセージは町中に広められた。イブン・ヒシャームの証言によれば、彼は物ごとを自分のなかだけにしまっておくような人間ではなかったため、「自分の信仰をおおやけにし、神とその使徒に従うように呼びかけた」からである。

ここで小休止して、マッカにおけるムハンマドの布教活動のなかで注目すべきいくつかの点について考えてみよう。ムハンマドのメッセージが、彼が権利を擁護する弱者や保護を失った者たちから、彼の説教に耳が痛いマッカのエリートたちにまで、ほとんど社会のすべての階層に及んでゆく一方で、この時期の彼の布教活動のもっとも驚くべき特徴は、その信奉者がモンゴメリー・ワットのいう「もっとも有力氏族中のもっとも有力な家族たち」から構成されていたことである。彼らの大半は三十歳以下の若い男たちで、ムハンマドと同じようにマッカの社会に不満を感じていた。その上、信奉者は男性ばかりではなかった。ムハンマドの初期の信奉者のなかには女性が大勢いた。そのなかには、命がけで父親や夫、兄弟が押しつけるしきたりを拒否して、彼の布教活動に参加した。

それにもかかわらず、ムハンマドの活動は控えめだったので、最初の数年間は、ムハンマドの「教友」と呼ばれるこのグループの人数は、全部併せても三、四〇人どまりだった。それ以外のマッカの人たちには、ムハンマドのメッセージも彼の教友のこともまったく無視されていた。

タバリーもイブン・ヒシャームも、ムハンマドがおおやけに説教を始めたあとでさえ、クライシュ族の人たちは、「彼から遠ざかりはせず、彼をまったく拒否することもなかった」と述べている。それはなぜだったのだろうか？　ひとつには、貧しい者や保護を失った者を奴隷にするほど裕福になることと、そういう慣習を当然だと主張することはまったく別の問題だったからだ。そのうえ、ムハンマドのメッセージには彼らの生活方式を宗教的にも、経済的にも直接脅かすようなことは何もなかった。ムハンマドの布教活動が経済的な現状に何も影響を与えない限り、クライシュ族の人たちは彼とその教友たちがひっそりと祈ったり、自分たちの悲憤を話し合うために人目につかないように集会をもちつづけるのはけっこうなことだと認めていた。

だが、ムハンマドは決して無視されるような男ではなかった。

部族社会と対立する「神の使徒」

神の啓示が始まって三年後の六一三年、ムハンマドのメッセージは劇的に変化した。それは、「神《アッラー》のほかに神なし。ムハンマドはその使徒なり」という二つの部分から成る「信仰告白《シャハーダ》」に要約されるもので、以後、彼の布教活動の使命と行動指針を定義づけることになる。

この時以降、ムハンマドの宣教のなかでは、それまで初期の読誦では暗に示されただけであった一神教が、中心的な神学理論となり、今まで前面に押し出されていた社会的メッセージは背後に押しやられた。「それゆえ、汝は命ぜられたことを宣教せよ。そして多神教徒どもに背を向けよ」(クルアーン第一五章九四節)と神は命じたのだ。

クライシュ族がムハンマドとその信奉者たちの小さな一団にとうとう怒りを爆発させたのは、この新しい、妥協を許さない一神教だった(「たくさんいる神様を一人の神様にしてしまうのか？　とんでもないことだ」とクライシュ族は訊ねたと想定される)と推定する人が多いが、そうした見解は、このシンプルな信仰告白《シャハーダ》が暗示する深遠な社会的、経済的影響を鋭く察知していない。

クライシュ族は宗教に関して並々ならない見識をもっていたことを思い出していただきたい。彼らはそれで生計を立ててきたのだ。多神教、多神教から一人の神を選んで信仰する一神教、完全な唯一神論、キリスト教、ユダヤ教、ゾロアスター教、ハニーフィズム、偶像崇拝など、クライシュ族はさまざまな形の信仰すべてを見てきた。それゆえ、ムハンマドが一神教を唱えたことにクライシュ族がショックを受けたとは思えない。純粋な一神教徒《ハニーフ》は同じことをずっと前から説いてきたばかりでなく、伝承によれば、ヒジャーズ全域に一神教を唱える著名な預言者的な人物はほかにもたくさんいた。実際、ムハンマドの先駆者として知られるスワイドとルクマーンという二人のそうした人物を初期のムスリムは尊敬していた。クルアーン第三一章は「ルクマーンの章」とされているくらいで、そのなかで彼は神から深遠な知恵を授けられた者と呼ばれている。つまり、神学的に見ても、ムハンマドの「神《アッラー》のほかに神なし」という主張は、マッカの人たちにとって言語道断なものでもなければ、初めて耳にする言葉でもなかったはずだ。

だが、ムハンマドとほかの同時代人とを区別する二つの非常に大事な要素がある。それはムハンマドの一神教信仰そのものより、はるかに激しくクライシュ族を怒らせた。その第一は、賢者ルクマーンや純粋な一神教徒《ハニーフ》とちがって、ムハンマドは自分自身の判断を権威あるものとしてそうした発言をしたのではなかったことだ。彼の読誦は、霊能者《カーヒン》のように「ジン」の仲介によって行なわれたのでもなかった。反対に、ムハンマドをユニークにしたのは、彼が「神の使徒」であると宣言したことである。さらに彼は、自分より以前のユダヤ教徒やキリスト教徒の預言者や使徒たち、とりわけ偶像崇拝者その他のマッカの人たちにも神聖な霊感を与えられた預言者と見なされているアブラハムと同様の存在であると繰り返し自分を位置づけた。つまり、ムハンマドと純粋な一神教徒《ハニーフ》のちがいは、ムハンマドが「アブラハムの宗教」を説いただけではなく、ムハンマドが〝新たな〟アブラハム（クルアーン第六章八三―八六節、同第二一章五一―九三節）だったことである。そしてこの自己イメージこそまさに、クライシュ族をひどく不快にさせたのだった。なぜなら、自分を「神の使徒」だと宣言することによって、ムハンマドはアラブの伝統的権力委譲のプロセスをずうずうしく飛び越えてしまったからである。これはムハンマドに「平等な者同士のなかで一番上に立つ者」として与えられた権威ではなかった。ムハンマドと同等の者はいなかった。

　第二の要素は、すでに述べたように、純粋な一神教徒《ハニーフ》の説教者たちは多神教やマッカの同胞たちの強欲さを攻撃したことがあったかも知れないが、彼らはカアバ聖殿とその「鍵を握る人物」の役目を演じるコミュニティー内の人間には深い敬意を表しつづけていたことである。純粋な一神教徒《ハニーフ》がマッカではだいたいにおいて寛大に扱われ、また、彼らがいっせいにムハンマドの布教活動に対し改宗しなかった理由もそれで説明できる。だが、自分自身がビジネスマンであり、商人でもあったムハンマドは、純粋な一神教徒《ハニーフ》にはできなかったことがあるのを知っていた。マッカの抜本的な社会・経済改革を行なう唯一の方法は、この町がそれによって成り立っている宗教・経済システムを根底から変えることである。それをおこなう唯一の方法は、まさにクライシュ族の富と威信の源泉であるカアバ聖殿を攻撃することだった。

　ムハンマドにとって、「神《アッラー》のほかに神なし」という宣言は、信仰告白をはるかに超えたものだった。こう言明することによって、カアバ聖殿とそれを支配管理するクライシュ族の宗教がらみの「権利の両方を、意識的かつ意図的に攻撃することになるからである。さらに、マッカでは宗教と経済が複雑に生活にからみついていたために、そのどちらかに打撃を与えれば、必然的にもう一方にも影響を及ぼすことになった。

たしかにこの信仰告白《シャハーダ》には、重要な神学的新機軸が含まれていた。だが、その新機軸が一神教だったのではない。この単純な信仰告白《シャハーダ》で、ムハンマドはマッカの人たちに、天地を創造した神はいかなる仲介者も必要とせず、だれでも直接にアクセスできると宣言したのだ。すると聖殿のなかの偶像や、事実上、それらの神々を祀る聖殿そのものまでまったく無用ということになる。そして、もしカアバ聖殿が無用なら、ヒジャーズの宗教、あるいは経済の中心地としてのマッカの優位性もなくなってしまう。

巡礼月が近づいてくるにつれて、クライシュ族はこのメッセージを無視することができなくなった。彼らは手を尽くしてムハンマドとその教友たちを黙らせようとした。彼らはムハンマドの伯父アブー・ターリブに助けを求めに行った。しかし、ハーシム家の長老《シャイフ》である彼は、自分自身はムハンマドのメッセージを認めようとはしなかったが、甥の保護の撤回は断わった。クライシュ族はムハンマドに軽蔑の言葉を浴びせ、長老《シャイフ》の保護のない不運な教友たちをいびった。彼らはムハンマドが祖先を侮辱し、しきたりをばかにし、家族を分裂させ、その上、聖殿の他の神々まで呪うのをやめてくれるなら、布教活動を静かにつづけるのに必要な自由も、支援も、権力も、金も与えるとまで申し出た。だが、ムハンマドは拒否した。マッカにお詣りと商売を兼ねた巡礼者がふたたび集まる季節になると、クライシュ族の不安はさらに高まった。

クライシュ族は、ムハンマドがカアバ聖殿のそばに立ち、アラビア半島全域から集まってくる巡礼者たちに個人的に自分のメッセージを伝えようとしていることを知った。説教者がクライシュ族と彼らの慣行を非難するのはこれが初めてではなかったかも知れないが、そのような非難が、「身内の一人」であり、成功者として名を知られたクライシュ族のビジネスマンから発せられるのは初めてだったことは間違いない。これを看過できない脅威と認めたクライシュ族は、ムハンマドの計画を先制する戦略に乗り出した。「定期市にやってくる人たちが通る道」に座り込み、「父や兄弟、妻や家族から人を引き裂くようなメッセージをもたらす妖術師」がカアバ聖殿のそばで待ちかまえているから、黙って通り過ぎ、無視するように警告したのである。

クライシュ族は、ムハンマドが妖術師だと実際に信じていたわけではなかった。彼らはムハンマドの読誦が「眉唾ものではなく」、あきらかに妖術を連想させる儀式でもないことを認めていた。だが、彼らはムハンマドがマッカの家族を分裂させていることは信じて疑わなかった。イスラーム勃興以前のアラビアでは、人の社会的身分はどの部族の一員かによってのみ判断され、人はみな自分の部族の活動すべて、とりわけ部族の祭儀には絶対に参加しなくてはならなかったことを思い出していただきたい。だが、ムハンマドの布教活動に応じることは、自分の信仰を変えるだけでなく、部族活動への参加を断わり、部族と縁を切ることを意味していた。

これはクライシュ族にとって深刻な問題だった。彼らのムハンマドに対する（少なくとも公的な）最大の不満は、彼の社会的、財政的改革への呼びかけでもなければ、過激な一神教の唱導でもなかった。スコットランドの世界的なクルアーン学者リチャード・ベル（一八七六—一九五二）によれば、クルアーンのどこにも、クライシュ族が確信をもって多神教を擁護している記述はないという。むしろ、クライシュ族の巡礼者たちへの警告に見られるように、彼らはムハンマドが祖先から伝わる祭事や伝統的な価値観、この町が依拠している社会、宗教、経済の源泉となる伝統をムハンマドが常に笑いものにしていたことのほうが、彼の一神教のメッセージよりもずっと大きな問題と感じていたように思われる。

だが、予想どおり、カアバ聖殿のそばに立つ〝妖術師〟を無視せよという警告は、ムハンマドのメッセージへの好奇心を増大させただけだった。その結果、巡礼の季節と砂漠の定期市が終わり、巡礼者たちが故郷へ向かう頃には、だれも非難できない存在だったクライシュ族を脅かした男としてのムハンマドはアラビア半島全域で話題にされるようになっていた。

巡礼ついでの定期市の開催中にムハンマドを沈黙させることができなかったクライシュ族は、預言者に倣《なら》ってムハンマドが彼らにしたのと同じように経済面で打撃を与えることにした。ムハンマドとその教友たちだけでなく、部族の風習に従って彼の属する支族全体をボイコットしたのである。それ以降、ムハンマドの信奉者であるかどうかにかかわらず、マッカの住民はみな、ハーシム家のメンバーとは、結婚、品物の売買（食品や水を含む）がいっさい禁止された。

このボイコットは、マッカの教友たちに物質的供給を絶って追い出すためにクライシュ族が企てたものではなく、部族から切り離されたらどうなるかという見せしめのつもりにすぎなかった。もしムハンマドとその教友たちがマッカの社会・宗教活動に加わりたくないのならば、その経済システムの恩恵にも浴せないことを覚悟させる必要がある。マッカでは宗教と交易は別立てにはできないとすれば、前者を厚かましくも否定しておいて、後者にのみ参加できる者はだれもいなかった。

ボイコットは予測どおり、ムハンマドを含む交易で生計を立てている教友たちの大半に甚大な被害を与えた。実際、このボイコットの被害はあまりにも大きかったため、ムハンマドを拒否するのはいいが、ハーシム家の人たちが痛めつけられているのを見ながら、自分たちばかり飲み食いし、着るものを得るのは耐え難いというクライシュ族の著名人からの抗議も出た。数か月後、このボイコットは解除され、ハーシム家は再びこの町の商取引に参加できるようになった。だが、ムハンマドがマッカでの地盤を回復しかけたように見えたまさにそのとき、悲劇に襲われた。伯父で庇護者でもあったアブー・ターリブと、何でも打ち明けてきた妻ハディージャが相次いで死んだのである。

アブー・ターリブを失った影響は大きかった。ムハンマドは彼を危害から守ってくれる伯父の確固とした庇護にもはや頼れなくなった。新たにハーシム家の長老《シャイフ》になったアブー・ラハブはムハンマドが個人的に嫌いで、彼の庇護を正式に撤回した。結果はたちまち表われた。ムハンマドはマッカの路上でおおっぴらに罵倒されるようになった。彼はもはや外で説教したり、祈ったりはできなくなった。敢えてそれをしようとすると、頭の上に汚物をかけられたり、ヒツジの内臓を投げつけられたりした。

アブー・ターリブの他界は彼の立場を不安定なものにしたかも知れない。だが、ハディージャの死にはただ呆然とするばかりだった。彼女は妻だっただけではなく、彼を支え、慰め、貧困から救った、まったく文字どおりの命の恩人だった。男も女も無制限に配偶者をもつことが認められていた社会で、ムハンマドが十五歳も年上の女性と一夫一婦制を保持したのはなんと言っても驚くべきことである。フランスの社会学者で東洋史家マクシーム・ローディンソン（一九一五―二〇〇四）は、ハディージャの年齢から見て、ムハンマドが彼女に肉体的魅力を感じていた可能性は低いと断言しているが、これにはなんの証拠もないうえ、侮辱的な言い方である。アブー・ターリブの庇護を失ったムハンマドは、身柄の安全まで冒されなかったとしても精神的には意気阻喪していたことは確かだ。だが、激しい苦痛を伴う神の啓示を体験したあとや、頭に汚物をかけられたり、動物の内臓を投げつけられて着衣が血だらけになるなど、クライシュ族からの侮辱にさらされて家に戻ったとき、自分の外衣で彼を包み、恐怖が静まるまで両腕で抱きしめてくれたハディージャがいなくなったことは、預言者ムハンマドにとって想像を絶する悲しみだったにちがいない。

心も身体も支えてくれる人を失ったムハンマドは、もうマッカにいることができなくなった。それより少し前、彼はマッカの社会で何らかの形の庇護を失っていた信奉者の小グループを一時的にアビシニア（エチオピア）のキリスト教徒皇帝ネガスのもとに亡命させたことがあった。それにはクライシュ族の大きな商売敵の一人と同盟関係を結んでおこうという思惑も多少はあった。だが、今のムハンマドには、自分と教友たちとがクライシュ族のますます大きくなる怒りから逃れることのできる恒久的な住処《すみか》を必要としていた。

彼はマッカの姉妹都市ターイフを探ってみた。だが、そこの部族の有力者たちはクライシュ族の敵をかくまうことによって彼らの反感を買うのをいやがった。ムハンマドはマッカの周辺の地方商業市を見て回った。商人としても、人騒がせな行為をする男としても彼の名は知られていたそれらの場所でも受け入れてもらえなかった。困り切っているところへ、マッカの北四〇〇キロあまりの所にある小村の集合したヤスリブと呼ばれる農業オアシスに住むハズラジ族から招待の意向が伝えられた。ヤスリブは遠く離れた、まったく知らない町だが、ムハンマドはこの招待を受け入れ、教友たちに自分の部族や家族を捨て、なんの庇護も期待はできない場所で想像を絶する不安な未来を送る覚悟をさせる以外に方法はなかった。

ヤスリブへの移住は、教友たちが一度に数人ずつに分かれて、ゆっくりと人目につかないようにおこなわれた。クライシュ族がその動向に気がついたときには、ムハンマドとアブー・バクル、アリーだけしか残っていなかった。ムハンマドがマッカを去って軍隊を立ち上げるのを恐れた諸部族の長老《シャイフ》たちは、一家族から一人ずつ、「若く、屈強で、家柄のよい、貴族的な戦士」を選び出させ、彼らをムハンマドの睡眠中に彼の家に忍び込ませて、同時に剣を抜いて彼を刺し殺すことを決議した。こうすれば彼の死の責任はどの部族の人間にもあることにできる。だが、暗殺者たちがムハンマドの家に着いたとき、彼のベッドで寝ていたのは預言者を装ったアリーだった。前日の夜、自分の命がねらわれていることを知ったムハンマドは、アブー・バクルといっしょに窓から家を抜け出て、町の外に逃亡していた。

クライシュ族は激怒した。彼らはムハンマドを見つけてマッカへ連れ戻した者には雌のラクダ一〇〇頭を報償として与えると発表した。思いがけない大きな報償に目がくらんだ大勢の遊牧民《ベドウィン》が昼となく夜となく預言者とその友を追って、周辺地域をくまなく探し回った。

他方、ムハンマドとアブー・バクルはマッカからそれほど遠くない洞窟に身を潜めていた。三日間、二人は人目を避けて隠れ、追跡が下火になって遊牧民《ベドウィン》が宿営地に戻るのを待った。三日目の晩、二人は用心深く洞窟から這い出し、だれもついてこないことを確かめてから、シンパの一人が引いてきた二頭のラクダに乗り、静かに砂漠の彼方に姿を消し、ヤスリブに向かった。

自分の家からこっそり逃げ出し、夜陰に乗じて七〇人そこそこの信奉者が熱い思いで待つ数百キロも離れた見知らぬ土地に行かざるを得なかったその同じ人物が、わずか数年のうちに、生まれ故郷の町へ、こそこそとでもなく暗闇に紛れてでもなく、昼日中に一万人もの人たちを静かにうしろに従えて戻り、一度は睡眠中の彼を殺そうとしたその同じ人たちが、聖都マッカとカアバ聖殿の鍵を、無条件で戦い一つなく、聖別されたいけにえのように捧げることになるとは、驚異どころか、奇跡であるという人もいる。

第3章

預言者の町——最初のムスリムたち

砂漠のオアシスに向かう預言者

夕方、砂漠の太陽はまぶしく光る白い球体となって空を下り、地平線の彼方に沈む。残光に浮かび上がる砂丘は、やがて黒々とした大きな波になって遠ざかって行くかのようだ。ヤスリブのはずれには、そびえ立つナツメヤシの樹林が、にじりよる砂漠とオアシスを隔てる境界線を形成している。そこに少数の教友たちの一団が、額《ひたい》に手をかざして、ムハンマドらしい姿は現われないかと、広大な砂漠の彼方の地平線を見つめていた。彼らは昼も夜もそこに立っていた。ほかに何ができたであろう？　たいていの者はヤスリブに家がない。所持品のほとんどをマッカに置いてきてしまっている。彼らの旅はラクダに荷を積んでの大脱出ではなかった。「聖遷《ヒジュラ》」として知られるマッカからヤスリブへの移住は、一種の隠密作戦だった。娘たちは夜中に父の家をこっそり抜け出し、青年たちは不毛の荒れ地を越える一週間あまりのきびしい旅のために、背負えるだけの多くの食糧をかついで集まった。もちよったわずかな所持品は一行の共有財産とされたが、長もちはしなかった。

問題は、教友たち――もう少し適切な言葉で言えば、「移住者《ムハージルーン》」（聖遷《ヒジュラ》をおこなった者）――はもともと交易や商売に従事していたが、ヤスリブは交易で成り立っている町ではなかったことである。いや、そこは町でさえもなく、農家と果樹園、そこで働く農夫らの住む小村のゆるやかな連合体のようなものだった。移住者たちが背後に残してきた活気あふれる裕福な都市とはまるでちがうところだった。そのうえ、かりに彼らが商人から農民へと変身できたとしても、ヤスリブで最上の農地にはすでに占有者がいた。

ムハンマドのメッセージを受け入れ、彼の布教活動に転向した「支援者《アンサール》」と呼ばれる一握りのヤスリブの村人の慈善と善意がなかったら、彼らはどうやってここで生き延びていけるのか？　クライシュ族の庇護を放棄した彼らの運命はどうなるのであろう？　アラビア半島の最有力部族が、なんの後腐《あとくさ》れもなく彼らがマッカから去るのをあっさり許すだろうか？　非凡だが真価は不明で、今では行方もわからない預言者の命令だけを信じて、自分たちは実際に、家も家族も身分も投げ捨てる道を選んでしまったのか？

日が落ちる寸前、二つのシルエットが小さな煙のように地平線に現われ、揺らめきながらヤスリブに近づいてくるのが見えた。移住者《ムハージルーン》のあいだには、「神の使徒だ！　神の使徒がやってくる！」という叫び声が広がった。男たちは飛び上がり、オアシスへと渡ってくるムハンマドとアブー・バクルのほうに走り出した。女たちは二人をかこみ、手をつないで踊った。預言者の到着を告げる彼女たちの「ウルルルル……」という甲高い舌笛が家から家へと響き渡った。

道中で日焼けして肌に水ぶくれのできたムハンマドは、ほっとした表情でラクダの手綱を緩めた。群衆が駆け寄って、食べ物や水を差しだした。数人の支援者《アンサール》が争ってラクダの手綱を握り、自分の村のほうへ案内しようとした。「神の使徒よ、用心棒もたくさんおり、糧食も十分で守りも堅い入植地へおいでください」と彼らは叫んだ。

だが、ムハンマドはヤスリブの特定の氏族と同盟を結びたくなかったので、その申し出を断わった。「手綱には触れないでくれ」と彼は命じた。

群衆はたじろぎ、ムハンマドの乗ったラクダは数歩よろよろと先へ進んだ。ラクダは今ではナツメヤシの乾燥場に使われている荒れ果てた埋葬地のまわりを一周し、やがて立ち止まって膝を折り、首を下げて預言者を降ろした。その土地の所有者に、ムハンマドは値段を訊ねた。

「お金はいりません。神からの報償だけいただきましょう」と持ち主たちは答えた。

ムハンマドは彼らの寛大さに感謝して、早速土地の地ならしを命じ、墓は掘り上げて、伐採したナツメヤシの木でささやかな家を建てさせた。彼は中庭にヤシの葉で屋根をかけ、住まいには木を使い、壁は土で塗ることを考えた。だが、これはまもなく単なる住まい以上のものになる。ナツメヤシの乾燥場兼墓地は最初の礼拝所《モスク》、これまでとは異なる新たなコミュニティーに変貌した。これは非常に革命的な出来事だったので、後年、ムスリム学者らがイスラーム独自の暦を定めるとき、預言者の生年ではなく、神《アッラー》の啓示の開始時でもなく、ムハンマドと彼と行動をともにした移住者たちの一団がこの小村連合をつくって新しい社会をスタートさせたときを元年とした。こうして、西暦六二二年が永久に聖遷《ヒジュラ》暦一年として知られるようになり、この数百年にわたってヤスリブと呼ばれていたオアシスは、以後、「預言者の町《マディーナ・アンナビー》」もしくはそれを詰めて「マディーナ」〔アラビア語で「町」の意〕としてその名を馳せることになる。

預言者の名を冠した町におけるムハンマドの時代については、不朽の神話が存在する。それ以後一四〇〇年にわたるイスラームの宗教と政治の輪郭を明らかにする神話だ。というのも、ムスリム・コミュニティーが誕生し、ムハンマドのアラブ社会改革運動が普遍的な宗教イデオロギーに変貌したのは、このマディーナにおいてであったからである。

「マディーナにおけるムハンマド」は、預言者の死後、中東全域に拡大するムスリム帝国の枠組《パラダイム》となり、中世にはあらゆるアラブ王国にとっての到達基準になった。マディーナの理想は、ムスリム居住地の管理権を植民地支配からもぎ取る手段として、ムハンマドの願う純粋なコミュニティーという本来の価値観（それぞれの運動は本来の価値観をどう定義するかについて根本的な考え方がちがっていることはあったが）への回帰を真剣に願う一八、一九世紀のさまざまなイスラーム復興運動を高揚させた。やがて二〇世紀を迎え、植民地主義の終焉とともにイスラーム国家を発足させたのは、このマディーナの記憶である。

今日、マディーナはイスラーム的民主主義の原型であると同時に、イスラームの闘争性に弾みをつけてもいる。エジプトの論客で政治哲学者でもあるアリー・アブドゥッラージク（一八八八—一九六六年）のようなイスラーム穏健派は、マディーナにおけるムハンマドのコミュニティーは、イスラームが宗教と一時的な権力を分離することを提唱していた証拠であったのに対し、アフガニスタンやイランのムスリム過激派は、その同じコミュニティーをいろいろな形のムスリム神政国へとすり替えてしまったと指摘している。平等な権利獲得に懸命なムスリム・フェミニストたちは、ムハンマドがマディーナで制定した法的改革を常に励みにする一方、ムスリム伝統主義者たちはその同じ法的改革を、イスラーム社会における女性の従属的地位保持の基盤と解釈してきた。マディーナにおけるムハンマドの行動は、ムスリムとユダヤ教徒の関係の手本だという人もいれば、双方にはアブラハムの二人の息子のあいだに常にあった、そしてこれからも常にあるにちがいない克服不可能な闘争を証明するものだという人もいる。だが、穏健派であろうが伝統主義者であろうが、改革派であろうが原理主義者《ファンダメンタリスト》であろうが、フェミニストであろうが男性優位主義者であろうが、ムスリムならだれでも、マディーナをイスラームの理想のモデルであると見なしている。ひとことで言えば、マディーナはイスラームのあるべき姿を示しているのである。

　このような重要度の高い神話がみなそうであるように、実際の歴史と「宗教ならではの歴史」とを分離するのはむずかしいことが多い。問題の一つは、マディーナにおけるムハンマドの時代を扱った歴史的伝承が書かれたのは預言者の死後数百年もたってからで、ムスリムの歴史家たちはムハンマドが神に課された任務の普遍性を認め、そのさっそくの成功を強調することに懸命だったことである。ムハンマドの伝記作者たちは、ムスリム・コミュニティーがすでに強大な帝国になってからの時代に生きていたことを忘れないでいただきたい。その結果、彼らの記述は七世紀のマディーナよりも九世紀のダマスカスや、一一世紀のバグダードの政治的、宗教的イデオロギーを反映している場合が多いのである。

　そこでマディーナでは実際に何が、なぜ起こったのかを理解するには、やがてムスリムの首都となる聖都ではなく、初期のムスリム・コミュニティーを養い育てた僻地の砂漠のオアシスの実態を知る資料に目を転じるしかない。「預言者の町」ができるずっと前、なんといっても、そこはただのヤスリブだったのだから。

聖遷以前のヤスリブ

七世紀のヤスリブは、ナツメヤシ園や耕作可能地がびっしりある豊かな農業オアシスで、その大半は大小さまざまながら二〇あまりのユダヤ教徒支族が采配を振っていた。その頃のヒジャーズ地方のユダヤ教徒の大半はパレスチナからの移住者だったのに対し、ヤスリブのユダヤ教徒はほとんど、ユダヤ教に改宗したアラブ人だった。彼らは宗教上そう分類されていることをのぞけば、近隣の多神教徒たちとほとんど変わらなかった。ほかのアラブ人と同様、ヤスリブのユダヤ教徒は、自分たちをまず第一に、単一のユダヤ教徒コミュニティーの構成員としてではなく、それぞれが自立集団のようにふるまう支族の一員と考えていた。いくつかのユダヤ教徒支族がたがいに同盟のようなものを結んだりしてはいたかも知れないが、そういう人たちでさえ、一つにまとまってユダヤ教徒部族を形成することはなかった。

この地への最初の入植者だったユダヤ教徒は、「高地」と呼ばれるヤスリブのもっとも豊穣な耕作可能地を占有し、たちまちアラビア半島でもっとも貴重とされるナツメヤシの栽培の達人になった。ユダヤ教徒はまた、宝石商、仕立屋、武器製造者、ワイン製造者（ユダヤ教徒のワインはアラビア半島の最高級品と考えられていた）としてもすぐれていた。だが、ヒジャーズ全域からほしがられていたのはヤスリブのナツメヤシで、これが栽培者たちを裕福にした。事実、オアシスのなかでもサーラバ家、ハドゥル家、クライザ家、ナディール家、カイヌカー家の五大支族（彼らは町で唯一の市場も管理していた）がヤスリブ経済をほぼ独占的に支配していた。

たくさんの遊牧民《ベドウィン》部族が遊牧生活をやめ、ヤスリブに定住するようになる頃には、肥沃な土地のほとんどすべてがすでに所有者が決まっていた。残っていたのは、「低地」と呼ばれる地帯にあるほとんど耕作不可能な土地だった。

限られた資源をめぐって、〝多神教徒〟とユダヤ教徒支族のあいだにもめごとが起きていたばかりでなく、ヤスリブにおけるユダヤ教徒の権威と影響力は次第に衰えつつあった。だが、この二つのグループは大部分の事柄について戦略的部族連合や経済同盟をつくって比較的平和に暮らしていた。ユダヤ教徒はアラブ人を定期的に雇って、収穫したナツメヤシを近隣の市場（とくにマッカ）に運ばせる一方、アラブ人は近隣のユダヤ教徒の知識、職人技術、先祖伝来の伝統を高く評価していた。アラブ人の歴史家ワーキディー（七四七―八二二）の表現によれば、「われわれアラブ人は、ヒツジとラクダ以外、ナツメヤシもブドウ畑ももっていなかったのに対し、ユダヤ教徒たちはりっぱな家柄や財産のある人たちだった」。

　このオアシスでの実際の軋轢はユダヤ教徒とアラブ人のあいだにあったのではなく、アラブ人同士のあいだにあった。具体的に言えば、ヤスリブの二大アラブ部族であるアウス族とすでに述べたハズラジ族との争いである。紛争の起源は歴史の彼方に消えてしまってわからないが、おそらく、この種の部族間紛争がエスカレートするのを防ぐのが目的であるはずの同害報復法が問題解決につながらず、争いが長引いていたのは明らかだったようだ。ムハンマドがヤスリブに到着した頃には、限られた資源をめぐる意見の不一致として始まったものが部族間の血なまぐさい確執にまで発展し、ユダヤ教徒までも二分する事態になっていた。ナディール家とクライザ家はアウス族を、カイヌカー家はハズラジ族を支援し、紛争はオアシスを真二つに分裂させつつあったのだ。

　アウス族とハズラジ族がぜひとも必要としていたのは調停者《ハーカム》だった。それもただの調停者《ハーカム》ではなく、権威があり、信頼できて、ヤスリブのだれともまったく腐れ縁のない中立的立場にいる人だった。できれば二つの部族の仲裁をする宗教的権威者であってほしかった。当時、この仕事にまったくうってつけの人物が、住む場所を切実に求めていたのはなんという幸運だったであろう。

ムスリム・コミュニティーの形成

ヤスリブにきたときのムハンマドは、アウス族とハズラジ族の紛争の調停者《ハーカム》にすぎなかったのは確かだろう。それなのに、伝承ではムハンマドが新たなすっかり確立された宗教の大事な預言者としてオアシスにやってきて、ヤスリブ全体の果敢なリーダーになったとしているように思われる。こうした見解は、ムハンマドがオアシスに定住してしばらくしてから起草したと思われる「マディーナ憲章」と呼ばれる有名な文書のせいもあるであろう。この文書は、世界初の文字化された憲法として有名だが、ムハンマドと移住者、現地の支援者《アンサール》、ユダヤ教徒と多神教徒を含む残りのヤスリブ氏族のあいだで結ばれた一連の不可侵条約のようなものである。

だが、この憲法には問題がたくさんある。なぜなら、ユダヤ教徒を含むオアシスの住民全員の上に立つ比類なき宗教的、政治的権威者としてムハンマドを任命しているように見えるからだ。それはムハンマドが、アウス族とハズラジ族のあいだだけでなく、ヤスリブのもめごとすべてを仲裁するたった一人の権威者であることを示している。彼はまた、ヤスリブの単独の軍事指導者《カーイド》であり、疑う余地のない「神の使徒《ラスール・アッラー》」であることを認める宣言でもある。ムハンマドの第一の役割は移住者グループの長老《シャイフ》であることを示しながら、同時にヤスリブの他のすべての部族、支族の長老たちを支配する特権的地位を与えていることは明らかだ。

問題は、この「マディーナ憲章」が正確にはいつ書かれたのかにある。タバリーやイブン・ヒシャームを含む伝統ある資料によれば、その作成は預言者がオアシスに入って最初の行為の一つであるから、六二二年のことだとしている。だが、ヤスリブでの最初の数年はムハンマドの立場が弱かったことを考えると、その可能性は低い。彼はマッカから逃亡せざるを得ず、ヒジャーズ全域で罪人のように追われていた身である。ヘブライ大学教授ミカエル・レッカーの研究によれば、それは六二四年の「バドルの戦い」（この出来事については次章で詳述する）以前にはありえない。もしかすると、アウス族の大半がイスラームに改宗した六二七年以降のことではないかという。それより以前には、支援者《アンサール》（この時点ではハズラジ家のほんの一握りのメンバーにすぎなかった）以外にムハンマドが何者であるかを知る人はわずかしかおらず、ましてや彼の権威に従おうとする人は少数だった。彼の運動はヤスリブの人口のごく一部を代表していたにすぎない。ユダヤ教徒の数だけでも、全部で数千人程度はいたであろうが、ムハンマドがこのオアシスにきたとき、同行した男女子供は併せて百人以下だった。

「マディーナ憲章」はムハンマドといくつかのアラブ人支族、その子分であるユダヤ教徒たちのあいだに最初の頃に結ばれた不可侵協約のようなものを反映しているのかも知れない。アウス族とハズラジ族とのあいだにムハンマドがおこなった仲裁の基本的な事項を再録したものであったのかも知れない。だが、どう見てもそれらが六二四年以前に完成したものとして保持されていたはずはない。「バドルの戦い」が終わって初めて、ムハンマドは「マディーナ憲章」によって認められているような諸権力を夢見ることができるようになったはずで、実際、ヤスリブが「町《マディーナ》」と考えられるようになったのさえ、「バドルの戦い」以後のことにすぎない。

ヤスリブにおける最初の二、三年間のムハンマドの役割は、どちらかと言えば、並外れた宗教的霊感に支えられた調停者《ハーカム》だったが、仲裁の範囲はアウス族とハズラジ族とのあいだのもめごとに限られていた。また、彼の長老《シャイフ》としての権威も、いくつかの支族のなかのあくまで彼自身の〝移住者一族〟の長老であって、大勢の長老《シャイフ》の一人だった。ムハンマドはこの二つの役割のうちのどちらかを適切に果たすために、「神の使徒《ラスール・アッラー》」であるとわざわざ主張する必要はなかったはずである。ヤスリブの多神教徒アラブ人もユダヤ教徒も、ムハンマドの預言者的な意識を彼の神わざに近い分別の証《あかし》と考えていたであろう。とりわけこの理想的な調停者《ハーカム》はほとんどいつも霊能者《カーヒン》でもあり、その神霊力は、アウス族やハズラジ族のあいだにあったようなきわめてむずかしい論争にはどうしても必要だった。

だが、ヤスリブの他の住民たちは、ムハンマドを調停者《ハーカム》であり長老《シャイフ》にすぎないと見ていたかも知れないが、移住者たちは決してそうは見ていなかった。小さな一団である信奉者たちにとって、ムハンマドは唯一神の権威をもって語りかける預言者であるとともに立法者だった。彼はそういう資格があったからこそ、これまでにない新しい社会宗教的なコミュニティーを設立するためにヤスリブにきたのだ。だが、そのコミュニティーはどんな風に組織されるべきか、だれがそのメンバーになるのか、まだ何も決まっていなかった。

この新しいコミュニティーのメンバーを「ムスリム」（字義どおりの意味は「神に服従する人」）と呼びたい衝動に駆られるかも知れない。だが、この語は、おそらくムハンマドの生前に特定の宗教活動を指す言葉として使われていたとは思われない。ムハンマドの信奉者たちを指す言葉としては、クルアーンでも使われている「ウンマ」という語のほうがもう少し正確であろう。とは言っても、この言葉にも問題があり、これが何を意味し、何が語源なのかだれにもわかっていないのである。アラビア語、ヘブライ語、アラム語からきているのかも知れないし、「コミュニティー」、「民族」、あるいは「人びと」を意味していたのかも知れない。「ウンマ」はアラビア語で「母」を意味する「ウンム」からきているのではないかという学者もいるが、感覚的には心地よい発想ではあっても、言語学的には何の証拠もない。問題をさらに複雑にしているのは、この「ウンマ」という言葉がどういうわけかクルアーンには六二五年以降、使われなくなってしまっていることである。モンゴメリー・ワットによれば、それ以降、この言葉はアラビア語で「人びと、民、民族」を意味する「カウム」という語に置き換えられているという。

だが、言語上のこうした変化には何かがあったのかも知れない。ムハンマドのコミュニティーはそれなりに巧妙な組織であったかも知れないが、それでもアラブの部族社会の概念を基盤としたアラブ人の集団であった。七世紀のアラビア半島には、君主国をのぞけば、これに代わるような社会組織のモデルはなかった。実際、初期のムスリム・コミュニティーと伝統的部族社会は非常に類似点が多く、少なくともムハンマドの気持ちとしては「ウンマ」とは、たとえそれが新規のこれまでになく斬新なものであったにせよ、事実上の一種の部族と同じだったのではないかという印象をぬぐいきれない。

一つには、ムハンマドが預言者というもっと高い身分になっていたにもかかわらず、「マディーナ憲章」では、彼の役割を移住者で形成された部族の長老《シャイフ》としているのは、彼の世俗的権威がイスラーム勃興以前の部族社会の伝統的な枠組《パラダイム》のなかに収まっていたことを示唆している。それだけではない。部族のメンバーが部族の祭儀や集団的活動への参加を義務づけられていたのと同じように、ムハンマドのコミュニティーのメンバーも、この場合、発生期にあるイスラームという宗教の「教団」と名付けてもよいグループの儀式的行事への参加を求められた。共同礼拝、習慣としての喜捨《ザカート》、集団でおこなう断食は神の命じた最初の三つの行為だが、そうした公的儀式や行事は、食事にまつわる規定や浄・不浄の決まりと併せて、部族集団の宗教活動が多神教徒社会で果たしていたのとほとんど同じ役目を「ウンマ」においても果たした。そうした儀式的行事は、自分たちを他の集団と区別するための共通の社会的・宗教的自己認識《アイデンティティー》を与えてくれたのである。

「ウンマ」の形成が社会組織としてはユニークな実験になったのは、クライシュ族の社会的・宗教的支配権から遠く離れたヤスリブで、ムハンマドが提唱しながらもマッカではとうていできなかった改革を実行に移す機会を得たからである。一連の抜本的な宗教的・社会的・経済的改革を実施することによって、彼はこれまでのアラビア半島には見られなかったような、新しい社会を樹立することができた。

たとえば、部族の権力は複数の人間に割り当てられており、そのうちのだれ一人として実務上の執行権をもっていないのに比べ、ムハンマドはイスラーム勃興以前の権威者の地位すべてを自分一人のものにした。彼は自分のコミュニティーの長老《シャイフ》であるだけでなく、調停者《ハーカム》、軍事指導者《カーイド》であり、ただ一人の神霊力のある霊能者《カーヒン》でもあった。彼の「預言者」兼「立法者」としての権威は絶対的なものだった。

そのうえ、部族のメンバーになる唯一の方法は、そのなかで生まれることであるのに対し、ムハンマドのコミュニティーには、「神《アッラー》のほかに神なし。ムハンマドはその使徒なり」と宣言しさえすれば、だれでも加わることができた。ヤスリブでは、明確な社会的・政治的関わり合いを伴う神学的言明であるはずの信仰告白《シャハーダ》が、部族が長老《シャイフ》に対しておこなう忠誠の誓い《バイア》に変質してしまった。ムハンマドは、民族、文化、人種、血縁のどれ一つとして問題にしなかったため、「ウンマ」は伝統的な部族とちがって、改宗によってほとんど無限に広がってゆく包容力があったのである。

大事なのは、ヤスリブにおけるムハンマドのつくったコミュニティーを「ウンマ」と呼んでもよいが、それはこの言葉を、英国の東洋探検家バートラム・トーマスのいう「超部族」もしくはアメリカの歴史家マーシャル・ホジソンのいうもっと適確な表現である「新部族」を指していると解釈する場合に限られる。つまり、これまでにない新しい社会組織であるとはいえ、それは伝統的アラブ部族社会の枠組《パラダイム》を基盤にしたものだったのである。

画期的な平等制度

すべての部族の長老《シャイフ》たちがそうであったように、ムハンマドの「ウンマ」の長としての第一の役割は、コミュニティーのすべてのメンバーをしっかり庇護することだった。彼はこれを自分の裁量で決定できる同害報復法を主な手段にしておこなった。だが、報復が与えられた傷害に対する正当な応酬として認められる一方、ムハンマドは信者たちに寛大さも求めた。クルアーンの第四二章四〇節には、「悪業の報いは、悪業と同じように最悪のもの。よく赦し、よく和解する者には、神から報酬が与えられる」とある。同様に、「マディーナ憲章」は報復を犯罪に対する見せしめの懲罰として認めているが、コミュニティー全員が「団結して犯罪者から身を守り、彼に対抗する以外に何もしなくてもよい」という前例のない、部族の伝統とはまるっきり反対の条項もあり、ムハンマドがすでに実利よりも道義を重んじた基本方針のもとに社会の基盤を築こうとしはじめていたことが明らかにわかる。

ムハンマドは平等主義的理想をさらに進めるため、彼のコミュニティー内のすべてのメンバーの血の代金を同額にしたので、一人の命は他のいかなる人の命と（金銭的に換算において）上下はなくなった。これはアラビア半島の法制度においてはもう一つの新機軸だった。なぜなら、イスラーム勃興以前のアラビアでは、片眼に傷を負わせられた場合、犯人の片眼に同じ傷を負わせてよいことになっていたが、長老《シャイフ》の片眼と孤児の片眼とは同額とは考えられていなかったであろう。だが、ムハンマドは深刻な社会秩序の乱れも招かずにそれを改めた。このことをめぐって、面白い話が伝えられている。あるとき、ジャバーラ・イブン・アル・アイハムという名の貴族階級の部族民が、アラビア半島では目立たないムザイナ族の身分の低い男に顔を殴られた。社会的身分の低い者にきびしい罰が加えられて当然と思っていたアル・アイハムは、報復としてこの男を同じように殴り返す機会が与えられるだけと聞いてショックを受け、それは「公正でない」と憤慨して、ただちにイスラームを捨ててキリスト教徒になってしまったという。

ムハンマドの平等主義推進は同害報復法の改革にとどまらなかった。ヤスリブにおいて、彼は高利貸しを断固として違法とした。高利貸しの悪弊はマッカの宗教・経済システムに対する彼の大きな不満の一つだった。新たな経済活動を促進するために、彼は独自の市場《マーケット》を開設した。そこでは既存のカイヌカー家が采配を振る市場とちがって、取引にはまったく税をかけず、借入金に利子も付けなかった。この免税市場はしまいにはムハンマドとカイヌカー家との諍《いさか》いのもとになったが、預言者の行動目的はカイヌカー家を敵に回すためではなく、大金持ちとひどい貧乏人の格差を是正するための第一歩だった。

ムハンマドは疑う余地のない宗教的権威を利用して、「喜捨《ザカート》」と呼ばれる一〇分の一税を強制的に課すことを制度化した。これは「ウンマ」のメンバーはみな、自分の収入に応じて払わなければならない税である。集められたお金は、コミュニティー内の一番困っている人たちに施しとして再配分される。「ザカート」の字義どおりの意味は「浄化」

で、慈善行為とはちがい宗教的な貢献である。貧しい者たちへの善行と思いやりはマッカのムハンマドが説いたもっとも持続するべき徳目だった。クルアーンは信者たちにこう言っている。「ほんとうの敬虔とは、おまえたちが顔を東に西にむけることではない……親族、孤児、貧者、旅人、乞食に、そして奴隷たちのために自分の大切な財を分け与え、礼拝の務めを守り、喜捨を行なう者のこと」である（クルアーン第二章一七七節）。

ムハンマドが懸命におこなった経済的再配分と社会的平等のなかで、コミュニティー内の女性に彼が与えた権利と特権に匹敵するものは、どこにもなかったであろう。男女は一滴の凝血から創られたという非聖書的な確信から始まるクルアーンでは、神の目から見た男女の平等を長々と強調している。

帰依する男女、信ずる男女、
従順な男女、誠実な男女、
忍耐する男女、謙虚な男女、
喜捨する男女、断食する男女、
貞節を守る男女、常に神を念ずる男女、
神は、これらにたいして、
かならず赦しと偉大な報酬を準備したもう。
（クルアーン第三三章三五節）

女性の尊重

同時に、クルアーンでは男女の社会における役割をはっきり区別もしている。七世紀のアラビア半島ではこれ以外に言いようがなかったであろう。第四章三四節にはこうある。「男は女のめんどうを見ることになる。というのは、神が男により大きな力をお与えになったからであり、また男が女を養うために自分の金を出すからである」。

イスラーム勃興以前のアラビア半島では、ハディージャのような恵まれた例外を除いて、女性には自分の財産の所有権も、夫からの遺産相続権もなかった。実際には妻そのものが夫の所有物と考えられており、夫が亡くなれば、妻と結婚の際の結納金は亡夫側の男性相続人に受け継がれることになっていた。男性相続人がその未亡人を気に入らなければ、弟や甥などの身内の男性が引き取り、彼女と結婚して、亡夫の財産を管理することができた。だが、未亡人が年をとりすぎていて再婚できなかったり、あるいはだれも彼女に関心を示さなかったりした場合には、結納金ともどもその一族の所有とされた。女性の孤児もみな、両親を亡くしたムハンマドと同様の男性の孤児も、父親の財産を相続するには幼すぎると考えられた場合には、同じ措置がとられていた。

だが、ムハンマドは、ハディージャと結婚したおかげで経済的に非常に裕福になり生活は安定していたが、女性たちが相続や自分の財産の所有ができない悪弊を排除するために、結婚と相続に関するアラビア古来の慣習法を修正し、女性にある程度の社会的平等と独立を確保する機会を与えようと懸命に努力した。ムハンマドが実際に古来の風習に対しておこなった改革は非常に複雑なのでここでは詳述しないが、「ウンマ」内での女性たちは、初めて、亡夫の財産の相続と、結婚の際の結納金を彼女自身の財産として保持する権利を与えられたと明記すれば十分であろう。ムハンマドはまた、夫が妻への結納金に手をつけることを禁じ、家族のための費用は自分自身の財産から出すように決めた。夫が死んだ場合、妻は夫の財産の一部を相続でき、離婚した場合は結納金はすべて彼女のものとなり、それをもって実家へ戻ることができるようにした。

ムハンマドの新制度は、予想どおり、コミュニティー内の男性メンバーには不評だった。女性をもはや男性の所有物にはできないと考えるなら、男の財産は極端に減るだけでなく、自分たちのわずかな相続遺産を、男と同じ負担を分担していないコミュニティーのメンバーである姉妹や娘たちと分割せざるをえなくなると、文句を言った。伝記作者タバリーによれば、男性のなかには、「働いたり自分で生計を立てたりしない女子供に遺産相続権を与えたりできるわけがない。働いて金を稼いでいる男とまったく同じように女にも相続させようというのか?」と、嘆きながらムハンマドに尋ねる者もいたという。

こうした不満に対するムハンマドの回答は無情で、驚くほど断固としていた。「だれでも神とその使徒に逆らって戒めを破る者は、業火《ごうか》の中に突き落とされて、そこに永遠にとどまり、恥辱の懲罰を受ける」(クルアーン第四章一四節)。ムハンマドの男性信奉者たちが新たな相続法にむっとしたとしたら、さらに革命を進めて、男性がもつことのできる妻の数を制限し、女性のほうから夫を離婚する権利を認めるという決定には大憤慨したにちがいない。

イスラーム勃興以前のアラビア半島における結婚や離婚に関する慣習には、ひどくいい加減なところがいくつもあった。遊牧民《ベドウィン》社会では、事実上、男も女も重婚で、どちらからも離婚することができた。男は単純に、「おまえを離婚する!」と言えばよく、女は――結婚しても自分の父親の家族と同居したままでいる場合――テントの向きを変えることによって、「通い婚」の夫に今までの入り口から入れないようにすることになっていた。遊牧民《ベドウィン》社会では父系は重要視されていなかったので(血筋は本来、母親を通して伝わるものとされていた)、一人の女性に夫が何人いようと、だれが子供の父親であろうとかまわなかった。だが、マッカのような定住社会では、富の蓄積の継承がおこなわれるために、父系が重要視され、母系社会は次第に父系社会へ移行していたのである。こうした父系社会化によって、定住社会における女性は次第に離婚権も、一妻多夫の習慣も剥奪されることになった。

ムハンマドの結婚観はイスラーム勃興以前のアラビア半島のものよりも、ユダヤ教徒の伝統にずっと大きな影響を受けていたように思われるが、それでも彼はマッカの社会の落とし子であった。それゆえ、彼は、男性が妻を離婚する権利を、離婚の申し渡しが効力を発揮する前に三か月の和解期間を設けるように制限をつけ、女性には、もしも夫から「虐待されたり忌避されたりする」(クルアーン第四章一二八節)おそれがある場合には離婚権を認めるが、一妻多夫的男女の結合を全面的に廃止し、父系社会化への動きを堅固にした。これにより、ムスリムの女性は一人以上の夫をもつことはできなくなった。だが、ムスリムの男性が一人以上の妻(一夫多妻)をもってもよいとしたかどうかは、今日まで議論の多い問題となっている。

一方、ムハンマドは「ウンマ」を存続させる必要から、とりわけクライシュ族との戦いのあと数百人の未亡人や孤児をコミュニティーで面倒を見て保護しなくてはならなかったため、クルアーン第四章三節にあるように、「おまえたちにとって法的に結婚可能な女を二人なり三人なり、あるいは四人なり娶れ。だが、すべての妻を公平に扱うことができる場合に限る」(強調は著者)と(制限付)一夫多妻制をはっきり認めた。他方、クルアーン四章一二九節に明記されているように、「おまえたちがいかに切望しても女たちを公平にあつかうことはできない」(強調は著者)と断言して、一夫一婦制が望ましい結婚形態であるとしている。この一見矛盾した発言は、発展途上だった頃のコミュニティーにジレンマが広がっていたことを感じさせる。本当のところは、個々の信者は一夫一婦制を守るよう努力するべきだが、一夫多妻制なしには、ムハンマドがヤスリブに設立しようとしていたコミュニティーは滅びてしまっていたであろう。

世界中のムスリムの大部分の人たちにとって、前記の二つの章句を、その歴史的背景を考慮に入れて合わせ読むならば、いかなる形の一夫多妻制度も拒否するものとして解釈されるべきであることに疑いはない。それにもかかわらず、サウディアラビアやアフガニスタンの部族社会では特に、必ずしもクルアーンを参照せず、ムハンマドの実例だけを取り上げて一夫多妻婚を正当化するムスリムも未だに存在する。そういう人たちにとっては、一夫多妻制に限定条件があることも、一夫一妻制が望ましいとされていることも眼中にないのだ。

ハディージャと二五年あまりにわたる一夫一妻生活を送ったあと、ムハンマドはヤスリブでの一〇年間に九人の異なる女性と結婚した。だが、わずかな例外を除いて、これらの結婚は性的結合ではなく、政治的結合だった。ムハンマドはセックスに無関心だったのではない。それどころか、どの伝承も、彼はたくましく、健全な性的衝動《リビドー》の持ち主だったことを示している。だが、「ウンマ」の長老《シャイフ》として、コミュニティーの内外に人脈をつくる責任を果たすには、彼が意のままにできる唯一の手段である結婚を通じるほかなかった。そういうわけで、アーイシャとハフサとの結婚は、初期のムスリム・コミュニティー内のもっとも重要で有力な指導者であったアブー・バクルとウマルそれぞれとの結びつきをはかるものだった。一年後のウンム・サラマーとの結婚は、マッカの最有力支族の一つであるマハズーム家と重要な関係を作り上げるためのものだった。結婚年齢をはるかにすぎていて、どう見ても魅力的とは思えない未亡人サワダーとの結婚は、経済的支援を必要としている女性と結婚するという前例を「ウンマ」の人たちに示すためだった。ユダヤ人であるライハナとの結婚は、クライザ家との結びつきのためで、キリスト教徒コプト人マリヤとの結婚は、エジプトの支配者との重要な政治的同盟関係を生み出した。

それにもかかわらず、中世の十字軍を支持する教皇からヨーロッパの啓蒙思潮を標榜する哲学者を経てアメリカの布教熱心な説教者たちにいたる一四〇〇年にわたって、ムハンマドの妻たちはこの預言者とイスラームという宗教に対するどぎつい攻撃の源《みなもと》にされてきた。これに対抗して、現代の学者たちは、ムスリムも非ムスリムも同じように、ムハンマドの複数女性との結婚、とりわけ預言者と婚約したときには九歳だったアーイシャを弁護するのに懸命である。反イスラームの説教者や批評家の偏狭頑迷で無知な批判や嘘をあばくこうした学者たちの努力は褒められてよいが、実のところ、ムハンマドはこの点について弁護の必要はない。

偉大なユダヤ民族の家長アブラハムやヤコブ、預言者モーセやホセア、イスラエル王のサウル、ダビデ、ソロモン、キリスト教徒、ビザンツ帝国、ゾロアスター教徒、サーサーン朝の君主たちのほぼ全員、ムハンマドを含むアラビアの長老《シャイフ》たちはみな、複数の妻、複数の側室、あるいはその両方をもっていた。七世紀のアラビアでは、長老《シャイフ》の権力と権威はおおむね後宮《ハーレム》の規模によってはかられていた。ムハンマドと九歳の少女との結びつきはわれわれ現代人の感覚からすればショッキングかも知れないが、彼のアーイシャとの婚約は、単なる婚約にすぎなかったのである。アーイシャは、当時のアラビアの女の子が例外なく結婚適齢期とされる年齢になるまで、ムハンマドとの床入りによる結婚はしなかった。ムハンマドの複数回の結婚について、もっとも驚くべきことは、ヤスリブでの一〇年間の一夫多妻生活ではなく、当時としては聞いたこともないような、マッカでの二五年にわたる一夫一妻の暮らしである。実際、ムハンマドの結婚について興味ある、あるいは普通とちがう何かがあるとすれば、それは彼が何人の妻をもったかではなくて、彼女たちに強要した規則、とりわけヴェールに関する決まりである。

ヴェールは長いあいだイスラーム教徒である何よりの証《あかし》と思われてきたが、クルアーンのどこにもムスリム女性に着用を命じる箇所はない。ヴェール着用と隔離の伝統（隠すことを意味する「ヒジャーブ」という言葉でも知られている）は、ムハンマドの登場するずっと前から、「ヒジャーブ」が社会的身分の高さを象徴するものとされていたシリアやイランとの交流を通してアラビア半島に知られるようになっていた。つまり、野外に出て働く必要がないほど裕福な女性だけが隔離されてヴェールを着用していたのである。

「ウンマ」では、いわゆる「垂幕《ヒジャーブ》の節」がコミュニティーに突然申し渡される六二七年頃まではそのような伝統はなかった。だが、これは女性一般に話しかけるときのためのルールではなく、ムハンマドの妻たちに対するときに限られたものだ。「信者たちよ、預言者の家に……特に許可が出た場合以外、入ってはいけない。ただ招ばれた時だけ入るようにせよ。おまえたちが預言者の妻女にものを頼むときには、垂幕《ヒジャーブ》の裏から求めよ。その方がこちらの心も、先方の心も汚れることがなくてすむ」（クルアーン第三三章五三節）。

　こうした制限は、ムハンマドの家がコミュニティーのモスクを兼ねており、「ウンマ」の宗教的、社交的生活のセンターになっていたことを思えば、しごく当然のことだった。ほとんど一日中、この家の敷地内に絶えず人びとが出入りしていたのだ。ほかの部族の代表がムハンマドに話をしにくるときには、ムハンマドの妻たちがやすむ居室のすぐそばの屋根なしの中庭に、一度につき数日はテントを張って滞在した。ヤスリブに着いたばかりの新参の移住者が、適当な住居が見つかるまで、モスクの構内に泊まっていることは始終あった。

　ムハンマドが部族の長老《シャイフ》の域を出なかった頃には、このようなひっきりなしの人の出入りの騒々しさも許せたであろう。だが、ますます大きくなってゆくコミュニティーの最高指導者になっていた六二七年には、何らかの隔離法をもうけて妻たちの居場所に人が入り込まないようにせざるを得なかった。そういうわけで、こうした慣習は、イランやシリアの上流階級の女性に倣って、社会的に大事な女性たちを他人の好奇の目から隠すためだったのである。

　ムハンマドの妻たちにのみヴェールがあてがわれたので、「ヴェールをかぶる《ドラバート・アル・ヒジャーブ》」という言葉は、事実上、「ムハンマドの妻になる」と同義語として使われるようになった。そのため、預言者の存命中、コミュニティー内のほかの女性たちには隔離《ヒジャーブ》の習慣はなかった。もちろん、慎み深さはすべての信者に求められ、とりわけ女性は、「（人前に出るときは）必ず長衣ですっぽり体を包み込んでゆくよう申しつけよ」（第三三章五九節）と指示された。さらに女性たちには細かく、「陰部は大事に守っておき……胸には覆い《ハムル》をかぶせるよう」（第二四章三一節）命じた。だが、アメリカの中東女性問題研究者ライラ・アハメドが調べたところによれば、クルアーンのなかには、ムハンマドの妻たち以外の女性に「隔離《ヒジャーブ》」という言葉はどこにも使われていないという。

「ウンマ」のほかの人たちにヴェールがいつ取り入れられるようになったか、確実なところはわからないが、おそらくムハンマドの死後、かなり経ってからのことと思われる。ムスリムの女性たちは、「ウンマの母たち」として尊敬されていた預言者の妻たちを見習って、ヴェールを着用し始めたのではないだろうか。だが、ヴェールの着用は強制的ではなかったし、さらに言えば、ムハンマドの死後、数世代あとになるまで、広く取り入れられた習慣でもなかった。隔離の風習ができたのは、預言者の平等主義改革の結果、失われた社会的支配力を取り戻すために、男性の法学・神学者たちがこぞって自分の宗教的・政治的権威を利用し始めてからのことである。

男性によって歪められた「言行録《ハディース》」の解釈

ムハンマドの死後まもなく、後述するように、ムスリム社会は激動の時代を迎える。「ウンマ」の富と権力は驚くべき速さで成長拡大した。ムハンマドの死後わずか五〇年で、彼がヤスリブに樹立した小さなコミュニティーはアラビア半島全域に広がり、巨大なサーサーン朝ペルシア帝国を包括するまでになった。さらに五〇年後には、インド北西部の大部分をはじめ、北アフリカ全域を版図に入れ、キリスト教徒ビザンツ帝国を、滅び行く地域勢力にすぎないほどまでに縮小させた。そのまた五〇年後には、スペイン、フランス南部からヨーロッパの奥地までイスラーム勢力は進出していった。

ムハンマドがつくったアラブ人信奉者の小さなコミュニティーは、世界最大の帝国にまでふくれあがるにつれて、クルアーンには明確に取り扱われていない法律的・宗教的問題に山のように直面することになった。ムハンマドがまだ彼らの中心にいたころは、そうした問題はみな彼のところにもって行くことができた。しかし、預言者がいなくなると、ヒジャーズの部族民たちの知識や経験をはるかに超えた問題について、神意を確かめるのは次第にむずかしくなっていった。

最初のころ、「ウンマ」は初期の教友たちに手本や指導力を求めた。預言者に直接歩み寄って話をすることができたムスリム第一世代の教友たちは、ムハンマドの生涯と教えをじかに知っていた強みで、法的・宗教的判断の権威者になった。彼らはムハンマドの言行を回想した口述逸話集「言行録《ハディース》」の生き字引であった。

クルアーンには出ていない問題に関する限り、彼らはイスラーム法の形成に必要不可欠な情報源だったであろう。だが、「言行録《ハディース》」はごく初期の段階ですでに、無造作に寄せ集められた、まったく体系化されていないものだったので、どれが本物であるか立証はほとんど不可能だった。さらに悪いことに、教友たちの最初の世代が世を去ると、コミュニティーの人たちは「教友の後継世代《タービウーン》」が初代から受け継いだ判例集に次第に頼らざるを得なくなり、その第二世代も死ぬと、コミュニティーにはもう、預言者の生《なま》の言行を知るものはだれもいなくなってしまった。

そういうわけで、世代交代が進むにつれて、「言行録《ハディース》」の信憑性の鍵になる「伝承経路《イスナード》」はますます長く、複雑きわまりないものになり、その結果、ムハンマドの死の二〇〇年後にはすでに、ムスリム世界には七〇万種類もの「言行録《ハディース》」が流布し、その大半は預言者と自分とを結びつけることによって、自分独自の信仰や慣習を正当化しようとする人たちによって歪曲されてしまったことはたしかである。数世代後には、源《みなもと》をたどればムハンマドに行き着くと言いさえすれば、「言行録《ハディース》」の法的箔付けはいくらでも可能だった。事実、ハンガリーのユダヤ系イスラーム学者イグナッツ・ゴルトツィーハー（一八五〇―一九二一）によれば、突き止められただけでも、ムハンマドに由来すると称する「言行録《ハディース》」が実際にはモーセ五書《トーラー》や福音書、ユダヤ教徒の導師《ラビ》の警句、古代ペルシアの格言、ギリシア哲学の一節、インドのことわざ、キリスト教徒の「主の祈り」と一語一句までほとんどかわらないものまで、山のようにあるという。九世紀までには、イスラーム法はさまざまに形を変えられ、あまりにも多くの「偽言行録《ハディース》」が出回ったため、ムスリム法学者たちは少々おどけて、それらを「物質的に得するための虚言」と、「イデオロギー的に優位に立ちたいための虚言」の二つに分類したという。

九世紀から一〇世紀にかけて、大量の「言行録《ハディース》」を信憑性のあるものとそれ以外に分ける学者たちの協力体制が敷かれた。それにもかかわらず、何百年にもわたって、特定の問題について世論に影響を与える必要がある権力者や金持ち——それに、たとえば社会における女性の役割について自説を正当化したい人たち——は、自分がだれかから聞き、そのだれかがまた別の人から聞き、その人が教友から聞き、その教友が預言者から聞いたとされる「言行録《ハディース》」を引用しているにすぎなかった。

それゆえ、ムハンマドの死後まもなくから、クルアーンに示された神意と「言行録《ハディース》」に示されたムハンマドの意志を解釈する役目を自認した人たち——それは偶然にも「ウンマ」の最有力者や金持ちのなかにいた——は、ムハンマドの改革で奪われた自分たちの経済的・社会的支配権を取り戻すことが気がかりで、自分たちの判例の確かさや解釈の客観性にほとんど関心を払わなかったと言っても決して誇張ではないであろう。モロッコのフェミニスト社会学者で作家でもあるファーティマ・メルニーシーが言うように、「言行録《ハディース》」のひとつひとつの背後には、「社会的流動性や地理的拡大が常態だった」社会に予想される根深い権力闘争や利害関係の対立があったことを忘れてはならない。

そういうわけで、クルアーンが信者たちに、「富や財産を判断力の乏しい者《スファーハ》に遺贈」してはならないと警告したとき、初期のクルアーンの解釈者（全員が男性）たちは、クルアーンのこの問題についての警告があったにもかかわらず、「判断力の乏しい者《スファーハ》は女と子供である……ゆえにそのどちらも遺産相続から除外するべきである」と宣言した（強調は著者）。

ムハンマドの死後二五年目に、アブー・バクラ（アブー・バクルと混同してはならない）という名のバスラ出身の裕福で名の知れた商人が、「仕事を女に任せるようなやつは決して成功しない」と預言者が言うのを聞いたと主張したときも、教友としての彼の権威をだれも疑わなかった。

イブン・マージャ（八二四―八八七）は、自分が収集した「言行録《ハディース》」のなかで、預言者が「妻が夫に対して求めることのできる権利は何か」と訊かれたとき、妻の権利は「おまえが食事をしたあとで」食事を与え、「おまえが自分の衣服を得たあとで」妻に衣服を与えるだけでよい、と信じられないような答えをしたと言うが、クルアーンの命令とはまったくちがうこの見解もまったく反論されなかった。

アブー・サイード・アル・フドリは、預言者がある女性のグループに向かって、「おまえらのように知性も宗教心も足りない者は見たことがない」と言うのを確かにこの耳で聞いたと言うが、ムハンマドは軍事的な問題にまで、たびたび妻たちのアドバイスを求め、それに従ったと伝記作者たちが書いているにもかかわらず、アブー・サイードの記憶ちがいではないかと訊ねる者はいなかった。

有名なクルアーンの注釈者ファフル・アッディーン・アッラズィー（一一四九―一二〇九）が第三〇章二一節の「［神は］おまえたち自身から、おまえたちのために同棲する妻を創り出し、心の安らぎを与えた」という章句を、「女は崇拝の対象や神の言いつけを守るものとしてではなく、動物や植物と同じように創られたという証拠」と解釈し、「従って女は弱く、愚かで、ある意味で子供と同じようなものだ」と訳したが、これは今でもムスリム世界でもっとも広く尊重されている解釈の一つである。

この最後の点については繰り返して言おう。一四〇〇年にわたるクルアーン注釈学はムスリムの男性によってのみおこなわれてきたのだ。おまけにこうした注釈学者たちはみな、どうしてもクルアーンを自分独自のイデオロギーや先入観に結びつけがちであったため、いくつかの章句は強度の女性不信的解釈をされることがしばしばあった。たとえば、第四章三四節の女性に対する男性の義務に関して、現在広く読まれているクルアーンの英語翻訳版は二種類ある。最初のはアフメド・アリー訳のプリンストン版、二番目のものはマジード・ファフリー訳、ニューヨーク大学版である。

神は男により多くの生計維持手段をお与えになったのだから、男は女の扶養者であり「カッワーアムウッナー・アラン・ニサーア」、自分の金を（彼女らを養うために）使うのだから……女がおまえを嫌っているように感じるなら、よく言い聞かせ、それから（乱暴をせず）寝床に一人だけにしてやり、（双方ともその気になったら）ともに寝なさい。

男は女を預かっている。神《アッラー》は一部の男を女より優れたものとしておつくりになり、自分の金の一部を使うのだから……預かった者（女）がおまえに反抗するのが心配なら、よく諭し、寝床に放置し、打つがいい「アズリブーフンナ」。

アラビア語は変化に富んだ言葉なので、この二つの翻訳は両方とも、文法的にも、構文としても、意味上も正しい。「カッワーアムウッナー・アラン・ニサーア」という句は、女性を「危険から守る」「保護する」「扶養する」「世話をする」「面倒を見る」と解釈できる。

ファフリーが「打つがいい」と訳している最後の言葉「アズリブーフンナ」は、「背を向ける」「同調する」から、驚いたことに「合意の上で性交する」という意味まである。もしも宗教は事実上、解釈であるなら、どの意味を選んで認め、それに従うかは、原文から何を引きだそうとするかによってちがってくる。クルアーンが女性に権限を与えるという見地に立てば、アリー訳をとるし、クルアーンが女性に対する暴力を正当化していると解釈すればファフリー訳をとることになる。

イスラームの歴史を振り返ると、権威ある「言行録《ハディース》」の保存者、クルアーンの注釈者になろうと努力してきた女性たちがたくさんいたことがわかる。たとえば、カリーマ・ビント・アフマド（一〇六九没）とファーティマ・ビント・

アリー（一〇八七没）の二人は、預言者のムハンマドの伝承の重要な伝承者とみなされており、ザイナブ・ビント・アッシャーリ（一一二〇没）とダキーイカ・ビント・ムルシッド（一二四五没）の二人は原典研究者として初期のイスラーム学で卓越した人物とされている。〝信頼できる〟言行録《ハディース》の約六分の一は、源をたどればムハンマドの妻アーイシャから出たものであるという事実は無視できない。

だが、こうした高名な女性たちと比べものにならないくらい確固とした権威者は、初期の教友ウマルである。クライシュ族エリートの若くてがむしゃらなメンバーだった彼がイスラームに改宗したことを、ムハンマドはいつも、とりわけ誇りにしていた。彼の戦士としての武勇だけでなく、非の打ち所のない道義心と熱烈な神への献身を、ムハンマドはいつも褒めたたえていた。ウマルはどう見ても素朴で、威厳のある、献身的な男だった。だが、彼はまた、激しやすい性格で、とりわけ女性に対して怒りっぽく、乱暴だった。彼の女性不信は有名だったため、アーイシャの姉妹に求婚したが、女性に対して不作法だという理由で、即座に拒否されてしまった。

ウマルの女性不信の傾向は、彼がムスリム・コミュニティーの指導者に昇格してからさらに明らかになった。彼は女性を家庭に閉じこめておこうとし（これは成功しなかった）、モスクの礼拝にも女性を出席させたくなかった。そこで、ムハンマドの手本をあっさり破り、礼拝を男女別に隔離しておこない、女性を強制的に男性の宗教指導者に教えさせるような制度を作った。信じられないことだが、彼はムハンマドの未亡人たちに巡礼行事への参加を禁止し、主に女性を対象とした一連の厳しい刑罰を制度化した。その最たるものが不倫を行なった者への石打による死刑である。この刑罰はクルアーンのどこにもまったく根拠がないことは確かだが、ウマルは、その起源は神の啓示の一部だったが、公認された原典からは何らかの理由で漏れてしまったのだと主張して、この措置を正当化した。もちろん、ウマルはこのような章句がどうして神の啓示から〝偶然に〟漏れてしまうようなことが起こりうるのかについてはまったく説明しなかったが、これもまた、彼がそうする必要はなかった。預言者の威光を語るだけで十分だったのだ。

クルアーンも他のすべての聖典と同様、それが啓示された社会の文化がもっていた典型的行動様式の影響を強く受けていた。すでに見てきたように、当時の社会は、女性を部族の平等なメンバーとは考えていなかった。その結果、クルアーンも、ユダヤ教徒やキリスト教徒の聖典も同様に、古代の男性優位社会における女性の地位は従属的だったことを明らかに反映している。だが、二〇世紀全般にわたって拡大されたムスリム・フェミニスト運動が重視したのはまさにこの点だった。女性たちは、クルアーンの革命的な社会的平等主義を謳ったメッセージは、七世紀のアラビア半島の文化的偏見と区別して考えるべきだと論じた。そして歴史上初めて、男性の牙城だったクルアーンの解釈の世界に、女性の見解を組み込ませることの必要性を国際的な場で聴衆に訴えたのである。

ムスリム世界の女性進出

一九九八年の国際婦人デーに、当時のイランの環境問題担当副大統領で、イラン政府最高位にいた女性マーソウメ・エブテカル（一九六〇年生）が、開会演説で、アフガニスタンのターリバーン政権とその女性に対する人権侵害を激しく非難するのを聞いて、西側世界の大勢の人たちは仰天した。これは「ターリバーン」という名が欧米でよく知られるようになる数年前のことだが、国際的な会合の聴衆を一番驚かせたのは、エブテカル女史が女性にヴェールや隔離を強要するイスラーム原理主義者《ファンダメンタリスト》の「ターリバーン」を激しく非難したのもさることながら、その彼女自身が、紅潮した情熱的な顔をのぞいて体中を少しも見せない伝統的な黒のチャードルにすっぽり身を包んでいたことである。

エブテカル女史が「ターリバーン」の宗教がらみの女性不信を非難していたのと同じ頃、トルコの国会では新たに選ばれた国会議員のメルウェ・カワクジが頭にヴェールをかぶって就任式に臨んだのを見て大騒動になった。カワクジ女史は同僚議員からひどく怒られ、議員席から卑猥な言葉で彼女をなじる者さえいた。彼女は政治的・宗教的発言は何一つしなかったのに、当時のトルコの大統領スレイマン・デミレルは、彼女を外国のスパイとか権力者側のまわし者《アジャン・プロヴォカトゥール》と非難した。カワクジ女史は自分の信仰を素直に示す行為をとっただけだったのに、民主的に選ばれた国会議員の地位を剥奪されたばかりでなく、深遠な象徴主義的行為だとして、トルコの市民権まで奪われた。

　イランのようにすべての成人女性にヴェールの着用を義務づけている保守的なムスリム国が、ムスリム世界ではもっとも確固とした政治的にも積極的な女性運動の一つを自慢する一方で、トルコのような公共の場でのヴェールの着用を違法としている非宗教主義を擁護する民主主義国家が、ヴェールを着用している女性の公務に就く権利や、高等教育を受ける権利を当たり前のように剥奪するのは不条理のように見えるかも知れない。だが、この一見不条理な現象の背後にあるものを理解するには、イスラームの長い歴史のなかでヴェールの着用をめぐる規定に矛盾があるのは、それを着用したことのない人間が決めた法律であることを考慮に入れなければならない。

　一九世紀末のエジプト駐在の英国総領事アルフレッド・クローマー卿のようなヨーロッパの植民地主義者にとって、ヴェールは「女性蔑視」のシンボルであり、「社会制度としてのイスラームは完全な失敗だった」ことの決定的な証拠であった。言うまでもないが、クローマーは英国の「婦人参政権反対男性同盟」の設立者だった。典型的な植民地主義者としてのクローマーは、ムスリム女性の苦境には無関心で、彼にとってのヴェールは「イスラームの後進性」の象徴であり、中東におけるヨーロッパの「文明開化使節団」を正当化するもっともわかりやすい目印だった。

　著名なイラン人政治哲学者アリー・シャリーアティー（一九三三―一九七七）のようなリベラルなムスリム改革者にとって、ヴェールは女性の貞節、敬虔、そしてそれ以上に、西洋的な女らしさのイメージに対する公然たる反抗のシンボルだった。彼の有名な著書 *Fatima is Fatima*（『ファーティマはファーティマ』）で、シャリーアティーは、預言者ムハンマドの貞淑な娘ファーティマを引き合いに出し、「古くて新しい劣等感、謙虚さ、地位の低さなどの思いを忘れ、栄光と人間としての美しさの域に達した」ムスリム女性の手本とした。だが、シャリーアティーのこの問題への取り組み方は十分な理解にもとづいたものとはいえ、クローマーと同様、自分はまったく経験したことのないことについて述べているために、悲しいほど不備がある。

ヴェールをかぶったムスリム女性は、世間の荒波から守られた、従順な、夫の性的所有物であるという昔からの植民地主義者のイメージは、ヴェールを西洋文化の支配から女性の自由と権利を擁護する標章であるとするポスト・モダニスト的イメージと同じように誤解を招く、ばかげたものであることは事実だ。ヴェールの着用はそのどちらかでもなければ、その両方でもなく、ムスリム女性自身が決めるべき事柄である。近年、数百年も禁じられてきたクルアーンの女性自身による解釈に、彼女たちは参加しつつある。

今日、ムスリム世界ではどこでも、新世代の女性文献学者たちがこぞって、これまでのイスラーム学者には甚だしく欠けていた観点からクルアーンの解釈にとり組み直している。こうした女性学者たちはまず最初に、クルアーンの道義的教えではなく、七世紀のアラビア半島の社会状況と男性のクルアーン注釈学者の激しい女性不信がムスリム社会の女性の地位を低いものにしてきたことを考慮に入れながら、伝統的な性差の領域を離れてクルアーンの研究に取りかかっている。アフリカ系アメリカ人のイスラーム学者アミナ・ワドゥドの有益な著書 *Quran and Woman: Rereading the Sacred Text from a Woman's Perspective*（『「クルアーン」と女性――女性の立場から聖典を読み直す』）はこうした運動に枠組みを与えているが、真剣な努力をしているのは決して彼女一人ではない。世界中のムスリム・フェミニストたちはクルアーンのもっと性差にこだわらない解釈、もっとバランスのとれたイスラーム法の適用に努力すると同時に、自分たちの住んでいる男性優位の保守的な社会に、フェミニストとしての政治的・宗教的見解を吹き込もうと懸命である。ムスリム・フェミニストたちは、自分たちの言い分を単なる社会改革運動ではなく、宗教的義務だと考えている。イランにおける女性の権利の擁護に対する不断の努力に対し二〇〇三年のノーベル平和賞を受賞したシーリーン・エバーディーが授賞式で、「神は私たちすべてを平等にお創りになりました……平等な地位を求めて戦うことによって、私たちは神がわたしたちに〝命じられた〟ことをしているのです」と誇りをもって述べている。

いわゆるムスリム女性運動は、イスラームの教えではなくて、ムスリム男性が女性の権利を抑圧してきたことに責任があることを物語っている。そのため、世界中のムスリム・フェミニストたちは、ムハンマドが本来その信奉者たちのために想定した社会への回帰を唱導している。文化、国籍、信仰の違いを超えて、こうした女性たちはマディーナのムハンマドから学ぶべき教訓は、イスラームはとにかく平等主義者の宗教であるということだ。当時のマディーナで、ムハンマドはウンム・ワラカのような女性を「ウンマ」の精神的指導役と明示していた。そこではムハンマド自身がおおやけの場で妻たちから譴責されることもあったし、女性たちは男性といっしょに祈ったり、戦ったりもした。アーイシャやウンム・サラマーのような女性たちは、宗教面ばかりでなく政治面でも活動し、少なくとも一度は軍事指導者にもなった。そこでは礼拝のために集まれという呼びかけがムハンマドの家の屋上から大きな声で響き渡ると、男も女もいっしょに並んでひざまずき、一つのまとまったコミュニティーとして祝福されていたのである。

実際、六二二年から六二四年にかけての社会的平等主義を意図した革命的試みはたいへん成功したので、預言者の町でおこなわれている活動にぜひとも参加しようとする新たな支援者《アンサール》の増加、新規の移住者の流入で、「ウンマ」は急速にふくれあがった。だが、それもまだヤスリブだけにとどまった。「マディーナ」と呼ばれるようになるのは、ムハンマドが、平等主義改革から目をそらし、聖都マッカとヒジャーズを掌中にしているそこの有力部族に注目するようになってからのことである。

第4章

神の道のために戦え——ジハードの意味

「ウフドの戦い」

ヤスリブで、「神の使徒《ラスール・アッラー》」は夢を見ていた。彼は草原に立っていた。家畜が自由に草を食んでいた。手に何かもっている。鞘から抜いた剣だ。太陽を浴びて、その刃がきらりと光る。刃にはV字型の刻み目が彫り込まれていた。戦いが近づいている。だが、平和な草原は静かで、動物たちは暖かな光のなかで草を食べていた。下半身に目をやると、不死身の鎖帷子《くさりかたびら》の鎧をまとっている自分に気づいた。気がかりなことは何もない。剣を手に、やがて始まる戦闘を待ちながら、彼は背筋を伸ばし、自信に満ちて、果てしなく広がる地平線をにらんだ。

目が覚めたとき、ムハンマドはその夢の意味をただちに覚った。クライシュ族がやってくるのだ。だが、そのときすでに、クライシュ族は三〇〇〇人の重装備の戦士と二〇〇人の騎兵を率いて、ムハンマドとその布教活動を撲滅するためにヤスリブに向かって突進していることまでは知らなかった。当時の習慣で、兵士たちは、宝石を着け晴れ着で着飾った女性の小集団を引き連れていた。

女性たちの先頭に立っていたのは、男勝りのいわくありげな女、クライシュ族の長老《シャイフ》アブー・スフヤーンの妻ヒンドである。一年前の六二四年、クライシュ族が初めてムハンマドおよびその信奉者たちと「バドルの戦い」で対決したとき、ヒンドの兄弟の一人と父親をムハンマドの叔父ハムザに殺された。今、彼女は風になびく白い長衣の裾を両手でぎゅっとたくし上げ、砂漠を重い足取りで歩いていた。ヒンドの姿は、クライシュ族がヒジャーズの支配権をめぐる戦いで、ついにムハンマドの家の軒先にまでやってくることになった理由を一目で思い起こさせた。

「わが復讐の恨みを晴らせ！」と彼女の前を進軍してゆく男たちに向かって叫んだ。「そしておまえたち自身の恨みも！」

他方、ヤスリブでは、まもなく攻撃があるという噂がささやかれていた。ムハンマドとマッカ軍のどちらにも加担したくないユダヤ教徒の支族たちは、身を守るために自分たちの砦のなかに身を隠した。同時に、移住者《ムハージルーン》たちは必死でありったけの武器と食糧を集め、籠城に備えた。夜明けの礼拝の呼びかけでモスクに集まった人びとに、ムハンマドは落ち着いた声で噂を認めた。

クライシュ族がヤスリブに向かって進軍中であることは事実だが、出て行って対決するより、敵が彼のところにくるまでじっとしているべきだとムハンマドは決意を打ち明けた。夢のなかで自分が身につけていた鎖帷子《くさりかたびら》の鎧は、ヤスリブの防御が不滅であることを示していると彼は確信していた。クライシュ族がオアシスに入ってきて戦うほど馬鹿なら、男たちが街路や裏通りで戦っているとき、女子供たちはナツメヤシの木のてっぺんから石礫《いしつぶて》を投げよ、と彼は命じた。

信奉者たちはムハンマドの計画に懐疑的だった。彼らは一年前、バドルの戦いでクライシュ族を敗北させたことをよく覚えていた。笑いぐさになるほど多勢に無勢だったのに、ムハンマドの小隊は強いマッカ軍に大打撃を与え、屈辱的な撤退を余儀なくさせた。今度もまた、戦場で彼らを潰滅させることができるにちがいないと確信していたのだろう。

「神の使徒《ラスール・アッラー》よ。われわれを敵陣に進軍させてください。そうすれば、敵もわれわれが臆病で弱いから対決を避けているとは思わないでしょうから」と彼らは主張した。

彼らの反応はムハンマドをとまどわせた。彼は自分の見た夢が神からのメッセージだと思っていたのだ。だが、部下たちが、出陣して敵と対決するべきだとせき立てればせき立てるほど、ムハンマドはためらった。彼がもっとも信頼している顧問たちさえ、どう行動するべきかをめぐって意見が分かれた。しまいには議論に疲れ果て、決断せざるをえないと知ったムハンマドは、立ち上がって鎖帷子《くさりかたびら》の鎧をもってくるように命じた。彼らは広い砂漠でクライシュ族と対決することになる。

わずか数百人の男たちと、ほとんどいつも戦場に同行するアーイシャとウンム・サラマーを含むわずかの女性を引き連れて、ムハンマドはクライシュ族が野営して攻撃作戦を練っていると聞いたヤスリブの北西数キロのところにあるウフドと呼ばれる平原に向かって出発した。ウフドでは峡谷の斜面を下り、マッカ軍とそれほど離れていない涸れ川を挟んだ反対側に陣地を築いた。ここからならクライシュ軍の野営地の動向がうかがえる。彼は敵の大軍とすぐれた装備をつくづく眺めた。草原に敵の数百頭の馬やラクダが草を食べているのを見ると気が沈んだ。自分の部下が調達できたのは、わずか二頭の馬だけで、ラクダはなかったのだ。

戻ってきたムハンマドは信奉者たちに、テントを張り、そこで夜明けまで待つように命じた。朝になり、空に赤みが差し始めた頃、彼は馬に飛び乗り、自軍の最終点検をした。男たちに混じって剣をもって忍び足で軍勢に紛れ込もうとする子供の姿を見た彼は、怒って彼らを隊列から引きずり出し、家族のもとへ追い返したが、見つからないように立ち回って戦列に戻ってきた者もいた。彼は弓隊を翼部に近い山の上に陣取らせ、「その方角からは攻め込まれないようにしっかり陣地を守るように命じた。残りの軍勢に対し、「わしが戦えと命じるまで、だれも戦わせてはならぬぞ！」と大声で最後の指示を出した。それから、自分の夢に現われた予兆に違反するような気がしたのか、彼はもう一つ別の鎖帷子《くさりかたびら》の鎧を身につけ、攻撃を命じた。

クライシュ軍はただちに戦闘態勢に入った。ムハンマド軍の弓隊は戦場に的確に矢を放って小勢の自軍を援護し、マッカ軍は仕方なく陣地から撤退した。だが、クライシュ軍が後退したのを見た弓隊は、ムハンマドの持ち場を動くなという命令を破り、撤退軍が残した戦利品を略奪するため山を駆け下りた。クライシュ軍が部隊を再編成するのにそれほど時間はかからなかった。翼部が無防備になったムハンマドと部下の戦士たちはたちまち包囲され、戦場は潰滅状態になった。

マッカの大軍はその場でたちまちのうちにムハンマド軍を撃破した。戦場には死者の遺体が散らばった。クライシュ軍が近づくにつれ、ムハンマドの兵士たちはムハンマドの周囲に堅固な輪を作って、進軍してくる敵と、あらゆる方向から降り注ぐ矢から彼を守った。一人また一人と兵士が矢傷で穴だらけになって足下に倒れ、たった一人残ったムハンマドもやがて倒れた。

今や一人になったムハンマドは、死んだ兵士の脇にひざまずき、クライシュ軍に向けてところかまわず弓が折れるまで矢を打ちまくった。彼は無防備の上、重傷を負っていた。顎は砕け、歯は折れ、唇が裂け、額の切り傷から流れ出る血にまみれた。一瞬、彼は残された力を振り絞って、敵を攻めようと考えた。そのとき突然、部下の一人でアブー・ドゥジャナーという屈強な戦士が戦場へ駆け込んできて、ムハンマドをつかまえ、生き残った者たちが仲間の傷の手当てをするために集まっている峡谷の入り口の方へ彼を引きずっていった。

預言者ムハンマドが戦場から消えたのは、彼が戦死したからだという噂が広まり、皮肉なことに、そのおかげで部下たちはほっと一息つけた。クライシュ軍は彼の戦死のニュースで攻撃をやめ、戦闘は終わったからである。血まみれで屈辱感に打ちひしがれたムハンマド軍がこっそりとヤスリブに忍び足で引き上げるにつれて、アブー・スフヤーンは意気揚々と丘の上に登り、曲がった剣を高々と振りかざして、「フバル神よ、万歳！　万歳！」と叫んだ。

しばらくしてウフドに静けさが戻ると、ヒンドとクライシュ族の残りの女性たちは、イスラーム勃興以前のアラビア半島の風習に従って戦場をうろつき、戦死者の遺体の一部を傷つけて歩いた。女たちはムハンマド軍の戦死者たちの鼻や耳を切り取り、それでネックレスや足首飾り《アンクレット》をつくった。だが、ヒンドにはもっと切実な意図があった。彼女は仲間と離れて、バドルの戦いで自分の父と兄弟を殺したムハンマドの叔父ハムザの遺体を探しに峡谷の方へ向かった。ようやくハムザを見つけると、彼女は遺体のそばにひざまずいて、彼の腹部を裂き、肝臓を素手で引っ張り出し、それに噛みついた。これでようやく「神の使徒《ラスール・アッラー》」への復讐が果たせた。

イスラームは「戦う宗教」という誤解

イスラームはしばしば、歴史家バーナード・ルイス（一九一六年生）のような現代の学者たちからさえ、「武力で信仰やイスラーム法を広めようとする狂信的な戦士のいる戦闘的な宗教」と言われてきた。西側世界では、ムスリムと聞けば、まるでイナゴの大群のようにすさまじい勢いで戦場に突進する姿が、長いあいだステレオタイプのイメージの一つになっていた。著名な社会学者マックス・ウェーバー（一八六四―一九二〇）は、「イスラームは実際には決して救済の宗教ではなかった」と言っているし、アメリカの政治学者サミュエル・ハンティントンは、「血染めの国境」に夢中になる宗教だと述べている。

イスラームは武闘派の宗教であるという根強い類型化は、ムスリムが聖地（さらに大事な中国へのシルクロード）を不敬にも占領した反キリストの戦士たちであるというローマ教皇による十字軍のプロパガンダから生まれたものである。中世には、ムスリムの哲学者、科学者、数学者らが過去の知識を保存し、未来の学問の方向付けをしているあいだに、好戦的で深刻な分裂状態にあった神聖ローマ帝国は、当時、戦争以外のもう一つの領土拡張手段はこれだとばかりに、イスラームを「戦う宗教」と銘打って、四方から締め上げてくるトルコ族に無視されまいと懸命だった。一八世紀から一九世紀にかけてヨーロッパの植民地主義者たちが中東と北アフリカの天然資源を徹底的に収奪するようになるにつれて、今日、俗に「イスラーム原理主義《イスラミック・ファンダメンタリズム》」と呼ばれているような過激な政治的・宗教的巻き返しが図らずも生じ、「長衣をまとい、半月刀を振りかざし、わが道に挑んでくる異教徒をすかさず虐殺する」恐ろしいムスリム戦士のイメージが、大衆文学の月並みな情景描写になった。それは今も変わっていない。

今日では、そのムスリムの伝統的なイメージは、多かれ少なかれ、身体に爆発物を巻きつけ、できるだけ大勢の無辜《むこ》の民を道連れに、神《アッラー》のために殉教死をいとわないイスラーム教徒テロリストという新しいイメージに置き換えられるようになった。だが、変わらないのは、イスラームという宗教は、ムハンマドの時代からまさに今日に至るまで、一端信者になったら「聖戦」もしくは「ジハード」という常態に巻き込まれてしまうという概念である。

だが、「ジハード」という教義は、他のたくさんのイスラームの教義と同様、ムハンマドの死後ずっと経ってから、ムスリムの征服者たちが中東の文化や慣習を取り入れ始めるまで、イデオロギー的な表現として完全に定着してはいなかった。イスラームは、ビザンツ帝国とサーサーン朝ペルシア――両方とも神政国だった――が領土拡張のための果てしない宗教戦争が常態になっていた、大帝国の世界制覇の時代に生まれたことを忘れてはならない。アラビア半島に出陣したムスリム軍は、自分たちがはっきりした目標をもって起こしたのではない騒動に巻き込まれているうちに、たちまち支配者になってしまったにすぎない。欧米で通常思われているのとちがい、ムスリム征服者は被征服民に改宗を強制しなかった。実際、それを奨励さえしていない。八世紀から九世紀にかけてアラブ・ムスリムであることが経済的にも社会的にも有利だったため、非アラブ人はまずアラブ人の従属民になるという複雑な経緯をたどってしか、エリート派閥であるイスラーム教徒に仲間入りすることはできなかったのである。

当時は宗教と国家が一体になった時代でもあった。少数の非凡な男女をのぞいて、この時代のユダヤ教徒、キリスト教徒、ゾロアスター教徒、ムスリムで自分の信じる宗教を個人の信仰告白という体験に基づいたものと考えている人はいなかったであろう。それどころか、宗教はその人の民族意識であり、文化であり、社会的自己認識《アイデンティティー》だった。宗教がその人の政治意識、経済観念、倫理観の礎《いしずえ》だった。それ以上に、宗教は〝国籍〟でもあったのだ。そういうわけで、サーサーン朝ペルシアが、皇帝に認可され、法的強制力のあるゾロアスター教をもっていたのと同様に、神聖ローマ帝国は、公的に認可され、法的強制力のあるキリスト教をもっていた。インド亜大陸では、ヴァイシナヴァ王国（ヴィシュヌ神とその権化に帰依する）がシヴァ王国（シヴァ神の帰依者）と領土の支配をめぐって競り合っていたし、中国では、仏教徒支配者が道教支配者と政治的優位性を争っていた。これらのどの宗教でも、とりわけ近東では、宗教が明らかに国家に対して拘束力をもつところでは、領土拡張はすなわち宗教的改宗の強要を意味した。つまり、どの宗教も「戦う宗教」だったわけである。

ムスリム征服者たちがイスラームの名においての戦争の意味と役割を広めるとき、彼らはサーサーン朝やビザンツ帝国のような、明確な意図のもとに国家のお墨付きの大義名分を掲げて実行した宗教戦争の理想を、自分たちに好都合なように利用することになる。実際、「聖戦」という言葉は、イスラーム教徒ではなく、キリスト教徒十字軍が、現実には土地と通商ルートを確保しようとする戦いを神学的に正当化するためにもちいたのが最初である。「聖戦」という言葉がムスリム征服者たちによって使われたことはなく、「ジハード」という語の定義としてはまったく不適切である。アラビア語には「戦争」と訳されてしかるべき言葉がたくさんあるが、「ジハード」はそのうちの一つではない。

「ジハード」は、字義どおりには「苦闘」、「奮闘」、「懸命な努力」を意味する。その本来の宗教的解釈(「大ジハード」と呼ばれることもある)は、人間を神から隔てる罪深い障害を克服しようとする魂の苦闘を意味する。「ジハード」という言葉が、クルアーンではほとんどいつも「神《アッラー》の道のために」という句につづいて使われているのはそのためである。だが、イスラーム教徒のこうした敬虔さと服従のための精神的な苦闘は、外目に映る人間としての幸福を求める格闘と不可分であると考えているため、「ジハード」は、つまり、抑圧や圧政に対して武力あるいは他の手段をもちいて歯向かうというその二次的解釈(「小ジハード」)に結びつけられることが多い。この「ジハード」の定義が、ときには活動家や過激派によって現実の社会的・政治的実践義務に宗教的裏付けを与えるために巧みに利用されてきた。だが、これはムハンマドのこの言葉に対する解釈とはまったくくちがっている。

クルアーンによれば、戦争というものは、義にかなったものであろうとなかろうと、「神聖なもの」ではありえない。

したがって、「ジハード」はせめて「義にかなった戦い」と解釈するしかないのである。この理論は、六二四年にムハンマドの小さいながら発展しつつあるコミュニティーと、絶大な権力をもって立ちはだかるクライシュ族とのあいだに起こった血まみれの悲惨な戦いのさなかに必然的に生まれ、広められたものである。

ジハード思想の歪曲

不思議なことに、クライシュ族は最初、ヤスリブにおけるムハンマドのつくったコミュニティーの成功を完全に静観していた。そこで何がおこなわれているか、彼らが気づいていたことは確かである。クライシュ族はアラビア半島全域に情報網を張り巡らすことによって、自分たちの支配的地位を維持していたが、彼らの権威や利益を脅かすようなものは何も聞こえてこなかったのであろう。だが、ムハンマドの信奉者の数が増えていることは気がかりであったかも知れないが、彼らがヤスリブにとどまっている限り、マッカはムハンマドのことを忘れていても大丈夫だと思っていた。ムハンマドのほうはしかし、マッカのことを忘れるつもりはなかった。

おそらくヤスリブで一番変わったのは、伝統的な部族制度ではなく、ムハンマド自身だったであろう。神の啓示が神のやさしさと力強さを相対的に述べたものから、道義的に正しい、平等な社会の建設と維持のために必要な法的、市民的ルールへと発展してゆくにつれて、ムハンマドの預言者としての自覚も開花している。彼のメッセージはもはや、「あらゆる都の母〔マッカを指す〕やその付近に住む者」（クルアーン第六章九二節）にだけ述べられているのではなかった。ヤスリブの「ウンマ」の劇的な成功で、ムハンマドは、神《アッラー》が自分の「近親者」（第二六章二一四節）への警告者になること以上のものを求めていると確信するようになっていた。彼はやがて自分の役割を「万民への慈悲」（第二一章一〇七節）と「あらゆる人びとへの」（第一二章一〇四節、第八一章二七節）「使徒」となることだと理解する。

もちろん、彼のつくったコミュニティーが、どれほど人気があり成功していて、大きくなっていたとしても、ヒジャーズの宗教的・経済的・社会的センターがこれに敵対しつづけるならば、ヤスリブの境界以遠に拡大することは望めなかったであろう。するとムハンマドは敢えて立ち向かい、できればクライシュ族を改宗させて味方につけなければならなかったと思われる。だがそれより先に、彼らの注目を引くことが必要だった。

クライシュ族に対抗するもっとも効果的な方法は、彼らの経済的利害関係に絡んだ措置をとることだとマッカで学んでいたムハンマドは、ヤスリブを聖地と宣言するという驚くほど大胆な決断をした。「マディーナ憲章」によって明確な形をとったこの宣言は、おそらく、ヤスリブが今度は宗教的巡礼地であるとともに本格的な通商センターになるはずだと公言したものであろう（古代アラビアではこの二つはほとんど分離できなかった）。だが、これは単なる最終的決断ではなかった。ヤスリブを聖地と宣言することによって、ムハンマドは意図的にアラビア半島全域にわたるマッカとの宗教的・経済的主導権争いに挑戦することにしたのである。クライシュ族にその意図を覚らせるため、彼は信奉者たちを砂漠に送り出し、昔からのアラブの伝統に従ってキャラバンを襲撃させた。

イスラーム勃興以前のアラビア半島では、弱小部族が裕福な部族のおこぼれに預かるためにキャラバンを襲撃することは正当な手段であると思われていた。それは決して盗みとは考えられず、暴力や流血事件を起こさない限り、報復の対象とはされなかった。襲撃隊は、後方から手早くキャラバンに襲いかかり、手にもてるだけのものを奪って、見つからないように姿を消すのが常道である。こうした定期的な襲撃はキャラバン隊のリーダーにとっては確かに煩わしいものであるが、一般的には、広大で防御の手だてもない砂漠を通って大量の物資を運ぶ際にはついてまわる災難の一部と考えられていた。

最初は少しずつ、散発的だったムハンマドの襲撃隊は、「ウンマ」になくてはならない収入をもたらしたばかりでなく、マッカに出入りする通商取引を中断させる効果も上げた。まもなく聖地マッカに入るキャラバンはクライシュ族に対し、この地域を旅するのはもはや安全ではないと文句を言うようになった。やがてムハンマドとその部下たちが安全を保証するヤスリブに迂回するキャラバンもわずかながら出始めた。マッカの通商は衰退し始め、利益は減るにつれて、ようやくムハンマドが望んでいた、彼らの注目を引くことができた。

「ウフドの戦い」の悲惨な敗北から丸一年後の六二四年、ムハンマドは大規模なキャラバンがパレスチナからマッカへ進行中という情報をキャッチした。見逃してはもったいないような大編成隊である。彼は、大半が移住者《ムハージルーン》から成る三百人ほどのボランティアを募り、襲撃を計画した。だが、この一団がバドルの町はずれまできたとき、クライシュ族の一千人もの戦士に突然反撃を受けた。ムハンマドの計画がマッカに漏れていて、クライシュ族はすかさずこの暴徒の小集団に忘れがたい教訓を与えようとかまえていたのだ。

数日間、大きな谷を挟んで、二つの部隊はたがいに相手の様子を探った。クライシュ軍は白の長衣に派手な色を塗った馬、茶色のラクダをしたがえて不規則に広がっていたのに対し、「ウンマ」の一行はぼろを身にまとい、戦隊というよりは襲撃隊という有様だった。じっさい、どちらも戦う熱意はないように見えた。クライシュ軍はおそらく、相手は圧倒的な軍勢を見て、ただちに降伏するか、少なくとも改悛に導けると推測したであろう。ムハンマドは、こうした状況下でクライシュ軍と戦うことは自分自身の死だけではなく、「ウンマ」がつぶれることになると知っていたにちがいない。彼はひたすら神《アッラー》の指示を待った。

「おお、神《アッラー》よ。この者たちの一団が滅びれば、あなたはもはや崇拝されなくなるでありましょう」とムハンマドは祈りつづけた。

バドルにきてムハンマドはためらった。恐れていたのは自滅することだけではなかった。クライシュ族の条件付き降伏がなければ、自分のメッセージをアラビア半島以遠に広めることはできないことを知ってはいたが、そのような条件付き降伏を勝ち取るには戦い以外にないことも認めていたにちがいない。彼は神の啓示がイスラーム勃興以前のアラビア半島の社会・経済的状況を永久に変えてしまったのと同様に、イスラーム以前の戦争行為の方法やモラルも変えねばならないことも承知していた。

アラビア半島に「戦争のルール」がなかったわけではない。多神教徒の部族のあいだには、いつ、どこで戦いをおこなうことができるかについてたくさんの決まりごとがあった。だが、多くの場合、それらのルールは部族の生き残りをはかるために、戦いを抑止したり制限したりするものであって、戦争行為の行動規範を確立するものではなかった。同時に、絶対的な道義心が部族の法や秩序の概念に重要な役割を果してもいなかったし、戦争と平和に対する部族の概念に影響してもいなかった。

クルアーンでゆっくりと展開されてゆく「ジハード」の教義は、とりわけイスラーム勃興以前とイスラーム勃興以後の戦闘行為の概念のちがいを示し、後者にイスラーム学者ムスタンシル・ミールが「イデオロギー兼倫理規範」と呼ぶものを吹き込むことを意図している。それは、このときまで、アラビア半島には存在していなかった。本来の「ジハード」の教義には、それまでは認められていなかった戦闘者と非戦闘者の区別がある。つまり、女性、子供、僧侶、ラビ、年寄りその他の非戦闘員の殺害は、いかなる事情があっても絶対に禁じられていた。その結果、戦時捕虜の拷問、戦時中の遺体の損傷、強姦、婦女子への乱暴その他の性的暴力、外交官の殺害、所有物の理不尽な破壊、宗教施設、医療施設の爆破などにまで拡大されたムスリム法の規定は、この道の専門家ヒルミ・ザワティーが認めているように、みな現代の戦時国際法に盛り込まれることになった。

だが、「ジハード」の教義のもっとも重要な刷新はおそらく、厳密な意味での防衛戦以外の戦いを徹底的に禁じたことであろう。クルアーン第二章一九〇節では、「神《アッラー》の道のために、おまえたちに敵するものと戦え。しかし、度を越して挑んではならない。神《アッラー》は度を越す者を愛したまわない」と言っている。第二二章三九―四〇節ではさらに、「抑圧されていた人々にのみ、戦うことが許される……すなわち、『われわれの主《しゅ》は神《アッラー》です』と言っただけで、不当にも故郷を追われた人々のこと」であると、はっきり述べている。

たしかにクルアーンのいくつかの章句ではムハンマドとその信奉者たちに、「多神教徒どもを見つけしだい、殺せ」（第九章五節）、「信仰を否定する似非信者と戦え」（第九章七三節）、とりわけ「神《アッラー》も終末の日も信じない者と戦え」（第九章二九節）と指示している。だが、これらの章句、とくにクルアーンで「多神教徒」や「似非信者」と呼んでいるのは、「ウンマ」を包囲して恐ろしい戦争を仕掛けているクライシュ族と、彼等がこっそりヤスリブに送り込んでいる別働隊のことを指していると解釈しなければならない。

だが、これらの章句は長いあいだ、ムスリムも非ムスリムも同じように、イスラームは不信仰者が改宗するまで戦えと唱導していることを示すものとして利用されてきた。これはしかし、クルアーンもムハンマドも是認している見解ではない。この見解は十字軍の絶頂期に発表されたもので、これに幾分か対応する形で、のちの世代のイスラーム法学者たちが世界を「イスラームの家《ダール・アル・イスラーム》」と「戦争の家《ダール・アル・ハルブ》」の二つの勢力圏に分け、前者は後者を常に追撃するものだという解釈をしたために、これが「ジハードの伝統的な教義」として引き合いに出されるようになる。

十字軍活動が終わり、ローマ帝国の関心がムスリムの脅威からヨーロッパ中に浮上したキリスト教の宗教改革へと転じるにつれて、伝統的なジハードの教義に対し、新しい世代のムスリム学者たちから活発な反論が出始めた。そのなかでもっとも重要な人物がイブン・タイミーヤ（一二六三—一三二八）である。ムスリム・イデオロギーの形成に与えた影響は、まさにキリスト教界での聖アウグスチヌスに匹敵する。イブン・タイミーヤは伝統的なジハードの教義の基盤となっている、イスラームに改宗を拒否した無信仰者は殺すという発想は、ムハンマドの手本を無視しているばかりでなく、クルアーンのもっとも重要な原則の一つである「宗教にはむり強《じ》いがあってはならない」（第二章二五六節）に違反しているという。実際、この点についてはクルアーンは頑として、「真理は主の下し給うところ。信じたい者は信じ、信じたくない者は信じないがよかろう」（第一八章二九節）と譲らない。クルアーンはさらに弁舌巧みにこう問いかける。「人々を無理やり信者にできるのか？」（第一〇章九九節）。明らかに不可能だ。そこでクルアーンは信者たちに、無信仰者に対して「おまえたちにはおまえたちの宗教があり、私には私の宗教がある」（第一〇九章六節）と言えと命じている。

イブン・タイミーヤによる伝統的なジハードの教義の否定は、一八世紀から一九世紀にかけて大勢のムスリム政治・宗教思想家の著作を活気づけた。インドのイスラーム文化の復興に努めた学者サイイド・アフマド・ハーン（一八一七―一八九八）は、イブン・タイミーヤの説を引用して、英国はインドのムスリム・コミュニティーの信仰の自由を抑圧（クルアーンのいうジハードを認めるときの必要条件の一つ）したことはなかったのだから、英国の占領に対する独立闘争に「ジハード」という言葉を使うのは適切ではないと主張している（想像できることではあるが、この説は植民地時代のインドでは不評だった）。アフマド・ハーンの愛弟子で、クルアーン学をはじめて状況に当てはめて合理的に解釈するようになったムスリム学者の一人チラーグ・アリー（一八四四―一八九五）の説によれば、現代のムスリム・コミュニティーはいつどのように戦争を遂行するかについてムハンマドの時代の「ウンマ」を道理にかなった手本とすることはできないという。なぜなら、すでに述べたように、当時のコミュニティーは知っている限りの世界全体が常に戦闘状態にあった時代に発達したからである。二〇世紀初めのエジプトの改革者マフムード・シャルトゥート（一八九七―一九六三）は、チラーグ・アリーのクルアーンの状況に当てはめた合理的解釈を引用して、イスラームは正当な理由のない攻撃に直接対処するのではない戦争ばかりでなく、イスラームの「法解釈の有資格者《ムジュタヒド》」に正式に認可されていない戦争は違法であるとしている。

だが、二〇世紀全般にわたって、とりわけ植民地時代の体験が中東に新しい形のイスラーム過激主義を誕生させて以来、伝統的なジハードの教義が宗教界でも、一部のすぐれたムスリム・インテリ層の教室でも大々的に復活した。イランのホメイニー師（一九〇二―一九八九）は、ジハードの好戦的な解釈をもとに、最初は一九七九年の反帝国主義革命を焚きつけ、やがてイラクとの八年にわたる破壊的な戦争を煽った。イスラーム過激派グループ「ヒズブッラー（神の党）」（ヒズボラ）の創設を促したのは、戦争の武器としてのホメイニー師のジハード観だった。「ヒズブッラー」の考え出した自爆攻撃は国際テロリズムのぞっとするような新時代を幕開けした。

サウディアラビアでは、キング・アブドゥルアジーズ大学のイスラーム哲学教授アブドゥッラー・ユースフ・アッザム（一九四一―一九八九）が自分の影響力を利用して、この国の青年不満分子たちにジハードはすべてのムスリムが負うべき義務であると説き、妥協を許さない好戦的な自分の解釈を吹き込んだ。「ジハードとライフルのみ。折衝、協議、対話はいっさいするな」とアッザム博士は学生たちに要求した。アッザムの見解は、パレスチナの過激派グループ「ハマス」の創設を促し、以来、彼らはイスラエルの占領に対する抵抗運動に「ヒズブッラー」の戦略を取り入れるようになった。彼の教えは、とりわけウサーマ・ビン・ラーディンという一人の学生に非常な影響を与えた。ビン・ラーディンは自分の教師のイデオロギーを実行に移し、欧米に対する世界的規模のムスリム・ジハードを呼びかけ、これを皮切りに大勢の無辜の民の死を招く恐ろしいテロリズムが続発する。

もちろん、こうした攻撃は特定の侵略に対する防衛戦ではない。それらはイスラームの「法解釈の有資格者《ムジュダヒド》」によって認定されたものでもない。その攻撃は戦闘員と非戦闘員の区別もまったくしていない。彼らは男も女も、子供も、ムスリムも、非ムスリムも無差別に殺す。言葉を換えれば、それらの攻撃はムハンマドが定めた正当な理由のある「ジハード」として対応するときの規則を遵守していない。そのため、欧米ばかりでなく、イスラームのもっとも好戦的で、反アメリカの宗教指導者である「ヒズブッラー」の精神的指導者シャイフ・ファドルッラー（一九三五年生）や、過激なテレビ伝道者ユースフ・カラダウィを含む世界中の大多数のムスリムからもきびしく非難されている。

事実、今の世界人口のほぼ五人に一人はムスリムだ。そのなかにはビン・ラーディンの欧米列強に対する不平の原因に共感をもつ者もいるであろうが、彼の「ジハード」の解釈に同意する者はごくわずかである。実際、この教義が個人の偏見や政治的イデオロギーを正当化するためにあの手この手で歪曲されているにもかかわらず、「ジハード」はムスリム世界で普遍的に認められてもいなければ、大多数の人によって定義された概念でもない。不正や圧政と戦うのはすべてのムスリムの義務であることは間違いない。独裁者や圧政者に立ち向かう者が一人もいなかったら、クルアーンに述べられているように、「修道院も教会もユダヤ教の会堂も神の御名が盛んに唱えられるようなモスクも、すべて破壊されたであろう」（第二二章四〇節）。だが、それでも、クルアーンのいう「ジハード」はあくまでも抑圧や不正に対する防御的対応であって、明確に定められた軍事行動規定の範囲内でのみおこなわれるものだと解釈するべきである。アメリカの政治哲学者マイケル・ウォルツァー（一九三五年生）が主張しているように、「正戦」の決定要因は、**jus in bello**（武力紛争で適用される法）と **jus ad bellum**（武力行使の合法性に関わる法）の両方を含む特別な規定を確立することであるとすれば、ムハンマドの「ジハード」の教義は、古代アラビアにおける「正戦」論と呼ぶほかかない。

ムハンマドは何のために戦ったのか？

バドルの戦いは、ムハンマドにとってこの「ジハード」理論を実行に移す初めての機会になった。日ごとに二つの軍がじわじわと接近するのを見ながら、ムハンマドは自軍が攻撃を受けるまでは戦うのを拒否した。両方の軍から二、三人ずつ闘士を出しては一騎打ちをおこない、決闘が終わって戦場から遺体を撤去し、別の組に戦わせるという昔ながらのアラブ風の戦闘が始まってからでさえ、ムハンマドは神からのメッセージを待ってひざまずいたままだった。ムハンマドがいくらためらおうと、すでに始まってしまった戦闘へと腰を上げて参加するようせき立てたのは、預言者の優柔不断さにたまりかねたアブー・バクルだった。

「おお、神《アッラー》の預言者よ、あなたの主《しゅ》にそうたびたびお訊ねなさるな。神《アッラー》はあなたに約束されたことを必ず成就させてくださるはずだ」とアブー・バクルは言った。

ムハンマドは納得し、立ち上がってついに信奉者の小集団を召集、神《アッラー》を信じ、敵に向かって全力で進めと命じた。つづいて起こったすさまじい小戦闘を、イタリアの東洋学者フランチェスコ・ガブリエリは「街角のけんか騒ぎの域を出ない程度のもの」と言っている。けんか騒ぎ程度ではあったかも知れないが、戦いが終わり、遺体が撤去されるとどちらが優位に立ったか歴然としていた。驚いたことにムハンマドはわずか十数人を失っただけだったが、クライシュ軍は総崩れになって敗走した。預言者がアラビア半島最大の有力部族に勝利したというニュースは、勝利者たちが帰還するはるか前にヤスリブに伝わっていた。「ウンマ」は喜びに沸いた。「バドルの戦い」は神《アッラー》がその使徒を祝福したことを証明した。天使が戦場に舞い降りてきてムハンマドの敵を殺したという噂まであった。「バドルの戦い」以降、ムハンマドはもはや単なる長老《シャイフ》でもなければ調停者《ハーカム》でもなかった。彼とその信奉者たちはヒジャーズの新たな政治権力者になった。ヤスリブはもはやただの農業オアシスではなく、権力者の住んでいる場所、「預言者の町《マディーナ・アンナビー》」となった。

「バドルの戦い」は必然的にヒジャーズに二つの対立する集団を生んだ。ムハンマドに好意を寄せる人たちと、クライシュ族に忠実でありつづけようとする人たちである。どちらにつくかは選べた。ヒジャーズ全域から支族の代表がマディーナにどっと集まり、ムハンマドと同盟を結ぶ一方、クライシュ族に忠誠を誓った者は大急ぎでマディーナを去り、マッカに向かった。興味深いのは、クライシュ族に忠誠を誓った者のなかには、ムハンマドの布教活動が「アブラハムの宗教」の流れを引くものだったにもかかわらず、これに改宗するのを拒否した純粋な一神教徒《ハニーフ》が大勢いたことである。その主な理由は、彼らの運動を推進するためには、カアバ聖殿とその管理者であるクライシュ族に忠誠を誓う義務があったからである。

だが、マディーナからマッカへの〝逆移住〟も、純粋な一神教徒《ハニーフ》の離反も、ムハンマドは気にしなかった。それよりはるかに大きな、緊急の問題があったのだ。マディーナに裏切り者がいたのである。だれかがムハンマドのキャラバン襲撃計画をクライシュ族に通報していた。いろいろ可能性があるなかで、ムハンマドはただちに、オアシスでもっとも大きく、裕福なユダヤ教徒支族の一つであるカイヌカー家を疑った。彼はカイヌカー家が閉じこもった砦を一五日間にわたって包囲し、ついに彼らを降伏させた。

ムハンマドがカイヌカー家の裏切りに不安を抱いたのは、根拠がなかったわけではない。マディーナのユダヤ教徒支族の大半はクライシュ族と商売上、切っても切れないつながりがあり、二つの町のあいだで長引きそうな戦争には加担したくなかったであろう。オアシスにムハンマドがいること自体、すでに彼らの経済活動をむずかしくしていた。アラブ部族間の政治的同盟が進み、ムハンマドが日増しに勢力を強めるにつれて、マディーナのユダヤ支族の権力と権威は大幅に削減されていった。カイヌカー家はとくに、ムハンマドの免税市場に頭を抱えていた。これはマディーナにおける彼らの経済的独占権を侵害し、収入に大打撃を与えていた。マッカとの戦いは、クライシュ族との経済的絆を永遠に断ち切ることにより、マディーナのユダヤ教徒支族の立場をさらに悪化させるだけのように思われた。なんと言ってもクライシュ族は彼らの主要商品であるナツメヤシやワイン、武器などの一番大事な取引先だったのだから。「バドルの戦い」の勝利にもかかわらず、ムハンマドが実際にクライシュ族を征服できるかどうかまだ信じられなかった。マッカの人たちはいつか、グループを再編成して、ムハンマドを敗退させようと戻ってくるかも知れない。そうなったら、ユダヤ教徒支族たちはクライシュ族に忠誠を誓わざるをえなくなるのは火を見るより明らかだった。

「バドルの戦い」のあと、ムハンマドもまた、忠誠心の有無に強い関心をもち、そのために、「マディーナ憲章」を明確な形にして、オアシスにおける相互保護協定を固めたのである。この文書は、イスラエルの歴史家モシェ・ギル(一九二一年生)のうまい表現を借りれば、マディーナの防衛体制を明確にするための——あるいは少なくとも防衛費を分担するための――「戦争準備法」で、住民一人一人に共同責任を負わせるためのものである。この「憲章」は、「ユダヤ人には彼らの宗教を、ムスリムには彼らの宗教を」と明示して、マディーナのユダヤ教徒支族らに完全な宗教的・社会的自由を約束する一方、「この文書に違反した人々との戦いには、相手がだれであろうと」全面的に協力することを期待している。つまり、「マディーナ憲章」は、これを通してだれが味方で、だれが味方でないかをムハンマドが確認できることになる。それゆえ、カイヌカー家がこの相互保護の誓約を裏切り、敵対的態度を示したとき、彼はただちに行動に出た。

アラブの伝統では、裏切り行為の罰ははっきり決められている。男は死刑、女性と子供は奴隷として売却、財産は没収して戦利品として山分けにされる。マディーナのだれもが、カイヌカー家の人たちはそういう目に遭うだろうと考えた。それゆえ、ムハンマドがこの昔からの掟を拒否し、代わりにこの一族をマディーナから自分たちの財産をもってできるだけ遠くへ出て行けと追放を命じたとき、彼らは衝撃を受けた。これはムハンマドのほうとしては寛大な決断だが、いろいろな点でマディーナの同盟者が自分の手を取引先の人間の血で汚したくないという圧力によるものだった。だが、一年後の「ウフドの戦い」でも信頼しすぎていた自軍の手ひどい敗北のあと、彼は同じような決断をせざるをえなくなる。

「ウフドの戦い」は「ウンマ」の士気に大打撃を与えた。それより重要だったのは、いずれクライシュ族がムハンマドに勝つのは時間の問題にすぎないというマディーナのユダヤ教徒たちの予想が当たっているように見えたことだった。オアシスに残された二つの有力なユダヤ教徒支族ナディール家とクライザ家は、ウフドの成り行きをことのほか喜んだ。実際、ナディール家の族長は戦闘の前にアブー・スフヤーンとひそかに会って、ムハンマドの弱みにつけ込んで彼を暗殺しようとした。だが、ムハンマドは戦場での負傷から回復する前に、その陰謀に気づき、カイヌカー家に対しておこなったのと同様に、やつれ果てた残存兵士を大急ぎで集めて、ナディール家の砦を包囲した。彼らは同じユダヤ教徒のクライザ家に助けを求めたが、族長のカーブ・イブン・アサドはこれに応じず、ナディール家はムハンマドに降伏せざるを得なくなった。だが、自分たちもカイヌカー家と同様、武器を置いて、平和にマディーナから出て行かせてほしいという条件を出した。ムハンマドは、戦場で重傷を負った者が多い信奉者たちから、今度もまた、さんざんに不評を浴びながらも同意した。ナディール家は財産や所持品をもてるだけもってマディーナを出て一五〇キロほど北のハイバルに向かった。

「ウフドの戦い」のあと、マッカとマディーナの小競り合いは二年以上もつづいた。内密の交渉、こっそりおこなわれる暗殺、双方の町での恐ろしい暴力行為が蔓延する血みどろの歳月だった。いつまでもつづく闘争にうんざりしたクライシュ族は、ついに六二四年、遊牧民《ベドウィン》戦士と大規模な同盟関係を形成し、長々とつづく戦争を決定的に終わらせることを願って決死の覚悟でマディーナに向かった。だが、今回、ムハンマドはクライシュ族が目の前までやってくるのを待った。彼は信奉者たちにマディーナを囲むように塹壕を掘るように命じた。これはその後、数百年にわたって斬新な戦術として取り入れられるようになる。ムハンマド軍はオアシスにこもれば、いつまでも防衛が可能だった。一か月近くにわたってこの独創的な塹壕防衛網を打破しようと試みたクライシュ族と遊牧民連合部隊は、疲れ果てて兵糧もつき、あきらめて故郷へ戻った。

ムハンマドにとって、これは勝利にはほど遠かったが、「ウフドの戦い」の惨めさを思えば、成り行きに不満を言えなかったであろう。実戦はあまり行なわれず、どちら側でも戦死者はわずかだった。実際に大した出来事はなかったのである。のちに「塹壕の戦い」として知られるようになるこの戦争は、戦闘中の出来事よりも、その後に起こったことによって有名になった。

一か月に及ぶ籠城中、マディーナ軍はマッカ軍の侵略を瀬戸際で必死に防いだが、オアシスで最大のユダヤ教徒一族になっていたクライザ家はおおっぴらに、積極的にクライシュ軍を支援し、彼らに武器や食糧まで供給するようになった。クライザ家がなぜそれほどおおっぴらにムハンマドを裏切ったのかはわからない。彼らはまだ戦闘の真っ最中だというのに、遊牧民連合との折衝を求めるほどの厚かましさを見せたのは、今度こそムハンマドの布教活動にとどめを刺すことができると考えて、戦塵が収まったときに好都合な側についていたいと思ったのかも知れない。もしもムハンマドが戦闘で勝利した場合でも、クライザ家は最悪の場合でも、カイヌカー家やナディール家と同じようにマディーナから追放されるだけだと推測していた可能性もある。だが、ムハンマドの寛大さも限界にきていた。ナディール家はすでにユダヤ教徒の多いハイバルで繁栄していたのである。だが、クライザ一族を一か月以上も彼らの砦に閉じこめておいて、どう対処するべきか顧問たちと慎重に協議した。

彼は最終的に彼はアラブの伝統に救いを求めた。これはもめごとであるから、仲裁は調停者《ハーカム》によっておこなうしかない。だが、もめごとには明らかに中立の立場ではないムハンマドも関与しているため、仲裁者の役目はアウス族の長老《シャイフ》サアド・イブン・ムアーズが務めることになった。

外目にはサアドが中立的な立場ではとうていありえないように思われた。クライザ家はアウス族の取引先であり、事実上、サアドの直接の保護下にあったからだ。クライザ家がぜひとも彼を調停者《ハーカム》としたがった理由もそこにあったのかも知れない。だが、サアドが戦闘中に受けた傷の手当をしていたテントから出てきたとき、昔からの社会的しがらみはもはや適用されないことを明確に示す判決を申し渡した。

「判決を諸氏に伝える。戦闘員は死刑、彼らの妻と子は捕虜、財産は分割される」と彼は宣言した。

啓典の民との関係

クライザ一族の処刑は、当然のことながら、あらゆる分野の学者たちから綿密な吟味の対象になっている。一九世紀のユダヤ人によるユダヤ史家ハインリヒ・グレイツ（一八一七―一八九一）は、イスラーム教徒に内在する反ユダヤ感情を反映した野蛮な虐殺行為としてこの出来事を描いている。S・W・バロンの *Social and Religious History of the Jews*（『ユダヤ社会・宗教史』）は、やや想像もまじえて、クライザ一族の行為を紀元二七年のローマ軍に降伏せずに勇敢にも集団自殺を選んだユダヤ人の伝説的物語、「マサダの反抗」にたとえた。二〇世紀の初めには、大勢の東洋学者たちがこのエピソードを、イスラームが狂暴な時代遅れの宗教であることの証拠としてイスラーム史のなかに位置づけている。フランチェスコ・ガブリエリはその代表作、*Muhammad and the Conquests of Islam*（『ムハンマドとイスラームによる征服』）で、ムハンマドによるクライザ一族の処刑は、「イスラーム教徒の神は、少なくともこういう点に関しては、われわれの神とはちがうという、キリスト教徒で文明人としてのわれわれの意識」を再確認するものであると述べている。

こうした非難に対して、ムスリム学者のなかには、クライザ一族の処刑は少なくとも記録にあるような方法で起きたはずはないことを証明するために並々ならない研究をつづけてきた人たちがいる。たとえば、バラカット・アフマドとW・N・アラファトは、クライザ一族の物語はクルアーンに示された価値観とイスラーム教徒の前例に一致しないばかりでなく、クライザ一族を神の英雄的な殉教者として描きたかったユダヤ教徒年代記作者たちの信頼度の低い、矛盾した記述をもとにしていると述べている。

最近、ムハンマドの行為は現代の倫理的基準によって判断することはできないと唱えるイスラーム学者たちは、クライザ一族の処刑を歴史的背景と絡み合わせて考察しようとしている。預言者ムハンマドのみごとな伝記を書いた英国の宗教学者カレン・アームストロング（一九四四年生）によれば、この虐殺は現代人には不快感を与えるが、当時の部族社会の倫理に従えば不法でもなければ乱行でもなかったという。同様に、ノーマン・スティルマン（一九四五年生）は、*The Jews of Arab Land*（『アラブ領土のなかのユダヤ教徒』）のなかで、クライザ一族の運命は、「当時のきびしい戦闘規定によれば異常なものではない」と述べている。スティルマンはさらに、当時マディーナにいたほかのユダヤ教徒たちがムハンマドの行為に抗議もせず、クライザ一族に代わって何らかの仲裁をしようともしなかったことは、ユダヤ教徒自身がこの出来事を「伝統的なアラブ社会における部族間の政治的事件」とみなしていた証拠であると書いている。

それにもかかわらず、アームストロングやスティルマンでさえ、クライザ一族の処刑は歴史的、文化的背景から見て納得できるとはいえ、マディーナのムスリムとユダヤ教徒のあいだに深く根ざしたイデオロギー的軋轢の悲劇的な帰結であり、今日の中東でもまだ見られる闘争の一つだという見解を主張しつづけている。スウェーデンの比較宗教学者トゥーア・アーンドレイ（一八八五―一九四七）は、この見解をずばり、処刑は、ムハンマドが「ユダヤ教徒は神《アッラー》とその啓示の不倶戴天の敵であり、［したがって］彼らに対するいかなる慈悲も無用」と信じていたからだという。

だが、アーンドレイの見解と、それに同意する多くの人たちの見解は、良く言えばムスリムの歴史と宗教に対する無知、悪く言えば頑迷で愚鈍である。実際には、クライザ一族の処刑はおぞましい出来事であったことは確かであるが、大量虐殺でもなければ、ムハンマドの側に広く浸透していた反ユダヤ主義的な行動パターンの一部でもなかった。さらに確かなのは、この出来事がイスラームとユダヤ教のあいだに根ざした内在的な宗教的確執の帰結ではないことである。それほど真実とかけ離れた話はない。

まず第一に、クライザ一族はユダヤ教徒であるがゆえに処刑されたのではなかった。ミカエル・レッカーが証明しているように、クライザ一族のアラブ人の取引先で、マディーナの外から援軍として彼らに味方していたキラーブ一族の相当数の人たちも、同じように裏切りの罪で処刑された。それに、殺された男性の総数は四〇〇人から七〇〇人と（資料によって）幅があるものの、最高値をとっても、マディーナやその周辺に住んでいたユダヤ教徒の総数のごく一部にしかすぎない。かりにカイヌカー家とナディール家を除外したとしても、オアシスに残っていて、クライザ一族の処刑のあとも長いあいだ、ムスリムの隣人として仲よく暮らしていたユダヤ教徒は大勢いた。七世紀末のウマルの統治時代だけは、マディーナに残存していたユダヤ教徒支族たちは、闘争ではなく、アラビア半島全域にわたる大々的なイスラーム化が原因で、静かに出て行った。マディーナのユダヤ教徒人口のわずか一パーセント〔当時のユダヤ教徒人口については原注を参照されたい〕ちょっとの死を大量殺戮というのは、非常識な誇張であるばかりでなく、大量殺戮の恐怖に本当に苦しんだ数百万人のユダヤ人の記憶に対する公然たる侮辱である。

第二は、学者たちがほぼ異口同音に認めているように、クライザ一族の処刑はイスラーム領土内のユダヤ教徒に対するその後の扱いに何の前例にもならなかったことである。それどころか、ユダヤ教徒はとりわけイスラームがビザンツ帝国領内に拡大したあとのムスリム統治下ではのびやかに暮らせた。それまでは正教徒の支配者がユダヤ教徒も非正教会派のキリスト教徒も、彼らの宗教的信仰ゆえに日常茶飯事のように処刑するか、死刑がいやならば神聖ローマ帝国皇帝派のキリスト教に強制的に改宗させていた。これと対照的に、ムスリムの法律では、ユダヤ教徒とキリスト教徒は庇護民《ズィンミー》と考えられ、イスラームへの改宗は要求もされなければ、奨励もされなかった（だが、偶像崇拝者と多神教徒は改宗か死のどちらかを選択させられた）。

ムスリムによる庇護民《ズィンミー》の迫害はイスラーム法で禁じられていたばかりでなく、遠征軍はユダヤ教の慣習を守るユダヤ人ともめごとを起こしてはならない、たまたま見つけたキリスト教徒の施設はつねに保存せよ、というムハンマドの命令を真っ向から無視したことになる。そういうわけで、ウマルがダマスカスで、あるユダヤ人の家を無理やり接収して不法に建設したモスクの取り壊しを命じたのは、「ユダヤ教徒やキリスト教徒を不当に扱った者は最後の審判の日にわしはその者の告発人になるであろう」という預言者の警告に従ったにすぎない。

庇護民《ズィンミー》に賦課される人頭税《ジズヤ》の見返りに、ムスリムの法律ではユダヤ教徒とキリスト教徒はどちらも宗教的自立と、ムスリム世界における社会的・経済的制度を共有する機会を与えられた。このような寛大さが、ムスリム、ユダヤ教徒、キリスト教徒の協力の最高の見本として示されたのは中世のスペイン以外にはない。スペインではユダヤ教徒が社会や政府の最高の地位にまで出世することができた。実際、ムスリム統治時代のスペインで最有力者の一人だったユダヤ人ハスダイ・イブン・シャプルートは、カリフ、アブド・アッラフマーン三世の信頼厚い宰相を長年務めている。この時期に書かれたユダヤ教徒の文書にイスラームを指して「神の慈悲の行為」と言っているのは少しも不思議ではない。

もちろん、ムスリム統治下のスペインでも、不寛容な、宗教的迫害の時期はあった。さらに、イスラーム法ではユダヤ教徒やキリスト教徒が公共の場でおおっぴらに布教活動をおこなうことを禁じていた。だが、マリア・メナカールが言うように、そのような禁止令はユダヤ教徒よりもむしろキリスト教徒への影響のほうが大きかった。ユダヤ教徒は歴史的に見ても、布教や自分たちの宗教的儀式を人目につくような形でおこなうのをはばかってきたからだ。これは、イスラーム地域の大半でユダヤ教徒のコミュニティーが大きくなり、繁栄していたのに対し、なぜキリスト教が次第に消滅していったかを説明しているのかも知れない。いずれにしても、イスラーム史のなかでもっとも抑圧的だった時代においてさえ、ムスリム統治下のユダヤ教徒は、キリスト教徒支配下にいるよりもはるかに厚遇され、ずっと大きな権利を与えられていた。一四九二年にムスリム・スペインがフェルナンドのキリスト教徒軍に敗れてから数か月のあいだに、スペイン在住のユダヤ教徒の大半がたちまちこの地域から追放されたのは決して偶然ではない。残った人たちは異端審問にかけられた。

最後に、そしてこれが一番大事なのだが、クライザ一族の処刑は、よく言われるような、ムハンマドとユダヤ教徒とのあいだに内在する宗教的確執の反映ではなかった。イスラーム学、ユダヤ学双方で議論の余地のない学説として折に触れて提出されるこの推測は、自分のメッセージをユダヤ教とキリスト教の預言者の伝統の継続であると考えるムハンマドの信仰にもとづいたものである。ムハンマドがマディーナにきたのは、ユダヤ教徒が自分を預言者として認めることを十分予想していて、おそらく、ムハンマドは自分の預言者としての本性をユダヤ教徒が認めやすくするために、ユダヤ教徒の祭事や慣習をたくさん取り入れて、自分のコミュニティーとユダヤ人のそれとを結びつけようとしたのではないかという。だが、彼が驚いたのは、ユダヤ教徒たちが彼を拒否したばかりでなく、神の啓示としてのクルアーンの信憑性を執拗に疑ったことだった。ユダヤ教徒の拒絶が自分の預言者としての信用を傷つけるのを恐れたムハンマドは、自分のコミュニティーと彼らのそれとを分離し、彼らに激しく対抗せざるをえなかった。F・E・ピーターズの言葉を借りれば、「イスラームをユダヤ教に代わるものとして改造する」ほかなくなったのだという。

この説には二つの問題点がある。その第一は、ムハンマド自身の宗教・政治面への鋭い洞察力を評価していないことである。預言者ムハンマドは自然崇拝をしたり、石板の前にぬかずいたりする無知な遊牧民《ベドウィン》のような人物ではなかった。彼はほぼ半世紀にわたって、アラビア半島最大の宗教都市に住み、ユダヤ教徒やキリスト教徒の部族と緊密な経済的、文化的絆をもつ世慣れた商人である。ムハンマドが自分の預言者としての使命を、モンゴメリー・ワットの言うような、「自分に対してと同様、ユダヤ人に対しても自明のことであるように」推定していたと考えるのは、あまりにも単純すぎる。ムハンマドはユダヤ教徒の基本的な教理はよく知っていて、彼らが自分たちの預言者の一人としてムハンマドの本性を必ずしも認めないくらいのことはわかっていたはずだ。彼はユダヤ教徒がイエス・キリストを預言者とは認めていないことを知っていたのは確かだ。その彼がどうして自分も同じように認められると推定したりするだろうか？

だが、この説のもっとも看過できない問題点は、ムハンマドをいかに低く評価しているかではなくて、マディーナのユダヤ教徒をどれだけ高く評価しているかにある。すでに述べたように、マディーナのユダヤ教徒支族は改宗したアラブ人で、文化的にも、さらに言えば、宗教的にも、偶像崇拝をするアラブ人たちとほとんど変わるところがない。つまり彼らはとくに知識や教養のある集団ではなかった。アラビア語の資料によれば、マディーナのユダヤ教徒たちは彼らが「ラタン語」と呼んでいる言葉を話していた。タバリーによれば、これはペルシア語であるが、たぶん、アラビア語とアラム語の混じったものであろうという。彼らがヘブライ語を話したり、理解できたりしたかどうかは何も証拠がない。実際、彼らのヘブライ語の聖典についての知識は、法文を記したいくつかの巻物とか、祈祷書、モーセ五書《トーラー》の断片的なアラビア語訳程度のものであった可能性が高い。S・W・バロンによれば、「知らないうちに誤り伝えられた、口述伝承」のようなものだったであろう。

彼らのユダヤ教に関する知識がひどく限られたものであったことから、一部の学者のなかには、彼らが本当にユダヤ教徒だったとは思われないという人たちもいる。英国の東洋学者D・S・マーガリウスは、マディーナのユダヤ教徒は、純粋な一神教徒《ハニーフ》に近い、もう少し適切な言葉で言えば、「ラフマーン信者」（「ラフマーン」とは「神《アッラー》」の別名）とでも言うべき一神教信者同士のゆるやかな集団以上のものではなかったのではないかと考えている。マーガリウスの分析に同意しない人も大勢いる一方、マディーナのユダヤ教徒支族がどこまで自分たちをユダヤ教信者とみなしていたかを疑問視するほかの理由もいくつかある。たとえば、H・G・ライスナーが言うように、六世紀までには、離散ユダヤ人のあいだでは、非イスラエル人は「タルムードに書かれている原則に従う……モーセの律法の信奉者」だけをユダヤ教徒と考えてよいという完全な合意があったという。そのような制約をつければ、イスラエル人でもなく、モーセの律法を厳格に遵守してもいなければ、タルムードについて本格的な知識などまるでないように見えるマディーナのユダヤ教徒支族は、たちまち除外されてしまっていたであろう。そのうえ、マディーナには相当数のユダヤ教徒がいたことを容易に確認できる考古学的証拠があきらかに欠如している。ジョナサン・リードによれば、石壺の破片とか、斎戒沐浴用槽の残骸とか、共同埋葬地跡などの宗教的にもれっきとしたユダヤ教徒が存在したことを裏づけるための考古学的証拠がなければならない。われわれが知る限り、そのような証拠はマディーナから何一つ発掘されていない。

もちろん、マディーナのユダヤ教徒支族の宗教的自己認識《アイデンティティー》の存在を肯定しつづける人たちもいる。たとえば、ゴードン・ニュービーは、マディーナのユダヤ教徒は独自の宗派や聖典をもった他とは異なるコミュニティーを形成していたのかも知れないという。だが、この仮説を裏づける考古学的証拠は存在していない。いずれにしても、そのニュービーでさえ、マディーナのユダヤ教徒はその文化、倫理、そして宗教さえも、アラビア半島のほかのユダヤ教徒コミュニティーとはまったく異なっていたばかりでなく、マディーナの偶像崇拝者たちのコミュニティーと事実上はあまり変わりがなく彼らと自由に協力し合い、（モーセの律法に反して）婚姻関係を結ぶこともしばしばあったという。

要するに、マディーナのユダヤ教徒支族はどう見てもユダヤ教徒の慣習や儀式を遵守する人たちではなかった。マーガリウスその他の学者の説が正しいとすれば、彼らはユダヤ教徒でさえなかったかも知れないのである。それゆえ、彼らが読むこともできず、もしかしたら所有してさえいなかったヘブライ語の聖典とクルアーンとの相関関係について、ムハンマドと複雑な論争を戦わせたかどうか、大いに疑問がある。

ムハンマドが言ったり、したりしたことで、マディーナのユダヤ教徒にどうしても受け入れられないことなど何一つなかったというのが事実であろう。ニュービーが *A History of the Jews of Arabia*（『アラビアのユダヤ教徒の歴史』）に書いているように、七世紀のアラビア半島におけるイスラームとユダヤ教は、同じ宗教的登場人物、物語、逸話を共有しており、同じ観点から同じ基本的な問題を討議し、道義的、倫理的価値観もほぼ同じという「同じ宗教的対話をする人たちの世界」のなかで機能していたのである。この二つの信仰のあいだに不一致があるとすれば、「相互に独自な世界観をめぐるものではなく、共通の論題に対する解釈のちがいについて」であろうとニュービーはいう。S・D・ゴイテインによれば、「ムハンマドの説教のなかでユダヤ教と矛盾するところは何一つない」。

ムハンマドが偉大なユダヤ人の族長たちをモデルにして、自分を「預言者」にして「神の使徒《ラスール・アッラー》」と名乗ったことさえ、マディーナのユダヤ教徒たちに必ずしも受け入れられなかったわけではなかった。彼の言葉と行為はアラビア半島のユダヤ神秘主義によって広められていたパターンと完全に一致するばかりでなく、マディーナで彼のように預言者であると名乗った者はムハンマド一人でさえなかった。マディーナはイブン・サイヤドという名のユダヤ神秘主義の霊能者《カーヒン》の故郷でもあった。彼はムハンマドと同じような預言者風の外衣に身を包み、神聖な霊感によって天から与えられたメッセージを朗誦し、自分を「神の使徒《ラスール・アッラー》」と呼んでいた。注目すべきは、マディーナのユダヤ教徒支族の大半がイブン・サイヤドの預言者宣言を認めていたばかりでなく、イブン・サイヤドがムハンマドも同じ使徒であり、預言者であるとおおやけに認めていたと記してある資料がいくつかあることである。

ムハンマドと当時のユダヤ教徒とのあいだに何の論争もなかったとするのは、あまりにも単純化しすぎであろう。だが、その論争は聖典をめぐる神学的な論争であるよりは政治的同盟や、経済的絆と関わりのある問題のほうがはるかに多かった。論争の火種は部族間の提携や免税市場から始まったのであって、宗教的な義憤からではなかった。ムハンマドの伝記作者たちが、「神がアラブ人のなかから使徒を選ばれたことに嫉妬し、憎しみと恨みを抱いて敵対意識をもつ、けんか腰のユダヤ教導師《ラビ》」の一団と神学論争する彼を描きたがるのは、宗教的形式主義者であるパリサイ人とその役割について言い争うイエスの出来事や物語を、歴史的事実としてではなく、文学的な固定概念として、同じような調子で描きたがるのと似ている。実際、学者たちは、初期のムスリムがイエスとムハンマドという二人の預言者の使命とメッセージを意図的に関連づけようとする傾向があったことに、何百年も前から気づいていた。

忘れてはならないのは、ムハンマドの数ある伝記は、ムスリム国のなかの少数派であるユダヤ教徒がイスラームの唯一残された神学的ライバルだった時代に書かれたことである。それゆえ、ムスリムの歴史家や神学者は、当時のユダヤ教の権威者のラビを向こうに回して議論するとき、自分たちの言葉をムハンマドが言ったかのようにして強がっていたことは、驚くに当たらない。もしもムハンマドの伝記作者が反ユダヤ主義的な感覚をちらつかせていることがあるとしたら、それは預言者ムハンマドの感覚ではなくて、伝記作者自身のものである。当時のユダヤ教徒やキリスト教徒に関するムハンマドの本当の心境を知るには、彼の死後数百年も経ってから、あたかも彼が言ったように記している年代記作者の言葉ではなく、神《アッラー》がムハンマドの存命中、彼の口を通して言わせた言葉に注目しなければならない。

神《アッラー》に啓示された聖典としてのクルアーンは、ムスリムが耳にするメッセージは新しいものではなくて、「以前からある聖典の確証」（第一二章一一一節）であることを繰り返し思い出させている。事実、クルアーンは、すべての聖典は「書物の母《ウンム・アル・キターブ》」（第一三章三九節）と呼ばれる一冊の隠された書物から引き出されたものであるという前例のない概念を提示している。これはムハンマドが理解している限りにおいては、モーセ五書、福音書、クルアーンは、神と人間との関係について凝縮された一つの話として読まなければならないことを意味している。それらの書物を通して、アダムからムハンマドにいたるまで、一人の預言者としての意識が次の預言者へと伝えられて行く精神を知ることができる。こうした理由から、クルアーンはムスリムに、ユダヤ教徒とキリスト教徒にこう言えと勧めている。

「われわれは神《アッラー》を信じ、われわれに下されたもの、
アブラハム、イシュマエル、イサク、ヤコブ
ならびに「イスラエルの一二」支族に下されたもの、
モーセ、イエスならびに預言者たちに
主より授けられたものを信じます。
われわれはこれらの人々のうち、
だれがどうと差別はしません。

われわれは神《アッラー》に帰依します。（第三章八四節）

もちろん、ムスリムは、ムハンマドが「預言者の封印」（最後の預言者）であると信じているのと同様、クルアーンがこうした一連の啓典の最後に啓示されたものであると信じている。だが、クルアーンはそれまでの啓典を無効にするのではなく、完成させたにすぎない。一つの啓典が他の啓典に権威を与えるという概念は、控えめに言っても宗教史のなかで特筆するべき出来事であり、「書物の母《ウンム・アル・キターブ》」という概念はさらに深遠な本質を示しているのかも知れない。

クルアーンが繰り返し示し、「マディーナ憲法」がはっきり認めているように、ムハンマドは「書物の母《ウンム・アル・キターブ》」の概念を、ユダヤ教徒、キリスト教徒、ムスリムが一つの啓典を共有するばかりでなく、一つの聖なるコミュニティーを構成することを意味していると解釈していたのかも知れない。ムハンマドに関する限り、ユダヤ教徒とキリスト教徒は宗教的にはいとこ関係にあり、偶像崇拝者や多神教徒には敵対するが同じ神を崇拝し、同じ啓典を読み、彼のつくったムスリム・コミュニティーと同じ道義的価値観を共有する「啓典の民《アフル・アル・キターブ》」であった。それぞれの信仰はそれぞれ独自の宗教コミュニティーを形成しているが、それが一つにまとまった「ウンマ」を構成するとは、モハメド・バーミエの言葉を借りれば、「一神教的多元主義」という驚くべき発想である。つまり、クルアーンは、「すべての信者――ユダヤ教徒であれ、サービア教徒であれ、キリスト教徒であれ――神と終末の日とを信じて善を行なう者は、恐れることもなく悲しむこともない」と約束しているのである（第五章六九節、強調は著者）。

ムハンマドが自分のコミュニティーをユダヤ教徒と関連づけさせたのは、このように統一された、一神教徒の「ウンマ」の存在を信じていたからで、彼がユダヤ教徒の向こうを張る必要を感じていたとか、自分を預言者として早く認めさせたいと思ったからではなかった。ムハンマドはマディーナのユダヤ教徒を彼のコミュニティーと緊密に協力させようとしたのは、キリスト教徒と同様、彼らを自分の「ウンマ」の一部と考えていたからだった。それゆえ、彼がマディーナにきたとき、「神殿」（ずっと昔に破壊されていたが）があった場所であり、離散ユダヤ教徒が礼拝のときに向かうエルサレムを、ムスリムにとっての礼拝方向《キブラ》にもしたのである。彼は自分のコミュニティーに断食を義務づけた。これは毎年、ユダヤ暦の一月一〇日《アーシュラー》、彼らのあいだでは大贖罪日《ヨーム・キップール》として知られている日におこなわれるものである。彼はムスリムの集団礼拝を金曜日の正午と意図的に決めたのは、ユダヤ教徒の「安息日《シャバット》」と重ならず、その準備の妨げにもならないように配慮したためである。彼はユダヤ教徒の食事規定や浄・不浄の決まりをたくさん取り入れ、信奉者にはユダヤ教徒との結婚を奨励し、自分もまたおこなった（クルアーン第五章五―七節）。

　数年後にムハンマドは礼拝方向《キブラ》をエルサレムからマッカに変え、毎年恒例の断食を、大贖罪日《ヨーム・キップール》からラマダーン（クルアーンが最初に啓示された月）に変えたが、これらの決定は「ユダヤ教徒との決裂」と解釈するべきではなく、イスラームが独立した宗教へと成熟していったためと解釈するべきである。こうした変更をしたあとも、ムハンマドは信奉者たちに大贖罪日《ヨーム・キップール》に断食をすることを奨励しつづけたし、エルサレムを聖都として尊ぶことを決してやめなかった。実際、エルサレムはムスリム世界全体でマッカとマディーナに次ぐもっとも神聖な都市とされている。さらにムハンマドは、ユダヤ教徒から取り入れた食事規定、禁忌の条件、結婚規定の大半も維持した。彼は死ぬまで、「最善の方法によらずして啓典の民《アフル・アル・キターブ》と議論するな。ただし、彼らの中でも不義をなす輩は除く」とクルアーンが彼に命じた言葉に従って、アラビア半島のユダヤ教徒コミュニティーと平和的な対話――神学的な論争ではなく――の継続に努めた。ムハンマドが示した手本は、初期の信奉者たちに長いあいだ影響を及ぼしたにちがいない。ナビア・アボットによれば、イスラーム勃興以降、最初の二百年間のムスリムはクルアーンのほかにモーセ五書も定期的に読んでいたという。

　確かにムハンマドはイスラーム教徒と他の啓典の民《アフル・アル・キターブ》とのあいだにはっきりした神学的見解の相違があることを理解していた。だが、彼はこうした相違は神《アッラー》の神聖な計画の一部であって、神《アッラー》はもし望むなら単一の「ウンマ」を創造することもできたであろうが、敢えて「どの民族にもその独自の使徒」（第一〇章四七節）を遣わされたのだと考えた。つまり、ユダヤ教徒には「導きと光明が記された」モーセ五書を、キリスト教徒には「律法を裏づけるため」イエスを遣わし、最後にアラブ人には「以前に与えられた啓示を裏づけるために」クルアーンを与えた。こうして啓典《アフル・アル・キターブ》の民のあいだのイデオロギー的相違は、クルアーンで説明されているように、神《アッラー》はそれぞれの民に独自の「法と道と生き方」を与えることを望まれたことを示している（第五章四二―四八節）。

そこには、神学的見解の相違がいくつかあると言われる。その筆頭が「三位一体論」だった。ムハンマドはそれを、無知や考え違いから生じたとんでもなく異端的な改変と考えていた。クルアーンは第一一二章一―三節で、「神は唯一者、永遠なる者、何も生まず、何かから生まれたものでもない」とはっきり述べている。

だが、この章句は、クルアーンにあるよく似たたくさんの章句と同様、キリスト教を本質的に非難したものではなく、すでに述べたように、「三位一体論」を唱えるビザンツ帝国の正統信仰を批判したものである。ヒジャーズでは正統信仰は唯一無二でもなければ主流派でもなかった。ムハンマドは布教活動を初めて以来ずっと、イエスをもっとも偉大な神の使徒として尊敬していた。福音書にあるいろいろな話が、イエスの処女降誕（第三章四七節）、彼のおこなった奇跡（第三章四九節）、彼が待ち望まれた「救世主《メシヤ》」（第三章四五節）であること、最後の日に人間に対する彼の審判への期待（第四章一五九節）など、クルアーンにもいくらか省略された形ではあるが、述べられている。

だが、クルアーンが認めていないのは、イエス自身が神であるという正統信仰の唱える「三位一体論」である。こうしたキリスト教徒をムハンマドは啓典《アフル・アル・キターブ》の民と見なすことさえしなかった。「『まことに神《アッラー》は三者のうちのお一人』などという人々はすでに背信者である。唯一なる神《アッラー》のほかにいかなる神もない！」（第五章七三節）とクルアーンは断言している。ムハンマドは、正統信仰のキリスト教徒はイエス自身のメッセージを改悪したのだと信じていた。クルアーンによれば、イエスは自分が神であると主張したことは一度もなく、自分を崇めよと命じたこともなく（第五章一一六

―一八節）、むしろ弟子たちに、「わが主にして、おまえたちの主なる神を崇めよ」（第五章七二節）と言っている。
同時に、ムハンマドは、「アブラハムの宗教を忌避」し（第二章一三〇節）、「律法を背負わされても背負うことのできなかった」（第六二章五節）アラビア半島のユダヤ教徒たちを激しく非難した。重ねて言うが、これはユダヤ教を非難しているのではない。偉大なユダヤ人の族長たちに対するムハンマドの尊敬の念は、聖書に登場する預言者ほとんどすべてがクルアーンでも語られている事実からも証明されている（モーセは約一四〇回も言及されている！）。ムハンマドはむしろ、信仰においても実践においても「神《アッラー》との契約を破った」（第五章一三節）アラビア半島（そしてアラビア半島だけ）のユダヤ教徒たちに対して言っているのである。マディーナのユダヤ教徒のなかにも、そういう人たちはたくさんいた。

　クルアーンに見られるムハンマドの不満は、ユダヤ教やキリスト教という宗教そのものに対して向けられたものではなかった。彼はそのどちらも、イスラームとほとんど同じものと考えていた。「われわれは、われわれに下されたもの、あなたがた［ユダヤ教徒とキリスト教徒］に下されたもの、いずれをも信仰する。われわれの神はあなたがたの神と同一である。われわれは神の帰依者である」（第二九章四六節）とクルアーンにある。彼の不満は、神との契約を捨て去り、モーセ五書《トーラー》や福音書の教えを曲解しているアラビア半島で彼が出会ったユダヤ教徒やキリスト教徒たちに対するものである。そういう人たちは信者ではなくて、クルアーンがムスリムに彼らに味方するなと警告している背教者である。「信ずる人々よ、おまえたちより以前に啓典を授けられた人々の中で、おまえたちの宗教を笑いものとし、慰みものとする者どもや、不信者どもを友としてはならない……代わりに言ってやれ、『啓典の民よ、おまえたちはなぜわれわれを嫌うのか？　われわれが、神《アッラー》と、われわれに下されたもの［クルアーン］と、それ以前に下された、おまえらの大半が従っていないもの［律法と福音書］を信じるからか？』」（第五章五七―五九節）と。

　つまり、ムハンマドがアラビア半島のユダヤ教徒たちに、「［神《アッラー》が］万民にまさっておまえたちを選び、おまえたちに施してやった恩恵」（第二章四七節）を思い起こさせるとき、キリスト教徒がその信仰を棄て、彼らの啓典が示す真理にそむいていることに腹を立てたとき、また、ユダヤ教徒やキリスト教徒が、「律法と福音書と主《しゅ》から下されたもの」（第五章六六節）とをもはや守っていないと不満を感じたとき、彼は自分より前の預言者の足跡に従っただけであった。言葉を換えれば、彼は、自分の同胞ユダヤ人を「罪を犯す国、咎《とが》の重い民、悪を行う者の子孫」（イザヤ書第一章四節）と呼んだ旧約聖書に登場する預言者イザヤと同じ気持ちであった。彼はまた、差し迫った神の怒りを免れる「アブラハムの子孫」と自分たちを位置づける「蝮《まむし》の子ら」（ルカによる福音書第三章七―八節）を激しく非難する洗礼者ヨハネでもあった。彼は、「言い伝えのために、神の言葉を無にしている」（マタイによる福音書第一五章六節）偽善者たちをいまいましく思うイエスでもあった。つまるところ、これは預言者ならば間違いなく言いそうなメッセージではないだろうか？

ムハンマドの死後数百年のあいだに、ムスリムの啓典研究者やイスラーム法学者たちは、女性に法的権限を与えることを目的にしたムハンマドの社会改革を後退させたのと同様に、ユダヤ教徒とキリスト教徒は同じ「ウンマ」の一部であるという概念を拒絶し、これらの二つのグループを不信仰者に指定した。こうした学者たちは、クルアーンをモーセ五書《トーラー》や福音書を補完するものというよりは、取って代わるものであると解釈し直し、ムスリムに自分たちを啓典の民《アフル・アル・キターブ》と区別するように呼びかけた。その主な意図は、発生期にあったイスラームという宗教を、他の宗教コミュニティーと区別し、独自の宗教的独立を確立するためであった。それは、初期のキリスト教徒がユダヤ教徒を、イエスを殺害した悪魔とすることによって、自分たちの活動を生み出したユダヤ教徒の慣習や儀式から次第に離脱して行ったのと似ている。

だが、こういう啓典学者たちの行為は、ムハンマドの手本とクルアーンの教えを公然と無視したものである。なぜなら、ムハンマドは啓典の民《アフル・アル・キターブ》のあいだに存在する両立不可能な差異を認めながらも、その信仰を区別することは決してなかったからである。それどころか、「キリスト教徒は間違っている！」というユダヤ教徒に対し、また、「ユダヤ教徒は間違っている！」というキリスト教徒に対し、「ユダヤ教徒とキリスト教徒以外のものは楽園にははいれない」という両方のグループの者たちに対し、ムハンマドは歩み寄りを促している。クルアーンはこう提案する。「われわれが共通に保持しているものについて合意しようではないか。われわれは神以外のものを崇めることなく、なにものをも神に併置することはなく、また神をさしおいて、他のいっさいを主《しゅ》と呼ぶこともない」(第三章六四節)。

一四〇〇年後の今でも、こうした素朴な妥協によって、アブラハムに連なる三つの信仰が、時にはとるにたりない、しばしば自縛的なイデオロギーの差異を克服できないでいるのは悲しいことである。

カアバ聖殿の浄化

クライザ一族の処罰のあと、マディーナの支配権を確実に掌中にしたムハンマドは、再び目をマッカに向けた。今度は「神の使徒《ラスール・アッラー》」としてではなく、聖殿の「鍵を握る人物」の役目をするクライザ族が拒否できない「巡礼」としてである。

「塹壕の戦い」の翌年の六二八年、ムハンマドは突然、カアバ聖殿巡礼の儀式をおこなうためにマッカに行くと発表した。マッカとは血みどろの長い戦争のさなかにあったことを思えば、これは非常識な決断だった。六年間も彼を殺そうとしていたクライシュ族が、彼とその信奉者が聖域を周礼するのを邪魔一つしないでいるとは思えなかったであろう。だが、ムハンマドは豪胆だった。一〇〇〇人あまりの信奉者を背後に連ねて、彼は砂漠を横切り、「おお、神《アッラー》よ、私は御前《みまえ》に参ります！　私は御前《みまえ》にまいります！」という巡礼歌を恐れもなく口ずさみながら、生まれ故郷の町へと向かったのである。

　武器をもたず、巡礼着姿のムハンマドとその信奉者たちが敵に向かって公然とその存在をはっきりと示す歌声は、マッカの人たちには弔鐘のように聞こえたにちがいない。この男が妨害も受けずに聖都に徒歩で進入してくるほど大胆不敵でいられるなら、もうおしまいだと。クライシュ族はムハンマドがマッカに入る前に食い止めようと、大あわてで出陣した。彼らはマッカの町はずれのフダイビーヤというところで彼を待ち、マッカの支配権を保持する最後の手段として、預言者に休戦の申し入れをした。その条件はあまりにもムハンマドの利益に反するものだったので、ムスリムのほうから見れば冗談のように思えたにちがいない。

「フダイビーヤの和議」とは、ムハンマドが直ちに撤退して、マッカ周辺でのキャラバンの襲撃を無条件に停止する見返りとして、翌年の巡礼シーズンには、短期間聖域を明け渡すので、そのあいだ、彼とその信奉者たちはマッカに戻ってきて、だれにも邪魔されずに巡礼行事をおこなってよいというものである。さらに無礼なことに、ムハンマドは「神の使徒《ラスール・アッラー》」としてではなく、コミュニティーの首長の資格でのみ協定に署名するという条件つきである。ムハンマドのヒジャーズでの地位が急速に高くなっていたことを考えれば、この協定は不合理なもので、それより何より、マッカの差し迫った敗北は確実であることを証明していた。彼がこの協定を事実上受諾したとき、勝利がわずか数キロ先にあると感じていたムハンマドの信奉者たちが激怒したのは、そのためだったであろう。

　気性の激しいウマルはほとんど自制心を失いかけた。彼は突然立ち上がってアブー・バクルのところへ行き、ムハンマドを指差しながら、「アブー・バクル、彼は神の使徒《ラスール・アッラー》ではないのですか？」と訊ねた。

「間違いなく使徒だ」とアブー・バクルは答えた。

「われわれはムスリムではないのですか？」

「間違いなくムスリムだ」

「マッカの連中は多神教徒ではないのですか？」

「間違いなく多神教徒だ」

そこでウマルは叫んだ。「では、なぜわれわれの宗教にとって好ましくないことを認めなければならないのですか？」

多分同じように感じていたアブー・バクルは、「私は彼が神の使徒《ラスール・アッラー》であると証言する」とかろうじて取り乱さずに答えた。


ムハンマドがなぜ、「フダイビーヤの和議」を受諾したのか、理由はよくわかっていない。グループを再編成し、好機を待ってマッカに戻り、武力で征服しようと思っていたのかも知れないし、クルアーン第二章一九三節の命令とジハードの原則、「迫害がなくなるまで、神の掟が行きわたるまで戦え。しかし、彼ら［敵］がやめたならば、敵意は無用である」を遵守するつもりだったのかも知れない。いずれにしても、休戦を受諾して、翌年、戻ってくることにした決断は、マッカとマディーナのあいだの戦いにおけるもっとも重要な転機になった。なぜなら、マッカの一般市民たちは、敵だと思っていた人物と、その信奉者の「宗教心の厚い人たち」の一団が町に入ってきて、カアバ聖殿に敬意を表し、敬虔な態度でその周りをめぐるのを見て、彼らに戦争をつづける意志はほとんどないと思ったからである。実際、その巡礼から一年後の六三〇年、クライシュ族と彼の信奉者の一部とのあいだに起こった小競り合いを休戦和約の違反と解釈し、ムハンマドは約一万人の兵を率いてマッカに進軍したが、町の住民は両手を挙げて彼を歓迎した。

ムハンマドはマッカの降伏を認め、彼が戦場で戦った敵の大半を含めた寛大な恩赦を発表した。当時の部族の掟によれば、クライシュ族は彼の奴隷になるはずであったが、ムハンマドはすべてのマッカの住民（奴隷を含む）を解放すると宣言した。さまざまな罪状で六人の男と四人の女を処刑したが、それ以外の人たちには、預言者に対し二度と戦いを挑まないという忠誠を誓わせただけで、だれ一人イスラームへの改宗も強要されなかった。最後にようやく忠誠を誓ったクライシュ族のなかにアブー・スフヤーンとその妻ヒンドがいた。彼女は正式にイスラームに改宗したものの、誇り高くふてぶてしい態度は改めず、ムハンマドと彼の〝偏狭な〟信仰に不快感を隠そうともしなかった。

実務的な仕事が終わると、預言者ムハンマドはカアバ聖殿に向かった。従弟で娘婿のアリーに手伝わせて、聖殿の扉を覆う重い垂れ幕を巻き上げ、神聖な内陣に入った。彼は偶像を一つ一つ、集まった群集の前に運び出し、頭の上まで持ち上げてから地面に叩きつけた。さまざまな神々や、聖なる杖を携えたアブラハムのような預言者たちの画像はザムザムの水で洗い流させた。唯一つの例外は、イエスとその母マリアを描いたものだった。彼はその画像を恭しく手にもち、「私の手より下にあるものはすべて洗い流せ」と言った。

最後に、ムハンマドはシリアの偉大な神フバルの像を持ち出した。アブー・スフヤーンが注視する前で、預言者は剣を抜き、神像を叩き切り、マッカの偶像崇拝に終止符を打った。ムハンマドはフバル像の残骸を利用して、新たに浄められたカアバ聖殿入り口に上り階段をつくった。聖域は以来、まったく新しい、普遍的な宗教であるイスラームの本山、「神《アッラー》の家」として知られるようになる。

第5章　正しく導かれた者たち——ムハンマドの後継者たち

最後の礼拝

集まった信者たちの後方にざわめきが聞こえ、ちょうど金曜日の礼拝が始まったばかりのモスクの中庭に、アーイシャの居室から姿を現したムハンマドのほうを、みないっせいに振り向いた。このところしばらく、戸外で彼を見かけなくなっていた。彼の健康をめぐる噂がマディーナに広がって数週間になる。彼の不在中、金曜礼拝の司式をおこなっていたのはアブー・バクルだった。残りの教友たちは布教のための遠征や、国の運営、一〇分の一税の配分、新しい改宗者へのムスリムの倫理や儀式の指導などで忙しかった。神の使徒《ラスール・アッラー》は死にかけている、いやもうすでに亡くなっているかもしれない、とだれもが思いつつも、それを口にする人はいなかった。

時は六三二年。ムハンマドがマッカに意気揚々と徒歩で乗り込んで、唯一の神の名のもとにカアバ聖殿を浄化してから二年が経っていた。当時の彼は政治的にも、宗教指導者としても勢力の絶頂期にあるたくましい人物、アラビア半島の最有力支配者であることは確かだった。皮肉なことに、アラビア半島の遊牧民のものだった過去の部族倫理の改善を目的として始まったこの運動は、いろいろな面で、伝統的な部族制度に最後の一刀を振り下ろすことになった。やがてムスリム・コミュニティーと、ムスリム・コミュニティーの敵（ビザンツ帝国とサーサーン朝ペルシア帝国を含む）、ムスリム・コミュニティーに従属する部族、庇護民《ズィンミー》（ムスリム・コミュニティーに庇護されるキリスト教徒、ユダヤ教徒、その他の非ムスリム）だけになるであろう。だが、クライシュ族を敗北させたことによって計り知れないほど大きな権力を得たにもかかわらず、ムハンマドはマッカの貴族政治をムスリム君主制に置き換えることは拒否した。彼はカアバ聖殿の「鍵を握る人物」になるかもしれないが、マッカの王にはなるまいとした。そういうわけで、ひとたび行政問題が片付き、ヒジャーズに新しい政治制度ができたことを残りのアラブ部族に知らせるために軍事、外交両面での代表を派遣すると、ムハンマドはまったく予想外の行動をとった。彼はマディーナの自宅に帰ったのである。

ムハンマドのマディーナへの帰還は、だれもかまってくれなかったときに彼に隠れ家を提供し、保護してくれた支援者《アンサール》たちに謝意を表明する必要があったからだ。だが、それはコミュニティー全体に対して、マッカはイスラームの心であるが、マディーナは永久にその魂であるという声明だった。

アラビア半島全域から、「神《アッラー》のほかに神なし」という誓いをしに代表団が集まってきたのはマディーナだった（その多くは、神《アッラー》に対してよりも、ムハンマドに誓ったのであるが）。ムスリム信仰の柱とムスリム政府の基盤が構築され、議論されるようになるのもマディーナだった。そして預言者ムハンマドが息を引き取るのもこのマディーナになる。

だが今、赤銅色の顔をほころばせてモスクの入り口に立つムハンマドを見ると、彼の健康をめぐる不安や噂は吹き飛んだ。少し痩せたように見えたが、この年齢の男性にしては驚くほど元気だった。いつも編み下げにしている長い黒髪は薄くなって、白髪が混じっていた。背筋はやや前かがみになり、肩は下がっていた。だが、彼の顔はいつものように輝いており、その瞳には神《アッラー》の光がまだ瞬いていた。

アブー・バクルは、ムハンマドが友人たちの肩を支えにつかまりながら、座っている人たちのあいだをよろよろと歩いているのが目に入ると、すぐに説教壇から立ち上がって、信徒の長としての彼にふさわしい場所を空けようとした。だが、ムハンマドはこの旧友にそのまま説教壇にとどまり、礼拝をつづけるように合図した。祈祷が始まり、ムハンマドは静かな一角を見つけて腰を下ろした。彼は身じまいを正して、以前に教えておいたように、自分のつくったコミュニティーが、一つの身体のような動作で、一つの声のように唱和して祈りを捧げるのをじっと見つめた。

彼は長くはそこにいなかった。信徒たちが解散する前に、ムハンマドは立ち上がり、そっとモスクを出て、アーイシャの居室に戻った。そして寝場所に倒れこんだ。モスクへちょっと出向いただけでも、ひどく身体にこたえた。呼吸が困難になっていたのである。彼は最愛の妻を呼んだ。

アーイシャが駆けつけたときには、ムハンマドはほとんど意識がなかった。彼女は急いで集会室を片付け、のぞかれないように各入り口のカーテンを下ろした。そして夫のそばに座り、彼の頭を自分のひざの上にのせ、長い髪をやさしく叩きながら何かつぶやくと、夫は瞬《まばた》きし、やがてゆっくりと目を閉じた。

ムハンマドの死のニュースはたちまちマディーナ全域に広がった。たいていの人は、「神の使徒《ラスール・アッラー》」が死ぬとは信じられなかった。ウマルもその一人で、信じるのを拒否した。彼はすっかり取り乱して、すぐにモスクに走ってゆき、このニュースを聞いて集まってきた人たちに、ムハンマドが死んだというやつは殴るぞ、と嚇《おど》した。

その場をとりなす役目はアブー・バクルにまわってきた。ムハンマドの遺体を自分の目で確かめてから、彼もまたモスクへ行った。そこで彼はウマルが、預言者はまだ生きていると支離滅裂なことを言いながら歩き回っているのを見た。預言者は死んだように見えるだけだ、とウマルはうなるように言った。彼はモーセと同じように天に召されたが、すぐに戻ってくるのだと。

「落ち着けよ、ウマル」とアブー・バクルは言いながらモスクの前方に歩きかけた。そして「静かに！」と彼を制した。

だが、ウマルは黙らなかった。はっきりした声で、ムハンマドの死を認めた者は、預言者が天から戻ってきたら、不忠実を理由に手足を切断されるぞ、と警告した。

とうとうアブー・バクルも我慢できなくなって、両手を挙げて信徒たちを制し、ウマルを上回る大声で言った。「みなさん、ムハンマドが崇拝されていようといまいと、彼は死んだのだ。神《アッラー》は崇拝されていようといまいと、生きていて、不死身だ！」

それを聞いたウマルは地面に倒れ込み、声を上げて泣いた。

預言者死後の混乱

ムハンマドの死をめぐって信者たちの不安を掻き立てた理由の一つは、彼が自分の死に対してほとんど何の準備もしていなかったことだった。「ウンマ」の指導者として、だれが彼の代わりを務めるべきか、その人物がどんな指導者であるべきかについてさえ、何の公式な意思表明もしていなかった。もしかしたら、彼は決してくるはずのない新たな神の啓示を待っていたのかもしれない。それとも、「ウンマ」が自分たち自身でだれが彼の後継者になるか決めてほしいと思っていたのか。あるいは、一部でささやかれていたように、預言者は信者の長としてふさわしい人物を後継者として任命しておいたのに、ムスリム指導者層のあいだですでに始まっていた内輪もめの権力闘争によって曖昧にされてしまったのだろうか。

他方、ムスリム・コミュニティーはだれもが想像していた以上に急速に成長、拡大し、管理・統率が不可能になるという深刻な危機を迎えていた。ムハンマドの死は問題をさらに複雑にしただけだった。隷属していた部族のなかには、ムスリム支配に公然と反抗し、マディーナに一〇分の一税を払うのを拒否する者も出てきた。こうした部族に関する限り、ムハンマドの死を機に、ほかの長老《シャイフ》の死と同様、忠誠の誓いを無効とし、「ウンマ」への彼らの義務も果たさなくなった。

もっと意表を突かれたのは、神《アッラー》の導きによる国家というムハンマドの構想が非常に人気があることが証明されると、アラビア半島全域にわたって、ほかの地域でも、独自の指導体制と土着のイデオロギーを利用してこれを真似し始めたことである。イエメンでは、アル・アスワドという人物が、彼の言うラフマーン（神《アッラー》の異名）という神から神聖な啓示を得たと主張し、マッカとマディーナから独立した独自の国を設立した。アラビア半島東部では、マスラマ（あるいはムサイラマ）という別の人物が、ムハンマドのやり方を巧みに模倣し、すでに数千人の信奉者を集めていたヤマーマを聖都と宣言した。デイル・エイッケルマンらの学者たちは、このような「偽預言者」の突然の急増は、ムハンマドの布教活動が、アラビア半島に明らかにあった社会的・宗教的真空状態を満たすものであったことを示しているという。だが、ムスリムにとって、そうした現象は「ウンマ」の宗教的正統性と政治的安定にとって重大な脅威を暗示するものだった。

だが、ムハンマドの死後、ムスリム・コミュニティーが直面した最大の挑戦は、反抗的な部族民でもなければ偽預言者でもなかった。それよりもむしろ、今はもう、教友たちの記憶の中にしか存在しないものが多い預言者の言行をもとに、どのようにしてまとまった宗教的制度を樹立してゆくかが問題だった。イスラームはムハンマドの生涯が終わった時点で完成した完全なものと思われがちである。だが、神《アッラー》の啓示はムハンマドが息を引き取るとともに終焉したことは確かであるかもしれないが、六三二年の時点で、イスラームが信仰と実践の体系化された宗教であったと考えるのは間違いであろう。それとは程遠いものだった。偉大な宗教がみなそうであるように、何世代にもわたる神学研究によって（イグナッツ・ゴルトツィーハーの言葉を借りれば）、「イスラーム思想を解明し、イスラーム的風習の特徴的属性を定着させ、イスラーム特有の制度を樹立させて」、後世に見られるような形にしてきたのである。

ジョン・ワンズブローの有名な説に倣って、「われわれの知っているイスラームは、ムハンマド（そういう人物がかつて存在したとすれば）の死後、数百年も経ってから、アラビア半島以外のところから発生したものだ」などというつもりはない。ワンズブローとその同僚たちはイスラームの発生をさかのぼって注目すべき仕事をおこない、イスラームが七世紀から九世紀のアラビア半島とその周辺のユダヤ・キリスト教の宗派心の強い環境のなかで発達してきたと述べている。だが、ワンズブローは、初期のイスラームに関する非アラビア語（主にヘブライ語）の資料をもとに誇張し続け、歴史上の人物としてのムハンマドを不必要に無視しているために、彼の説は、R・B・サージャントの言葉を借りれば、「イスラームとその預言者のもつ最小限度のオリジナリティーをのぞくすべてを剥ぎとろうとするいつわりの論争」のように思われてしまうことが多い。

宗教論争はさておき、ムハンマドが死んだとき、イスラームはまだそれ自体の定義づけが進行中だったことは確かである。六三二年までには、クルアーンは、書かれても集められてもおらず、ましてや正典と認められてもいなかった。イスラーム神学の基盤となるはずの宗教的理想は、もっとも初歩的な形でしか存在していなかった。この時点では、適切な守るべき行動、もしくは正しい法的・倫理的行為もほとんど規則化されていなかったし、またその必要もなかった。何か問題が起これば、それが内輪もめから生じたものであれ、外部との接触の結果であれ、何でもわからないことは預言者に解決策をたずねさえすればよかったのである。だが、神意を解明してくれるムハンマドがいなくなると、「ウンマ」は、預言者ならこの問題についてどう言ったか推測することはほとんど不可能な状態に置かれてしまった。

明らかに最初の最大の急務は、ムハンマドの代わりとなって「ウンマ」を導く人物を選ぶことだった。それは内外からのさまざまな挑戦に直面しているコミュニティーの安定と統合を維持できる人でなければならない。残念ながら、指導者はどうあるべきかについて意見はほとんど一致しなかった。マディーナの支援者《アンサール》たちはすでに、自分たちのなかから、初期の改宗者のマディーナ人で、ハズラジ族の信心深い長老《シャイフ》サアド・イブン・ウバイダを指導者に選出しようと先手を打っていた。だが、預言者を匿ったことで「ウンマ」内に顕著な地位を与えられているとマディーナ人は考えていたかもしれないが、マッカの人たち、とりわけマッカに強い勢力をいまだにもっている元クライシュ族の特権階級は、マディーナ人の支配を甘受する気になれなかったであろう。支援者《アンサール》たちの一部の者が、マッカとマディーナから一人ずつ出して共同指導制にするのはどうかと妥協案を出したが、これもまた、クライシュ族には受け入れられなかった。

「ウンマ」の一致団結と、ある程度の歴史的連続性を保持する唯一の方法は、クライシュ族のメンバー、とりわけ教友もしくは移住者《ムハージルーン》と呼ばれる、六二二年にマディーナに最初に移住した人たちの一人をムハンマドの後継者に選ぶことだとまもなくわかった。今では、「預言者ムハンマド家の人々《アフル・アル・バイト》」として知られるハーシム家の人たちは、預言者が自分たちの一人を跡継ぎにしたいと思っていただろうと信じながらも、クライシュ族のメンバーしか「ウンマ」の指導者にはなれないことを認めた。実際、かなり大勢のムスリムは、ムハンマドが最後のマッカ巡礼の期間中に、従弟で娘婿のアリーを公的に自分の後継者に指定したと信じていた。伝承によれば、マディーナへの帰り道、ムハンマドはガーディル・アル・クンムと呼ばれるオアシスで足を止め、「わしを保護者にする者はだれでも、アリーを保護者《マウラー》にする」と宣言した。だが、ガーディル・アル・クンムでの出来事を否定するばかりでなく、ハーシム家を「預言者家の人々《アフル・アル・バイト》」という特権階級と見なすことを激しく拒否する人たちも同じくらいたくさんいたであろう。

問題に最終的に決着をつけるため、アブー・バクルとウマル、すぐれた教友であったアブー・ウバイダの三人が、支援者《アンサール》の指導者たちの一団と伝統的な部族の協議《シューラー》の場で会った（実際には、支援者《アンサール》たちのあいだですでにおこなわれていた協議《シューラー》にこの三人が〝押しかけた〟）。この歴史的会合をめぐって書かれたものは山ほどあるが、実際にだれが出席して、何がおこなわれたかは未だにはっきりわかっていない。学者たちが確認している唯一の事実は、最終的に、ウマルとアブー・ウバイダに激励されたアブー・バクルがムスリム・コミュニティーの次期指導者に選ばれ、「神の使徒の代理人《ラスール・アッラー》」を意味する「ハリーファト・ラスール・アッラー」（英語ではカリフ）という適切ではあるが曖昧な称号を与えられたことである。

アブー・バクルの称号にふさわしい役割は何かと訊かれても、だれもその称号が何を意味するのか確信がもてなかった。クルアーンでは、アダムとダビデの両方を、地上における神の「受託者」もしくは「副執政」の役目を果たす者という意味で、「神の代理者」（第二章三〇節、第三八章二六節）と呼んでいるが、アブー・バクルがそのような人物とみなされていたとは思われない。英国の初期イスラーム史家パトリシア・クローンとマーティン・ハインズがこれに異論を唱えているが、実際にはカリフ位は大きな宗教的影響力をもった地位を意味していなかったと思われる。確かに、カリフはムスリム信仰の制度化された慣行を維持・管理する責任を負っていたであろうが、宗教的な実践の定義に重要な役割を果たしていたとは思われない。言い換えれば、アブー・バクルは「ウンマ」の指導者として預言者の代わりを務めたであろうが、預言者のような権威はもっていなかったであろう。ムハンマドの死とともに、彼の「神の使徒《ラスール・アッラー》」としての地位も消滅したのである。

アブー・バクルにわざと曖昧な称号が与えられたことで、彼とその後の後継者たちはずいぶん得《とく》をした。なぜなら、そのおかげで彼らには自分自身の地位を定義する機会が与えられ、基準から大幅に外れるようなさまざまなこともできたからである。アブー・バクルに関する限り、そのカリフ位は〝非宗教的なもの〟で、「同等の人たちのなかで最高位者」を意味する部族の長老《シャイフ》にきわめて近かった。これにムハンマドから引き継がれたコミュニティーの軍事指導者《カーイド》と裁判長という二つの役割が付け加えられた。だが、そのアブー・バクルの非宗教的権威でさえ、ひどく限られたものだった。ほかの長老《シャイフ》と同様、物事を決めるにはほとんどの場合、集団による協議を経なければならなかったし、カリフ位の期間中もずっと、商人としての活動をつづけ、ときにはその細々とした収入を補うため、隣人の牛の乳搾りをしていた。アブー・バクルの主な役目は、彼自身も諒解していたように見えるが、「ウンマ」の団結と安定を維持し、彼の庇護下のムスリムが心おきなく、自由に神《アッラー》を礼拝することができるようにすることだった。だが、彼の権威は非宗教的領域に限られていたため、礼拝の仕方まで細かく決定することはできなかった。それが、「イスラーム知識人たち」を意味する「ウラマー」と呼ばれる新しい学者階級に門戸を開くことになった。彼らは「ウンマ」を正しい道へと導く役目を担うことになる。

その結果、後述するように、イスラーム知識人《ウラマー》は信者の日常生活のあらゆる面を規定する総合的な行動規範を作成することになる。こうした宗教指導者や神学者たちが一枚岩的な伝統を形成したと考えるのは間違いであろうが、イスラームの信仰と実践を体系化する上で、イスラーム知識人《ウラマー》の実力と影響力が大きかったことは見逃せない。カリフは入れ替わるし、制度としての「カリフ制」は実力次第で栄枯盛衰があるであろうが、イスラーム知識人《ウラマー》の権威と、彼らが宗教的制度に対してもつ実権は時代とともに増大するだけであろう。

後継者をめぐる権力闘争

アブー・バクルは、いろいろな意味で、ムハンマドの後継者として完璧な選択であった。「誠実な男」を意味する「アッシディーク」という異名で呼ばれていた彼は、たいへん信心深く、尊敬に値する人物で、イスラームへの最初の改宗者の一人でもあり、ムハンマドの親友であった。ムハンマドの病気が長引いているあいだ、彼が金曜礼拝の司式をおこなっていたことは、彼が後継者になることをムハンマドが喜んでいた証拠であると思った人たちも多かった。

カリフとしてのアブー・バクルは、コミュニティーを一つの旗印の下にまとめ、のちにムスリム世界で「イスラームの黄金時代」として知られるようになる軍事的勝利と社会的協調の時代に先鞭をつけた。ムハンマドがヒジャーズに撒いた種を育て、強大な支配力を持つ広大な帝国へと花咲かせたのは、「正しい道を歩いた人たち」を意味する「ラーシドゥーン」と呼ばれるアブー・バクルとそれにつづく初代四人のカリフ〔イスラーム史では「正統カリフ」と呼ばれている〕たちだった。「ウンマ」が北アフリカ、インド亜大陸、ヨーロッパの一部にまで広がるにつれて、「正統カリフ」たちはムハンマドの示した原則をもとにしたコミュニティーの維持に懸命に努力した。だが、正義を貫くための抗争、すべての信者の平等な扱い、貧者や下層階級の世話はもとより、初期の教友たちのあいだでの庶民的なもめごとや絶え間ない権力闘争がしまいにはコミュニティーを、競合するいくつもの派閥に分裂させ、カリフ制を古代アラブ人がもっとも忌み嫌う統治形態である「絶対君主制」へと変えていった。

だが、多くの「宗教ならではの歴史」がそうであるように、「正統カリフ」時代の真相は、伝承が示すものよりはるかに複雑だった。実際、いわゆる「イスラームの黄金時代」とは、宗教的にも政治的にも調和とまとまりが見られた時代であったにすぎない。ムハンマドが死んだ瞬間から、預言者の言行をどう解釈するか、だれがその解釈をするべきか、コミュニティーの指導者にだれを選ぶべきか、どのようにコミュニティーを導くべきかなど、ほとんどすべてのことについてたくさんの対立する意見が表出した。だれが「ウンマ」のメンバーになれて、だれがなれないのか、コミュニティーで大切にされるためには何をしなければならないのかさえ、不明瞭だった。

偉大な宗教がみなそうであったように、神の預言者が不在のときに何が神意かを見分けようとして起こった論争、意見の不一致、ときには血みどろの紛争などが、ムスリムの信仰にも、多様な、驚くほど異なった制度を生んだ。イエスの死につづいて起こった運動が、メシアの到来を待つユダヤ教的なペトロから古代ギリシア的救済の宗教を説くパウロ、エジプト人のグノーシス主義や東方のもっと神秘主義的な運動にいたるまでを〝キリスト教〟と呼んでよいなら、ぎこちなさを承知で、ムハンマドの死後のさまざまな運動を〝イスラーム〟と呼んでもよいかも知れない。もちろん、初期のイスラームは初期のキリスト教ほど教義をめぐる分裂はなかった。だが、それにもかかわらず、初期のムスリム・コミュニティー内の政治的、宗教的分裂（これについては次章で述べる）が、信仰の定義と発展に影響を及ぼしたことを認識しておくことが大事である。

第一に、アブー・バクルをカリフとして選出したのは、決して満場一致によるものではなかった。どの資料を見ても、協議《シューラー》に出席したのは、教友たちのなかでもっともよく知られた一握りのメンバーだけだった。ムスリム・コミュニティーの指導者の地位を真剣に争ってもおかしくないもう一人の別な人物は、協議《シューラー》が終わるまで、会合が開かれることについてさえ知らされていなかった。アブー・バクルが人々から忠誠の誓い《バイアー》を受けていた時間に、娘婿アリーは埋葬に備えて預言者の遺体を清めていた。ハーシム家の人たちは、アリーを入れずに開いた協議《シューラー》は「ウンマ」全体を代表するものではないといきり立った。同様に、アリーとムハンマドをマッカ人であるよりもマディーナ人、換言すれば〝自分たちの身内〟と考えていた支援者《アンサール》たちは、アリーが除外されたことにひどく不満だった。両グループとも、新しいカリフに公的に忠誠を誓うのを拒否した。

　多くのムスリム指導層の人たち、とりわけアブー・バクルとウマルは、アリーが「ウンマ」を指導するには若すぎること、あるいは彼を後継者にすることは、世襲王国化のように思われやすいことを根拠に、彼を除外することを正当化したのだと、今日でもまだ、繰り返し唱えるムスリム学者や歴史家がいる。M・A・シャバンは、*Islamic History*（『イスラーム史』）の第一巻で、アラブ人は「大きな責任を担う若くて経験不足の男」を信頼したがらないため、アリーを最初のカリフ位の有力候補にすることは実際にはありえないと述べている。ベルギーのイスラーム史家アンリ・ラメンスはこれに同意し、アラブ人は指導者の世襲制を忌避することから、アリーがムハンマドの正統な後継者になることはなかったであろうと言っている。その結果、大方の学者はアブー・バクルが「後継者として自明の［そして唯一の］選択」だったというモンゴメリー・ワットの説に同意している。

　だが、これらの説には納得できない。第一に、アリーは若かったかも知れないが――ムハンマドが死んだときには三十歳だった――決して「経験不足」ではなかった。最初の男性改宗者であり、イスラームの最高の戦士の一人として、アリーは精神的にも成熟した、軍事的には勇敢な人物であると広く認められていた。マディーナでは、アリーはムハンマドの個人秘書でり、いくつもの重要な戦いでは旗手を務めた。彼はムハンマドの不在中はいつも「ウンマ」の責任を負い、イラン生まれの宗教学者ムージャン・モウメンが認めているように、預言者の家にいつでも好きなときに自由に出入りできる唯一の人間だったという。コミュニティーのだれ一人として、神のためにカアバ聖殿を浄化するとき、預言者の手伝いを許されたのはアリーだけだったことを忘れてはいなかったであろう。

年齢如何にかかわらず、アリーが有資格者だったことは、カリフとして彼を後継者に後押ししたのがハーシム家だけではなかったことが証明している。預言者の従弟で娘婿のアリーを、アウス族とハズラジ族出身の支援者《アンサール》の大半と、クライシュ族のなかのアブド・シャムス家とアブド・マナフ家という二つの実力も影響力もある支族、および相当数の著名な教友たちが支持していた。

第二に、ドイツ生まれのイスラーム史家ヴィルフェルト・マーデルング（一九三〇年生）の名著 *The Succession to Muhammad*（『ムハンマドの継承権』）によれば、世襲による後継者は遊牧アラブ人《ベドウィン》からは反感を持たれるかも知れないが、クライシュ族のような貴族階級のあいだではめずらしいことではなかったという。事実、クライシュ族は定期的に自分たち自身の家族のメンバーを選んで権威ある地位を継承させていた。それは、すでに述べたように、高貴な素質というものはある世代から次の世代へと血筋を通して継承されて行くものだという一般的な信仰があったからである。クルアーン自体が親戚縁者の重要性を繰り返し認めているし（第二章一七七節、二一五節）、ムハンマドの家族を預言者家の人々《アフル・アル・バイト》として、「ウンマ」内に高く位置づけているのは、他の預言者たちの家族が謳歌している名声と似たようなものであろう。

これは忘れないでいただきたい重要な点である。アリーの後継者資格に関する見解とは関係なく、アブラハムからイサクとヤコブへ、モーセからアロンへ、ダビデからソロモンへなど、聖書に登場するたくさんの偉大な預言者や族長が血筋によって継承されているという事実に異論を唱えるムスリムはいないであろう。この事実に直面したハーシム家の敵対者は、「最後の預言者」であるムハンマドに後継者がいるはずがないと主張した。だが、クルアーンは、ムハンマドと彼より以前の預言者たちが首尾一貫した存在であると長々と主張していることを考慮に入れ、たくさんの伝承がアリーとムハンマドの関係を、アロンとモーセの関係に匹敵すると認めているために、アラブ人が世襲による指導者の存在を毛嫌いする風習に違反していると言うことだけを理由にアリーの立候補を無視することはむずかしかったであろう。

アリーは、伝承が示している可能性以上に、「ウンマ」の指導権を主張するずっと大きな権利があったことは確かである。アリーを協議《シューラー》から意図的に除外したのは、彼の年齢のせいでもなければ、アラブの世襲による指導者を避ける風習のせいでもなかったことは事実だ。アリーが除外されたのは、預言者の身分とカリフ位とが、ハーシム家というあまり重要でない一族の掌中に委ねられるのは、「ウンマ」内の権力の均衡をあまりにも大きく変えてしまうのではないかと、クライシュ族のなかのもっと大きくて、裕福な支族たちのあいだに不安が広がっていたからである。さらに、コミュニティーの一部のメンバー、とりわけアブー・バクルとウマルには、預言者家《アフル・アル・バイト》の人々に長々と世襲的な指導者の地位を維持させるのは、預言者の宗教的権威とカリフの世俗的権威のちがいを曖昧にしてしまうのではないかという恐れも多少はあったと思われる。

正当化の理由は何であれ、アリーの支持者たちは黙っていなかったようだ。説得役はウマルにお鉢が回ってきた。すでに支援者《アンサール》のリーダー、サアド・イブン・ウバイダを口説き落として服従させていたウマルは、アリーの妻でムハンマドの娘であるファーティマの家に出かけ、彼女とハーシム家のほかの人たちが協議《シューラー》の意向に同意しなければ、家に火を放つと脅した。幸いなことに、アブー・バクルはぎりぎりのところでそれを抑えたが、その意図は明らかだった。「ウンマ」は今、こうした意見の相違をおおっぴらにするにはあまりにも不安定で、ヒジャーズの政治情勢は一触即発だった。アリーはそれを諒解し、コミュニティーのために、彼とその一族は、指導者の地位を主張するのをやめ、アブー・バクルに厳粛に忠誠を誓った。だが、何とか彼らをなだめてそれを実行させるのにさらに六か月を要した。

ムハンマドの後継者選びをめぐって一騒動あったのと同様、アブー・バクルがカリフ位に就任するまでのごたごたや混乱のなかで、看過されてはならないことがある。「ウンマ」をだれが指導するかについて意見の相違のあったことは、候補者の承認に何らかの一般人の賛成が必要であると、ムスリムの大多数が強く思っていたことを暗に示している。そのプロセスが民主的でなかったことは確かだ。アブー・バクルは一部の年長者たちの協議によって任命されたのであって、「ウンマ」によって選ばれたのではなかった。だが、教友たちが全体の合意に近いものにしようとたいへんな努力を積み重ねたということは、コミュニティー全体の合意がなければアブー・バクルの任命は無意味になるという証拠である。そういうわけで、アブー・バクルはカリフに就任するとすぐ、「ウンマ」のメンバーの前に立って謙虚にこう宣言した。「政権担当を委ねられた私を見よ！　私はあなたがたのなかの最適任者ではない。みなさんの助言と助力が必要だ。私のやり方がよければ、私を支援してくれ。私が間違いを犯したら、助言してくれ……私が神《アッラー》と預言者に従っている限り、私に従ってくれ。私が神と預言者をないがしろにしたら、私はあなたがたに服従を求める権利はない」

今になってみれば、ムハンマドの後継者選びは、脅しや不正行為だらけの混沌とした出来事だったように思われるかも知れない。控えめに言っても、そのプロセスは八百長だ。だが、それにもかかわらず、これは一つの前進《プロセス》だった。ナイル川からオクサス川以遠まで、そのような主権在民的な実験は、想像さえされたことがなく、ましてや試みられたことはなかったのだ。

岳父アブー・バクルと親族の確執

アブー・バクルは、わずか二年半という短期間ではあるが、非常にすぐれた統治者だった。カリフとして彼の大きな業績は、〝似非預言者〟や一〇分の一税の支払いをやめた部族に対する武力による制裁だった。昔からの部族の風習では、ムハンマドが死ねば彼らの忠誠の誓いは無効になると考えられていたからである。こうした部族の離反は「ウンマ」の政治的安定を大幅に弱め、マディーナの小さなムスリム政権を経済的に破綻させることに気づいたアブー・バクルは、軍隊を送って反徒を容赦なく征伐させた。のちに「背教者との戦い」と呼ばれるようになるこれらの戦いは、アラブの諸部族に対し、忠誠の誓いは命に限りのある首長《シャイフ》に対してではなく、不滅の神《アッラー》のコミュニティーに対しておこなうものであるから、忠誠の取り消しは「ウンマ」に対する裏切り行為であるとともに神《アッラー》に対する罪であるという強力なメッセージを送ったことになる。

「背教者との戦い」は、イスラームという永遠の旗印の下にアラブ人の結束とその中心としてのマディーナの権威を維持し、その結果、ムハンマドのコミュニティーが解体されて昔の部族制度に逆戻りするのを防ぐために、アブー・バクルが意識的におこなった努力を示している。だが、これらを宗教戦争と勘違いしてはいけない。軍事遠征はあくまでもマディーナの政治的利益を強化するのが目的であった。それでもなお、「背教者との戦い」は、背教（自分の信仰の否定）が末永く裏切り（中心的存在としてのカリフの権威の否定）を連想させる残念な結果を招いてしまった。

領土拡大がすなわち布教活動を意味したように、背教と裏切りは七世紀のアラビア半島ではほぼ同義語だった。だが、この二つの関係がイスラーム世界にすっかり定着してしまったために、今日でさえ一部のムスリムのあいだに、背教と裏切りという二つの罪は同じように死罪に値するという何の根拠もない、非クルアーン的な主張をしつづける人たちがいる。こうした信念のおかげで、ムスリム国のなかには、イスラーム知識人《ウラマー》に、彼ら独自のイスラームの解釈に同意しない者までも背教者として極刑を科してよいという権威を与えているところがある。

アブー・バクルがカリフとしておこなったもう一つの決断も記録されている。ムハンマドが「われわれ〔預言者たち〕は相続人をもたない。われわれが残すのは慈善である」と言ったのを聞いたことがあると主張するアブー・バクルは、アリーとファーティマをムハンマドの財産の相続人から除外した。それ以降、ムハンマドの家族は、コミュニティーから与えられる施しものだけで衣食をまかなうことになった。ムハンマドのその所信表明にほかに証人がいなかったとしても、これはすばらしい決断だった。ところが、この決断をさらに問題の多いものにしたのは、アブー・バクルが寛大にもムハンマドの妻たちには預言者の自宅を形見として与えたことである。彼は自分の娘アーイシャに、ムハンマドがかつてマディーナにもっていた所有地の一部を与えさえした。

アブー・バクルの行為は、ハーシム家の弱体化と、預言者家の人々《アフル・アル・バイト》からムハンマドの身内としての特権を剥奪することを意図したものだとしばしば解釈されている。だが、ムハンマドの妻たちを扶養して、その貞節が冒されないように守ることによって、アブー・バクルはコミュニティーに、アーイシャと残りの「信徒の母たち」（ムハンマドの妻たち）が正真正銘の預言者家の人々《アフル・アル・バイト》であることを知らせておこうと考えた可能性もある。

アリーはアブー・バクルの決断に唖然としたが、それも運命と思って、異議申し立てをせずに諒承した。他方、ファーティマは悲しみに沈んだ。わずか数か月のあいだに、彼女は父も、遺産も、生計の手段も失ってしまったのである。彼女はアブー・バクルに二度と口をきかなかった。それからまもなく彼女が死んだとき、アリーはそのことをカリフに知らせもせず、夜中にこっそりと埋葬した。

アブー・バクルがアリーを相続人から除外し、預言者家の人々《アフル・アル・バイト》から権力を剥奪する決断をした背後には、何かほかの動機があったにちがいないと、学者たちのあいだでは長いあいだ論議されてきた。実際、アブー・バクルはその短いカリフ位の在任中、預言者の身分とカリフの地位――すなわち宗教的権威と世俗的権威の区別が曖昧にならないように、両方を一つの支族に委ねるべきではないという信念から、彼の権力でできるあらゆる手段を使って、アリーが「ウンマ」内の権威ある地位を獲得させないようにした。だが、アブー・バクルとアリーのあいだに何の個人的反感もなかったと言えば嘘になるだろう。ムハンマドの存命中にさえ、二人のあいだには、不名誉な〝首飾り事件〟が証明するような、大きな摩擦があった。

伝えられている物語によれば、アル・ムスターリク一族の襲撃に出た帰り道、戦場であろうと、協定の締結であろうとほとんどいつもムハンマドに同行していた妻アーイシャが、たまたま露営地の一つで置き去りにされた。彼女は息抜きにちょっと露営地を抜け出し、そのときにムハンマドからもらった首飾りをなくした。彼女がそれを探しているあいだに、キャラバンは彼女が輿《こし》に乗っていると思いこんで、出発してしまい、翌日の朝まで彼女がいないことにだれも気がつかなかった。ムハンマドの最愛の妻を見失って、どうしたらいいかと男衆が半狂乱で右往左往しているあいだに、アーイシャとサフワーン・イブン・ムアッタルという名のハンサムなアラブ人青年（彼女の幼なじみ）を乗せた一頭のラクダが、突然、露営地に入ってきた。

サフワーンは砂漠で偶然アーイシャを見つけ、ヴェールをかぶっていた（女性の身体の覆い《ヒジャーブ》についての章句は最近啓示されたばかりだった）にもかかわらず、すぐにだれだかわかり、「どうして置いてきぼりにされたの？」と訊ねた。アーイシャは返事をしなかった。女性の身を隠す戒めを破りたくなかったからである。

サフワーンは彼女が窮地に立たされていることを知ったが、ムハンマドの妻を砂漠に残して行くわけにはいかない。ラクダを彼女のそばまで乗り付けて、手をさしのべ、「乗れよ！」と言った。アーイシャは一瞬ためらったが、「なんて運がいいんでしょう」と思って、ラクダに乗った。二人はキャラバンを追って疾走したが、翌朝まで次の露営地には着かなかった。

ヴェールをかぶったムハンマドの妻がラクダの上でサフワーンにしっかりつかまっている光景は、たちまちマディーナ中の噂になって広がった。その話を初めて聞いたときのムハンマドは半信半疑だった。アーイシャとサフワーンのあいだに何か起きたとは思わなかったが、スキャンダルは収拾がつかなくなり始めた。彼の政敵はすでに、この出来事についてみだらな話をでっち上げていた。日が経つにつれ、ムハンマドは冷淡になり、妻とのあいだに距離を置いた。彼がアーイシャに、神の前で悔い改めれば、問題は解決し許されると忠告すると、彼女は激怒し、「神にかけて、私はあなたがおっしゃるようなことで悔い改めはしません」と言った。腹を立てた彼女は、言い訳もせず、ムハンマドの家を飛び出し、実母のところへ帰ってしまった。

最愛の妻がいなくなって、ムハンマドはすっかり落ち込んだ。ある日、ムハンマドは人々のあいだに立ち、明らかに取り乱した様子で、「なぜ家族のことでわしを傷つけ、嘘の話を触れ回る連中がいるのだろう?」とつぶやいた。

ムハンマドの顧問たちの大半はアーイシャの有罪を確信していたが、アーイシャの貞節を懸命に褒めたたえようとした。「［奥さんたちは］みんなご立派ですよ」と彼らは断言した。アリーだけが、アーイシャの有罪もしくは無実と関係なく、スキャンダルはムハンマドの評判を傷つけるから離婚するべきだと言って譲らなかった。当然のことながら、この忠告はアーイシャの父、アブー・バクルを激怒させた。

たまたまムハンマドは、アーイシャの姦通罪には根拠がないという神の啓示を受けた。彼は大喜びで妻のところへ飛んで行き、「喜べ、アーイシャ! 神はおまえの無実を啓示された」と叫んだ。

すべての伝承が証明しているように、ムハンマドに平気で口答えのできる唯一の人間だったアーイシャは、「そらご覧なさい、悪いのはあなたよ!」と答えた。彼女は今までどおり名誉を回復し、事件は忘れられた。だが、アーイシャもアブー・バクルもアリーを決して許さなかった。

二人のあいだの不和はさらに広がり、アブー・バクルは何の相談もしないまま、改めて協議《シューラー》をおこないもせず、ウマルを次の後継者に指名することに決めた。ヴィルフェルト・マーデルングが明快に証明しているように、アブー・バクルの決断には説明可能な理由は一つしかない。協議《シューラー》をおこなえば、間違いなく預言者の家族の権利をめぐる討議が蒸し返されると思われたからである。実際、過去二年あまりのあいだにますます人気が高まっていたアリーが後継者に選出されていたかも知れない。彼はすでにたくさんの有力支族や教友たちから支援をえていたから、まだ意思表明をしていない支族たちも彼の立候補に賛成しそうだった。それは当然であっても、クライシュ族貴族階級の既得権を現状のまま維持するには、アリーの選任を確実にしたくない。だが、圧倒的に人気のあるアリーと、気性が激しく、厳格なうえ、一夫多妻主義者であるウマルが指名を争うことになれば、後者の勝利は覚束ない。そういう結果になることを避けるために、アブー・バクルは、部族の伝統もムスリムの前例も無視し、新しいカリフはコミュニティーの合意によって承認されなければならないと知りつつも、手前勝手にウマルを選んだ。

版図を広げた軍司令官ウマル

カリフとしてのウマルは、ムハンマドがいつも彼に抱いていたイメージどおり、才気縦横でエネルギッシュな指導者だった。長身で筋骨たくましく、完全な禿頭のウマルは、歩いていても、「まるで馬に乗っているかのように、人々のあいだからそびえ立って見え」、人を威嚇するような存在だった。本質的には軍人だった彼は、カリフ位を非宗教的な地位として維持したが、「信者たちの司令官《アミール・アルムーミニーン》」というもう一つの称号を採用して、軍事司令官としての自分の役割を強調した。彼の戦場での優れた判断力のおかげで、六三四年にはシリア南部でビザンツ帝国軍を敗北させ、一年後にはダマスカスを奪取した。彼は抑圧されていたシリアのユダヤ教徒コミュニティーをビザンツ帝国の支配から解放してやり、その助けを借りて、サーサーン朝ペルシアの征服への途中、カディシーヤの戦いでイラン軍を打ちのめした。エジプトとリビアはあっさりウマル軍に降伏し、エルサレムも同様に掌中にしたことは、彼の軍事遠征のなかで最高の業績となった。

だが、驚いたことに、ウマルはだれもが想像していたよりはるかに優れた外交官であることを証明した。すでに彼の時代にアラブ人より数が多くなり始めていた非アラブ人改宗者との宥和の重要性を認識していたカリフは、征服した敵を「ウンマ」の同等のメンバーとして取り扱い、アラブ人と非アラブ人の民族的な差違をすべてなくすように努力した（だが、この時点では後者はまだ、イスラームに改宗するためには前者の従属民にならなければならなかった）。軍事的勝利の結果としてマディーナに入ってきた富は、子供を含めたコミュニティーの全員に、それぞれの身分に合わせて分配された。ウマルは柄にもなく、元クライシュ族貴族階級の権力を抑制し、近隣も遠方もムスリム管轄区になったところには総督《アミール》を任命して自分の中心的権威を強化し、総督たちにはその州に現存する伝統や慣行を尊重して、地元の人たちが以前に統治されていた方法を根本的に変えてはいけないと厳重に指示した。彼は徴税制度を再組織し、訓練された兵士からなる常備軍をつくって、地元の社会の邪魔にならないように管轄区から離れたところに駐屯させた。

ウマルはハーシム家に手をさしのべて、アリーとの不和を解消しようと努めさえしている。アリーの相続分を返すことは拒否したが、マディーナのムハンマドの土地を「ウンマ」への寄進財産にし、その管理権を預言者家《アフル・アル・バイト》の人々に与えた。彼自身もアリーの娘と結婚してハーシム家と縁続きになり、アリーに重要な事柄を定期的に相談するようにして、自分の政権への参加を奨励した。事実、ウマルは有力な教友幹部を始終自分のそばに置き、彼らと相談せずに事を運ぶことはめったになかった。これは、彼のカリフとしての地位が、「ウンマ」によって認可されているとは言え、伝統的な手続きによって達成されたものではないことを認めていたためかも知れない。それゆえ、彼は自分の判断が独裁的だと思われるのを避けるように、絶えず気を遣っていた。「たとえ自分が国王でも、それは畏れ多いことだ」という彼の言葉が引き合いに出されたことがあるくらいだった。

だが、ハーシム家に手をさしのべはしたものの、宗教的な信条の問題として、預言者の身分とカリフ位が一つの支族に属するべきではないという論議には賛成しつづけた。実際、この論議を諒承し、相続人をもたないというムハンマドの声明を認めることが、ウマルへの忠誠の誓いの一部になった。アブー・バクルと同様、ウマルもハーシム家がそのような権力をもつことは、ムスリム社会にとって有害であると確信していた。それにもかかわらず、彼はアリーの人気の上昇を無視することはできなかった。ウマルはアブー・バクルと同じ過ちを犯してハーシム家とこれ以上疎遠になりたくなかったので、後継者を自分勝手に決めることは拒否し、選択を伝統的な協議《シューラー》に委ねた。

ウマルは臨終の床に（彼はフィルーズという名の気の狂ったペルシア人の奴隷に刺されていた）、ついにアリーも含む六人のカリフ位への有力候補を集め、彼の死後だれがコミュニティーの指導者になるか彼ら自身で決定するようにと言って三日間の猶予を与えた。まもなく、ハーシム家の子孫であるアリーと、あまり目立たない七十代のウスマーン・イブン・アッファーンの二人が残った。

ウスマーンは、ムハンマド家の宿敵アブー・スフヤーンとその妻ヒンドの属するウマイヤ家の裕福なメンバーで、れっきとしたクライシュ族だった。彼はイスラームへの初期の改宗者ではあったが、リーダーとしての能力を示したことはなかった。彼は商人であって、軍人ではなかった。ムハンマドはウスマーンを深く愛していたが、協議《シューラー》に出ているほかのほとんどの男たちには一度ならず自分の代わりにキャラバンの襲撃や軍隊の指揮をとらせたことがあるのに、彼には一度も頼んだことがなかった。だが、ウスマーンが候補者として注目されたのは、まさにその経験のなさ、政治的野心のなさだった。アリーにとって代わる人物としては、ほかのだれよりも申し分がなかった。彼は波風を立てない、用心深く、信頼できる老人だったからである。

最後に残ったアリーとウスマーンに対し、ウスマーンの義理の兄弟ではあるが、二人の調停者《ハーカム》として選ばれていたアブド・アッラフマーンがそれぞれに二つの質問をした。第一は、どちらもクルアーンの原則とムハンマドの模範に従って統治するか、と訊ね、二人とも「はい」と答えた。第二の質問は予想外のものだった。もしカリフに選出されたら、二人の前カリフ、アブー・バクルとウマルの先例に厳重に従うか？

これはコミュニティーを指導するに当たってまったく先例のない要求だったばかりでなく、候補者の一人を除外することが目的だったのは明らかだった。なぜなら、ウスマーンが自分はカリフとしてのすべての決定を前任者たちの手本に従うとはっきり言ったのに対し、アリーは居並ぶ人たちをじろりとにらんで、「いいえ」とにべもなく答えたからである。彼は神《アッラー》と自分自身の判断にのみ従うつもりだったのだ。

アリーの答えで評決は終わった。ウスマーンが第三代カリフになり、六四四年、「ウンマ」によりただちに支持された。

クルアーンをまとめたウスマーンの功罪

ハーシム家はアリーを飛び越えてアブー・バクルが選ばれたことに腹を据えかねていた。だが、アブー・バクルは申し分のない資格を持ち、たいへん尊敬されているムスリムだったのに、アリーを無視して、ウマルをさっさと後継者に選んでしまったことにハーシム家は憤慨した。ところが、そのウマルも強い指導者だったため、それ相応のルートもない彼らは、ほとんど何もすることができず、反対の意向をつぶやくだけに終わった。やがてウスマーンがアリーと争ってカリフに選ばれると、ハーシム家の命運は尽きた。

コミュニティーの多くの人たちにとって、ウスマーンのカリフ就任は、アラブ社会のエリートとしての以前の地位を取り戻すことに執心していた昔のクライシュ族貴族階級に意図的に便宜を図るものであったことはありありとわかった。ウスマーンの選出で、ウマイヤ家はふたたび、ムハンマドがイスラームの名において征服する前とまったく同じヒジャーズの保護責任者になった。ムハンマドの旧敵だった一族に忠誠を誓わねばならないという皮肉な事態は、預言者家《アフル・アル・バイト》の人々には耐え難かった。さらに困ったことに、ウスマーンがコミュニティー内に広がりつつあった不和を癒そうとするどころか、平気で縁故主義をつらぬき、指導者として不適切な行為を重ねたために、事態は悪化するばかりだった。

まず最初に、ウスマーンはムスリム地域内の現職の総督ほぼ全員を、まるで自分の一族の優秀性を全員に知れ渡らせるかのように、自分の直系家族のメンバーと入れ替えた。次に、定期的に公金から金を引き出し、多額の金を自分の身内に分配した。そしてついに、まったく驚くべきことをやってのけた。彼は伝統を破って、これまで考えられなかったような「神の代理人《ハリーファト・アッラー》」という称号を自分自身に与えた。これはアブー・バクルがはっきり拒否した称号である。彼の大勢の敵は、この決断はウスマーンの積極的な自己権力拡大の徴候と見た。このカリフは、神の使徒の代理人ではなく、この世における神の代理人と自分を見立てているように思われたのである。

そうした行動によって、ウスマーンはひどく嫌われるようになった。ハーシム家や支援者《アンサール》がカリフに背を向けただけではなく、ウマイヤ家のライバル支族のうちのズフラ家、マハズーム家、アブド・シャムス家をはじめ、アーイシャを含むもっとも有力な「教友」たちや、ウスマーンの義兄弟で、協議《シューラー》には調停者《ハーカム》として彼をカリフ位に就けることに真っ先に便宜を図ったアブド・アッラフマーンまでが反発した。ウスマーンの統治の末期には、あまりにも多くの無謀な決断をしたため、彼のもっとも重要な功績であるクルアーンの収集と正典化さえ、ムスリム・コミュニティーの怒りを免れることに役立たなかった。

ムハンマドの存命中には、一冊にまとまったクルアーンというものはなく、収集さえまったくおこなわれていなかった。ムハンマドの口から語られたものをそれぞれが読誦し、それが、ムハンマドが個人的に指定した「クルアーン読誦者《クッラー》」と呼ばれる、新しい学者階級によって、丹念に記憶されていた。法的な問題を扱ったもっとも重要な読誦だけが、主として、骨片や、皮の切れ端、ヤシの葉の葉脈などに書き留められた。

預言者の死後、クルアーン読誦者《クッラー》は公認のクルアーンの教師として、コミュニティー全域に散らばったが、「ウンマ」の急速な成長と、クルアーン読誦者の第一世代が世を去るにつれて、さまざまな読誦にある種の逸脱が現われ始めた。

それらはイラク、シリア、バスラなどのムスリム・コミュニティーの地域と文化に密接に関係した、それほど重要なものではなく、クルアーンの意味やメッセージにとっては取るに足りないものだった。それにもかかわらず、マディーナの支配層はこうした不一致に次第に警戒感をもつようになり、ムハンマドは決してやろうとしなかった、成文化され、画一化されたクルアーンの作成を計画し始めた。

一部の伝承によれば、現在のような形のクルアーンが収集されたのは、アブー・バクルのカリフ時代だったという。テオドル・ネルデケもこの立場をとるが、アブー・バクル版は正典としての権威あるものではなかったことを認めている。だが、大半の学者は、「神の代理人《ハリーファト・アッラー》」という立場にあったウスマーンが六五〇年頃、全地域共通の一冊にまとまったクルアーンのテキストを公認したと見ている。だが、それをおこなうに当たって、ウスマーンはさまざまな種類のクルアーンを一掃するため、それらをマディーナに集めて焚書にしたため、またもやコミュニティー内の重要なメンバーが離反していった。

この決定は、イラク、シリア、エジプトの指導的立場にあったムスリムを憤慨させた。それは彼らのクルアーンがウスマーンの集めたものよりもいくらかでも優れていたとか、もっと完全なものだったと考えたからではなく（前述のようにそのちがいは取るに足りないものだった）、ウスマーンがカリフとして世俗的な権威の境界を越えていると感じたからだった。彼らの嘆きに対してウスマーンは、公的に書物を収集するカリフの権限に異議を申し立てる者は「不信仰者」と決めつけた。

ウスマーンに対する不満は六五五年にピークに達し、カリフとしての無能さと、総督たちの度重なる腐敗にムスリム全土から蜂起が起こった。マディーナではウスマーンへの軽蔑の念をだれも隠そうとはしなかった。あるとき、モスクの金曜礼拝の司式をしていた彼に、参列者の後方から小石が雨あられのように投げつけられ、そのうちの一つが彼の額に当たって、彼は説教団から転げ落ち、意識を失って床に倒れ込んだ。すると雰囲気は非常に険悪になり、マッカの著名な教友たちが大勢束になって、腐敗した総督たちを更迭し、縁故主義を廃止して、コミュニティーのみなの前で改悛を示せとカリフに迫った。だが、彼の一族のメンバーたち、とりわけ権力志向のいとこであるマルワーンは、「へりくだって弱みを見せるな」とウスマーンに圧力をかけた。

一年後、エジプト、バスラ、クーファから大勢の代表団が、カリフに苦情を直訴するためにマディーナに大行進してきて、ウスマーンはすさまじい最期を遂げることになる。代表団と個人的に会うことを拒否したウスマーンはアリーを派遣して、彼らの苦情をカリフに伝えると約束して連中を帰国させるように命じた。

その後、何が起きたのかは、はっきりわからない。資料は入り乱れて、内容は矛盾している。ともかく帰国することになったエジプトの代表団が、「反体制指導者を不服従の罪でただちに処罰せよ」という公式文書を運ぶ途中だった使者を途中で捕らえた。その手紙にはカリフの封印があった。激怒した代表団はきびすを返してマディーナに戻り、バスラとクーファの反体制派の助けを借りて、ウスマーンの住居を包囲し、カリフをなかに閉じこめた。

大半の歴史家は、ウスマーンがこの手紙を書いたのではないと確信している。彼は政治指導者としてはお粗末だったかも知れないが、自滅するような男ではなかった。反体制指導者らが戦いもなしに懲罰を認めるはずがないことは知っていたにちがいない。イタリアの東洋学者レイオーネ・カエターニ（一八六九―一九三五）のような一部の学者のなかには、手紙を書いたのはアリーで、それによってウスマーンを退位させ、自分がカリフ位に就きたかったのだという説を唱える人たちもいるが、これにはまったく根拠がない。二人のあいだに多少の反目はあったかも知れないし、アリーはカリフ就任願望を捨ててはいなかった可能性もある。しかし、アリーは、ウスマーンの在任中ずっと、もっとも信頼していた顧問の一人として仕え、反体制派をなだめるためにできることは何でもしたことは事実だし、彼らにとにかく国へ帰るように説得していたのもアリーだった。彼らが剣を抜き、ウスマーンの自宅を包囲していたときでさえ、アリーはウスマーンを支持しつづけた。実際、アリーの長男ハサンは、反体制軍がウスマーン家を襲ったとき、わずかにいた警備員の一人だったし、次男のフサインはカリフが籠城を余儀なくされていたあいだ、命がけで水や食べ物を運んでいた。

真犯人はマルワーンだったのではないかと疑うマーデルングの説はたぶん当たっている。ウスマーン自身の取り巻きの多くが、この手紙を書いたのはマルワーンにちがいないと信じているからだ。反体制派が最初に陳情にきたとき、きびしい措置をとるべきだと忠告したのはマルワーンだった。公金をかすめて、自分の身内を裕福にするような、「好ましくない行為を悔い改めたりするな」と唆したのもマルワーンである。事実、教友たちがウスマーンのこうした行為をはっきり批判したとき、ウスマーンの縁故主義の恩恵を一番ふんだんに受けていたマルワーンは、預言者の代理人の目の前で剣を抜いて、「ウンマ」のもっとも尊敬されていたメンバーたちを殺すと脅していた。

だれがその手紙を書いたかに関係なく、エジプト、バスラ、クーファの反体制派、およびマディーナのほぼだれもが、ウスマーンはどう見ても指導者としての資格に欠けており、カリフの地位を自主的に降りるべきだと思っていた。ある意味で彼は、「ウンマ」の長老《シャイフ》として忠誠の誓いをするに値せず、もしカリフが神と預言者の定めを怠るなら、人々を服従させる権利を失うというアブー・バクルの宣言に違反していた。

だが、ムスリムのなかには、ウスマーンが忠誠の誓いの対象に値しなくなったことを理由に退位を求めたのではなく、罪に問われていないカリフのみが、神《アッラー》を奉《たてまつ》る神聖なコミュニティーの指導者となる資格があると信じている小さな一派があった。この一派はのちに「ハワーリジュ派」として知られるようになるが、人数は少なかったにもかかわらず、彼らとその非妥協的な信仰は、まもなく、ムスリム・コミュニティーの運命の決定に重要な役割を果たすようになる。

ほとんど全員がウスマーンに背を向けていたのに、彼はなおも権力の返上を拒否した。彼の解釈によれば、

「神の代理人《ハリーファト・アッラー》」としての自分の地位は、人間ではなく、神《アッラー》によって授けられたのであるから、神《アッラー》しか彼の指導者の権威を剥奪することはできないという。だが、敬虔なムスリムを装うウスマーンは、彼を包囲している反体制派を攻撃することを禁じ、ムスリムの血を流さずにカリフ位の維持ができることを期待した。彼は自分の支持者たちに戦わずに家に帰り、秩序が自然に回復するのを待てと命じた。だが、ときはすでに遅かった。

ウスマーンの家の外で始まった乱闘に触発されて、反体制派はカリフの居室へなだれ込み、クッションに寄りかかり、彼が集めて正典化したクルアーンを読んでいた彼を発見した。教友たちからは知らないふりをされ、護衛官からは事実上阻止されなかった反体制派は、もう一度彼に退位を迫った。彼が拒否すると、反体制派は剣を抜いてウスマーンに襲いかかり、胸を刺した。カリフは開いたままのクルアーンの上に倒れ、金箔の頁が血に染まった。

信者たちの司令官アリーの党の形成と内乱

同じムスリムによる「カリフ」の殺害は、「ウンマ」を大混乱に陥れた。反体制派はまだ、マディーナの支配権を握ってはいたが、これからどうなるのか不明だった。これを好機と見て、ウスマーンの後継者に躍り出ようとするムスリムはヒジャーズに一人ならずいた。そのなかで際立っていたのは、マッカでもっともよく知られた教友タルハ・イブン・ウバイド・アッラーとズバイル・イブン・アウワームで、二人ともムハンマドから選ばれた敬虔な信者である。それにもちろん、アリーもいた。

ウスマーンの暗殺を知ったのは、アリーがモスクで祈っているときだった。大混乱が起こっているだろうと察した彼は、家族の安全と、とりわけウスマーンを守ろうとその背後にいたはずの息子のハサンを探しに、急遽、家に戻った。翌日、市内にかりそめの平和が回復すると、アリーはモスクに行った。相当数にのぼるムスリムの代表団が彼を待ち受けていて、自分たちの忠誠の誓いを受け入れ、次期カリフになってほしいと彼に懇願した。四半世紀近く、アリーはカリフ位を求めてきた。だが、それが引き渡されようとする瞬間に、彼はその受諾を拒否した。

　諸事情を考えれば、アリーの気が進まなかったのは驚くに当たらない。ウスマーンの死でわかったことがあるとすれば、カリフ位の権威の維持には、何らかの形の平信徒たちの合意がどうしても必要だということだった。だが、マディーナ、エジプト、イラクを支配下に置く反体制派は反旗を翻し、マッカはアブー・バクルとウマルの考え出した構想を復活させるためにカリフ位を求め、ウマイヤ家はウスマーンの死にただちに報復が必要と主張する今、平信徒たちによる裁定どおりに事を運ぶのは不可能だったであろう。その上、アリーへの無条件の支持が長期にわたって保持している、かなり大きな、無視しがたいムスリム代表団が、今なお健在だった。この一派の構成メンバーは、初期の支援者《アンサール》たち、ハーシム家、クライシュ族のなかのいくつかの著名な支族、指導的な立場にあった数名の教友たち、非アラブ人ムスリム（とくにバスラとクーファ居住者）らで、「アリーの党《シーア・アリー》」、もしくはその短縮形の「シーア《シーア》派」という名のゆるやかな連合を形成していた。

　こうした支持があったにもかかわらず、アリーが最終的に折れて、指導者の衣鉢を継ぐのを承諾したのは、タルハやズバイルを含むマッカの彼の政治的ライバルたちが、彼に忠誠を誓うと約束したあとだった。忠誠の誓いはモスクで、マディーナのコミュニティーの全員が出席して行われるべきだと主張していた預言者の従弟で娘婿のアリーは、こうしてようやく「ウンマ」の首長の地位に就いたのである。大事なのは、アリーがウスマーンによって永久に汚点が残されたと信じているカリフの称号を拒否したことである。代わりに彼は、ウマルの異名であった「信者たちの司令官《アミール・アル・ムーミニーン》」を選んだ。

　アリーは自分の党派の支持をえて、ウスマーンの死に何らかの関わりをもった人たち全員に恩赦を与えると発表した。これは報復ではなく、赦しと和解のときになるはずだった。古い部族の風習はこれをもって終わりにするとアリーは宣言した。彼はさらに、反体制派の発生している領土の総督の地位にあったウスマーンの身内のほぼ全員を更迭し、地元の有能な指導者をその地位に充当した。だが、アリーのこの行為、とくに反体制派に対する恩赦については、ウマイヤ家を憤慨させたばかりでなく、マッカでアーイシャへの支持者を集め、新しいカリフにウスマーン殺害の責任を問う運動へと向かわせることになった。

　アーイシャは、アリーがウスマーンの死に責任があるとは本当は思っていなかった。かりにそう思っていたとしても、それにこだわっていたとは思えない。アーイシャはウスマーンをひどく嫌っていて、彼に対する謀反に重要な役割を果たしていたのだ。事実、彼女の兄弟のムハンマドは、カリフ暗殺の手助けをしていた。だが、アーイシャは自分の父アブー・バクルから、「ウンマ」内の宗教的権威と政治的権威の混同を招かないようにするために、カリフ位を預言者家《アフル・アル・バイト》の人々に委ねてはならないと教えられていたので、ウスマーンの殺害は、アリーの代わりに彼女の身近な味方であるタルハかズバイルといった、この地位にもっと適切であると考えていた人物と交替させるための手段だと見ていた。彼女はこの二人の助けを得て、マッカで大がかりな分遣隊を編成し、自分もラクダに乗って彼らを指揮しながらマディーナのアリー軍と戦うために出立した。

　のちに「ラクダの戦い」として知られるようになるこの戦闘は、イスラーム教徒が初めて経験する内乱《フィトナ》だった（その後一五〇年間にわたってさらにたくさんの内乱《フィトナ》が発生することになる）。いくつかの点で、この闘争は避けがたい成り行きであった。アリー派とアーイシャ派の長年の反目だけではなく、カリフの役割と「ウンマ」のありようをめぐって、コミュニティー内に絶えず議論が持ち上がっていたからである。この議論はあまりにもしばしば、カリフ位を純粋に非宗教的な地位と考える人たちと、預言者の一時的な宗教的権威にまで及ぶべきだと信じる人たちの二極化現象として描かれがちである。だが、こうした単純な二分法は、カリフのありようと機能に関して、七世紀から八世紀にかけてのアラビア半島に存在したさまざまな考え方を覆い隠してしまう。

この時点ですでに、難攻不落のビザンツ帝国とサーサーン朝ペルシア帝国にまで驚くほど急速に領土を拡張できたことは、多くのムスリムにとって神の恩寵の証明と考えられていた。同時に、外国の人々や政府との遭遇によって、ムスリムはコミュニティーの政治制度を統治する上での理想を再検討する必要に迫られた。「ウンマ」は一人の指導者の権威のもとに統合されるべきだという考えにだれもが同意してはいたが、ではだれが指導者になるべきか、その指導者がどんな統治をするべきかについてはまだ合意ができていなかった。

一方には、アーイシャとその一派のように、神の命令に従うコミュニティーを設立することの重要性を認めながらも、カリフ位の非宗教的な性格の維持を明確に意識しているムスリムがいた。彼らは「ウスマーン派」と呼ばれたが、忘れてはならないのは、アーイシャは決してウスマーンの大義名分を促進するつもりはなかったことである。彼女は自分の父と、その秘蔵っ子であったウマルが樹立したカリフ位をウスマーンが台無しにしたと考えていた。

他方、ウマイヤ家は、ウスマーンの治世が長続きしたことから、カリフ位は自分たち一族の世襲財産になったような印象をもつようになっていた。ウスマーンの死後、ダマスカス総督で、彼に一番血筋の近いウマイヤ家の相続人ムアーウイアが、マディーナで起こった出来事を無視し、代わりに自分自身がカリフ位を奪取する計画に着手したのはそうした理由による。このムアーウイア派は、伝統的な部族による指導体制の理想を象徴していた。だが、ムアーウイア自身は、「ウンマ」をビザンツ帝国やサーサーン朝ペルシアのような大帝国にしたいと考えていたように思われる。まだだれもムスリム王国の樹立を求める者はいなかったが、「ウンマ」は今やあまりにも大きく、あまりにも豊かになりすぎていて、マディーナのムハンマドが設立した〝改良型部族制度〟によって統一を維持することは不可能なことは次第に明らかになりつつあった。

こうした多様な集団の対極に位置していたのが「アリーの党」すなわち「シーア派」だった。アリーはその後の社会的、もしくは政治的成り行きがどうなろうと、「ウンマ」に対するムハンマドの本来の展望を維持することに執心していた。この党派のなかには、カリフ位にムハンマドの宗教的権威を組み込むべきだと考えている派閥もいくつかあったのは事実だが、そうした考え方がシーア派の確定的な見解であると考えるのは間違いだろう。のちにそうなっただけで、この時点では、シーア派とのちに「伝統派」もしくは「スンナ派」と呼ばれるようになる残りのムスリム・コミュニティーとの宗教的見解に大きなちがいはなかった。シーア派はムハンマドに代わって預言者家《アフル・アル・バイト》の人々にコミュニティーを統治する権利を保持しようとする一つの政治的派閥にすぎなかった。

だが、シーア派のなかには、「ウンマ」は神の力によって設立された組織であるから、部族、親族、祖先に関わりなく、コミュニティー内のもっとも敬虔な人物だけが統治することができると考える小さな派閥があった。「ハワーリジュ派」と呼ばれるこの一派が、ウスマーンの殺害を、彼が神の命令を破り預言者の示した手本を拒否したために、もはやカリフ位にふさわしくなくなったためであると正当化したことはすでに述べた。ハワーリジュ派がカリフに宗教的権威の必要性を強調したために、彼らはしばしば最初のイスラーム神学者と考えられている。だが、これは小さな、気むずかしい人たちの集団で、その極端な神学的立場は、当時ムスリム・コミュニティーの支配権を争っていたほとんどすべての派閥からも拒否されていた。

だが、ハワーリジュ派がイスラーム史のなかで重視されるようになるのは、彼らが初めてはっきりしたムスリムの自己認識《アイデンティティー》を意識的に定義しようとしたからである。彼らはだれがムスリムで、だれがムスリムではないかを明確にすることにこだわる人たちだった。ハワーリジュ派によれば、クルアーンの記述すべてに従わない者、預言者ムハンマドの模範的行為に少しでも違反する者は不信仰者《カーヒル》と考え、「ウンマ」からただちに追放されるべきであるという。

このグループは小さかったかも知れないが、「ウンマ」の一員になった者しか救われないと論じることによって、ムスリム思想に末永く貢献した。彼らは「ウンマ」をカリスマ性のある神聖な神《アッラー》のコミュニティーと考えたのである。彼らはすべてのムスリムを、ハワーリジュ派のように「天国へ行く人」とそれ以外のすべての「地獄へ行く人」に分けた。この点でハワーリジュ派は最初のムスリム極端論者と考えることができる。このグループ自体は二、三百年しかつづかなかったが、その厳格な教義はのちの数世代にわたる極端論者に取り入れられ、ムスリム政府と非ムスリム政府両方に対し政治的に反抗するときの宗教的裏付けを与えることになった。

最後に、カリフ位のありようと機能について、彼らがどのように考えていたかにかかわらず、七世紀のアラビア半島におけるムスリムのうち、だれ一人としてわれわれが現代社会でおこなっているような、非宗教主義擁護国家と宗教国家の区別を認識している者はいなかったことを知る必要がある。たとえば、ウスマーン派とハワーリジュ派の大きな見識のちがいは、宗教が国家統治に何らかの役割を果たすべきか否かではなく、どの程度までかかわるべきかが問題だった。そういうわけで、アリー派、ウスマーン派、ムアーウイア派、ハワーリジュ派などはみな、政治的派閥である一方、四つとも宗教関連用語〔〝義務〟〝帰依〟〝裁き〟〝教え〟など宗教の精神的な面を表わす言葉〕である「ディーン」という言葉を使って、「ディーン・アリー」「ディーン・ウスマーン」などとも呼ばれていたのである。

カリフ位のありようと機能をめぐる議論のどこにアリーを位置づけるかを見極めるのはむずかしい。なぜなら、彼はこの地位を十分に活用する機会がなかったからだ。その点については後述する。それは、彼がウスマーンの跡を継ぐときにおこなった決意からも明らかのように思われる。アリーは、「ウンマ」は神聖な霊感に基づいて形成されたものであるというハワーリジュ派に賛同していた。「ウンマ」はもはや、ムアーウイア派のような帝国の維持拡大の理想や、ウスマーン派が夢見たようなアブー・バクルとウマルの〝改良型部族国家〟に甘んじてはいられなくなっていたからだ。アリーがカリフ位をムハンマドの宗教的権威にまで完全に拡大するべきだと考えていたかどうかはまた別の問題である。

アリーはハワーリジュ派ではなかったことは確かだ。だが、彼は自分の全生涯を通じて知っていた預言者ムハンマドと深いつながりを感じていた。二人は同じ屋根の下で兄弟のようにいっしょに育ったのだし、アリーは子供のときも成人してからも、めったにムハンマドのそばを離れることはなかった。だから、アリーが自分とムハンマドの関係から見て、神《アッラー》に啓示された神聖なコミュニティーを、預言者の示した道へと導くのに必要な宗教的、政治的資質を与えられていると信じていたであろうことは理解できる。だが、それは、アリーの信奉者が主張するように、彼が自分自身をムハンマドの預言者的役割を継続することを神《アッラー》に命じられていると考えていたとか、カリフ位が絶対に宗教的地位であるべきだと信じていたことを意味するわけではない。

　アリーの周囲でおこなわれた巧妙な政治的操作を考えると、彼のカリフ位を宗教的権威までは求めないにしても、宗教的敬虔さを備えた地位に作りかえようとする意図は、最初から失敗する運命にあったように思われる。それにもかかわらず、アリーは預言者家《アフル・アル・バイト》の人々の旗印の下に、ムハンマドの平等主義に従って、「ウンマ」を統一しようと懸命になった。それゆえ、自軍が「ラクダの戦い」でアーイシャ軍を打ちのめすと――タルハとズバイルは戦死、アーイシャは矢に当たって重傷を負った――「背教者との戦い」のあとのアブー・バクルと同様、反抗者たちを罰せず、譴責するにとどめた。アーイシャとその取り巻きには恩赦を与え、妨害されずにマッカに戻ることを許した。

　マッカとマディーナが最終的に鎮圧されると、アリーはムアーウイアの関心を引くためにカリフ座をクーファに移した。アブー・スフヤーンの息子でウスマーンの従弟でもあったムアーウイアは、クライシュ族の昔ながらの部族感情に訴えて、ウスマーン殺害の復讐のためにアリー討伐の軍勢を立ち上げようとしていた。六五七年、アリーと彼の率いるクーファの部隊は、スィッフィーンと呼ばれる場所でムアーウイアとシリアの部隊に対決した。長い凄絶な戦いのあと、アリー軍が勝利の瀬戸際に立ったとき、敗北を察したムアーウイアは自軍の槍の先にクルアーンの写しを掲げさせ、仲裁を求めて降伏するという合図を送った。

　アリー軍の大半と、この時点ではまだ彼に忠実だったハワーリジュ派の人たちは、ムアーウイアのゼスチュアを無視し、反体制派の謀反の罪を罰するために戦闘をつづけるべきだとアリーに誠心誠意訴えた。だが、アリーはムアーウイア側の裏切りをわかっていながらも、「敵がやめたのなら、敵意は無用である」（クルアーン第二章一九三節）という神の命令を無視するのを拒んだ。アリーは自軍に武器を置くように命じ、ムアーウイアの降伏を認めて、紛争解決のために調停者《ハーカム》を呼んだ。

これは致命的な決断だった。「スイッフィーンの戦い」のあとにおこなわれた調停では、ウスマーンの殺害は不当なもので、復讐に値すると宣告された。これは少なくとも表面的には、ムアーウイアの反抗を正当化するものであるように見えた。だが、さらに不吉な前兆だったのは、ハワーリジュ派が、アリーの決断を、仲裁に黙ってしたがい、反体制派を神聖なコミュニティーからの追放に値する罪とする神の正義をまっとうしなかったと考えたことである。ハワーリジュ派は「神《アッラー》以外の審判はない」と叫んで、仲裁が始まる前に、腹を立ててアリーを戦場に置き去りにし、立ち去ってしまった。

アリーには仲裁の影響に対応している暇はなかった。「スイッフィーンの戦い」のあと、アリーの党から脱退したハワーリジュ派に対処するため、不本意ながら軍隊を派遣した。そしてハワーリジュ派を鎮圧するやいなや（戦いというより皆殺しだった）、ムアーウイアのほうに注目を戻さざるを得なかった。ムアーウイアは長引く調停のあいだに自軍を編成し直し、エジプトを占領、六六〇年にはエルサレムで自分をカリフと名乗っていた。アリーの軍隊は分散し、支持者はイデオロギー路線をめぐって分裂しているなか、彼は残っていた軍隊をかき集め、翌年、ムアーウイアとシリアの反体制派を最終的に征伐する準備をした。

遠征に出発する日の朝、アリーは礼拝のためにクーファのモスクに入った。そこで混雑するモスクの群衆を掻き分けて突進してくるハワーリジュ派のアブド・アッラフマーン・イブン・アムル・イブン・ムルジャムと対面した。イブン・ムルジャムは、「審判は神《アッラー》のものだ、アリー、おまえのものではないぞ」と叫びながら、毒を塗った剣を抜き、アリーの頭に切りつけた。傷は軽かったが、毒が物を言った。二日後にアリーは死亡。彼とともに、預言者一族の一つの旗印の下に神《アッラー》の啓示による神聖なコミュニティーの統一を図ろうとするハーシム家の夢も消えた。

アリーが暗殺される数年前におこなった説教で、「高潔な人物とは、その人について語られる美質と、その人物が他者から賞賛を受けることを神が定めたもうた人をいう」と述べている。これはたいへん先見の明のある言葉だ。なぜなら、アリーは死んだかも知れないが、忘れられはしなかった。世界中の何百万というシーア派の人たちにとって、今でもアリーは、神《アッラー》にまっすぐにつながる道を照らす光であり、敬虔なムスリムの手本とされている。現代イランを代表する社会学者アリー・シャリーアティーの言葉を借りれば、彼は「もっとも讃えられ……もっとも崇拝され……もっとも信頼されている」人物である。

第四代カリフとしてではなく、それ以外の、それ以上のムハンマドの唯一の後継者だったと信じる人たちの心のなかには、こうしたアリーの英雄的な人物像が深く刻まれているのである。

アリーは最初の「イスラームの宗教指導者《イマーム》」、「地上における神《アッラー》の証《あかし》」であるとシーア派は主張する。

「ウンマ」の分裂とイスラーム学者の台頭

トーマス・アーノルドによれば、カリフ位は「将来の見通しを何一つもたずに成長した」という。カリフ位は歴代の「正統カリフ」たちがその重要性を自覚した上でおこなった決断を通して発達していった官職ではなく、ヒジャーズの小さなコミュニティーが、西アフリカのアトラス山脈からインド亜大陸の東の端にまで伸びた広大な帝国へと成熟してゆく過程で、「ウンマ」が遭遇した諸条件により生まれたものである。それゆえ、カリフ位の機能と「ウンマ」のありようをめぐる意見の不一致が、しまいにはムスリム・コミュニティーを分断し、ムハンマドが自分の信奉者たちのために夢見ていた団結と調和を維持するという希望を永久に阻止してしまったのは驚くに当たらない。イスラームの最初の四人の指導者のうち三人までが、同じムスリムによって殺害されたのも同様だ。だが、ウスマーンを殺した反体制派も、アリーを殺したハワーリジュ派も、彼らの精神的後継者である「アル・カーイダ」と同様、コミュニティーを外敵から守るよりも、ムハンマドのコミュニティーについての彼ら独自の理想を維持することのほうにはるかに大きな関心があったことを認識することが重要である。

　アリーの死後、ムアーウイアはムスリム全土の絶対的支配権を掌中にすることができた。首都をクーファからダマスカスに移したムアーウイアは、ウマイヤ朝創設を宣言し、カリフから王へと変身し、「ウンマ」を帝国にした。ムアーウイアのアラブ人王朝は、六六一年から七五〇年と短命だった。末期には、アラブ人エリートをしのぐほど大勢になっていた非アラブ人（大半がペルシア人）改宗者たちの助けを借りたアッバース朝に権力の座を乗っ取られた。アッバース朝はムハンマドの叔父のアル・アッバースの子孫であると名乗り、首都をバグダードに移して、ウマイヤ一族を発見できる限り虐殺して、シーア派の支持を得ようとした。だが、シーア派は結局、アッバース朝の正統性を否認したため、歴代カリフから容赦なく迫害された。

　アッバース朝のカリフたちは、世俗の王として支配をつづける一方、ウマイヤ朝の前任者たちよりもはるかに深く宗教的問題に首を突っ込んだ。後述するが、第七代アッバース朝カリフ、アル・マアムーン（八三三年没）は、自分の神学的信念に同意しないイスラーム知識人《ウラマー》に対し、異端審問の実施さえ企てたが、これは長つづきせず、結局は不成功に終わった。

　アッバース朝は一一世紀まで長持ちしたが、後期のカリフたちは名目的な首長にすぎず、ムスリム圏内に直接の権威を及ぼすことはなかった。首都のバグダードでさえ、九三二年から一〇六二年まで、国事のすべてをつかさどるブワイフ家と呼ばれるイラン人貴族階級一族からなるシーア派集団の支配下に置かれ、アッバース朝カリフは実権のない王座を占めていただけだった。他方、カイロでは、アリーの妻でムハンマドの娘のファーティマの子孫を名乗るシーア派のファーティマ朝（九〇九―一一七一年）がバグダードのライバルとして樹立され、チュニジアからパレスチナにいたるまですべてにつけて政治的支配を維持した。スペインでは、シリアでおこなわれた虐殺を免れた唯一のウマイヤ朝の末裔であるアブド・アッラフマーンが独自の王朝を創設し、一五世紀まで長続きしたばかりでなく、ムスリム・ユダヤ教徒・キリスト教徒共生のモデルとなった。

ペルシア系のブワイフ朝はその後、トルコ系諸族に取って代わられる。ガズナ朝（九七七―一一八六年）はイラン北東部、アフガニスタン、インド北部の宗主となり、セルジュク朝（一〇三八―一一九四年）はそれより東の地域の大半を支配した。傭兵としてさまざまなスルタン国に浸透したトルコ系民族は、最終的にはオスマン人による一つのカリフ位のもとにムスリム全土を再統合し、スンナ派王朝として一四五三年から第一次世界大戦の戦勝国によって退位させられる一九二四年まで、首都イスタンブールから支配した。

もはやこの世にカリフのような身分は存在しない。中東に近代的な国民国家が興隆するにつれて、ムスリムは独立した主権国家の国民と、一つにまとまった世界規模のコミュニティーのメンバーという二重の自己認識《アイデンティティー》にどう折り合いをつけるか悩んでいる。カリフ位をムスリムの団結の象徴として復活させるべきだと論じる人たちもおり、少数ながら強硬に主張する人たちもいる。そうしたムスリムは、パキスタンの社会・政治運動団体「イスラーム協会《ジャマーアテ・イスラーミー》」の創始者であるマウラーナ・マウドゥーディーの言葉を引用して、イスラームの理想とナショナリズムは「たがいにまったく相容れないものである」と信じている。その結果、マウドゥーディーその他の多くの人たちが、唯一の正統なイスラーム国家とは、「人種的、民族的偏見をそぎ落とした」世界国家であると感じている。

二〇世紀は、カリフの機能と「ウンマ」のありようをめぐる論議が、ムハンマドによって定義され、正統カリフたちによって広められたイスラームの宗教的・社会的原則と、近代的な立憲制や民主的権利の折り合いをどのようにつけてゆくかという議論へと変化して行く時代だった。ところが、こうした当今の議論は、「ウンマ」がイスラーム勃興後の最初の数百年間に懸命に取り組んだ宗教的・政治的権威をめぐる同じ問題に深く根ざしているのである。

たとえば、一九三四年、近代主義者で改革派のアリー・アブドゥッラージク（一八八八―一九六六年）は、自著 *Islam and the Bases of Government*（『イスラームと統治基盤』）のなかで、エジプトにおける宗教と国家の分離を論じている。彼は、ムハンマドの権威を「神の使徒《ラスー・アッラー》」としての宗教的役割にのみ限定し、カリフ位はすべてのムスリムが自由に疑問を呈したり、反論したり、蜂起したりさえできる単なる官職にすぎないとして、両者のあいだに明確な一線を引いて見せた。アブドゥッラージクの説によれば、イスラームの普遍性は、その宗教的、倫理的原則にのみ依拠するものであり、個々の国の政治的秩序とは無関係であるという。

その後しばらくして、エジプトの学者で、活動家のサイイド・クトゥブ（一九〇六―一九六六年）はアブドゥッラージクに反論し、マディーナにおけるムハンマドの地位は、宗教的、政治的権威の両面に及んでおり、それがイスラームの団結を促したのであるから、「イスラームの信仰と世俗的な生活とをそのありようにおいても、目的においても分離することはできない」という。それゆえ、国民の物質的、倫理的要望の両方に対処するのは真のイスラーム国家のみであると主張した。

一九七〇年代には、ホメイニー師がこのクトゥブの説を明らかにシーア派的解釈に適用し、アメリカに支援されたイランの専制君主に対してすでに進行中だった社会革命の音頭とりにしゃしゃり出た。ホメイニー師は、この国の多数派であるシーア派の歴史感覚と、不満を抱えた大衆の民主化への期待をくすぐり、権威ある最高宗教指導者のみが「預言者がおこなったのと同じように国民の社会的、政治的問題に」対処することができると論じた。

この三人の政治指導者たちはみな、何とかして深刻な分裂状態にあった世界規模のイスラーム社会に一体感を回復しようと努力した。だが、カリフのような中央集権化された政治的権威も、ローマ教皇のような中心となる宗教的権威もないとすれば、ムスリム社会を一つの旗印の下に統一することのできる近代世界唯一の制度は、イスラーム知識人《ウラマー》しかなかった。

イスラームの歴史を振り返れば、ムスリム王朝は合い争って没落し、ムスリムの王たちは王位に就いたり退位させられたりし、イスラーム議会は成立したり解散したりしてきたのに対し、過去の伝統を保持してきたイスラーム知識人《ウラマー》階級だけがムスリム社会の指導者としての役割を買って出ることができたのである。その結果、われわれの知っているイスラームは、極端に少人数の、厳格で、しばしば伝統一点張りの男性集団により、ほとんど一方的に定義されてきた。彼らは良くも悪くも、自分たちはこの宗教のよって立つ宗教的、社会的、政治的基盤の上に立つゆるぎない柱であると自認している。彼らがどのようにしてこうした権威を獲得したのか、その権威によって何をしてきたのかは、おそらく、イスラームを物語る上でもっとも重要な一章であろう。

第6章　この宗教は一種の学問である——イスラーム神学・法学の発達

九世紀の異端審問

異端審問は、次のような単純な質問で始まる。「クルアーンは神《アッラー》によって創られたものか？ それとも、創られたものではなく、神とともにある永久不変のものか？」

まばゆいほどの金と宝石で飾られた玉座に座ったアッバース朝の若いカリフ、ムウタスィム（八四二年没）は、〃神《アッラー》のことに精通した人たち〃（すなわちイスラーム知識人《ウラマー》）が手錠をかけられたまま、一人ずつ自分の前に引き出され、異端審問にかけられていることに何の感情も示さなかった。もし彼ら（当時の神学の主流派で〃合理主義者〃と呼ばれていた）が、クルアーンを神《アッラー》によって創られたものであると認めれば、釈放されて帰宅し、自分たちの教えを説きつづけることができる。だが、クルアーンは創られたものではないと論じつづければ（そうした立場をとる者は〃伝統主義者〃と呼ばれた）、鞭打たれ、牢に投げ込まれた。

審問を受けるイスラーム知識人《ウラマー》の行列は何時間もつづいた。ムウタスィム自身はそうした神学論議をほとんど理解できないまま、無言で座って聴いていた。彼は退屈し、落ち着かない様子だった。クルアーンが神《アッラー》によって創られたものであるかどうかをめぐる論争に、彼はまったく関心がなかった。彼は軍事司令官であって、学者ではない。帝国内のあちこちで鎮圧するべき反乱や、勝たなければならない戦いがいくつもある。それなのに、兄で、先代の第七代アッバース朝カリフだったマアムーン以来のしきたりで、深紅の法服を着た宰相たち（彼らは神学者であって、軍人ではない）をはべらせて座り、軍隊でなく異端審問の指揮を執らなければならない。

「全員起立して、できれば私を尊重すると言ってくれ」と、兄が臨終の床でつぶやいていたのをムウタスィムは思い出す。「もし私のした悪いことを知っていても、それを言うな。なぜなら、私はあなたがたの言葉によって、あなたがたのあいだから引き出される［そして裁かれる］からだ」

言うべきことはたくさんある、とムウタスィムは思う。そのあいだにも、別の宗教学者が拷問のために守衛に連れ去られる。それにもかかわらず――常に義務感にあふれ、一族に忠実であろうとする――ムウタスィムは、たとえ兄の不滅の魂のためだけにでも、無言のままで、次の学者が自分の前に引き出されるのを許す。

次に引き出されたのは、粗末な白いターバンと汚れた腰布を着けた色黒の老人だった。長い髭をヘンナで染め、その染料が頬や胸に染み出している。顔には打撲傷があり、両眼は黒ずんでいた。すでに拷問を受けていた。それも一度ならず。ほかの者たちと同様、彼も鎖につながれている。だが、背筋を伸ばして立ち、恐れることなくカリフと向き合う。彼は先代のカリフ、マアムーンに対し、クルアーンに対する自分の立場をここに立って何度も弁護した。だが、マアムーンの後継者の前に立つのは初めてだった。

困難に耐えてきたその老人は、法的手続きとして名前が読み上げられるあいだ、そこに座らされていた。その人物が、ほかでもないアフマド・イブン・ハンバル――非常に人気の高い神学者で、伝統主義のハンバル学派の名祖――だとわかると、ムウタスィムは顔をこわばらせた。玉座から立ち上がった彼は、主席審問官イブン・アビ・ドゥーアド（兄に押しつけられたもう一人の人物）を腹立たしげに指さして叫んだ。「ハンバルは若い男だと言っていなかったか？　こんな中年の長老《シャイフ》みたいなやつではなかろう？」

審問官は、被疑者はすでにマアムーンから何度も審問を受けており、その名声により、クルアーンの本質に関する彼の立場を考え直す機会を何度も与えられているのだと説明して、ムウタスィムをなだめようとする。だが、ハンバルは彼を妥協させようとするあらゆる試みをはねつけ、「神《アッラー》の言葉」であるクルアーンは神《アッラー》とともにあるという自分の異端的な見解をこれからも貫くと主張した。

腹に据えかねて議論する気にもなれないムウタスィムは、ふんぞり返って座り、審問官が質問を始めるのを許した。

「アフマド・イブン・ハンバル、クルアーンを創られたものとみなしますか、それとも創られたものではないとみなしますか?」イブン・アビ・ドゥーアドは訊いた。

カリフは前屈みになり、老人をにらみつけながら返事を待った。だが、ハンバルはこれまでたびたびそうしてきたように、審問官の質問を無視し、代わりにかすかな微笑を浮かべながら、「神《アッラー》のほかに神なしと証言します」と答えた。

ムウタスィムはひそかに兄を呪いながら玉座に深く座り直した。そのあいだにハンバルは室外に連れ出され、二つの柱のあいだに吊されて鞭打たれた。

宗教的権威者の台頭

マアムーンはアッバース朝の首都バグダードを包囲し、腹違いの兄弟アル・アミーンを殺害することによってカリフになった人物である。だが、アミーンは悪名高い父親ハールーン・アッラシード(八〇九年没)によってカリフ補に定められていたので、マアムーンは、神《アッラー》の裁きによって、そのような本質的には違法なカリフ位奪取を正当化する必要に迫られた。神が自分にカリフ位を授けたのだから、神に従わなければならない、と彼は宣言した。

こうしたことはもちろん、初めてではない。激しい内輪もめはどのムスリム王朝にもつきものであったから、ほとんどの権力簒奪者は自分の支配権を、何らかの神聖な裏付けをもとに正当化する必要に迫られている。アッバース帝国全体が、自分たちは神の代理人であると宣言することによって権力の簒奪とウマイヤ家の人たちを無差別に殺戮する口実にした。だが、マアムーンが先任者たちと違っていたのは、彼が本当に神が彼にカリフ位を授けたのだと信じていて、彼ならばムスリム・コミュニティーを、イスラームの正しい解釈と彼が思っている方向へと導いてくれそうに見えたことである。

彼は、バグダードにおける新しい政治的・宗教的制度について軍隊に文書で通告し、「私は正しく導かれた指導者である」から、以後、自分の神から受けた霊感による指導に絶対的に従うように命じた。

これは驚くべき声明だった。ウマイヤ朝を起こした初代カリフのムアーウイヤが、「カリフ国」を君主国に変えて以来、カリフの宗教的権威の問題は多かれ少なかれ解決されていた。すなわち、カリフはコミュニティーの民政を運営し、イスラーム知識人《ウラマー》が信者を神の道へまっすぐに導く役割を担うという役割分担である。「ウンマ」に宗教的影響力を行使したカリフもいたことはたしかだが、だれひとりとして、敢えて自分を〝ムスリムの教皇〟のようなものに設定して、コミュニティーに絶対的な宗教的服従を要求したことはなかった。それなのに、自分はまず宗教学者であって、政治指導者の役割は二次的なものであるといつも思っていたマアムーンは、まさにそれをやってのけようとしたのである。

青年時代のマアムーンは宗教学者として正式の教育を受け、イスラーム法学と神学の専門家として、とくに合理主義的伝承の分野で名を上げた（これについては詳しく後述する）。彼はカリフになると、同心のイスラーム知識人《ウラマー》を自分のまわりに集め、彼らとともに神の属性や、自由意志の問題について定期的に討議した。なかでも最重要視したのは、クルアーンの本質に関する問題である。マアムーンは、クルアーンを、神の存在とはまったく別の、創られたものであると考えていた。

この頃まで、マアムーンのクルアーンに関するこのような見解を認めるイスラーム知識人《ウラマー》は少数だった。多くの宗教学者は、クルアーンを神とともにある永久不変のものと信じていたのである。だが、マアムーンは、自分の統治の最後の年に、今後、クルアーンは創られたものであるという教義にすべての教師と宗教学者は従わなければならないと宣言し、従わなければ、以後、教えることを許されなくなった。

カリフが宗教問題に影響力を行使できるという概念は新しいものではなかったが、カリフが自分を宗教的権威の唯一の資格保持者にしたのはこれが初めてだった。アメリカの中東史家リチャード・ビューレは、この事実を、「［カリフ位の］正統性を再発展させた」と鋭く指摘している。マアムーンの意図が成功していたら、イスラームはどうなっていたかはわからない。今日とはまったく違った宗教になっていた可能性は大いにある。カリフ位は歴代教皇のようなものになり、宗教的権威はその国家内で中央集権化されて、その結果、正統派ムスリム教会のようなものに発展していったのではないだろうか。

　だが、マアムーンの意図は成功しなかった。事実、数年後、ムウタスィムの息子ムタワッキル（八六一年没）がカリフ位にあった時代に、カリフが宗教問題に露骨に巻き込まれることが二度とないようにという配慮から、異端審問は廃止された。実際、ムタワッキルは神学の振り子を伝統主義者のほうに振って、伝統主義をとるイスラーム知識人《ウラマー》を大いに満足させ、それ以前に宮廷の寵愛を受けていた合理主義者イスラーム知識人《ウラマー》を迫害するようになった。カーディル（一〇三一年没）のカリフ時代までには、影響力の大きかったハンバル派などの伝統主義イスラーム知識人《ウラマー》の大半は、一つの教義のもとに統括されていた。

　国家による束縛を解かれたイスラーム知識人《ウラマー》は、これで「ウンマ」のなかで疑問の余地のない宗教的権威者の地位に格上げされた。その権威を利用して、彼らは自分たちの法的・神学的見解を制度化して、特徴のあるいくつかの学派を形成したばかりでなく、「シャリーア」（原義は〝水場に至る道〟）と呼ばれる拘束力のある、総合的な行動規範（のちの「イスラーム法」）を考案し、イスラームを、宗教からすべてを含む人の生き方へと、末永く変貌させて行くことになる。イスラーム知識人《ウラマー》は、そうした行動規範の意味を明確にする唯一の権威者であると自称した。八世紀の法学者でマーリク学派の名祖であるマーリク・イブン・アナス（七〇八―七九五）は、「この宗教は一種の学問である。したがってだれに師事するかに細心の注意を払え」という名言を残している。

制度化された宗教

かつては「宗教ならではの歴史」を形づくる上で重要な要素だった神話や儀式が、権威筋の言う「正統教義《オーソドクシー》」（神話の正しい解釈）や「正統行為《オーソプラクシー》」（儀式の正しい解釈）のモデルにされるようになったとき、宗教は制度になる。この二つの解釈のどちらを強調するかは、しばしば大きな議論の的になっている。キリスト教は、「正統教義《オーソドクシー》」にもっとも強くこだわる宗教であろう。忠実なキリスト教徒であるかどうかを決めるのは、主として信条にしたがって表明される自己の〝信仰〟である。これと対極にあるのが、純粋に「正統行為《オーソプラクシー》」にこだわる宗教であるユダヤ教で、ユダヤ教では主として掟《おきて》を通して表明される個人の〝行為〟によって、掟《おきて》の忠実な遵守者であるユダヤ教徒であるかどうかが判断される。ユダヤ教において信仰はあまり関係がないとか、キリスト教において行為は重要でないというわけではない。どちらかと言えば、二つの宗教のうちで、ユダヤ教のほうがキリスト教よりも正統行為にはるかに重点をおいているということだ。

ユダヤ教と同様、イスラームも本質的には正統行為にこだわる宗教で、カナダの比較宗教学者ウィルフレッド・キャントウェル・スミス（一九一六—二〇〇〇）は、「スンナ派」という言葉は「正統教義派《オーソドクシー》」というよりも「正統行為派《オーソプラクシー》」と訳したほうがいいのではないかと述べている。だが、イスラーム知識人《ウラマー》はイスラーム神学を伝えるものと見なす傾向があるために、イスラームでは正統教義と正統行為が緊密に結びつけられ、「神学《カラーム》」の問題は「法学《フィクフ》」の問題と切り離すことは不可能である。

こうした理由から、イスラーム知識人《ウラマー》は神学の純理論的な営みを、くだらないたわごと（〝カラーム〟には〝しゃべる〟とか〝話す〟という意味もあり、ムスリム神学者はしばしば軽蔑的に〝おしゃべりな人たち《アフル・アル・カラーム》〟と呼ばれていた）

と片付ける傾向があった。イスラームが広まり始めた当初から、とりわけ「ウンマ」が言語や文化の異なる広い地域に分散するようになるにつれて、イスラーム知識人《ウラマー》がもっとも心配したのは、神の属性に関する神学的論議（これについては後述するが、学者のあいだでやがて論議が活発になる）よりも、儀式を通して信仰を表明する特定の方法を明確な形にすることだった。その究極の目的は、だれがムスリムで、だれがムスリムでないかをはっきりさせる厳格なガイドラインを形成することだった。その努力のたまものが、現在一般に知られているような「イスラームの五柱」である。

「イスラームの五柱」とはムスリム信仰の中心となる儀式的行為を指している。アメリカのイスラーム学者ジョン・レナードによれば、この「柱」とは、複雑多岐にわたる地球規模のコミュニティーに住む人たちの気質や生活を、一つのまとまった宗教的慣行をもつ集団に変えることを意図したものではないという。「五柱」はイスラーム教徒にとってあくまでも抽象的なものを具体化した象徴例であって、「ウンマ」のメンバーであるために必要とされることだけにとどまらず、ムスリムであることはどういうことかを要約したものである。

一般に認識されているのとは反対に、「イスラームの五柱」は強制的な義務ではない――まったく逆である。これらの「五柱」はきわめて実際的な儀式で、信者は自分がそれをおこなうことができるときにのみやる義務がある。「五柱」は単なるおざなりの行為でもない。いかなるムスリムの儀式をおこなう場合にも、たった一つのもっとも重要なファクターは、信者の意志である。信者は儀式を始める前に、自分の意志でそれらをおこなうと宣言しなければならない。つまり、「五柱」とは、モハメド・A・アブー・リダーによれば、単に「言葉や仕草でなく、心理的にも道義的にも、はっきりした目的意識をもって、外面的にも内面的にも清らかな状態で、落ち着いた心、謙虚さ、素直さによって、信者の魂のなかに宗教的敬虔さと敬神の念をもった現実生活をつくりあげていく行為をまとめたもの」であるように目論《もくろ》まれている。

「五柱」の根幹である「信仰告白《シャハーダ》」（これについては最後に述べる）を除いて、これらはみな基本的に集団行為である。事実、「イスラームの五柱」の第一の目的は、こうした行為を通して、自分がムスリム・コミュニティーの構成員であることをはっきり示すのを助けることにある。昔のハワーリジュ派が理想とした「ウンマ」とは、カリスマ性と神聖な霊感に導かれたコミュニティーであって、それを通して救済が成就するという考え方が、世界のムスリムの大多数の正統教義になっていた。中心となる宗教的権威筋も、教会も、公認の宗教的位階制ももたないムスリムは、このコミュニティーをムスリム信仰の核と考えていたのである。

簡単に言えば、このコミュニティーとはイスラームの「教会」であり、モンゴメリー・ワットのよく引用される言葉を借りれば、「価値観の支え手」である。「ウンマ」は信者であることの意味と目的を与える。信者は、現在もこれからも、世界規模のムスリム・コミュニティーの一員であって、国籍、民族、人種、性別は二の次である。それは地理的にも時間的にも何の境界もないコミュニティーだ。それゆえ、ある人が断食月《ラマダーン》に断食したり、金曜礼拝に参加したりするときには、ムハンマドが説教した初期の日々から今日に至るまで、世界中のいたる所で、ムスリムはみな、まったく同じやり方で、まったく同じ時に、断食したり、祈ったりしているという認識のもとにおこなっているのである。

マッカのムハンマドによって定められた「第一の柱」で、ムスリムならではの最初の慣行は、儀式化された「礼拝《サラート》」である。ムスリムの礼拝には二種類あって、一つは「ドゥアー」と呼ばれる神《アッラー》と人間とのあいだの個人的な、非公式の交わりであり、もう一つは「サラート」と呼ばれ、一日五回、日の出、正午、午後、日没、夕刻に義務づけられた儀式化された礼拝である。「サラート」とは、「お辞儀をしたり、腰を曲げたり、伸ばしたりすること」を意味し、立ち上がり、頭を下げ、直立し、座り、東を向いたり西を向いたり、ひれ伏したりするヨガのような一連の動作から構成されている。それらのすべての行動が、クルアーンの特定の章句の読誦とともに周期的に繰り返される。

ムスリムの儀式がみなそうであるように、礼拝《サラート》も祈りの意志を声に出して唱えることから始められる。礼拝《サラート》のあいだ、ムスリムは「礼拝の方向《キブラ》」であるマッカのほうに顔を向ける。礼拝《サラート》は個人個人が魂を清め、浄化するための手段としておこなうものであるが、「ウンマ」を一つの統一体としてまとめる集団的行為ともされている。そのため、礼拝《サラート》は、できれば集会所でおこなうことが望ましい。実際、金曜日の昼におこなわれる特定の「集団礼拝《サラート・アル・ジュムア》」はモスクで、コミュニティーの人たちの出席のもとにおこなわれることになっている。一日五回の礼拝《サラート》があまりにも大きな負担になるように思われる場合、例えば病人や、旅行中の人や、正当な理由があって礼拝《サラート》をおこなうことができない人は、この義務は延期され、おこなえなかった礼拝《サラート》は、あとでいつでも好きなときに補うことができる。

「第二の柱」もまた、ムハンマドがマッカで布教活動を始めて間もない時期に設定されたもので、「喜捨《ザカート》」をすることである。すでに述べたように、喜捨《ザカート》はコミュニティーに収める税金のようなもので、貧しい人たちが世話や保護を確実に受けられるように、「施し」として分配されることになっている。これは自由意志で払う一〇分の一税とはちがい、宗教的義務である。「ザカート」の文字通りの意味は〝浄化〟で、すべてのムスリムに「ウンマ」への社会的・経済的責任を自覚させるためのものである。もちろん、喜捨《ザカート》はそうする余裕がある者のみが払うものであって、そうでなければ喜捨《ザカート》を受ける身分となる。

「ウンマ」が帝国に発展するにつれて、喜捨《ザカート》は義務的な施しから、すべてのムスリムに課される国税の一種に変わっていった（すでに述べたように、キリスト教徒、ユダヤ教徒などの非ムスリムは「ジズヤ」と呼ばれるまったく別種の「人頭税」を払っていた）。カリフ制の絶頂期には、喜捨《ザカート》を軍隊の維持費にするのが慣行になると、ムスリム・コミュニティーのなかから大勢が騒動を起こした。カリフ制が終わり、近代的な国民国家が台頭すると、ムスリム政府は次第に喜捨《ザカート》の徴収と分配の役割を自ら担うようになった。実際、喜捨《ザカート》の支払いは、通常の国税とは意図的に区別されているが、パキスタン、リビア、イエメン、サウディアラビアを含むたくさんのムスリム国で義務とされており、サウディアラビアでは個人にも法人にも喜捨《ザカート》の支払いが課せられている。だが、大半のムスリムは、昔からの慣行に従って、個人個人で地元のモスクや宗教施設に喜捨《ザカート》を払い、そこからコミュニティー内の困っている人たちに配分されている。

「第三の柱」は、「断食月《ラマダーン》」に一か月にわたっておこなわれるムスリムの「断食」（アラビア語では「サウム」）である。これはマディーナへの移住以前にはムスリムの儀式としてはっきりと制度化されてはいなかった。「断食」という概念は、砂漠の気候のなかで食べ物も飲み物も自発的にとらないのは不合理で、遊牧民にとってはまったく考えられない体験だったことから考えると、ムハンマドはおそらくこの儀式をアラビア在住のユダヤ教徒から取り入れたのだと思われる。クルアーンにも、「おまえたちより以前の人々に定められていたように、おまえたちにも断食が定められている」（第二章一八三節［強調は著者］）と述べられていることからも、それがわかる。タバリーの記述によれば、最初のムスリムの断食は、ムハンマドが信奉者たちに、ユダヤ人がエジプト脱出を記念しておこなう断食の日、「大贖罪日《ヨーム・キップール》」に合わせて、いっしょにおこなうように、とくに命じたという。断食が、ムハンマドにクルアーンが最初に啓示されたとムスリムが信じている「ラマダーン」に変更されたのは、のちのことにすぎない。

断食月《ラマダーン》の二八日間は、日の出から日没まで、だれも食べたり、飲んだり、性行為をおこなってはならない。断食の儀式の背後にある大きな目的は、やはり、コミュニティーを一つに結束させることである。断食は、自分たちのなかでその年のあいだずっと、食べ物がないほど貧しく、苦労してきた人たちを思い起こさせる。こうした理由から、老人や病人、妊婦や授乳している母親、旅人、激しい肉体労働をおこなっているムスリムは、代わりに貧者に食を与えることで償うことができるとクルアーン（第二章一八四節）に記されている。丸一か月も断食することはきつい試練のように聞こえるかも知れないが、「ラマダーン」は実際には精神的には内省の時であり、お祭り気分の儀式でもある。友人、家族、隣近所全員が、その月の日没後の長い夜をいっしょに断食破りをし、断食月《ラマダーン》の最後の夜の

「断食明けの祭《イード・アル・フィトル》」は、イスラーム世界全体でもっとも広く祝われる祝日である。
「第四の柱」は、おそらくもっともよく知られている恒例の「マッカ巡礼《ハッジ》」（もしくは「大巡礼」とも呼ばれる）である。すべてのムスリムは、できれば、少なくとも一生に一度はマッカへ旅して、カアバ聖殿の神聖な儀礼に参加しなければならない。規則上は、カアバ聖殿での儀礼はいつでもおこなうことができ、これは「小巡礼《ウムラ》」と呼ばれる。だが、「大巡礼」自体は、太陰暦の最後の月にだけおこなわれ、このときの聖都は、有名な一二世紀のスペインの学者で詩人のイブン・ジュバイル（一一四五―一二一七）の言葉を借りれば、「わが子のために奇跡的に場所を空ける母親の子宮」のように、巡礼者の大群集を収容するためにふくらむ。

　多神教徒たちがそうであったように、ムスリムの巡礼者もカアバ聖殿の御利益《ごりやく》を期待してマッカへ旅をする。だが、多神教徒時代の聖所《サンクチュアリ》とはちがって、ムスリムのカアバ聖殿は神々が祀られたところではない。それはむしろ、現存する唯一神のシンボルのようなものである。カアバ聖殿には、建造物としての重要性はまったくないことを理解しておかなければならない。それは建造物としてはもっとも単純な立方体の形をしていて、神《アッラー》の言葉を帯状に刺繍した黒い布（従って何の色彩もない）で覆われている。伝統的な感覚でいう寺院でもない。そこに本来あったとされる神聖さももはやない。大昔のものは何度も取り壊され、再建されているからである。カアバ聖殿は、別名「神《アッラー》の家」とも呼ばれているが、数冊のクルアーンと古代からのゆかりの品がいくつかある以外は何も置かれていない。だが、その徹底した簡素さが、カアバ聖殿とそこでおこなわれる儀礼を「神の唯一性」（これについては追って詳しく述べる）について集団で瞑想をおこなうのにふさわしいものにしている。

　「マッカ巡礼《ハッジ》」は、巡礼者がカアバ聖殿を取り巻く聖モスクの世俗と聖域を分ける境界線を越えるときから始まる。聖域に入るには、「清浄《イフラーム》」な状態になることを示すために、巡礼者は普段着ている服を脱ぎ、男性は縫い目のない二枚の白い布、女性もそれに似た簡素な、聖別された衣服に着替える。男性は髪を刈り、髭や爪を整え、女性は髪をいくつかに分けて留める。

一旦こうした聖別された状態になったら、儀礼をおこなうという意思を口頭で表明し、巡礼者は聖殿を七回まわる「周礼《タワーフ》」に出発する。これは今日でも巡礼の中心となり儀式の役割を果たしている。サハラ砂漠以南のアフリカの最果てからシカゴの裕福な郊外にいたるまで、世界のあらゆるコーナーに住むムスリムは、カアバ聖殿の方角を向いて祈りを捧げる一方、彼らがマッカに集まれば、カアバ聖殿は世界の軸となり、どの方向も祈りを捧げる方向になる。信者が聖域のまわりを周回することが求められている聖殿の前での祈りは遠心力をもっていると言っていいのかも知れない。

周礼が終わると、巡礼者たちはムハンマドが最後の年に設定した伝統にしたがって、一連の儀式のために移動する。それには、アブラハムの側女で砂漠に追放され、水を求めて歩き回ったハガルを記念して、サファーの丘とマルワの丘のあいだを走って往復することや、アダムとイヴがエデンの園を追放されたあと隠れ住んだ場所で、ムハンマドが最後に説教をしたところとして知られるアラファ（聖モスクから東に約二五キロメートル）に旅すること、ミナーの谷にある三本の悪魔の柱に石投げをすること、そして最後にヒツジやウシの供犠をすることで巡礼の締めくくりとする（肉はそのあとで貧しい人たちに分け与えられる）。すべての儀礼が完了すると、巡礼者は聖別された衣服を脱ぎ、「ハッジをすませた人《ハーッジュ》」として俗世に帰る。この巡礼着は、死んだとき、経帷子として故人に着せて埋葬する。

「マッカ巡礼《ハッジ》」はイスラーム教徒最大の集団行事である。男も女も別行動でなく参加できる唯一の大きなムスリムの行事でもある。聖別された状態では、巡礼者はみな同じ衣服を身につけ、もはや地位も階級も身分もない。性別も民族や人種の区別もない。ムスリムであるという以外に何の身分証明《アイデンティティー》もない。アメリカの急進的黒人指導者マルコム・Xがこの巡礼に参加しているあいだに書いた、「あらゆる有色人種がいっしょになって実践する誠実で真摯な兄弟愛を私はこれまで見たことがなかった」という言葉ほど、この集団精神を的確に表わすものはない。

「集団礼拝《サラート・アル・ジュムア》」、「喜捨《ザカート》」、断食月《ラマダーン》の「断食《サウム》」、「マッカ巡礼《ハッジ》」の四つの儀式は、ムスリム信仰を意味づけし、ムスリム共同体にまとまりを与えている。だが、これら四つの柱の果たす一番大事な役割は、「第五の柱」（行為よりも信仰を必要とする唯一の事柄）であり、もっとも重要とされる「信仰告白《シャハーダ》」を形にして表わすことであると言えるであろう。ムスリムへの改宗はすべて、この行為から始まるのである。

「神《アッラー》以外に神はなし。ムハンマドは神《アッラー》の使徒である」

この嘘かと思うほどシンプルな声明は、イスラーム信仰におけるすべての関心事の基盤であるばかりでなく、ある意味で、イスラーム神学の骨子であるとともにすべてでもある。それは、「信仰告白《シャハーダ》」が「神の唯一性《タウヒード》」として知られるきわめて複雑な神学的教義を認めることを意味しているからだ。

「神の唯一性《タウヒード》」の教義は、イスラーム神学の展開の中心となるもので、「イスラーム教義神学《イルム・アル・カラーム》」は「タウヒード学《イルム・アル・タウヒード》」と同義語になっている。だが、字義どおりの意味は「一つにすること」である「タウヒード」という言葉は、単なる一神教以上の意味を含んでいる。たしかに神はたった一つしかない、というのは始まりにすぎない。「タウヒード」という言葉は、神《アッラー》が完全に不可分の、まったくユニークな、決して定義できない唯一、不変なものであることを意味している。神はその本質においても、属性においても、何にも似ていない。

神秘思想家でイスラーム法学者のアブー・ハーミド・アル・ガザーリー（一〇五八―一一一一）は、*Revival of the Religious Sciences*（『宗教諸学の再興』）のなかで、「彼（神《アッラー》）に似たものはない。彼はたとえようがない」と書いている。クルアーンは繰り返し信者に、神は「至高者」であり、「至大者」であることを思い出させている。ムスリムが「アッラーフ・アクバル！（文字通りには「神《アッラー》は際立った方」の意）」と叫ぶとき、神《アッラー》は何かと比べて際立っているという意味ではなく、ただ単純に神《アッラー》は「際立っている」という意味で言っている。

人間は、人間の考え出したシンボルや比喩を使い、人間の言葉で神について語るほかない。それゆえ、人は神の属性を、古典的な哲学で言う「善」や「存在」を擬人化したものと関連づけることはできるが、こうした言葉は、実体もなく偶有性もない神に当てはめるのは無意味であると認識せざるをえない。実際、「神の唯一性《タウヒード》」は、神《アッラー》は説明不可能な、人間の知識を超えたものであることを示している。エジプトの神学者タハーウィー（九三三年没）は、「神《アッラー》は想像力の及ばない、人間の理解力ではわからない」存在であることを強調している。言葉を換えれば、神《アッラー》は完全に「別な存在」であり、ドイツの宗教哲学者ルドルフ・オットー（一八六九―一九三七）の有名な言葉を借りれば、「戦慄的な神秘」である。

なぜなら、「神の唯一性《タウヒード》」とは、神《アッラー》は一つであるという主張なので、「スーフィー」と呼ばれるムスリム神秘主義者のグループなら、神《アッラー》と切り離された存在など何もないはずだと言うであろう。著名なスーフィー思想家イブン・アル・アラビー（一一六五―一二四〇）によれば、神《アッラー》は実存する唯一の存在であるという。前出のガザーリーは、神《アッラー》は「彼より前にだれもいないという意味で〝最初《アル・アッワル》〟」であり、「彼のあとにだれもいないという意味で〝最後《アル・アヒル》〟」であるという表現をしている。ここで理解しておかなければならないのは、ガザーリーは存在論や目的論を使って神の存在を論証しようとしているのではないことである。神は、イタリアの神学者トーマス・アクイナス（一二二五―一二七四）のいう「第一原因」（絶対的・必然的存在者）でもなければ、古代ギリシアの哲学者アリストテレス（紀元前三八四―三二二）のいう「第一動者」（生成の始動因）でもない。神《アッラー》は〝唯一の〟原因であり、運動そのものである。

「神の唯一性《タウヒード》」がイスラームの基盤であるとすれば、その対極にある「多元化《シルク》」（神と同列にほかの何かを置くこと）はイスラーム教徒にとって最大の罪で、容赦はあり得ないとするムスリムもいる。「多元化《シルク》」をもっとも単純に定義すれば、神《アッラー》と何かを関連づけることである。だが、「神の唯一性《タウヒード》」と同様、イスラームで言う「多元化《シルク》」もそう単純な概念ではない。多神教は明らかに神の存在の「多元化《シルク》」で、神《アッラー》の存在の唯一性を何らかの点で曖昧にするものである。

ムスリムにとって、「三位一体論」は「多元化《シルク》」になる。なぜなら、唯一性のない神は、神ではないからである。聖なるものに人間の属性を与えることによって、神を擬人化し、神の支配権を限定したり、制限したりするのは「多元化《シルク》」と言える。だが、「多元化《シルク》」はまた、神とのあいだに貪欲、飲酒、傲慢、いつわりの敬神その他の信者を神から遠ざける重大な罪を障害物としておくことも定義のうちに入れられる。

つまり、「神の唯一性《タウヒード》」とは、アリー・シャリーアティーの言葉を借りれば、森羅万象を「この世とあの世、自然なものと超自然的なもの、実体と意味、精神と肉体」とに分けることなく、「普遍的な統一体」として認識することを示唆している。言い換えれば、神《アッラー》と森羅万象との関係は、「光とそれを発するランプ」の関係に似ている。神《アッラー》は唯一無二、森羅万象も唯一無二、神《アッラー》は万物の本源であり、超越的存在なのだ。

合理的解釈と伝統的解釈

イスラームの教義全般について論じる場合、その出発点として、神《アッラー》の存在の唯一性は、明らかに神学上のいくつかの問題を提起する。たとえば、神が絶対的に全能であるならば、悪の存在も神の責任なのか？　人間は自由意志によって正しいものと間違ったものを区別して選んでいるのか、あるいは私たちはみな、救われるか、呪われるか、どちらかに運命づけられているのか？　人は神《アッラー》の知識、神《アッラー》の力、とくにクルアーンに記されている神《アッラー》の言葉などの神《アッラー》の属性をどのように解釈するべきか？　神《アッラー》の言葉は神《アッラー》とともにあるのか、あるいは自然や宇宙と同じように創られたものなのか？　どちらの答えも神《アッラー》の唯一性を必然的に傷つけることにならないか？

初期のイスラームにおける宗教と政治の関係を考えると、こうした明らかに神学的な疑問もまた、政治的に重要な意味をもっていたことは驚くに当たらない。たとえば、ウマイヤ朝の歴代カリフは、神《アッラー》は「ウンマ」へのカリフの絶対的権威を認める決定的な力をもっているという議論をしきりに利用した。すると、ウマイヤ朝政権が神によって選ばれた代理人であるならば、彼らの行為はすべて、神によって命令されたものである。こうした思想は、当時の著名な神学者ハサン・アル・バスラ（六四二―七二八）が採用したもので、たとえ邪悪なカリフであっても、神《アッラー》がその人物を玉座に就けたのだから、従わなくてはならないと主張した。

だが、バスラは予定説論者ではなかった。彼のウマイヤ朝カリフ政権下での立場は、政治的には静観主義、正しい道からそれたリーダーは糾弾されるべきであるとするハワーリジュ派には反対するスタンスを反映したもので、神学的見解を表明したものではない。バスラは、神学的には、予定説に対して人間の自由意思説を唱えたカダル派としばしばみなされていて、神《アッラー》が出来事を予知していることは必ずしも予定説とは一致しないと信じていた。神《アッラー》は人が何をおこなおうとしているか知っているであろうが、それは神《アッラー》が人にそうするように強制していることを意味しない。カダル派の中には、さらに一歩進めて、神《アッラー》は人間がある行為を起こすまで、その行為について知ることはできないと主張する神学者たちもいる。そういう考え方は、神《アッラー》の決定力を信じる必要のある「神の唯一性《タウヒード》」の教義の信奉者である伝統主義的神学者たちを不快にするのはうなずける。造物主と森羅万象とが一つならば、人間はどうして神意に反する行為ができるだろうか、と彼らは言う。

だが、〝予定説論者〟も二つに分かれていて、ジャフム派という過激派は、すべての人間の行為（救済を含む）は神《アッラー》によってあらかじめ定められていると考えるが、すでに述べたアフマド・イブン・ハンバル（七八〇―八五五）のような法学者の信奉者たちは、人間の問題に関する神《アッラー》の絶対的な支配を認めながらも、神《アッラー》によってあらかじめ定められた環境に積極的に反応するか、消極的に反応するかの責任はあくまで人間にあると考えた。

九世紀から一〇世紀頃までには、決定論と自由意思をめぐるこうした議論は、いわゆる〝合理主義的立場〟と〝伝統主義的立場〟と呼ばれる二つの大きな流れに分かれ、前者を代表するのがムウタズィラ学派、後者を牛耳るのがアシュアリー学派だった。ムウタズィラ学派の合理主義的イスラーム知識人《ウラマー》たちは、神は基本的には定義不可能だけれども、それにもかかわらず、人間の理性の枠組みのなかに存在すると論じた。宗教的な真理には神《アッラー》の啓示を通してしか近づくことができないという概念に挑戦するムウタズィラ学派は、すべての神学的論議は合理的思考の原則に一致しなければならないと主張した。クルアーンや「預言者の言行《スンナ》」の解釈でさえ、合理主義者は、人間の理性に依存するという。全盛期にはもっと影響力が大きかったムウタズィラ学派の神学者アブドゥル・ジャッバール（一〇二四年没）は、神《アッラー》の言葉の〝真実性〟は神《アッラー》の啓示のみを根拠とすることはできないという。なぜなら、それは、循環論（表面的には結論の命題が説明されていても、実際は、結論そのものやそれと同等の命題が前提として隠されている議論）になってしまうからだ。

欧米ではアヴェロエスの名で知られるスペインの哲学者で医学者でもあるイブン・ルシュド（一一二六―一一九八）は、ジャッバールの真理についての概念をさらに究極的に押し進めて、宗教と哲学はたがいに対極に位置づけられるという「二つの真理」理論を提唱した。イブン・ルシュドによれば、宗教は、教義の形成や厳格な解釈から不可避的に生じる矛盾や不適合をものともせず、庶民が認識しやすい記号や象徴の助けを借りて真理を単純化するものであるという。だが、哲学はそれ自体が真理である。その目的は人間の理性という力を通じて、現実を表現するにすぎない。

近代の学者たちが、ムウタズィラ学派をイスラームにおける最初の純理論的な神学者と類別するようになったのは、イスラエルのイスラーム神学者ビンヤミン・アブラハーモフのいう「啓示を超える理性の圧倒的な力」への確信である。このように人間の理性の優越性を強調することに、アシュアリー学派の伝統主義イスラーム知識人《ウラマー》は執拗に反対した。

アシュアリー学派は、人間の理性は確かに重要であるけれども、クルアーンと預言者「ムハンマドの慣行《スンナ》」にしたがわなければならないという。ムウタズィラ学派が主張するように、宗教的知識が合理的推測によってしかえられないとすれば、預言者も啓示も必要なくなってしまうであろう。すると神学はさまざまな派に分かれて混乱を招き、人々は神意よりも自分自身の意志にしたがうようになる。アシュアリー学派は、理性というものは不安定で、変化するものであるのに対し、預言者や聖典が示す伝承は——とりわけ伝統主義イスラーム知識人《ウラマー》によって定義されたものは——一定不変である。

自由意思の問題に関して、合理主義神学者は、人間の善行も悪行も完全に自由意志によるものであって、救済を受けられるか否かの責任はあくまで信者自身の掌中にあるという。つまり、神が意図的に人間を信頼したり、しなかったりし、ある人には報い、ある人は罰するといったような不平等な振る舞いをすると考えるのは不合理である。だが、多くの伝統主義者たちは、この議論だと、神が合理的に、つまり人間と同じように行動することを強制しているように見えるとして認めなかった。アシュアリー学派によれば、これは「多元化《シルク》」なのである。すべてのイスラーム学派のなかでもっとも影響力が大きいとだれもが認めるハンバル派の言葉を借りれば、すべてのものの造り主である全能の神《アッラー》は、「善も悪も、少ないものも多いものも、外向的なものも内向的なものも、甘いものも苦いものも、好かれるものも嫌われるものも、すばらしいものもひどいものも、最初のものも最後のものも」含めて、すべての創始者でなければならない。

合理主義神学者と伝統主義神学者はさらに、神《アッラー》の属性の解釈についても意見が異なる。どちらも神《アッラー》は永久不変のユニークな存在であると信じ、クルアーンが提供する擬人化された神《アッラー》の姿を不本意ながら認めている。だが、合理主義神学者がそのような記述を詩的表現を目的とした比喩的な表現にすぎないと解釈しているのに対し、伝統主義神学者は、神《アッラー》の啓示を象徴的に解釈するのを拒否し、クルアーンに描かれている神《アッラー》の手や顔は、人間の手や顔に似せようとしているわけではないが、書かれているとおりに信じるべきであるという。

アシュアリー学派の始祖アブル・ハサン・アル・アシュアリー（八七三—九三五）は、神《アッラー》には顔があるという。なぜなら、クルアーンの五五章二七節に「汝の主のお顔は、永遠にとどまる」とあり、それは私たちがどのように、なぜと問うことのできない場所にあるからだ。実際、アシュアリー学派はしばしば、宗教的教義の厳格な解釈から生じる不合理や内的矛盾に対し、「ビラー・カイファ」（大まかな訳は「〝なぜ？〟と問うな」）という常套手段を考え出した。

　こうした常套手段は、とりわけイブン・スィーナー（ラテン名アヴィケンナ、九八〇―一〇三七）のような、合理主義学者たちを愕然とさせた。彼らは神《アッラー》の知識や言葉などを含む神《アッラー》の属性を、神《アッラー》そのものではなくて、神《アッラー》についての人間の理解を反映しているにすぎないと考えていたからである。合理主義者は、神《アッラー》の属性は神《アッラー》とともに永遠に存在するのではなくて、創られたものの一部であるにちがいないと論じた。ムウタズィラ派の始祖ワースィル・イブン・アター（七四八年没）によれば、神《アッラー》に永遠の属性を与えることは、いくつもの永遠の存在を論ずるに等しいという。

　伝統主義的「イスラーム知識人《ウラマー》」はワースィルの説を拒否し、神《アッラー》の属性は別物であるかも知れないが、神《アッラー》の本質に内在するもので、したがって、永遠なものであると反論する。伝統主義者で、ハナフィー学派の創始者であるアブー・ハニーファ（七六七年没）は、「神《アッラー》の属性は永遠の真理から生まれたものであり、創られたものとか、ほかに起源があるという者は不信仰者である」という。

　もちろん、神《アッラー》の属性と本質のあいだの関係について語るとき、合理主義者も伝統主義者も、ある特定の重要な属性のことを念頭に置いている。それは神《アッラー》の言葉とされるクルアーンについてだ。

奇跡を実感させる言葉

　のちに第二代カリフになったウマルのイスラームへの改宗にまつわる驚異的な物語がある。彼は多神教徒の祖先と自分の属する部族の伝統に強い誇りをもっていたため、はじめはムハンマドとその信奉者たちを激しく非難していた。

事実、ウマルはムハンマドが問題を起こしている布教活動に終止符を打つため、一度、彼を殺害しようと計画したことがある。だが、ムハンマドを探しに行く途中で友人に会い、ウマルの妹がこの新しい宗教を受け入れ、今、自分の家で信者の一人と会っているところだと聞かされる。かっとなったウマルは、家族や部族を裏切った妹を殺すつもりで、剣を抜いて、彼女の家へと急いだ。だが、家に入る前に、その家の中からクルアーンの神聖な言葉の読誦が聞こえてきた。その読誦の力と美しさに、彼はその場から動けなくなり、もっていた剣をとり落とした。

「なんとすばらしい、高貴な言葉だろう！」と彼は目に涙を浮かべながら言った。タルソスのサウロ（のちの使徒パウロ）が、キリスト教徒への迫害をやめよとイエスが諭す幻影に衝撃を受け、目が見えなくなったように、ウマルも神の介入によって自分の何かが変わってしまった。彼は神《アッラー》を見たのではなく、神《アッラー》の言葉を聞いたのだった。

人間に〃超自然的な〃体験をさせる媒体は、時代や場所によって劇的に変化することがあると言われている。たとえば、モーセの時代には、奇跡は主に魔術を通して体験された。モーセは自分の預言者としての資格を証明するために、杖をヘビに変えたり、もっと目を瞠らせるために、紅海を二つに分けた。イエスの時代には、奇跡の体験は、悪魔払いを含む医療の分野へと変化した。その信奉者たちはイエスを約束された救世主だと信じたかも知れないが、ユダヤのほかの地域では、彼のことを単なる放浪の治療師の一人にすぎないと見ていたことはほぼ間違いない。イエスはほとんどどこへ行っても、魔術師のような離れ業《わざ》ではなく、病人や足の不自由な人を治すことによって預言者としての資格を証明せよと、絶えず迫られていたからである。

ムハンマドの時代になると、奇跡を体験させる媒体は主として、魔術や医療ではなく言葉になった。ムハンマドの時代のように、文字ではなく口頭による言語が中心の社会では、言葉そのものに神秘的な力が込められていると考えることがよくあった。オデッセイの放浪を謳うギリシアの吟遊詩人や、『ラーマーヤナ』の聖句を唱えるインドの詩人は、単なる物語の語り手以上の、神々の代弁者であった。毎年、年の初めに、インディアンの霊媒師《シャーマン》は部族の創造神話を物語る。彼の言葉は過去を生き返らせるだけでなく、未来をつくりだすのである。文字による記録に依存しない社会は、世界が神話と儀式を通じて絶えず再生されていると信じがちである。そのような社会では、詩人や吟遊詩人は神官や霊媒師《シャーマン》であることが多く、日常言語から巧みにひねり出された詩は、基本的な真理を表現するのに欠かせない神聖な権威をもっていると考えられている。

これはイスラーム勃興以前のアラビア半島では顕著な事実で、詩人たちの社会的身分は非常に高かった。アメリカのイスラーム史研究者マイケル・セルズ（一九四九年生）が *Desert Tracings*（『砂漠の足跡をたどる』）に記しているように、毎年巡礼の季節のはじめに、古代マッカの最高の詩人たちは、カアバ聖殿を覆う高価なエジプト布に金糸で自分の詩句を刺繍していた。それは彼らの頌詩が宗教的性格をもっていたからではなく（それらはたいてい、その詩人の所有するラクダの美しさやみごとさを謳ったものだった！）、詩句には本来、神と結びついた内在的な力が宿っていると考えられていたからである。霊能者《カーヒン》が神託を詩の形で告げるのも、言葉にはそうした神聖なものが宿っているとされるためである。神々がそれ以外の言葉で話すとは考えられなかったのであろう。

たしかにアラビア語を話さない者がクルアーンの言葉のこの上ない美しさを正しく認識するのはむずかしい。だが、クルアーンは最高に詩的なアラビア語として広く認められていると言えば十分であろう。実際、クルアーンはヒジャーズ地方の慣用句や方言を成文化して、アラビア語の基本をつくりだした。クルアーンは教本としてイスラームという宗教の基盤である以上に、アラビア語の文法の源である。クルアーンはアラブ人にとって、ギリシア人にとってのホメロス、英国人にとってのチョーサーのように、発生期の言語が、時代のなかに永遠に凍結されているのだ。

英国のイスラーム神学研究者ケネス・クレッグの言葉を借りれば、クルアーンは、ムハンマドのおこなった唯一の奇跡、「最高のアラブの出来事」と多くのムスリムにみなされている。彼より前に出現した預言者たちと同様、ムハンマドは何度も、超自然的な行為を通して彼の神聖な使命を証明せよと迫られた。だが、そういわれるといつも、自分は一人の使徒にすぎないと主張した。彼のメッセージだけが、彼の差し出せる唯一の奇跡だったのである。ほかの預言者たちのおこなった奇跡が特定の時代に限定されているのとちがって、クルアーンというムハンマドの奇跡は一二世紀のアナトリアの神秘主義者ナジュムッディーン・ラーズィー・ダヤ（一一七七―一二五六）が言うように、「世の終わりまで残る」であろう。

　イスラームに信仰の基礎を求めていたダヤは、クルアーンには、この世が今まで見たいかなる宗教的、あるいは世俗的書物にも、その言葉ならびに形式において匹敵するものがないという。ムハンマド自身も、しばしば同時代の異教徒の詩人たちとクルアーンのすばらしさを競ったことが、次のような一節からもわかる。「われらが僕《しもべ》に下したものに、もしもおまえたちが疑いをいだいているならば、それに匹敵する章句の一つでも出してみよ。しかしそれができないなら――それなら、人間と石を燃料として不信者のために用意された業火《ごうか》を恐れよ」（第二章二三―二四節）。「書物の母《ウンム・アル・キターブ》」（天に保存され、神《アッラー》の予定が記してある「天の書板」に刻まれたクルアーンの原型）という概念は、クルアーンは他の聖典と宗教的なつながりがあることを意味しているところが、ユダヤ教徒のモーセ五書《トーラー》やキリスト教徒の福音書と異なっている。この二つは、それぞれの書が、歴史のなかでの神との遭遇体験を伝えるために、数百年にわたって大勢の人たちによって書かれたものであるが、クルアーンはムハンマドを通して手渡された実際の神《アッラー》の言葉、直接の啓示と考えられている。ムハンマドは受動的な伝え手であるにすぎなかった。純粋に文学的な用語で言えば、クルアーンは神《アッラー》の劇的な独白《モノローグ》である。それは神《アッラー》と人間の交わりを物語っているのではなくて、神《アッラー》と人間との交わりそのものである。それは、神意の啓示ではなくて、神《アッラー》ご自身の啓示である。もし「神の唯一性《タウヒード》」の教義が、神《アッラー》の属性のいかなる分割も禁じるのであれば、クルアーンは神《アッラー》の言葉ではなく、神《アッラー》そのものである。

　これはまさに、伝統主義イスラーム知識人《ウラマー》が主張している点である。もし神《アッラー》が永久不変の存在ならば、神《アッラー》の属性もまた然りで、それを神《アッラー》ご自身と分離することはできない。すると、神《アッラー》の言葉であるクルアーンは、永久不変であって、創造されたものではない。だが、合理主義イスラーム知識人《ウラマー》は、これではたくさんの解決不可能な神学的問題（神《アッラー》はアラビア語を話すのか？　一冊一冊のクルアーンはそれぞれ神《アッラー》のコピーなのか？）を引き出すことになるので、合理的な見解ではないと考えた。そこで合理主義者たちは神《アッラー》の言葉は神《アッラー》そのものではなくて、神《アッラー》を反映したものであると論じた。

　イスラーム知識人《ウラマー》のなかには、アブー・ハニーファのように、「私たちのクルアーンについての発言は創造されたものであり、私たちのクルアーンについて書いたものも創造されたものである。私たちのクルアーンの読誦もまた、創造されたものである。しかしクルアーン（そのもの）は創造されたものではない」と主張して、合理主義者と伝統主義者のあいだの議論の橋渡しをしようとした人たちもいる。アシュアリー学派の神学者イブン・クッラブ（八五五年没）はこれに同意し、伝統主義者が神《アッラー》の言葉を「神《アッラー》と一体化したもの」と考えるのは正しいが、ただしそれが有形の文字や言葉で表わされたものではない場合に限る」としている。イスラーム・スペインの文学者イブン・ハズム（九九四―一〇六四）は、イブン・クッラブの見解にさらに改良を加え、「啓示される前の」クルアーンの存在（「書物の母《ウンム・アル・キターブ》」という概念で示されるような）を肯定的に仮定し、「その書の頁の中にあるものは……［有形の］クルアーンの一種の模倣である」という。だが、伝統主義者の教義を確立した有力者アフマド・イブン・ハンバルは、ムスリムが開いて読む有形の表紙がついたクルアーン――そのすべての言葉と文字――は、それ自体、神《アッラー》の実際の言葉であり、永久不変であって、創造されたものではないと主張した。

クルアーンの解釈をめぐる問題

イスラーム知識人《ウラマー》の合理主義者と伝統主義者のあいだの議論は数百年間つづき、それぞれの派が影響力を競い合った。それが一三世紀末になると、一部にはアル・マアムーンの破滅を招きかねない異端審問に唱和する者もいたが、伝統主義者がスンナ派イスラームの支配的地位を占めるようになった。ほとんどの合理主義者は「異端」のレッテルを貼られ、彼らの論理はシーア派（これについては次章で述べる）を例外として、すべての法学・神学の主流派への影響力を次第に失っていった。クルアーンの性質をめぐる論議は今日までつづいている一方、伝統主義者の解釈は、イスラームにおける神学・法学の発達にたくさんの非常に大きな影響を与えている。

たとえば、クルアーンは永久不変で、創られたものではない神の言葉であると信じているために、そのオリジナル言語であるアラビア語から翻訳することはできないと、ムスリム一般のあいだで考えられるようになった。ほかのいかなる言語への翻訳も、神《アッラー》の直接の言葉を除去することになる。翻訳はクルアーンの解釈であって、クルアーンそのものではないというのだ。イスラームがアラビア半島から世界へと広がって行くにつれ、改宗者はアラブ人であろうと、ペルシア人、ヨーロッパ人、アフリカ人、あるいはインド人であろうと、イスラームの聖典を読むためにアラビア語を学ばなくてはならなかった。今日でさえ、いかなる文化や民族的背景をもつムスリムも、わかってもわからなくても、クルアーンをアラビア語で読まなければならない。クルアーンのメッセージは、ムスリムとして適切な生活を送るために大事なものだが、それらの言葉自体が唯一無二の神《アッラー》の実際の言葉であり、神《アッラー》からの祝福《バラカ》として知られる宗教的な力をもった言葉なのである。

神《アッラー》の祝福《バラカ》はいろいろな形で体験できるが、イスラーム書道の比類なき伝統はそれをもっとも鮮やかに見せてくれる。

書道がムスリム世界の最高の芸術的表現になっているのは、イスラームでは言葉がもっとも尊ばれていることや、偶像崇拝、つまり人間や動物をテーマにした絵が宗教的に忌避されていることなどが、その理由の一部として挙げられる。だが、イスラーム書道は単なる芸術の一形態以上のものである。それは永久不変のクルアーンの視覚的表象であり、神《アッラー》がこの世に実在しているというシンボルである。

クルアーンの言葉は、モスクや墓廟に刻み込まれたり、礼拝用のマットに織り込まれたりして聖別の徴《しるし》とする。カップやボウル、ランプなど日用品にも紋章化した文字で装飾を施し、人が神の言葉で装飾された皿で食事をしたり、クルアーンの章句が彫られたランプに明かりを灯したりするたびに、祝福《バラカ》に浴し、それによって啓発される。イスラーム勃興以前の詩が、神聖な権威を伝達すると考えられていたのと同じように、クルアーンの言葉もまた、神聖な力が宿る護符の役目をしている。カアバ聖殿が清められ、改めて開所されたあと、それまで掲げられていた多神教徒の頌詩は一掃されて、クルアーンの章句に替えられた。それはいまでも聖殿を覆う黒い垂れ幕に刺繍された金色の帯として残されている。

ムスリムは神《アッラー》の祝福《バラカ》を、クルアーン読誦のわざ、と言うよりも熟達した技術というもう一つの手段を通して体験することができる。アメリカの中東史家ウィリアム・グラハムの観察によれば、初期のムスリム・コミュニティーは、クルアーンを一人で静かに読むものではなく、集会において大きな声で語ることを目的とした口述用の聖典と考えられていたことは間違いないという。〝クルアーン〟と言う言葉の文字通りの意味は〝読誦〟であったことを思い出していただきたい。クルアーンの非常に多くの章句が、「言ってやれ《クル》」という命令で始まっているのはそのためである。

クルアーン読誦者《クッラー》が聖典を記憶し保存することを早くから心がけたおかげで、「音声の心得《タジュウィード》」と呼ばれる「クルアーン読誦学」が生まれた。これは読誦するときに、どこで区切り、どこで区切ってはいけないか、いつひれ伏し、いつ起き上がるか、どこで息をし、どこではしてはいけないか、どの子音を強調し、どの母音を延ばすかなどを細かく定めたものである。イスラームでは、聖典の神聖さを汚すことを恐れて、礼拝の際に音楽を使用することに昔から懐疑的であったため、読誦が音楽的なものになることは決してなかった。だが、自発的に節をつけて読誦することは奨励されていて、近年のクルアーン読誦者《クッラー》のなかには音楽的に高度の名人芸を示す人もいる。そうした人たちの読誦会はロック・コンサートさながらに、数千人の熱狂的な聴衆が大声小声でステージの演者の読誦に呼応する。

だが、このような読誦を〝コンサート〞あるいは〝演技〞とさえ呼ぶのはおよそ見当違いであろう。こうした集まりは、読誦者が神《アッラー》の言葉による祝福《バラカ》を集まった信者たちに伝える修養会なのである。クルアーンは神《アッラー》の劇的な独白《モノローグ》とも言われるが、それを声に出して読むと、それはまるで造物主と被造物とのあいだの奇跡的な対話のようで、その対話のなかに神《アッラー》が物理的に存在するように感じられるのだ。

これまで、永久不変のクルアーンに関する伝統主義的立場をとる学者たちが展開してきたもっとも重要な足跡は、クルアーン解釈学に見られる。スタート時点から、ムスリムはクルアーンの意味とメッセージの解釈にたいへん苦労してきた。神《アッラー》の直接の言葉としてのクルアーンは、年代記的な配慮もほとんどなく、出来事や経験にもとづく物語もなしに、解釈・注釈抜きで記録されていた。学問的な解釈を助けるために、初期のイスラーム知識人《ウラマー》は、ムハンマドへの神《アッラー》の啓示を、マッカで啓示された章句とマディーナで啓示された章句の二つの時期に分けることによって、大まかな年代記をつくり、テキストをより明確に解釈しやすくした。

だが、新改宗者にとって、クルアーンの構成はわかりづらい。ウスマーンの集めたテキストは一一四の「章《スーラ》」に分かれ、それぞれの章には異なった数の「節《アーヤ》」が含まれていた。それぞれの「章《スーラ》」は、わずかの例外を除いて、「慈悲ぶかく慈愛あつき神《アッラー》の御名《みな》において」という「招詞《バスマラ》」で始まる。おそらく、神《アッラー》の直接の啓示としてのクルアーンの威信を強調するために、「章《スーラ》」の並べ方は年代順でもテーマ別でもなく、最初のもっとも重要な章である「開扉章《スーラ・アル・ファーティハ》」を唯一の例外にして、もっとも長い章からもっとも短い章へと並べられている。

クルアーンの解釈には二つの異なった手法がある。その第一は、テキストを字義どおりに解明することを第一に心がけた「伝統的解釈《タフスィール》」、第二は、クルアーンに隠された、深遠な意味のほうを重視する「理性的解釈《タアウィール》」である。「伝統的解釈《タフスィール》」は社会的背景や年代順配列についての疑問に答え、ムスリムが正しい生活を送るためのわかりやすい枠組みを提供する。「理性的解釈《タアウィール》」は、テキストの隠されたメッセージを徹底的に探求するが、その神秘的な性質上、選ばれた少数の人にしか理解できない。どちらも同じくらい効果的なアプローチであるが、「伝統的解釈《タフスィール》」と「理性的解釈《タアウィール》」のあいだの拮抗は、特定の歴史的背景にしっかりと根ざしたものでありながら、永久不変の創られたものではない聖典を解釈しようと思えば避けることのできない成り行きの一つであるにすぎない。

クルアーンは創られたものではないという概念を拒否する合理主義者にとって、唯一の納得の行く解釈法は、ムハンマドへの神《アッラー》の啓示が特定の時期におこなわれたことを説明することである。こうした理由から、合理主義者はクルアーンの本質だけでなく、その意味、さらに重要なのはその歴史的背景を特定する人間の理性を最重要視する。伝統主義者にとっては、永久不変の創られたものではないクルアーンの解釈に当たって、歴史的背景や本来の意図などに言及するのは意味がない。クルアーンはこれまで変更されたこともなく、これからも変更されないであろう。その解釈もまた、変更されるはずがないからだ。

当然想像されるのは、伝統主義者の立場がクルアーン解釈学に与えてきた深遠な影響である。その第一は、現在広く考えられているような、クルアーンは神意を啓示した一定不変のテキストであると解釈する単独の権威を、正統派「イスラーム知識人《ウラマー》」に与えたことである。第二は、永久不変の創られたものではないクルアーンは、ムハンマドの生きた時代の産物であるはずがないと考えるために、歴史的背景がクルアーンの解釈に何の役割も果たせないことである。七世紀のムハンマドの生きた社会に適切であったものは、環境如何にかかわらず、未来のすべてのムスリム社会にも適切であるはずだというクルアーンについてのこのような一定不変の見解は、ムハンマドへの神《アッラー》の啓示がムスリム社会における道徳的指針の本源にすぎなかった頃から、「イスラーム法《シャリーア》」の法源へと次第に形を変えるにつれて、たくさんの問題を提起するようになった。

社会の進化とイスラーム法

「イスラーム法《シャリーア》」の研究者ヨーゼフ・シャハト(一九〇二―一九六七)が「イスラームの芯と種」と呼んだ「イスラーム法《シャリーア》」は、イスラーム知識人《ウラマー》によって、イスラームにおける善悪、賞罰を含むすべての行為の判断の基盤としてつくられたものである。具体的には、次の五つの行為に分けている。

①義務とされる行為、これをおこなえば報われ、果たさなければ罰せられる。
②賞賛に値する行為、これをおこなえば報われることもあるが、怠っても罰は受けない。
③どうでもよい、あまり重要でない行為。
④必ずしも罰せられないが、非難されるべき行為。
⑤禁止行為、処罰対象行為。

こうした分け方は、イスラームが、非行を禁止するだけでなく、徳行を積極的に奨励するような、両面的な配慮をしていることを示すように工夫されている。

すべてのムスリムの生活指針となる規則の集大成としての「イスラーム法《シャリーア》」は、大きく二つの項目に分けられる。一つは、適切な礼拝の仕方を含む宗教的義務に関する規定、もう一つは純粋に司法的性格をもった規定(この二つはしばしば重複することがある）である。いずれの場合においても、「イスラーム法《シャリーア》」は人間の外から見える行為についてのみ規定していて、私的な心の問題とはあまり関係がない。その結果、イスラーム神秘主義の伝統を支持する信者たちは、「イスラーム法《シャリーア》」を高潔な行為の出発点にすぎないと見なす傾向があり、真の信仰には法を超えた行動が必要であるという。

「イスラーム法《シャリーア》」の道徳的規定は、クルアーンを、まず第一のもっとも重要な法源としたイスラーム法学《フィクフ》という分野を通して具体化されたものである。だが、問題は、クルアーンが法律書ではないことである。およそ八〇の章句が、一握りの罰則に加えて、相続や女性の身分などの法的問題を直接扱っているが、クルアーンには、ユダヤ人にとっての律法《トーラー》のように、コミュニティーの外から見える行為を規定する法制度を確立しようという意図はまったく見られない。そこで、クルアーンには言及されていない無数の法的問題を扱うに当たって、イスラーム知識人《ウラマー》は「ムハンマドの慣行《スンナ》」を参照する。

これは、ムハンマドおよび初期の教友たちの言葉と行為を詳述した「言行録《ハディース》」と呼ばれるたくさんの物語で構成されている。第三章で述べたように、これらの「言行録《ハディース》」は世代から世代へと語り継がれるうちに、次第に複雑きわまりない、本来のものとはかけ離れたものになっていったのに、ほとんどすべての法的・宗教的見解も――本来のものであろうと逸脱したものであろうとお構いなく――預言者の権威によって正当化されるようになった。九世紀頃には、事態は収拾がつかなくなり、それぞれ独立している法学者たちが集まって、もっとも信頼できる「言行録《ハディース》」を種分けして権威ある編書とした。そのなかでもっとも尊重されているのが、ムハンマド・アル・ブハーリー（八七〇年没）とムスリム・イブン・アル・ハッジャージュ（八七五年没）の『真正集』である。

こうした編書が信用できるかどうかの大事な基準は、しばしばその「言行録《ハディース》」の伝承経路《イスナード》を示す添え書きである。伝承経路《イスナード》が初期の信頼できる出所まで追跡できている「言行録《ハディース》」は〝正統〟と考えられ、本物と認められるが、〝怪しい〟と考えられれば拒否される。だが、この方法の大きな問題点の一つは、編纂が完了した九世紀以前には、適切で完全な伝承経路《イスナード》は、「言行録《ハディース》」の普及に欠かせない要素では決してなかったことである。「イスラーム法《シャリーア》」の発達を入念に調べているヨーゼフ・シャハトは、広く認められている「言行録《ハディース》」のなかには、本物らしく見せようとして伝承経路《イスナード》を推量で付け加えたものがいかにたくさんあるかを証明している。それゆえ、シャハトの「伝承経路《イスナード》が完全であればあるほど、その伝承は近年のものである」という金言は、奇抜だが的を射ている。

だが、主な法源として「ムハンマドの慣行《スンナ》」を利用するにはさらに大きな障害がある。ブハーリーやイブン・アル・ハッジャージュのように正確な伝承があるかないか、各「言行録《ハディース》」をたいへん厳格に調べ上げてはいるが、彼らのやり方には、政治的・宗教的客観性が欠けている。信用できると考えられている伝承の大多数は、その伝承経路《イスナード》が有力だからではなくて、コミュニティーの大多数の信仰と慣行を反映しているために信用できると考えられていたのである。言葉を換えれば、大多数のイスラーム知識人《ウラマー》によって、すでに認められている信仰や慣行を正当化し、彼らが認めていないものを除外することによって、イスラームの「正統教義《オーソドクシー》」と「正統行為《オーソプラクシー》」という観念をつくりだすことを目的として、「言行録《ハディース》」が集められ、「ムハンマドの慣行《スンナ》」が生まれたのである。「言行録《ハディース》」のなかには、預言者と初期の「教友」にまでさかのぼれる確実な歴史的事実を含んでいるものもある一方、「ムハンマドの慣行《スンナ》」は七世紀の「ウンマ」よりも九世紀のイスラーム知識人《ウラマー》の見解をずっと大きく反映したものであることは事実だ。つまり、アメリカの中東史家ジョナサン・バーキーの言葉を借りれば、「預言者の慣行を明確に特徴付けているのは、ムハンマド自身ではなく、ムハンマドについての記憶である」。

信頼できるかどうかは別として、「ムハンマドの慣行《スンナ》」は、イスラーム圏が拡大して帝国になるにつれて生じた山のような法的問題に対処するにはひどく不十分だった。クルアーンと「ムハンマドの慣行《スンナ》」にはっきり示されていないそうした事柄をうまく処理するには、たくさんのほかの資料を探さなくてはならなかった。第一に、イスラーム知識人《ウラマー》が、新たな、これまで経験したことのない法的難題に対処するとき、類推《キヤース》によって、自分の属する社会とムハンマド時代のコミュニティーを比較することを認めた。もちろん、類推《キヤース》が許される範囲は知れていて、いかなる場合にも、伝統主義者が支配的な法学派はムハンマドへの神の啓示を超えた推論を重視することには慎重だった。それゆえ、類推《キヤース》がイスラーム法《シャリーア》の発達に重要な道具であった一方、イスラーム知識人《ウラマー》は究極的には、判事たちによる合意《イジュマー》によりいっそう依存するようになって行く。

イスラーム知識人《ウラマー》は、預言者が「わがコミュニティーは間違ったことに同意することはないであろう」と言っていたことを信頼し、特定の問題について特定の時代の法学者の大多数による合意は、たとえその決定がクルアーンの規定（たとえば、不倫に対する石打の刑など）に違反しているように見えたとしても、法的決定の拘束力をもちうると断定した。「ムハンマドの慣行《スンナ》」と同様、判事たちによる合意《イジュマー》が広く認められるようになったことは、とりわけムスリム・コミュニティーのなかに「正統教義《オーソドクシー》」を生み出すことに貢献した。だが、それよりも重要なのは、判事たちの合意《イジュマー》が、ムスリムの行為と信仰のあり方を決める唯一の存在としてのイスラーム知識人《ウラマー》の権威を揺るぎないものにしてしまったことである。実際、いくつかの法学派は、主として、この合意《イジュマー》の利用によって形成された。

残念なのは、こうした学派がムスリム世界でしっかりと制度化されるにつれて、彼らの法的判断、引いては、ある世代の学者の合意が、その後幾世代にもわたって拘束力をもつようになり、その結果として、イスラーム知識人《ウラマー》は自分たちの世代の法的問題について革新的な解決法を導入することに次第に無関心になり、イスラーム世界では嘲笑的に引用される「過去の判例への盲従《タクリード》」に余念がなくなったことである。

もう一つの重要な法源に触れておかなくてはならない。イスラーム法《シャリーア》の形成段階で、ある問題についてクルアーンでも「ムハンマドの慣行《スンナ》」でも言及されていないとき、類推《キヤース》や合意《イジュマー》によっても解決に至らなければ、資格のある法学者が独自の論法による法的見解《ファトワー》を布告することができるとするものである。法的見解《ファトワー》は、コミュニティーが望むならば、認めることも、拒否することもできる。ところが、一〇世紀末まではもっとも重要な法源であった権威ある法学者による法解釈《イジュティハード》は、当時の主流法学派のほとんどすべてを牛耳っていた伝統派のイスラーム知識人《ウラマー》によって、これを法的解釈の道具とすることは違法とされた。「法解釈《イジュティハード》の門は閉鎖された」という言葉で表現されるこの措置は、宗教的真理は、預言者への神の啓示と明らかに矛盾しない限り、人間の理性を通して発見することができると考える人たちにとって、終わりの始まりを予告するものだった。

一一世紀初頭には、同じ意見のイスラーム知識人《ウラマー》による特定の目的をもった集まりが、いつの間にか拘束力のある神の法の権威をもった法的裁定機関に変身した。現代のスンナ派世界には主立った四つの学派がある。現在東南アジアを牛耳っているシャーフィイー学派は、ムハンマド・アッ・シャーフィイー（八二〇年没）を名祖とし、「ムハンマドの慣行《スンナ》」をもっとも重要な法源としている。西アフリカに多く見られるマーリク学派は、マーリク・イブン・アナス（七六七年没）を始祖とし、ほぼ一筋にマディーナの伝統に依拠した見解を示している。アブー・ハニーファ（七六七年没）の創設したハナフィー学派は、中央アジアとインドア大陸の大部分に広まり、これまでのところ、解釈の幅に関してはもっとも多様な法的伝統をもった最大の学派である。法学派のなかではもっとも伝統主義に徹底したアフマド・イブン・ハンバルを名祖とするハンバル学派は、中東全域に散在するが、サウディアラビアやアフガニスタンなどの超保守的な国々を牛耳る傾向がある。これに加えてシーア派には、ジャファル・アッサーディク（七六五年没）の創設した法学派があるが、これについては次章で述べる。

こうした学派に賛同するイスラーム知識人《ウラマー》は、イスラーム教徒として適切な行為についての唯一の権威者として、また適切なイスラーム信仰の唯一の解釈者としての地位を揺るぎないものにした。こうした学派が次第に司法機関へと変貌して行くにつれて、初期の展開を特徴づけていた多様な考え方や発言の自由は、厳格な形式主義に道を譲り、前例に固執して、自由な考え方をほぼ全面的に不可能にした。その結果、一二世紀にはもう、伝統主義者であるガザーリーのようなムスリム思想家でさえ、「［イスラーム知識人《ウラマー》に］認められた形での学問としての神学を知らない者、彼らがすでに例証した証拠によるイスラーム聖法の法規を知らない者は不信者である」というイスラーム知識人《ウラマー》の主張を激しく非難し始めた。ガザーリーのイスラーム知識人《ウラマー》に対する不満は、九〇〇年後の今日にも当てはまるが、これについては後述する。

現代では、個人の宗教的義務の問題が政治的領域に入って行くにつれて、正しい行為と信仰をめぐるおおやけの場での議論に限界を定めるイスラーム知識人《ウラマー》の権限が急速に増大している。中東での政治的展開に、イスラーム知識人《ウラマー》がさらに多くの積極的役割を果たすことによって、彼らに追随する支持者を増やしてさえいる。イラン、スーダン、サウディアラビア、ナイジェリアを含むいくつかのムスリム国では、イスラーム知識人《ウラマー》が住民に対し、直接に政治的、法的支配権を行使している。その他の国々でも、宗教的な布告、法規による支配を通して、社会的、政治的領域に間接的な影響を及ぼしている。そのなかでもっとも顕著な役割を演じているのが、「イスラーム諸学の教育施設《マドラサ》」で、何世代にもわたって若いムスリムたちが、伝統主義者による「正統教義《オーソドクシー》」、とりわけクルアーンの昔ながらの文字通りの解釈や、神聖でまったく誤りのないとされる「イスラーム法《シャリーア》」を吹き込まれることが多い。あるパキスタン人学者兼教師が最近、次のように述べている。

> 「イスラーム法《シャリーア》」は通常法と同じような経緯で生まれたものではない。それは人間のつくった法すべてがたどってきたのと同じ評価の経緯をたどる必要がなかったのである。「イスラーム法《シャリーア》」の場合は、数少ない規定から始まって、次第にその数が増加したり、未発達の概念が時間的経過と文化的なプロセスを経て洗練されてできたものではない。「ウンマ」のなかで生まれ、その進化とともに発達したものでもないのだ。

実を言うと、「イスラーム法《シャリーア》」は、まさしく「未発達の概念が時間的経過と文化的なプロセスを経て洗練されながら」発達してきた。その過程で、地域文化が生み出した慣習ばかりでなく、「タルムード」や「ローマ法」の影響も受けている。クルアーンは例外として、「イスラーム法《シャリーア》」の法源はどれもみな、神《アッラー》ではなく、人間の努力に由来している。初期の法学派は、そのことを理解しており、したがって彼らは、ムスリム・コミュニティー内に存在した思考傾向を代表していたにすぎなかった。彼らはそれらをもとにして慣例をつくったが、とりわけクルアーンと預言者の「言行録《ハディース》」でカバーされない法的問題についてのイスラーム諸学者の合意《イジュマー》は、人間の思考は進化するものであることを容認している。こうした理由から、イスラーム知識人《ウラマー》の見解は、合理主義者であろうと、伝統主義者であろうと、常にその時代の状況に適応しようとしており、法律そのものも絶えず解釈し直され、必要ならば、ふたたび適用もされてきた。

とにかく、いずれの法学派による法的見解も、個人としてのムスリムを拘束するものではなかった。実際、現代になるまで、信者がある学派から別の学派へ随意に忠誠心を換えることは普通だったし、ムスリムが、ある問題についてはマーリク学派の教義を受け入れ、別の問題についてはハナフィー学派の教義にしたがうことも、おおっぴらに禁止されてはいなかった。それゆえ、明らかに人間の努力の結果であるもの、そして変わりやすい人間の先入観に左右されやすいのはわかりきったことを、まったく誤りのない、不変で、柔軟性のない、拘束力をもった神の法と考えるのは、どう見ても理に合わない。

「イスラーム法《シャリーア》」の発達を、ごくおおざっぱに分析しただけでも、この法律と、ムハンマドへの神《アッラー》の啓示が、いかに「ウンマとともに」成長してきたかをよく表わしている。クルアーンそのものが、そのメッセージは永久不変である一方、特定の歴史的状況に対応する形で啓示されたことは明らかだ。ムハンマドの生きた社会が進化するにつれて、彼への神《アッラー》の啓示もその必要性に適応するように変化している。実際、ムハンマドが預言者として活動した二二年間に、クルアーンはほとんどいつも流動的な状態にあり、啓示された場所がマッカかマディーナか、啓示の時期がムハンマドの人生の初期か晩年かによって、啓示される章句はがらりと変わっていることもあったのである。

　場合によっては、こうした変化が、重要な原文の矛盾と思われるものを露呈することにもなった。たとえば、クルアーンは、はじめのうち、飲酒や賭け矢（一〇人で一頭のラクダを買って公平に肉を分配し、一〇本矢をくじとして引き、空くじを引いた三名の者がラクダの代金を支払うという賭けごとのこと）の習慣に対し、「それらは人々にとって大きな罪悪であるが、利益にもなる。だが、罪悪のほうが利益よりも大きい」（第二章二一九節）とある程度中立的な立場をとっている。ところが、数年後には別の章句が啓示され、飲酒や賭け矢はまだ禁止されてはいないけれども、信者には賭け矢をやめるように奨励し、「酔っているときは礼拝に近づいてはならない」（第四章四三節）と言っている。だが、しばらくして、クルアーンは飲酒と賭け矢を「サタンのわざ」（第五章九〇節）と呼び、盲目的になりやすい、最大の罪悪として、はっきり禁止している。このように、飲酒や賭矢を禁止してはいないが非難している前の章句は否定され、はっきりと両方を禁止するのちの章句によって置き換えられてしまったように見える。

　クルアーン学者は、このように一つの章句が別の章句によって置き換えられることを「取消《ナスフ》」と呼び、それは神《アッラー》が重要な社会学的変化を順次ムハンマドに示し、「ウンマ」が新たな道徳的精神に次第に適応できるようにしたことを示していると主張する。だが、取消《ナスフ》が証明していることがあるとすれば、神《アッラー》は不変かも知れないが、預言者への神《アッラー》の啓示は不変ではないことを、「もしわれらがいずれかの啓示の文句を抹消したり、あるいはわざと忘れ去ったりする場合は、それよりよいものか、またはそれと同等のものを授けるようにしている。神《アッラー》は全能におわすことをおまえたちは知らないのか」（第二章一〇六節および第一六章一〇一節を参照）という一節で示している。

　預言者自身、古い章句が新しい章句に置き換えられたことを考慮して、時には古いものを公然と削除したり、否定したりした。これは、ムハンマドがクルアーンを自分に与えられた永久不変の啓示と考えていなかったためで、彼が敢えてそれらの啓示を収集して成文化しなかった理由もそこにあったのではないかと思われる。ムハンマドにとってクルアーンは、「ウンマ」の進化を意識しながら、発展して行くコミュニティーに特有の必要に見合うように絶えず順応し、変化してゆく生きた聖典であった。事実、「啓示が示された理由《アスバブ・アル・ヌズル》」と呼ばれる総合的な注釈学は、ある章句がどういう歴史的環境のもとで啓示されたかを特定するために、ムハンマドの死後まもなくから発達した。ムハンマドへの啓示に見られる変化をたどることによって、初期のクルアーン解釈者たちは、後世の役に立つ章句の年代順配列を作成することができた。この年代順配列がもっとも明確に示しているのは、神《アッラー》が愛する親のように「ウンマ」を育て、最初の啓示があった六一〇年から最後の啓示の六三二年までのあいだに、発展段階に応じて指示を出し、必要があれば変更もしていたことである。

　もちろん、ムハンマドの死で、啓示は停止した。だが、それで「ウンマ」の発展が止まったわけではなかった。反対に、一五億人を上回る今日のムスリム・コミュニティーは、七世紀のアラビア半島にムハンマドの残した小さな教団とはほとんど何の類似点もない。啓示は終了してしまったかも知れないが、クルアーンは相変わらず生きた教本であり、また、そう扱われなければならない。歴史的背景がクルアーンの解釈に何の役割も果たさず、ムハンマドの生きたコミュニティーに適用されたことがすべての時代のすべてのムスリム・コミュニティーに適用されるべきだという考え方は、どう考えても擁護できない立場である。

　それにもかかわらず、伝統主義の後継者たちは改革へのほとんどの批判を、たとえその批判が自分たち自身の仲間うちから出てきたものであっても、懸命に封じてきた。一九九〇年代に、カイロ大学のムスリム教授だったナースィル・ハミード・アブー・ザイド（一九四三年生）は、クルアーンを、神《アッラー》から啓示されたものであるけれども、七世紀のアラビア半島の文化的産物でもあると論じて、エジプトの有名なアズハル大学の保守派が支配するイスラーム知識人《ウラマー》から異端者のレッテルを貼られ、ムスリムの妻との離婚を強要された（夫妻は一緒にエジプトから脱出した）。スーダンの司法改革者として有名なマフムウド・モハメド・ターハー（一九〇九―一九八五）は、クルアーンのマッカ時代とマディーナ時代の原本には大きなちがいがあり、それぞれ非常に違った歴史的状況下にあった人々に対して述べられているので、それを考慮して解釈するべきだと主張して、処刑された。

追って明らかにするように、クルアーンと「イスラーム法《シャリーア》」の本質と役割をめぐる論議は決して終わっていない。実際、アブドルカリーム・ソーロウシュ（一九四五年テヘラン生、イラン人思想家）やハーリド・アボウ・エル・ファドル（一九六三年クウェート生、イスラーム法学の研究者）のような現代のムスリム学者たちは、ムスリム・コミュニティーに対し、法解釈《イジュティハード》の門を再開し、クルアーンの合理的な解釈に戻ることを主張するよう、熱心に働きかけている。だが、伝統主義的立場の学者たちは、現代の中東の法と社会の進歩発展に甚大な被害を及ぼしつづけているのである。

問題は、伝統主義者のイスラーム法《シャリーア》観と、現代の民主主義や人権の概念との折り合いをつけることが、実際問題として不可能なことである。現代のイスラーム国はどこでも、「イスラーム法《シャリーア》」をその司法制度に組み込むには次の三つの方法しかない。その第一は、エジプトやパキスタンでおこなっているように、「イスラーム法《シャリーア》」を民法の法源として認めるが、家族法、離婚法、相続法以外はすべて無視するという選択権をもたせる。第二は、サウディアラビアやターリバーン政権下のアフガニスタンのように、イスラーム法《シャリーア》をその近代化や、法律や社会の現況に対する適応性などはまったく考えずに、国家運営のすべてに適用する。第三は、総合的な改革方法論を通して、伝統的な「イスラーム法《シャリーア》」の価値観と、現代的な民主主義や人権の原則とを宥和させる試みを可能にする。始まったばかりのイラクの民主的実験はともかくとして、これまでのところ、イスラーム国としては後者の選択を真剣に考えている国はたった一つしかない。

イラン・イスラーム共和国はすでに二〇年以上、社会的多元主義《プルーラリズム》、自由主義、人権をひたむきに擁護する純粋なイスラーム民主主義国を建設しようとして、人間と神とのあいだで統治力に折り合いをつけようと努力してきた。それは、困難で、激烈な闘争で、これまでのところ、その努力は実を結んでいない。だが、アメリカ合衆国憲法の起草も、それに先立つ連合規約が発効する以前から、意図されていた以上に重要な政治的実験だったのである。

もちろん、イランは特別なケースである。イラン人のイスラーム規範は明らかにシーア派のものである。政治運動の発端からして、預言者の一族にカリフ位を復活させることを目的とし、イスラームにおける独自の信仰と慣習をもった別個の宗派として台頭してきた。シーア派はムスリム・コミュニティーのなかの多数派でありたいと願ったことは一度もなかったのである。

第7章　殉教者の足跡をたどる——シーア派形成からホメイニー台頭まで

カルバラーの悲劇

ヒジュラ暦六一年第一月《ムハッラム》一〇日（西暦六八〇年一〇月一〇日）早朝、預言者ムハンマドの孫で、アリーの党派《シーア》の事実上の党首であるフサイン・イブン・アリー（預言者ムハンマドの娘ファーティマと婿アリーの息子）は、天幕を出て、乾燥した広大なカルバラーの平原の向こうに、わが陣地を包囲するシリアの大軍を、この世の見納めとばかりにじっと見つめた。敵方の兵士は、フサインとその一行の到着を待って決起しようと企むクーファの町に彼らが着く前に迎え撃てという命令を、ウマイヤ朝カリフ、ヤズィード一世から受けて、数週間前にダマスカスから派遣されていた。

シリア軍がカルバラーを包囲してすでに一〇日になる。最初、彼らは騎兵隊をどっと繰り出して、フサインの露営地を襲撃しようとした。だが、敵の突撃を予想したフサインは、背後に丘が連なる地点にテントを張らせ、陣営の三方を囲むように半円形の塹壕を掘らせて、そこに薪を詰め込んで火を放った。フサインはこの半月型の火の中央に兵士を集め、ぎっしりと隊列を組んで外側に槍を向けて跪くように命じた。そうすれば敵軍の馬が近づいても、火を恐れて、やむなく落とし罠の入り口の方へ殺到するはずだった。

この単純な作戦で、フサインの小隊はカリフの派遣した三万の大軍を六日間ものあいだ寄せつけなかった。だが、七日目になって、シリア軍は戦術を変えた。陣地への再度の突撃をやめ、戦列を移動させてユーフラテス川の土手を封鎖し、フサイン軍への水の供給を遮断したのである。

これで戦闘は終わった。カリフ軍兵士は武装した馬にまたがったまま、剣を鞘に戻し、弓を肩のうしろにまわした。

フサインの陣地に流れ込むいくつかの用水路の水が止まってから三日が過ぎ、戦闘で生き残ったわずかの人たちも、渇水状態に苦しみながら、ゆっくりと死にかけていた。地面に散らばる戦死者のなかには、十八歳になるフサインの息子アリー・アクバルや、兄ハサンの息子で甥に当たる十四歳のカシムもいた。反ヤズィード軍結成のため、マディーナからクーファへ、フサインとともに行進するはずだった七二人の教友のうち、女性と数人の子ども、それに男性はたった一人、フサインの一人だけ生き残った息子アリーしかいなかった。そのアリーもまた、女性用のテントのなかで死にかけていた。ほかの者たちはみな、倒れた場所で屍衣に包まれ、マッカの方向に頭を向けて埋葬された。平原を吹き抜ける風が、浅い墓穴から立ちのぼる腐臭を吹き飛ばした。

仲間を失い、重傷を負って、力尽き果てたフサインは、自分のテントの入り口で倒れた。腕には矢が突き刺さったまま、投げ矢は頬を貫通し、のどの渇きと出血で、意識はもうろうとしていた。目に染みこむ汗をぬぐい、頭を垂れて、となりのテントから聞こえてくる女たちの泣き声を聞くまいとした。フサインは幼子を抱えて、シリア軍に水をもらいに丘に出たところで、子どもは首に矢を受けて死んだ。彼女たちはその幼子を葬ったばかりだったのだ。女たちの嘆きはどんな矢よりも深く彼に突き刺さったが、それは彼の決意を固めもした。もはや、マディーナを発つときに心に決めた任務を全うする以外に、自分には何も残されていない。残っていた力を集めて、地面から身を起こすのだ。たとえ自分の命を犠牲にすることになっても、いや、ほかでもない自分の命を賭けて、カリフの不正と専制政治打倒のために立ち上がらなければならない。

彼は立ち上がると、血だらけの両腕を天に向かって広げ、祈った。「われらは神《アッラー》のために、神《アッラー》の御許《みもと》にまいります」

クルアーンを片手に、剣をもう一方の手にもったフサインは、軍馬にまたがり、わずか数百メートル先の敵兵の立つバリケードに向かって手綱を引いた。馬の脇腹を素早く蹴り、剣を右に左に振りながら、「ファーティマの息子がどう戦うか見よ、アリーの息子がどう戦うか見よ、三日も飲まず食わずでもハーシム家の者がどう戦うか見よ」と絶えず叫びながら、敵に向かって獰猛に邁進していった。

一人また一人と、シリア軍の騎手はフサインの剣になぎ倒されたが、やがてシムル将軍が兵士に再編成を命じ、四方からフサインを包囲させた。鋭い槍の一撃で馬から突き落とされたフサインは、たくさんの馬に踏みつけられ、苦痛にもだえ苦しみながら頭を抱えた。フサインの妹のザイナブがテントから走り出て、彼を助けようとした。だが、フサインは、大声で「動くな」と彼女に怒鳴った。そして、「テントに戻れ、俺はもうだめだ」と叫んだ。

シムル将軍はついにシリア軍騎兵隊に撤退を命じた。兵士らが陣地に残っていた生存者を皆殺しにすると、将軍は馬を降り、ぐったりと打ちひしがれたフサインの身体にまたがるように立ち、「言うことはないか、首をもらうぞ」と言った。

フサインはぐるりと仰向けになって死刑執行人の顔を見た。「慈愛あふれる神《アッラー》よ、わが祖父の民の罪を赦したまえ」と叫んだ。「そして、どうかとりなしという秘宝の鍵を気前よくわれに与えたまえ……」

預言者ムハンマドの孫が祈りを唱え終わる前に、シムル将軍は剣を振り上げ、素早い一降りでフサインの首を胴体からすっぱりと切り離した。彼はその首を槍の先に載せてダマスカスにもち帰り、金の盆に載せてウマイヤ朝カリフへの贈り物として献上するつもりだった。

反ウマイヤ朝決起

六六一年、預言者ムハンマドの娘婿で第四代カリフのアリーがクーファで暗殺されてから、この地のアリーの党派《シーア》の残存者たちは、彼の長男ハサンにカリフの跡を継がせた。だが、クーファはまとまりがなく、しかも孤立した町で、アリーの支持者もあちこちに散らばっているうえ、その数も少なかった。すでにムアーウイヤはエルサレムで自らカリフを名乗り、ダマスカスの覇権はムスリムの土地以遠にまで広がっていたので、ハサンの同盟者たちがシリア軍と競い合ってムスリム・コミュニティーの支配権を握れる見込みはなかった。

アリーの党派《シーア》（のちにこれを短縮して「シーア」、日本語訳ではシーア派と呼ばれるようになった）は、数こそ少なかったが、まだ影響力の大きな派閥の一つだった。とりわけサーサーン朝ペルシア帝国のイラン人は、預言者家《アフル・アル・バイト》の人々をウマイヤ朝アラブ人支配者とは別の存在と見ていたのである。マッカとマディーナの住民のあいだでも事情は似ていた。預言者ムハンマドの記憶はまだ人々の心に生々しくあり、政治的所属はどうであろうと、孫たちの顔にムハンマドの面影や暮しのしきたりが刻み込まれているのを認めざるをえなかった。そういうわけで、ハサンがムアーウィアに仲直りを申し出て、一時的休戦を提案したとき、ムアーウィアはすぐにそれに応じた。

ハーシム家とウマイヤ家の派閥争いでまたもや内戦状態になるのを避けるために、二者はムアーウィアの死後、カリフ位はムハンマドの一族に返すとは明示しなかったが、少なくともムスリム・コミュニティーの合意によって決定するという諒解のもとにムアーウィアに指導者の権威の象徴である外衣《マント》を引き渡すという協定に調印した。この協定は双方に利益をもたらした。ハサンには、シリア軍の手によって殲滅される心配なしにシーア派を再編成できる機会を与え、ムアーウィアにとっては、カリフ位を求め始めて以来、ようやく正統支配者というお墨付きをえたわけである。

おかげでムスリム・コミュニティーの首都をダマスカスにしっかりと築いたムアーウィアは、自分のカリフとしての権威を強化し、中央集権化するための一連の改革に着手した。まず、シリア常備軍の圧倒的な力を利用して、ムスリム領土のあちこちの駐屯地に散らばっていた軍隊を統合した。それから、これまで「ウンマ」の一部とは思ったことのない遊牧部族を遠い村々に強制的に移住させ、それによって帝国の範囲を広げた。彼はまた、アリーによって地位を奪われていたたくさんの身内の人間をムスリム諸州の最遠隔地にまで総督に返り咲きさせて、縁故関係の維持に努めた。ただし、従兄弟のウスマーンの統治時代に蔓延していた腐敗や不正行為を避けるために、監督は厳重にした。ムアーウィア治下の総督たちは自分の地位を確保するために、熱心に税を集め、それをダマスカスに送ったので、カリフはそれを使って、アラブ部族がこれまで想像したこともないほど壮麗な首都を建設した。

ムアーウィアはウスマーンの宗教がらみの称号である「神の代理人《ハリーファト・アッラー》」をそのまま受け継ぎ、宗教学者やクルアーン読誦者《クッラー》の施設に金をつぎ込んだが、イスラーム知識人《ウラマー》の神学的・法的論争には直接干渉しないことをウマイヤ朝の前例として設定した。だが、大昔の祖先クサイイがやったように、ムアーウィアは、政治的支配に宗教的正統性を与えるに当たって、カアバ聖殿の役割は大事であると認識し、預言者家《アフル・アル・バイト》の人々からマッカの聖域の管理権を買い取り、巡礼者たちに宿泊場所の提供と水の供給をおこなうことにした。

ムアーウィアは自分の権威をダマスカスに集中し、よく訓練された機動部隊（シチリアのような遠方の領土征服に利用できるほど優れた艦隊は言うに及ばず）をもつカリフとしての自分の地位を安泰にすることによって、本質的に異なるたくさんのアラブ人地域を自分の支配下にまとめ、広大なムスリム領土拡大の時代を開幕した。だが、彼は大変な努力をして、ムスリムの王としてよりも、全権を有する部族社会の長老《シャイフ》らしくふるまったけれども、その中央集権化された絶対的支配は、明らかにビザンツ帝国やサーサーン朝ペルシア帝国の模倣だった。カリフ国を君主国に変える仕事が完了すると、ムアーウィアは王様ならだれでもやりそうなことをやった。自分の息子ヤズィードを後継者に任命したのである。

カルバラーで預言者ムハンマドの一族をほとんど皆殺しにしたことを考慮に入れれば、ヤズィードにまつわる言い伝えが好意的なものではないのは仕方がない。ムアーウィアが選んだ後継者は道楽者で大酒飲み、国事よりもペットのサルと遊ぶほうに関心があったという。これが偏見のない新カリフの横顔ではないかもしれないが、ヤズィードが父親の跡を継いだ瞬間から、彼の評判について緘口令が出ていたのは事実である。なぜなら、彼のカリフ位継承は、神によって統合されたコミュニティーにはっきり終止符を打ち、最初のムスリム帝国、アラブ帝国の始まりを意味したからである。

クーファで反乱が起こったのはそのためだった。解放奴隷と非アラブ人（ほとんどがイラン人）ムスリム兵士が溢れる駐屯地であるクーファは、かつて預言者の娘婿アリーが短期間、激動期のカリフ位にあった時代の首都として、反ウマイヤ朝感情がうずまく町だった。こうした感情を抱いていたのは、ウマイヤ家への嫌悪感と、預言者ムハンマドの一族のみが、イスラームに当初の理想である正義、敬虔さ、平等主義を復活させることができるという信仰以外、何も共通点がないにもかかわらず、連盟を組んだシーア派の人たちだった。

すでに述べたように、シーア派が最初に自分たちを代表する新しいリーダーとして当てにしていたのは、アリーとファーティマの長男ハサンだった。だが、ハサンが六六九年に死亡すると――彼の教友たちは毒殺されたと主張――アリーの次男フサインに期待がかけられた。政治やそれにまつわる策謀が大嫌いだった兄と違って、弟のフサインは信奉者たちの絶大な忠誠心を駆り立てる天性のリーダーだった。ハサンの死後、シーア派はフサインに圧力をかけ、直ちにムアーウィアに対して蜂起するならば、自分たちも必要なら命をかけると誓った。だが、フサインは、兄とカリフとの間の協定を破るのを拒否した。

一一年間、彼はカリフの死ぬのを待ちながら、マディーナで教えたり、説教したり、一族の遺産を保持しつつ出番を待った。そのあいだ、彼は父アリーが公《おおやけ》の場で罵られる屈辱を座視しなければならない苦痛を味わった。ムアーウィアが帝国のあらゆる説教壇でそれをおこなうことを義務づけていたのだ。六八〇年、ようやくムアーウィアが死去すると、直ちにクーファから、すぐにこちらにきて、暴君の息子に対して決起の指揮を執ってほしいと要請された。

フサインはこのメッセージを何年も待ちつづけていたが、クーファの人たちの気まぐれと仲たがいしやすい気質を知り抜いていたため、自分の運命を彼らの手に委ねるのは気が進まなかった。彼はまた、カリフの配下にあるシリアの大軍を向こうに回して、イラクの反政府軍を立ち上げるのは軽薄な行為であることも認識していた。それと同時に、預言者の孫として、自分たちのコミュニティーが不当な支配者に抑圧されていることに対し、決起する義務を無視することもできなかった。

フサインの決意を促したのは、彼の存在を脅威と感じたヤズィードが、フサインをマディーナの総督ワリードのところに出頭させ、ダマスカスへの忠誠を誓わせようとした時である。だが、フサインは、ワリードとその補佐役マルワーン――ウスマーンにあざとい忠告をし、のちに自らウマイヤ朝カリフの地位をつかんだのと同じ人物――の前に出頭したとき、もし公《おおやけ》の場で忠誠を誓わせてくれるならば、預言者家《アフル・アル・バイト》の人々の代表として、カリフにいっそうお役に立てるのではないかと主張して、実際に誓うのを先延ばしにした。ワリードは同意して彼を辞去させたが、マルワーンはだまされなかった。

「もしフサインを辞去させてしまえば、二度と彼を捕まえられませんぞ」と彼はワリードに言った。「彼にこの場で忠誠を誓わせるか、さもなければ殺してしまうべきでしたよ」

ワリードがマルワーンの助言に対して行動を起こす前に、フサインは大急ぎで一族のメンバーを集め、少数の支援者もいっしょにクーファに向かった。だが、そこにはとうとうたどり着けなかった。

ヤズィードは、フサインの自分に対する軍隊決起計画が発覚するとすぐ、クーファに部隊を送って反乱軍のリーダーすべてを逮捕、処刑することを命じ、市民にも、フサインに味方しようとすれば直ちに容赦なく鎮圧すると通達させた。この脅しは効いた。フサインとその信奉者たちがカルバラーで迎撃されるはるか前に、クーファの数キロ南の地点まできたところで、反乱は鎮圧されてしまっていた。まさにフサインが予言していたとおり、クーファの人たちは彼の運命を見捨てた。それでも、フサインは反乱が鎮圧されたという知らせを受け取ったあと、彼をリーダーにと言っていた人たちから見捨てられてしまってからでさえ、クーファに向かって死の行進をつづけた。

カルバラーでの出来事の衝撃はムスリム全土に広がった。ヤズィード軍は大殺戮のあと、クーファの街路で、病気のためラクダにくくりつけられていて難を逃れたフサインのたった一人の遺児アリーを含む生存者たちに、フサインを支持したらどうなるかの見せしめのための大行進をおこなった。切り取られたフサインの首が大衆の前にさらされたとき、クーファの人々は大声を上げて嘆き悲しみ、預言者ムハンマドの一族を裏切った自分たち自身を呪いながら胸を叩いた。だが、これまで預言者家《アフル・アル・バイト》の人々が主導権をとることに執拗に反対してきた人たちさえ、こうしたカリフの権力の示威行為には仰天した。「神の使徒《ラスール・アッラー》」の一族をよくも動物のように飢えさせ、殺戮できたものだと。

帝国全土でたちまち蜂起が発生した。残っていたハワーリジュ派はヤズィードを公然と異端者と非難し、独自の政治体制を、一つはイランに、もう一つはアラビア半島に立ち上げた。クーファでは、ムハンマド・イブン・アル・ハナフィイア（アリーのファーティマ以外の妻の息子）の名において、カルバラーの殺戮に復讐するための短期間だが流血も辞さない蜂起を立ち上げた。マッカでは、アブドゥッラー・イブン・アッズバイル（「ラクダの戦い」でアーイシャといっしょに、タルハとともにアリーに対して戦った人物の息子）が軍隊を立ち上げ、自分自身を「信徒たちの長《アミール・アル・ムーミニーン》」と名乗った。支援者《アンサール》たちは早速イブン・アッズバイルに従い、ダマスカスからの独立を宣言し、マディーナにおける自分たちを代表する独自の指導者を選んだ。

ヤズィードはこうした反乱に対して自軍を差し向けた。カリフの命令を受けたシリア軍は、マッカとマディーナを包囲し、大量の発射機《カタパルト》を使って住民に対し無差別に火の玉を撃ち込みはじめた。マッカでは火災があっという間にカアバ聖殿にまで広がり、聖殿は焼け落ちた。ようやく鎮火されたあとの両都市はまさに廃墟のようだった。マディーナは直ちに降伏して、ヤズィードに忠誠を誓った。だが、マッカのイブン・アッズバイルの軍勢を完全に敗北させ、ダマスカスの絶対支配権を回復するのは、さらに一〇年後のウマイヤ朝カリフ、アブドゥルマリク政権時代になってからのことである。

一方、ウマイヤ朝カリフたちに気づかれないところで、油断のならない、はるかに重要な革命が帝国内で起こっていた。それは政治的支配を求める革命ではなくて、ムスリムの信仰のまさに根幹を支配する革命であった。カルバラーの出来事から四年後の六八四年、クーファからきた自称「悔悟者たち《タウワーブーン》」の小さな一団が当時の殺戮現場に集まった。彼らはフサインとその家族の死を悼んで、顔を黒く塗り、ぼろぼろの衣服をまとっていた。これはフサインに対する忠誠の誓いであったばかりでなく、ウマイヤ軍に対抗して彼を助けることができなかった罪を償う行為としての非公式の儀式ばらない集会であった。悔悟者たち《タウワーブーン》がカルバラーに集まったのは、自分たちの罪を人々に示し、フサインとその家族の死を集団で哀悼することで、自分たちの罪の赦しをえることを意味していた。

罪の償いとして哀悼するという概念は、ゾロアスター教、ユダヤ教、キリスト教、マニ教を含むほとんどのメソポタミアの宗教に共通した慣行であるが、イスラームでは前例のない現象だった。実際、カルバラーでの悔悟者たち《タウワーブーン》による集団での哀悼は、やがてまったく新たな宗教的伝統として記録に残る最初の儀式的行事になった。ひとことで言えば、カルバラーの記憶が、シーア派を、預言者ムハンマドの一族にコミュニティーの主導権を回復したいと願う一つの政治的派閥から、イスラームにおける非常にはっきりした一つの宗派へとゆっくりと変えていったのである。こうしてできたシーア派の教義は、カルバラーでの殉教者の足跡をたどりながら、抑圧に対して正義のために戦うのなら、自分の命も喜んで犠牲にする正義派の信者の理想を基盤にして樹立された宗教なのである。

抑圧に対して正義のために戦ったシーア派

宗教史の流れとは別に、カルバラーで悔悟者たち《タウワーブーン》を駆り立てた行為を見ると、神話よりも儀式が、それなりに一つの信仰を形成していったのがわかる。これは、シーア派の発展を論じるときに心に留めておかなくてはならない大事な点である。ドイツのイスラーム研究者ハインツ・ハルム（一九四二年生）が言うように、シーア派は「教義への信仰告白によって」ではなく、カルバラー神話をめぐって沸き起こった「儀式をおこなうプロセスを通じて」生れた宗派である。すでに新しい宗教運動になってはいたものの、シーア派の神学者たちが初めて、神学的基盤を求めてそれらを再検討、再解釈するようになったのは、こうした儀式的行為が様式化された数百年後のことである。

シーア派にとってカルバラーとは、人間が神に不服従だったからではなくて、神の示した道徳的原則を守らなかった原罪を罰せられる「エデンの園」になった。初期のキリスト教徒が、イエスの十字架上の無念の死を、自己犠牲を覚悟の上の不易の決断と解釈しなおすことによって克服したように、シーア派もフサインの受難は、覚悟の上の不易の決断だったと主張する。シーア派では、カルバラーの出来事は、フサインの生れるずっと以前に、アダム、ノア、アブラハム、モーセ、ムハンマド、アリー、ファーティマに奇跡的に啓示されてきたという。シーア派の考え方によれば、フサインはカリフに勝てないことはわかっていたという。それでも彼は、自分の主義主張と、未来の子孫のために自分を犠牲にする覚悟で、意図的にクーファへの行進をつづける選択をした。単なる武力だけではムハンマドの考えていたことを復活できないと実感していたフサインは、フサイン・ジャフリの言葉を借りれば、「ムスリム・コミュニティーの完全な意識革命」をもくろんでいた。事実、シャー・アブドゥル・アジーズが論じているように、フサインの自己犠牲は、アブラハムが長男イスマーイールをもう少しで犠牲にするところだった物語の事実上の論理的帰結だった。イスマーイールの犠牲は取り消されたのではなく、カルバラーでフサインが進んでそれを成就するまで〝延期された〟のだという。そういうわけで、シーア派はフサインの殉教を、アブラハムに始まって、ムハンマドがアラブ人に啓示した宗教を完結したとみなしている。

カルバラーの出来事の解釈法にもとづき、シーア派では、犠牲を通して罪が贖われるというスンナ派イスラームにとってはやや異質のきわめてイスラーム的な神学を発達させてきた。「フサインのために流された一滴の涙は百の罪を洗い流す」とシーア派はいう。八世紀半ばごろにシーア派の権威筋によって様式化された儀式において、「哀悼《アザー》」

と呼ばれるこうした概念が最大限に表現されるようになった。それは今日でも、この宗派の中心的儀式になっている。

毎年、ヒジュラ暦第一月《ムハッラム》の最初の一〇日間、とりわけ第一〇日《アーシュラー》に、シーア派はフサインの殉教を祈念して哀悼集会をおこなう。その際には、「ザーキル」と呼ばれるその道の専門家が殉教者の物語を朗誦し、ムハンマド一族の持ち物だったとされる聖なる品々を携えた哀悼行列が近隣を練り歩く。だが、おそらくこの第一月《ムハッラム》行事のなかでももっともよく知られた儀式は、カルバラーの出来事を詳細に劇化したシーア派の受難劇《ターズィイエ》と、鞭打ち儀式《マータム》であろう。葬列の参加者は、まるで深い悔恨を呪うマントラのように、自分の胸をリズミカルに叩くか、あるいは道中ずっとハサンとフサインの名を大声で唱えながら、鎖でできた鞭で背中を叩き、しまいには道路が血だらけになるのだった。

外見はともかくとして、シーア派の自己鞭打ちの儀式は、いくつかのキリスト教修道会で見られる、似たような慣行とはほとんど共通点がない。これは敬虔な苦行として単独でおこなう鞭打ちとはちがう。こうした儀式はまた、ヒンドゥー教のいくつかの宗派の修道僧がおこなう自己犠牲行為とも一致点がない。この第一月《ムハッラム》行事に関して、ヴァーノン・シューベル、デーヴィッド・ピノー、サイード・モフセン・ナクヴィその他の宗教学者やジャーナリストたちがおこなった記録によると、鞭打ち儀式《マータム》は、罪を懲らしめる手段ではなく、信仰の証《あかし》の集団的な行為であって、肉体的な苦痛のない行為であると言われている。それは苦痛ではなくて、フサインのために自発的に血と涙を流すことが救いをもたらすと考えられている。そのため、シーア派の葬送行列が宗教界からも政界からも危険視されている多くの大都市では、自己を鞭打つ儀式の代わりに、安全を兼ねて行列のあとに続く移動式血液銀行に献血するよう熱心な呼びかけが始まっている。

シーア派にとって、第一月《ムハッラム》の儀式は、一つの道義的選択を示唆している。ある参加者の言葉を借りれば、「もしわれわれがカルバラーでその場に居合わせていたら、「フサインと」ともに立ち上がって、いっしょに血を流して死んだであろう」ことを、公《おおやけ》に宣言することである。おそらく同じように重要なのは、この儀式が布教行為として役立っていることだろう。別の参加者がピノーに語ったところによれば、「われわれが鞭打ち儀式《マータム》をおこなうのは、フサインを祈念するためだけでなく、われわれはシーア派だと宣言する手段にもなるからだ」という。

スンナ派世界の大半は、このような儀式的な信心行為を「異端《ビドア》」として非難する。だが、スンナ派が不快に思っているのは、第一月《ムハッラム》行事の参加者の行為そのものよりも、その儀式が暗示している事柄である。一六世紀のクルアーン学者カシーフィーによれば、「フサインのために泣く人、フサインのために泣く人といっしょに嘆く人」は天国に行けるといわれる。シーア派では、救済にはムハンマド、彼の娘婿アリー、孫のハサンとフサイン、その他の預言者の正統な後継者である「イマーム」(イスラームの宗教指導者)のとりなしが必要であると信じられている。「イマーム」は最後の審判の日に人間のとりなし役を務めるだけではなく、神の啓示の永遠不滅の実行者(「聖者《ワリー》」と呼ばれる)としての機能をもっていると考えられている。

「イマーム」という言葉にはさまざまな解釈がある。スンナ派では、「イマーム」はモスクの説教壇に立って、礼拝に集まった信徒たちを指導する人を指す。シーア派では、同じように宗教指導者を指す言葉として用いられることもある一方、〝一定数〟(数はシーア派のなかの宗派によって違う)の「イマーム」が預言者ムハンマドの正統な後継者として、ムハンマドの神聖なメッセージを保持する責任をもっていると考える。少なくとも理論的には、ムスリム・コミュニティーの合意によって選ばれているはずの政治的指導者であるカリフとは違い、「イマーム」は、預言者ムハンマドの宗教的権威を代表しており、それは誕生という事実を通して神《アッラー》によって定められている。スンナ派のカリフはこの世におけるムハンマドの副執政官であると主張できるにすぎないのに対し、シーア派の「イマーム」は、実際の政治権力はないけれども、預言者の生きた精神を授けられ、それゆえ、いかなる地上の支配者をも超えた宗教的権威をもっていると考えられている。

二〇世紀のもっとも優れたシーア派の神学者アラーマ・タバータバーイーによれば、「イマーム」はもっとも重要な存在であるという。なぜなら、人間には神聖なメッセージを解き明かしてくれる人が必要だからだ。そのうえ、解き明かすだけでなく、そのメッセージを心に留め、更新してもらわなくてはならない。人間には自分では神《アッラー》の知識をえる能力がないので、どんな社会にも、いつの時代にも「イマーム」は常に必要とされる。それゆえ、ムハンマドのこの世での権威の後継者である〝一定数の〟「イマーム」に加えて、神《アッラー》の啓示の永遠の守護者の役割をもち、この世における「神《アッラー》の証《あかし》」として〝前世も〟、〝今生も〟機能する「イマーム」も存在しなければならない。すると、最初の「イマーム」は、ムハンマドでもなければアリーでもなく、アダムである。「イマーム」と「預言者」の機能は、場合によっては一人の人物が合わせもっていることもあるが、両者の立場の違いは、まず第一にその自覚にある。シーア派の主張によれば、預言者とは、神意によって、神《アッラー》の永遠不滅のメッセージを感知するようになった人のことである。そのメッセージはわれわれが逃れることのできない神秘的な霊気のように、森羅万象をとこしえに包んでいる。「イマーム」とは、神《アッラー》のメッセージを認識するのに必要な預言者的感知力も、それを理解する理性の力もない人のために、そのメッセージを解明してくれる人である。言葉を換えれば、「預言者」とは神《アッラー》のメッセージを伝達する人であり、「イマーム」は人間のためにそれを翻訳する人である。

　シーア派によれば、「預言者」と「イマーム」のあいだの関係は、神《アッラー》のお告げを歴史的に見てゆくとわかるという。アブラハムは神から契約を授けられたかもしれないが、その「イマーム」として、これを成就させたのは息子のイサクとイスマーイールだった。モーセは神聖な掟《おきて》を示したかもしれないが、それを約束の地に運んだのは兄のアーロンだった。イエスは救済を説いたかもしれないが、教会を建てたのは弟子のペテロだった。同様に、「最後の預言者」であるムハンマドは、アラブ人に神《アッラー》のメッセージを明示したかもしれないが、その実行は、彼の正統な後継者であるアリーに委ねられた。そういうわけで、シーア派の信仰告白は、「神《アッラー》のほかに神なし。ムハンマドはその使徒なり。

アリーは神意の実行者（聖者《ワリー》）なり」と唱えることになっている。

神意の実行者としての「イマーム」は、「預言者」と同様、まったく誤りのない、罪のない人である。なぜなら、「罪は神の思し召しを無効にしてしまうからだ」。それゆえ、シーア派では、「イマーム」はほかの人間のように塵から創られたのではなく、永遠不滅の光から創られたと考えるようになった。さらに、「イマーム」は神秘的で深遠な知識をもっていて、それを「イマーム」から「イマーム」へと神秘的な意識の伝達法によって伝えてゆくのだといわれる。深遠な知識のなかには、ムハンマドの死後、ファーティマに与えられた天使ガブリエルの啓示を物語る「ファーティマの書」などの秘密の書の保持も含まれている。「イマーム」はまた、神《アッラー》の秘密の名も知っていて、ムスリム信仰の奥義を明らかにするために必要な、宗教的指導力をもっている唯一の存在であるとされる。

「イマーム」にクルアーンの解釈の単独の権威が与えられているのは、こうした宗教的指導力があるとされているためである。シーア派は、クルアーンがその頁のなかに、二つの異なった読み手に対する二つの異なったメッセージを含んでいると信じている。クルアーンの「字句どおりのメッセージ《ザーヒル》」は、「伝統的解釈《タフスィール》」という分野を通じてすべてのムスリムにわかりやすく、読みやすくなっていることは前章で述べた。だが、「イマーム」だけが「理性的解釈《タアウィール》」を正しく適用して、クルアーンの隠された意味《バーティン》を明らかにすることができる。「伝統的解釈《タフスィール》」と「理性的解釈《タアウィール》」の区別はスンナ派にもあるが、シーア派では、ムハンマドへの神《アッラー》の啓示は人間の理解を超えた源《みなもと》から発せられたものだと信じられており、クルアーン全体がシンボルと引喩で構成されていて、これを宗教的に完璧に解明できるのは「イマーム」だけであると思われている。第八代「イマーム」、アリー・リダー（七六五―八一八）の言葉によれば、クルアーンの章句に含まれている隠された意味を明確にできる人物だけが「正しい道への指導者」を名乗ることができるという。

シーア派が「理性的解釈《タアウィール》」を最重要視したことは、初期のシーア派にとって大きな利点だった。彼らは自分たち独自の信仰と実践を正当化するに当たって、聖典との関連を明らかにすることにより、自分たちとムハンマドを結びつけることに熱心だったからである。もちろん、こうしたことは、自分たちの信仰の母体となる宗教との関連性を追求するあらゆる宗派に共通した方策である。たとえば、初期のキリスト教徒は、メシアがきたと信じたユダヤ教徒にすぎない。彼らは、ヘブライ語の聖典のなかにイエスに間接的に言及している部分を探し、彼らのメシアがヘブライ語の聖典に登場するたくさんの、しばしば矛盾するユダヤ教徒待望のメシア出現の預言と一致すると主張して、自分たちの宗派をユダヤ教と結びつけようとしている。同様に、シーア派ではクルアーンを篩《ふるい》にかけ、理性的解釈《タアウィール》によって適切に解釈し、「イマーム」の職分の永遠不滅の真理を黙示している章句をいっぱい見つけ出している。「光の章」として知られているクルアーンの次の部分を見ていただきたい。


神は天と地の光である。

その光を譬えれば、ランプを置いた壁龕《へきがん》のようである。

ランプはガラスの中にあり、ガラスは煌めく星のよう。

その火を点すのは祝福されたオリーヴの木で、
それは東のものでも西のものでもない。

その油は火に触れなくとも、自ら火を放つばかり、
光の上に光を添える。

神は御心のままに人々をその光に導きたもう。

神は人々に譬《たと》えを用いたもう。

神はいっさいのことをよくご存じである。（第二四章三五節）（『光の壁龕』訳注より中村光治郎訳）

シーア派法学の基礎を築いた「イマーム」、ジャアファル・サーディク（七六五年没）によれば、こうしたこの上なく美しい詩句には、神からシーア派へのメッセージが秘められているという。神の光はつまりムハンマドである。ガラスの中に込められた光とは、「［東の］ユダヤ教徒でもなければ［西の］キリスト教徒でもない」「イマーム」であるアリーに伝えられた預言者的な知識を指しているとジャアファルはいう。そして、神に与えられた知識は、まさに火に触れることがないのに照り輝く聖油のように、「たとえムハンマドが言葉にして言わなかったとしても」、「イマーム」の口を通して出てくる。

「光の上に光を！」というクルアーンの詠嘆に、

「イマームからイマームへ！」とジャアファルは応答した。

ムハンマドの跡を継ぐ〝一定数の〟「イマーム」の最初の一人は明らかにアリーであり、彼の息子のハサンとフサインがそれぞれ、そのあとにつづく。第四代「イマーム」は、フサインのカルバラーで生き延びたたった一人の息子アリー（「礼拝者たちの飾り《ザイヌルアービディーン》」としても知られる）で、ダマスカスで捕虜として数年過ごしたあと、釈放されてマディーナに帰っていた。七一二年に、アリー・ザイヌルアービディーンの跡を継いだのは、彼の息子のムハンマド・アル・バーキル（カルバラーの出来事の時には四歳）だった。だが、シーア派内のある小さな派閥がバーキルを第五代「イマーム」として認めるのを拒否し、代わりにアービディーンのもう一人の息子ザイド・アッシャーヒドにしたがった。この党派はシーア派の主流から公然と分離し、「ザイド派」として知られるようになった。

シーア派の大多数は、バーキルの後継を認め、彼はその「イマーム」の職分を息子のジャアファル・サーディクに継がせた。第六代目で、もっとも影響力の大きい「イマーム」だったジャアファルはカルバラーの儀式を正式に承認し、シーア派の主流法学派の基本原則を制定した。「ジャアファル学派」として知られるこの一派がスンナ派法学派と違うところは、第一に、ムハンマドだけでなく「イマーム」の物語も含む別版の「言行録《ハディース》」を認めていることと、第二は、シーア派の重要な法源の一つとして、法解釈《イジュティハード》と呼ばれる独自の法的推論を積極的に取り入れていることである。

シーア派の学者たちは、法解釈の有資格者《ムジュタヒド》が理性的な推量だけで権威ある法的見解《ファトワー》を出すのを許すかどうかをめぐって長いあいだ二派に分かれていた。たとえば、「アフバール学派」は法解釈《イジュティハード》の利用を認めず、法的見解《ファトワー》には預言者ムハンマドと「イマーム」の伝承だけを基盤とするようにイスラーム知識人《ウラマー》に求めた。だが、アフバール学派のライバルであるウスール学派は、イスラーム法学の形成において法解釈《イジュティハード》の利用を熱心に支持し、やがてこちらがシーア派の主流になった。現代イラン生まれで、著名なシーア派イスラーム法学者ホッセイン・モダッレッスィの言葉を借りれば、今日まで、シーア派法学は、「理性によって命じられたものはみな、宗教によって命じられたものでもある」と確信している。

シーア派の世界には、最高レベルの学識と、最大多数の弟子を誇る法解釈の有資格者《ムジュタヒド》がたくさんいて、今でも法解釈《イジュティハード》の実践が認められている。こうした有資格者の序列のトップに立つのが最高宗教指導者《アーヤトッラー》（「神の徴《しるし》」の意）で、その決定は弟子たちを拘束する。今日では主にイランとイラクに、ほんの一握りの権威ある最高宗教指導者《アーヤトッラー》しか存在しないが、彼らのシーア派に君臨する宗教的・政治的権威は恐ろしく大きい。後述するが、最高宗教指導者ホメイニー師に、一九七九年のイラン革命を起こさせるほどの社会的、政治的、経済的影響力を思いのままに行使させたのはまさにこうした権威だった。

ジャアファルは七六五年に毒殺されたと見られているが、こうした説は、スンナ派によってひそかに殺害された「イマーム」すべてにつきまとう。ジャアファルは長男イスマーイールを第七代「イマーム」に指名していた。だが、イスマーイールは父親より早く死亡したため、七代目は次男のムーサー・アル・カーズィムに取って代わられた。シーア派の大多数は、ムーサーを神《アッラー》により導かれたコミュニティーのリーダーとして認める一方、このような明らかな指名の〝横すべり〟を許せないと考える人たちもいた。「イマーム」とは神によって任命される地位ではないのか、と彼らは疑問を呈した。過ちのない「イマーム」であるジャアファルがどうして間違った後継者を選んでしまうことがあり得るのか？　しまいには、この分派はイスマーイールが死んだのではなくて、霊界に〝お隠れ〟になったのだと言わざるを得なくなる。彼は世の終わりに、「イマーム」イスマーイールとしてではなく、イスラームでは「マフディー」として知られるメシア的なとりなし役として戻ってくるのだという。

「イスマーイール派」、もしくは七人のイマームの存在しか信じないため「七イマーム派」として知られるイスマーイールの信奉者たちは、「マフディー」の教義を広めた最初の人たちではない。字義的には「神意によって正しく導かれた者」を意味するこの言葉は、イスラーム時代の最初から尊称として正式に用いられ、ムハンマドは「救世主《マフディー》」と呼ばれたし、アリーやその二人の息子ハサンとフサインもそう呼ばれていた。カルバラーの虐殺事件後、アブドゥッラー・イブン・アッズバイルとムハンマド・イブン・アル・ハナフィイアの二人も、ウマイヤ朝カリフに対して不首尾に終わった蜂起のあいだ、救世主《マフディー》と公言されていた。だが、イスマーイール派は、救世主《マフディー》の存在を信じることを信仰の中心にした最初のイスラーム宗派だった。それでも、シーア派の大半を占める「一二イマーム派」――ムーサーの系図の一二人目を最後のイマームとして信じてきた――が救世主《マフディー》の教義を取り入れるようになったのは、「隠れイマーム」がこの世を去って通常の理解を超えた領域に入り、「最後の審判の日」に、そこから地上に戻って正義を復活させるというユニークなイスラーム終末論が展開されるようになってからのことである。

クルアーンには救世主《マフディー》について何も述べられていないので、ムスリムは「隠れイマーム」の再来の見通しを預言者ムハンマドやその教友たちの「言行録《ハディース》」から探さなくてはならない。すると当然考えられることだが、そうした伝承は地理上の場所や政治的所属によって大きく違ってくる。たとえば、ウマイヤ朝への忠誠心が宗教や市民生活を支配していたシリアの伝承では、救世主《マフディー》はクライシュ家のメンバーであるとされているが、クーファでは、娘婿のアリーの系図に連なるムハンマドの直系の子孫とされており、地上に再来したときの最初の義務は、カルバラーでの殺戮に報復するのが当然と考えられている。伝承のなかには、内乱や偽預言者、地震やイスラーム法の廃止などが、救世主《マフディー》到来の予兆になることがあると予言しているものもある。一四世紀のアラブの歴史家で哲学者でもあったイブン・ハルドゥーンによれば、救世主《マフディー》はイエスよりも先に現われることもあるであろうし、二人のメシアがいっしょに地上に現われ、力を合わせて反キリストを殺すこともあるという。

　救世主《マフディー》の教義がシーア派で支配的になり始めると、スンナ派の宗教学者たちは次第にこの問題への考察から距離を置くようになった。スンナ派の法学者たちは、この教義が政治的には急速に破壊的な神学になるのを阻止する目的で、救世主《マフディー》信仰をおおっぴらに批判するようになった。スンナ派既成階級の不安には十分根拠があった。アッバース朝は、ある意味ではシーア派のメシア期待感情に訴えることによって、ウマイヤ朝を打倒していたからである。実際、アッバース朝の初代カリフは「血を流す者《サッファーフ》」というメシア的な称号を自分に与えている。彼は「ハーシム家の救世主《マフディー》」と呼ばれた。アッバース朝第二代カリフは、「マンスール」という、もとはイエメンに見られた救世主《マフディー》を表わす言葉を、自分の称号にした。第三代カリフは、自分の統治を、約束されたとりなし役としてはっきり認識させるために、自分を単純に「マフディー」と呼ばせた。

「イマーム」がもはや地上にいなくなったシーア派は、「信仰隠し《タキーヤ》」と呼ばれる〝用心のための偽装〟をおこなって長い政治的沈黙期に入った。直接の政治的権力の行使は、救世主《マフディー》の神聖な権威の簒奪を必然的に意味するため、彼が地上に戻るまではどんな政権も違法と考えられた。その結果、シーア派のイスラーム知識人《ウラマー》の役割は、救世主《マフディー》の代理人、すなわち、アメリカの宗教学者（タンザニア生まれのインド系）アブドゥルアジズ・サケディーナの言葉を借りれば、〝隠れイマーム〞にまで遡る人脈の〝生きた伝承経路《イスナード》〞にすぎない存在に縮小されてしまった。

だからと言って、シーア派政権が台頭しなかったわけではない。一五〇一年、十六歳の軍司令官イスマーイールがイランを征服し、サファヴィー王朝の初代の王《シャー》になった。イスマーイールはシーア派のなかの「一二イマーム派」をイランの国教にし、自国の領土内および隣りのオスマン帝国内の両方でスンナ派イスラーム教徒に対し容赦なく「ジハード」を開始した。イスマーイールのスンナ派に対する「ジハード」は、数年後に、オスマン帝国スルタン、セリム一世（在位一五一二―一五二〇）の手で終止符を打たれ、この敗北で、王《シャー》のオスマン帝国領土への遠征を打ち止めにしたことが、イラン自体の運命を永久に変えた。

王《シャー》イスマーイールは、〝隠れイマーム〞不在中のシーア派国家の正統性に違反すると言われても平気だった。それどころか、自分をあっさり待望の救世主《マフディー》だと宣言し、即位の日に、大胆に、「余はまさしく神《アッラー》だ、まさしく神《アッラー》だ、まさしく神《アッラー》だ！」と叫んだ。

イスマーイールのサファヴィー王朝が一八世紀に消滅してまもなく、シーア派の「一二イマーム派」はイランの国教としてそのまま残るが、もとの政治的静観主義に戻り、最高宗教指導者《アーヤトッラー》たちにもう一度信仰隠し《タキーヤ》のイデオロギーを奨励するように命じ、一九世紀にサファヴィー朝の跡を継いだカージャール朝、さらに二〇世紀にその後継となったパフラヴィー朝でも政権への直接介入を禁じた。

これらすべてを変えたのが、最高宗教指導者《アーヤトッラー》ホメイニー師だった。

ホメイニーの権力掌握のからくり

一九七九年二月の暖かい朝、数十万のイラン人がテヘランの街頭に溢れて、イランの最後の王《シャー》ムハンマド・レザー・

パフラヴィーの長い、抑圧的な治世が終わったことを喜んだ。その日の群集のなかには、民主主義者、学者、欧米で教育を受けたインテリ、リベラル派と保守派双方の宗教指導者、バザール商人、フェミニスト、共産主義者、社会主義者、マルクス主義者、ムスリム、キリスト教徒、ユダヤ教徒、男も女も、子どももいた。あまりにも長いあいだ、あまりにも大勢のイラン人の生活を耐え難いものにしていた、専制的でアメリカ支援を受けた体制に対する軽蔑心から、みんな一つにまとまっていた。

群集は、「王《シャー》に死を！」「専制政治に死を！」と叫びながら、拳《こぶし》を空中に突き上げた。怒った若者たちは町中から集まり、アメリカの国旗を燃やしたり、二〇年ちょっと前、イランの最初の民主的革命の意図をたたきつぶしたこの超大国アメリカに対し、反帝国主義スローガンを繰り返し唱えたりした。その革命が起こった一九五三年には、同じようにインテリや宗教指導者、バザール商人らがいつになく提携して、イランの独裁政権を転覆させたのだが、数か月後には、CIAが肩入れして強行に復権させてしまったのだ。

テヘランのアメリカ大使館に対して、「アメリカに死を！」という警告を繰り返し唱える彼らの叫びには、今度の革命は、いかなる犠牲を払っても、妨害されないぞという気迫がこもっていた。

その同じ日、大半が髭を生やした男と、黒いヴェールをかぶった女性の奇異な一団が、殉教者ハサンとフサインの名を叫び、救世主《マフディー》がやってくる「最後の審判の日」の到来を予言しながら街路を練り歩いた。この騒々しいグループのほとんど全員が、いかめしく、陰気な一人の宗教指導者の肖像画やポスターを掲げていた。その人物が、このところ数年、イランにおける反帝国主義の中心的唱道者になっていた最高宗教指導者《アーヤトッラー》ルーホッラー・ホメイニーである。

一九〇二年、シーア派宗教指導者の名門に生まれたホメイニーは、ナジャフとコムの名高い神学校で法律と神学を学んだ。彼は、驚くほど早く、シーア派の非常に複雑な宗教界の階級制度の高位にのぼりつめ、異例の三十二歳という若さで人も羨む法解釈の有資格者《ムジュタヒド》になり、まもなく「最高宗教指導者《アーヤトッラー》」の称号をえた。多くのイラン人と同様、ホメイニーは、イランという国を「ある時代はイギリスの、次はアメリカの言いなり」にしてしまった意志薄弱な君主政治を非難していた。だが、同格のほかの最高宗教指導者《アーヤトッラー》たちが伝統的な政治静観主義の維持を主張していたのに対し、ホメイニーは恥ずかしげもなく、自分の道徳的権威で国の政治や社会を指図しようと企んだ。国王を容赦なく非難し、繰り返し退位を要求したため、彼は一九六四年、逮捕され、国外に追放された。

それから一五年後の一九七九年、ホメイニーが意気揚々とイランに帰国し、この国の歴史に一役買う決意をしていたとは、群集のなかのほとんどだれも予測できなかったであろう。その後一年も経たないうちに、ホメイニーは自分の政治的、宗教的対抗勢力――この革命をともに成就させた男女――を排斥し、やがて処刑し、伝統的な政府を自分個人の理想とした、彼一人が行政、司法、宗教すべてに最終的権限をもつイスラーム国家に置き換えた。

あの二月の朝、だれ一人ホメイニーを「イスラーム法学者《ファキーフ》」と呼ぶ者はいなかった。彼はこれを、新たに形成されたイラン・イスラーム共和国の最高指導者である自分の称号にすることにした。当時のホメイニーはまだ、絶対的な宗教指導者支配の計画を公表していなかった。「神《アッラー》、クルアーン、ホメイニー」という連呼と、高齢の最高宗教指導者《アーヤトッラー》を「我が人生の光」と宣言するプラカードを掲げる群衆のあいだではむしろ、いつまでももう一つの称号が秘密であるはずがないと噂されていた。「ホメイニーは救世主《マフディー》だ」と人々はささやいた。イスラームを復活させて、イランを本来の理想の国にするために彼は帰国したのだと。

最終的にはイラン・イスラーム共和国を生み出した宗教・政治哲学をホメイニズムと呼ぶが、これが成功した理由は非常にたくさんあり、また、たいへん複雑でもあるので、ここでは詳細は論じない。一九七九年のイラン革命は、さまざまな点で、それまでの二つの民衆革命の避けがたい帰結だった。一つは一九〇五年から一一年にかけての立憲革命であり、もう一つは一九五三年の民族主義革命である。二つとも、イランの天然資源の既得権を保持したい外国政権（最初はロシアと、及ばずながらイギリスに、二度目はすでに述べたようにアメリカ）によって抑圧された。一九七〇年代後半までには、多くのイラン人が、イラン国王ムハンマド・レザー・パフラヴィーの腐敗した無能な統治に嫌気がさしていたため、さらなる革命は不可避だった。

　国王が政党政治を無視し、憲法を廃止してしまったので、国民はほとんど政治に参加できず、無責任な経済政策が記録的なインフレを起こし、急速で無駄な軍国主義化、広範囲にわたる民族的・宗教的自己認識《アイデンティティー》の喪失などに直面したこの国の宗教関係者、インテリ、商人階級、共産主義者からフェミニストまで、イランのほとんどすべての社会・政治組織が、自分たちのイデオロギー的な見解の相違を超えて、反帝国主義、民族主義を掲げ、腐敗した国王に対してともに決起したのである。革命後のプロパガンダとはちがい、これは、イスラーム宗教指導者国の樹立を目的とした最高宗教指導者《アーヤトッラー》ホメイニーの命令で始まった一枚岩的な革命運動では決してなかった。それどころか、国王に対してさまざまな、時には相矛盾するような声がたくさん上がっていたのである。ホメイニーの声が、良くも悪くも、一番大きかったにすぎない。

　ホメイニーが政治家としても宗教指導者としても非凡だったのは、シーア派信仰と文化が染みわたっている国では、シーア派イスラームのシンボルや比喩だけが大衆を動員する共通言語になると認識していたことである。そこでホメイニーは、イランを自分の思い通りの宗教指導者国に変えるにあたり、歴史が提供する最高の手本を参考にした。五百年前、サファヴィー朝支配者イスマーイール（一四八七―一五二四）が、自から「救世主《マフディー》」を名乗って、最初のシーア派国家を創建していたのである。

　もちろん、ホメイニーは自分を神《アッラー》になぞらえたことは一度もなかったし、救世主《マフディー》の称号をはっきり名乗ったこともなかった――そんなことをしていたら、政治的自殺になっていたことだろう。ホメイニーはむしろ、救世主《マフディー》のメシア的カリスマを意識的に装い、信奉者たち自身に判断を委ねた。彼以前に登場した救世主《マフディー》たちがみなそうであったように、ホメイニーも第七代「イマーム」、ムーサー・アル・カーズィムの子孫であると宣言し、「イマーム」（ペルシア語の発音は「エマーム」）というメシア的称号で呼ばれたがった。彼はイラン・イラクの八年間にわたるすさまじい戦争を、あたかも復讐は救世主《マフディー》にのみ与えられた権利であるかのように、カルバラーにおけるフサインとその一族の虐殺の報復と意図的に位置づけた。事実、一万人ものイラン人の若者が、自分たちは領土獲得のために戦っているのではなくて、殉教者の足跡をたどっているのだということを思い起こさせるために、〝天国への鍵〟を首にかけたり、「カルバラー」というロゴを派手な色で染め上げた鉢巻きをして、人間機雷掃海艇として前線に送り込まれた。

その頃までにホメイニーが自分自身を救世主《マフディー》と結びつけたのは、「法学者による統治《ヴェラーヤテ・ファキーフ》」という教義だった。主権在民でありながら宗教指導者が統治する政府というこの教義の詳細については本書の最終章で述べる。ここでは、ホメイニーの政治的・宗教的イデオロギーにおけるこの教義の基本的概略とその位置づけを理解しておけば十分であろう。

ホメイニーによれば、救世主《マフディー》が不在のあいだ、神の導きは、この世で〝隠れイマーム〟の代理を務めるイスラーム知識人《ウラマー》からしかえられないという。このような説を唱えたのはシーア派神学者としてホメイニーが最初ではない。二〇世紀初めに、同じように政治的関心の深い宗教学者シャイフ・ファズロッラー・ヌーリ（一八四三—一九〇九、ホメイニーのイデオロギー上の英雄の一人）やカーシャーニー師（一八八二—一九六二）も同じような発想をしていた。だが、法学者による統治《ヴェラーヤテ・ファキーフ》は、伝統的なシーア派の教義に二つの驚くべき修正を加えた。その第一は、資格のある宗教学者すべてに代わって、たった一人の宗教学者の手に絶対的な権威を集中させるべきだと主張したことである。第二は、救世主《マフディー》の代理としての最高宗教指導者の権威は、〝隠れイマーム〟の権威と同一であるとしたことである。つまり、ホメイニーの指導は、預言者ムハンマドや「一二イマーム」の指導と同様、絶対確実で、神から示唆されたものであるという。

「公正で学識のある法解釈の有資格者《ムジュタヒド》が政府の樹立と組織作りのために立ち上がるとき、預言者ムハンマドと同様、社会問題に関するすべての権利をもっている」とホメイニーは自分の歴史に残る政治論文に書いている。

　これはシーア派の人たちにとってびっくり仰天するような主張であり、思い切った宗教的新機軸であった。シーア派は霊界のお隠れから戻った救世主《マフディー》によってのみ導かれるという長年の信仰とは反対に、ホメイニーは、救世主《マフディー》の国を、彼に代わって樹立し、統治することによってユートピア的理想の時代の開幕を告げるのは宗教指導者たちの責任であると論じた。法学者による統治《ヴェラーヤテ・ファキーフ》が提案しているのは、この国の最高の法学者で「もっとも学識のある宗教指導者」でもあるイスラーム法学者《ファキーフ》が、「すべてのビジネス取引をおこない、イマームに託されたあらゆる事柄を実行する責任」をもつべきであるということだ。それに、イスラーム法学者《ファキーフ》は、救世主《マフディー》のこの世における代理人であるから、〃もっとも高貴な使徒〃と同じ権力をもち、国民に絶対的服従を求める資格があるはずだという。

　ホメイニーの先達であるボルージェルディー師（一八七五―一九六一）やシャリーアトマダーリー（一九〇四―一九八六）を含むイランのほかの最高宗教指導者《アーヤトッラー》たちの大半は、現代世界におけるムスリムの宗教指導者の責任は、イスラーム国家の宗教的な性格を維持することであって、国を直接統治することではないと言って、ホメイニーの法学者による統治《ヴェラーヤテ・ファキーフ》の教義を拒否したことは、シーア派のなかにもたくさんの異なった宗教的・政治的考え方があることを示している。だが、ホメイニーを非常に魅力的にしたのは、自分の神学を庶民に受けの良い、その時代の巧みな話術《レトリック》を使って言い表す能力だった。たとえば、彼はイランの有力な共産主義者やマルクス主義者のいろいろな派閥に接近して、伝統的なシーア派のイデオロギーを、抑圧された大衆を決起させる呼びかけに変えた。彼は世俗の民族主義者たちに言い寄り、自分のスピーチをイランの神話的な過去への連想で味付けし、自分の政治哲学の詳細についてはわざと曖昧にした。「政府はイスラーム法学者《ファキーフ》の手に委ねられなければならないと言っているのではありません。この国の幸福な暮らしのためには、政府は神の法に従って運営されなければならないと言っているのです」と彼は主張した。そのような国は「宗教指導者の監督下において」しか、ありえないということを彼はめったに公には言及しなかった。

ホメイニーは、仲間の最高宗教指導者《アーヤトッラー》たちが法学者による統治《ヴェラーヤテ・ファキーフ》はある形の独裁を別の形の独裁に置き換えるにすぎないと反対したときも、それを無視した。しまいには、イスラーム法学者《ファキーフ》は単なる世俗的な指導者ではなく、〝隠れイマーム〟の後継者であり、同様に、自分は神の正義の執行者ではなくて、神の正義そのものなのだと言うようになった。事実、ホメイニーによれば、イスラーム法学者《ファキーフ》は、「社会的正義という狭い意味での〝正義の人〟ではなく、一つでも嘘をついたら無効になるような、もっと厳格で広い意味での正義の人でなければならない」という。

彼の同僚たちは脅されて沈黙してしまい、シーア派の大多数が奮起して動き出すと、ホメイニーは暫定政権の支配権をたちまち自分のものにした。彼は、大半のイラン人が自分たちはホメイニーの何を認めたのかわからないうちに、国民から委ねられた権限を利用して自分の神学的信条を政界に吹き込み、イランをイスラーム共和国に変え、自分自身をイランの世俗界・宗教界の両方に最高の権威をもった、この国初のイスラーム指導者であると名乗った。

一九八九年、ホメイニーは死んだ。八十七歳の病弱な老人だったが、彼の死に大勢の国民は驚いた。葬儀の最中に、彼の遺体に街路で人々が群がり、遺体を包んでいた屍衣を引き裂き、その切れ端を聖遺物としてもっていった。イランにはこの「イマーム」の死を信じない人たちさえいた。彼は死んだのではなくて、お隠れになっているにすぎず、やがて戻ってくるのだと。

だが、ホメイニーは、イランでメシア復活めいた権力掌握のずっと以前から、イスラーム神秘主義の敬虔な信奉者、すなわち「スーフィー」だった。事実、理想家肌の大学生だったホメイニー青年は、自分のノートに、恋人が自分の愛する者との一体化を望むように、神との一体化を切望する気持ちを綴った驚くほど情熱的な詩をひそかに書き留めていた。

「おお、願わくは最愛の人の手ずから酒杯を私に与えたまえ。この秘めたる思いをだれに打ち明けたものか？　私のいらだちをどこへもって行くべきか？　生まれてこの方、私は最愛の人の面影を慕いつづけてきた。私は炎のまわりを飛び回る興奮した蛾のよう、火で焙《ほう》じられる野生の香草のよう。見てくれ、私の染みだらけの外套とこの偽善の祈祷用マットを。いつの日か、これらを私が酒場の入り口でぼろぼろに引き裂くことができるであろうか？」とホメイニーは書いている。

こうした詩句は、将来、最高宗教指導者《アーヤトッラー》となる人としては驚くべき言葉のように思えるかも知れない。だが、イスラームのもう一つ別の大きな宗派であるスーフィズムの行動規範を知っている者にとっては、必ずしもなじみのないものではない。スーフィーにとって、イスラームは法でも神学でもなく、信条や儀式でもない。スーフィズムによれば、イスラームは信者が自分のエゴを捨て、天地の創造者と一つになるための手段にすぎないのである。

第8章　祈祷用マットをワインで染めよ——スーフィーの修行道

ライラとマジュヌーン

これはライラとマジュヌーンの物語である。

あるとき、名門の長老《シャイフ》一族にこの上なく美しい男児が誕生した。名前はカイス。成長するにつれて、彼がいつの日か家族や部族の大きな誇りの源泉となるにちがいないと、だれもが思った。少年時代から、彼の知識、勤勉さ、器用さ、話術は仲間うちのだれよりも優《すぐ》れていた。話せば舌から真珠がこぼれ、笑えば頬は太陽を目覚めさせるすみれ色〔頬ひげのうっすら生えたさま〕のチューリップのようだった。

ある日、カイスが出会った少女はあまりに可愛らしかったので、彼はたちまちわけもなく激しい恋心に取り付かれた。彼女の名はライラ。〝夜〟という意味の名前さながらに、漆黒の夜空に映える月のようだった。瞳は羚羊《かもしか》のごとく、唇は濡れた二枚のバラの花びらを思わせた。

ライラもまた、わけもなくカイスに心を惹かれた。二人は恋に落ちたのだ。だが、若さゆえに、二人とも恋とはどんなものか知らなかった。恋とは、二人の心の酒杯《さかずき》に縁までなみなみと酒をつぐ酌婦のようなものだ。何を注がれても二人は飲み、知らないうちに酔う。

カイスとライラは町の市場の細い路地や通路をぶらつくときも、こっそり交わす目配せや、しのび笑いが聞こえるくらいには近く、ゴシップの種にはならない程度には離れて歩き、自分たちの思いが人目につかないようにした。だが、こうした秘めごとは隠しきれるものではない。ひそひそ話はやがて王国をひっくり返すほどになった。「カイスとライラは恋をしているぞ！」とだれかが町なかで言った。

ライラの部族はいきり立った。父親は娘に学校をやめさせ、自分の幕屋《テント》から出ることを禁止した。兄弟たちはカイスがきたら、罠にかけてやると誓った。だが、吠える犬を新月の美女から遠ざけることはできない。

恋人と引き離されたカイスは茫然自失状態になり、家畜小屋やテントのあいだを次から次へとさまよい歩いた。彼は行く先々でライラの美しさを歌い、自分の前を横切る人すべてに彼女の長所を褒め上げた。ライラに会わずにいる時間が長くなればなるほど、愛は狂気に変わっていったため、やがて人々は街頭で彼を指さし、「狂人《マジュヌーン》がきた！ 狂人《マジュヌーン》がきた！」と言うようになった。

カイスの気が狂ってしまったのは本当だった。だが、気が狂うとはどういうことか？ 恋の炎に焼き尽くされようとしているのか？ その蛾は欲望という火で我が身を焼きつくすほど狂っているのか？ もしそうなら、カイスは確かに気が狂っていた。カイスはマジュヌーンだった。

ぼろをまとい、正気を失ったマジュヌーンは、町を出て、ヒジャーズの山々や荒れ地を当てもなく歩き回り、恋人の姿が見えなくなったことを嘆く悲しみに満ちた抒情詩《オード》を作った。彼は家もなく、部族もなく、幸福の国からきた亡命者のようだった。善悪、正邪の判断も、もはや彼にはない。恋する男は、恋以外のことは何も知らなかった。彼は理性を失い、砂漠の浮浪者として暮らした。髪は汚れてもつれ、服はぼろぼろだった。

気が狂ったまま、マジュヌーンはカアバ聖殿にきた。巡礼者たちを掻き分け、聖殿に突進した彼は、その扉をたたきながら、「おお、主よ、わが恋を育《はぐく》みたまえ！ 恋を花開かせ、花の命を永らえさせたまえ。私の渇きが癒えるまで、恋の泉の水を飲ませたまえ。私には恋しかない。恋は私のすべて、ほかには何もいらない！」と叫んだ。

巡礼者たちは仰天した。彼らはマジュヌーンが地面に倒れ、頭にどんどん土をかけながら、情熱の足りない自分を呪う姿をじっと見つめた。

マジュヌーンの行為は家族や部族の名誉を傷つけたが、彼自身は少しも恥だと思わなかった。ライラがイブン・サラームという名の桁違いに裕福な男と見合い結婚したと聞くと、マジュヌーンは正気も理性も失った。彼は衣服をびりびりと裂き、動物のように裸《はだか》で大自然のなかを這いまわった。砂漠の野獣といっしょに谷間で眠り、野生の植物を食べ、雨水を飲んで暮らした。彼はその恋ゆえに有名になった。国中の人々が彼を捜し出し、時には何時間もいっしょに座って、彼の愛しいライラの話に耳を傾けた。

ある日、彼が気のむくままに自分の詩をうっとりと聴きほれる聴衆に向かって朗誦していたとき、一枚の紙切れが風に乗ってひらりと彼のひざの上に落ちた。それには「ライラ」と「マジュヌーン」という二つの言葉が記されていた。大勢の人たちが見つめるなかで、マジュヌーンはその紙切れを半分にちぎり、「ライラ」と書かれているほうを丸めて、背後に放り投げ、自分の名前が書かれているもう半分を大事にしまった。

「どうしてそんなことを?」とある人が尋ねた。

「名前は二つより一つのほうがいいって知らないの?」とマジュヌーンは答えた。「恋の現実を知っている人なら、恋人を消してしまえば、そいつの愛人はだれだかわかるのさ」

「でも、何で自分の名前ではなく、ライラの名前の書いてあるほうを放り投げたの?」と別の人が訊いた。

マジュヌーンは恐い顔をしてその男をにらみつけた。「名前は貝殻みたいなものにすぎない。その貝殻に何が隠されているかが大事なんだ。ぼくは貝殻で、ライラは真珠。ぼくはヴェールで、彼女はそれで隠された顔だ」

人々は彼の言葉の意味がわからなかったが、その話し方のやさしさに驚嘆した。

他方、自分の部族に拘束され、愛してもいない男と結婚させられたライラは、孤独の暗闇に突き落とされていた。彼女はマジュヌーンと同じように深く悩んだが、彼のような自由がなかった。彼女もまた、砂漠の野獣とともに暮らし、マジュヌーンを愛していると山の天辺《てっぺん》から宣言したかった。だが、彼女は自分の幕屋《テント》に閉じ込められ、心を閉ざされた囚人だった。ある朝、彼女の部族のそばを通る年配の商人がマジュヌーンの消息を彼女に伝えたとき、ライラは風にそよぐ葦のように、うつろで重力を失ったように感じた。

「あなたの輝きを失ったマジュヌーンの魂はあまたの嵐に翻弄される冬の夜の大海原のようです。彼は何かに取り付かれたように叫び声を上げながら山中をうろつきまわっている。彼の口を突いて出る言葉は、〝ライラ〟の一言だけだ」とその老人は彼女に言った。

「責任はみな私にあるのです」とライラはわが身に呪いを叩きつけながら、声を上げて泣いた。「私の愛する人の心に火をつけ、その身を灰にしたのはこの私です」自暴自棄になった彼女は、両耳から宝石をはずして、それを老商人に渡した。「これをあなたに差し上げるわ。さあ、マジュヌーンのところに行って、あの方をここに連れてきて。あの方に会い、ほんの少しのあいだでいいからそのお顔を見つめて、ほんの一瞬、そのお顔の輝きを身に浴びたいのです」

老人は承知した。彼は何日も砂漠でマジュヌーンを探した。ようやく彼を見つけると、ライラからのことづけを伝えた。「浮世と決別した誓いを破って、彼女の涙溢れる顔を一瞬でもよいから見にきては下さらないか？」と彼は懇願した。

「ほとんどだれもぼくのことをわかっていない」とマジュヌーンは考えた。世間の人が考える幸福は、ぼくのと違うことがわからないのだろうか？　彼らの願いはこの世でかなえられるかもしれないが、ぼくの憧れはまったく別のもので、ぼくが浮世にいるあいだにはかなえられないことを知らないのだろうか？」

だが、マジュヌーンは恋しい人の顔を見る好機には抵抗できなかった。外衣をまとった彼は、商人のあとについてナツメヤシの森に行き、老人がライラを連れてくるまでそこに身を隠した。

商人が彼女の手を取って森へ案内し、マジュヌーンのいるところに近づくにつれて、ライラは身体中が震えだした。恋人のところまであと二〇歩ほどのところへくると、彼女は身を堅くした。老人は彼女の腕を引っ張ったが、ライラは動けなかった。

「もったいのうございます。これ以上先へはまいれません。今でさえ、私は燃えるろうそく、あと一歩でも近づけば、私は完全に燃え尽きてしまうでしょう」

老人は彼女を残して、マジュヌーンのところへ行った。ナツメヤシの森から月光の下に彼を連れ出し、ライラのほうを指差すと、その顔は赤らみ、瞳はガラスのように輝いた。マジュヌーンはよろめきながら前へ進んだ。星の光がナツメヤシの天辺《てっぺん》からそっとのぞいた。暗闇のなかで動きがあった。そして突然、天空のドームの下で、ライラとマジュヌーンはおたがいに向き合った。

それはほんの一瞬だった。頬に血がのぼった。二人の恋人はたがいにじっと見つめ合い、恋の酒盃《さかずき》を飲み乾した。だが、二人は今、触れ合うほど近くにいたが、そのような美酒は天国でしか味わえないことを知っていた。一呼吸し、ため息をつき、嗚咽を押し殺して、マジュヌーンはくるりとうしろを向き、森から砂漠へと影のように闇夜に消えた。

歳月がたち、ナツメヤシの木の葉は色褪せた。花々は喪に服して花びらを落とした。田園地帯は黄ばんで生気を失い、あちこちの庭はゆっくりと寂《さび》れて行った。ライラもまた、年老いた。彼女の瞳の輝きは薄れ、恋人の名をささやきながら息を引き取った。

愛する人の死を耳にしたマジュヌーンは、大急ぎで故郷に帰り、彼女の墓土にまみれて身もだえした。彼は身を投げ出し、礼拝のときのように大地に身体を伏せた。だが、彼の唇から漏れるのは、「ライラ」という一言だけだった。彼は魂の抜け殻にすぎなくなった。

マジュヌーンの亡骸がライラの墓の上に何か月もあったという人もいれば、いや何年もあったという人もいた。だれも敢えてそこに近づこうとしなかった。その墓は砂漠の野獣が夜も昼も守っていたからである。墓の上に急降下してくるハゲワシでさえ、マジュヌーンには触れなかったであろう。彼の亡骸はやがて塵と骨になった。そのときになってようやく動物たちは主人を棄て、軽やかな足取りで大自然のなかに戻った。

動物たちが去り、マジュヌーンの遺骨が風で一掃されると、ライラの墓には新しい墓標が建てられた。それにはこう刻まれている。

二人の恋人がこの一つの墓に眠る
死の暗いゆりかごのなかで永遠に一つに結ばれて
別れていても忠実で、真に愛し合った二人
天国ではどうか二人に一つの幕屋《テント》があてがわれますように

浮世の虚飾から離脱したスーフィズム

「スーフィズム」という言葉は、イスラーム神秘主義の非常に複雑で、限りなく多様な伝統のことを言うが、英国のイスラーム神秘主義研究者レナルド・ニコルソン（一八六八―一九四五）が早くから見抜いていたように、基本的には定義不可能である。「スーフィー」という言葉さえ、この行動を分類する助けにはほとんどならない。「スーフィーとして生きること」を意味するアラビア語「タサウウフ」は、とくに深い意味はなく、おそらく「羊毛《スーフ》」の粗末な衣服を着ていた人たちをこう呼んだものと思われる。最初のスーフィーたちは、貧しく、浮世離れしていることの象徴としてそういう服装をしていたからだ。実際、記述用語としての「スーフィー」という言葉は、「修行僧」を意味する「ダルヴィーシュ」（ペルシア語）（トルコ語では「デルヴィーシュ」）や「貧者」という意味の「ファキール」（アラビア語）と、事実上、置き換えることができる。「スーフィー」はアラビア語で「選ばれた」という意味の「サフウィー」もしくは「清廉」という意味の「サファー」からきていると論じる人もいるが、どちらも語源的な根拠はないと否定されるにちがいない。また、「スーフィー」はギリシア語の「叡智」を表す「ソフィア」の訛ったものだと言う人もいる。この二つの言葉のあいだには、表象的なつながりを求めたくなる誘惑に駆られるが、こちらも可能性は乏しい。なぜなら、もし「ソフィア」がアリストテレス的な感覚で「究極的な知識」と解釈されるとするならば、語学的にだけではなく、「スーフィー」という用語に非常に深く関係があることになるからである。

宗教活動としてのスーフィズムは、さまざまな哲学的・宗教的趨勢を寄せ集めたような性格をもっており、あたかも空《から》の大釜にキリスト教の修道院生活、ヒンドゥー教の禁欲主義の原則に仏教やタントラ教の思想をふりかけ、イスラーム的グノーシス主義と新プラトン主義の特色を加え、最後にシーア派信仰、マニ教、中央アジアのシャーマニズムのいくつかの要素を加味して、たっぷり注ぎ込んだようなものである。そのようなさまざまな影響の混合は、学問的分析意欲を阻喪させるものかもしれないが、スーフィズムがその初期の段階でどのように形成されたかをよく表してもいる。

初期のスーフィーはあまりまとまりがなく、個人的にムスリム帝国のあちこちを神についての深い知識を求めて旅して歩く移動生活者だった。こうした〝放浪の托鉢僧〟の数が増えるにつれて、バグダードやホラーサーンのような交通の要衝地に彼らのための一時的寄宿舎が建設され、ここに滞在中に、集会や修行の旅のあいだに学んだことを共有するようになった。一一世紀までには――アッバース朝がシーア派を異端的行為のために積極的に処罰していたのと同じ頃――こうした寄宿舎は修道院に似た永続性のある組織になり、そのうちの一部は次第に神秘主義の高度に洗練された学派や教団へと成長して行った。

スーフィー教団は、自己浄化と霊的な啓発の道を求めて「ウンマ」から永久に隠遁した導師を中心に据えた。アラビア語で「シャイフ」もしくはペルシア語で「ピール」（どちらも〝長老〟を意味する）と呼ばれるこうしたスーフィーの導師は、昔、自分が集めた体系化されていない教えを次世代の信奉者たちに伝えていた伝説的な導師の信奉者だった人たちである。それぞれの信奉者が精神的に成熟したレベルに到達するにつれて、自分の恩師の言葉を自分の生徒に伝えるようなことをしたくなったのであろう。それゆえ、スーフィズムがなぜ長いあいだにさまざまな供給源から集めた材料を使った折衷料理のように見えるかよくわかる。もちろん、カルバラー生まれの現役スーフィー導師ファドゥラッラー・ハーエリーが教えているように、「ただ単に料理のレシピを集めることと、実際に料理して食べることとのあいだには大きなちがいがある」

それにもかかわらず、スーフィズムはシーア派信仰と同様、歴代のムスリム王朝の帝国主義的なイスラームと、〝正統派〟のイスラーム知識人《ウラマー》の厳格な形式主義に対する反体制運動のようなものだったことを認識しておくことが重要である。スーフィズムもシーア派もクルアーンの隠れた意味を明らかにするために「理性的解釈《タアウィール》」を積極的に活用し、その宗教活動は預言者ムハンマドへの献身が中心で、「イマーム」（もしくは「ピール」）と呼ばれる聖者に近い人物を個人崇拝する。

だが、シーア派もスーフィーも同じ精神的次元に存在し、相互に影響を与え合っていることは確かである一方、スーフィズムはイスラームのなかでも稀有な、秘教や敬虔主義にのみひたむきになる非インテリ的な人たちを代表している。また、シーア派とちがうのは、スーフィーは政治権力に関心をもたなかったことである。スーフィーの導師たちはインド亜大陸の場合のように、たまたま政治的領域に入ることはあっても、最初のうち、あらゆる一時的権威を掌中にすることを避け、形成期のムスリム・コミュニティーにはびこった政治的・神学的内部抗争からは完全に一線を画していた。その代わり、スーフィーは簡素で清貧な生活を通して、禁欲主義と、「ウンマ」や浮世の虚飾からの離脱に努めた。「王様を変えられないなら、自分が変わればよい」とスーフィーは言う。

スーフィーは、その儀式や実践において自我消滅の達成を希求する。こうした目標設定はほかの神秘主義運動にも共通しているかもしれないが、スーフィズムと神秘主義の伝統的な理想とのあいだにはいくつかのたいへん重要なちがいがある。その第一は、イスラームには、信者の生活のあらゆる面にわたってきびしい反修道院主義が存在する。簡単に言えば、イスラームは全住民参加型の宗教で、徹底した、隠遁的な個人主義を軽蔑する。「ウンマ」を拒否するムスリムは、ローマ教皇教会を否定するカトリック教徒のようなものだと言える。どちらも自分たちの救いの源から意図的に離脱することになるからだ。スーフィーの導師の大半は社会から隠遁しているが、彼らは僧侶ではない。彼らの信奉者たちは現実の世界で生き、働いている職人や、薬屋や、商人である。シャイフ・ハーエリーが書いているように、正真正銘のスーフィーとは、「内と外を分けない」。なぜなら、「自分の内なる自己を浄化することから始めれば、究極的には自然と外の社会に関心をもつようになるからだ」。

第二は、クルアーンでは、神秘主義のもう一つの伝統である独身主義を、「生めよ、増やせよ」という神《アッラー》の命令に背くものとして、明らかに軽視している。ムハンマドへの神《アッラー》の啓示のかなりの部分が、家族の強化と維持にささげられている。イスラームでは、家族は「ウンマ」の模型であり、森羅万象の縮図であると考えられている。事実、クルアーンでは繰り返し、子が親に忠実であることは神《アッラー》に対する忠誠と同じであると述べている（第二章八三節、第四章三六節、第六章一五一節、第三一章一四節）。そういうわけで、独身主義はスーフィズムでは広く認められた現象になったことはないが、バスラのラービアのように、伝説的な美女でありながら自分を完全に神《アッラー》に捧げるためにすべての求愛者を拒絶して独身を通したことで有名なスーフィーもいる。

だが、おそらくスーフィズムと伝統的な宗教がらみの神秘主義との一番大きなちがいは、後者がその〝親〟宗教を引きずっている点である。スーフィズムはイスラームから生まれたものの、その親は貝殻のようなもので、直接、神《アッラー》を知る体験をしたあとは、そこから脱却しなくてはならないと考える。言葉を換えれば、正式な宗教としてのイスラームは、スーフィズムにとっては顕著な主題《モティーフ》というより前奏曲《プレリュード》のようなものなのである。イスラームはすべての宗教と同じように、人間に神《アッラー》の方に〝向け〟と主張するだけだが、スーフィズムは人間を神《アッラー》の方へ〝押し出す〟ことを目的にしている。

これはスーフィーがイスラームや、その宗教的・法的必要条件をすべて否定するという意味ではない。スーフィーを時には激しく非難するシーア派やスンナ派とは相容れないが、スーフィーはムスリムである。彼らはムスリムのように祈り、ムスリムのように礼拝する。ムスリムと同じシンボルや比喩を使うし、ムスリムの信条や儀式に従う。エルサレムのリファーイー教団のたいへん尊敬されていたスーフィー導師ムハンマド・シャーズィリー（一一九六?―一二五八）の言葉を借りれば、「預言者ムハンマドの道に足を踏み入れたいならば、すべてを神《アッラー》に与え、神《アッラー》の奴隷になるような真のムスリムでなければならない」。

つまり、スーフィーはすべての「正統教義《オーソドクシー》」、すべての伝統的な教え、法学、神学、「イスラームの五柱」も、神《アッラー》についての本当の知識を得るには不十分であると考える。神《アッラー》の直接の言葉としてスーフィーが尊重するクルアーンさえ、神《アッラー》の本質に光を当てる力が欠けているという。あるスーフィー導師が言っているように、なぜラヴ・レターを書いた〝恋人〟が目の前にいるのに、ラヴ・レター（クルアーンを意味している）を読むことに時間を使うのか？

すべての旅には始まりがあるように、スーフィーの修行道もイスラームという〝外郭〟から発生しているにすぎない。スーフィーが段階を踏んで〝自我消滅〟し、神《アッラー》との一体化に近づくにつれて、外殻は次第に削ぎ落とされなければならない。なぜなら、マジュヌーンが言うように、「外殻が隠しているものが大事だからだ」。スーフィーは、理性や神学、信条や儀式、法や戒律すべてが、悟りを開いた人の魂のなかで、最高の徳目である愛と置き換えられなければならないと信じている。

歴史上、スーフィズムを懐疑的に見るムスリムがたくさんいることは驚くに当たらない。人間の理性だけでは神《アッラー》の奥深さを推測することができないし、そのような知識は究極の現実を直観的に知覚することからしか生まれない、というスーフィーの確信が、宗教界の権威者たちを激怒させたのは当然だろう。スーフィーが心の世界の神秘的知識の探求に「イスラーム法《シャリーア》」の適用を拒否したことも、事態を硬直させた。すでに述べたように、「イスラーム法《シャリーア》」は信仰の〝外面的《ザーヒル》〟ありように関連したもので、数えあげられるものだから、法則化できる。だが、〝内面的《バーティン》〟ものは法則化できない。そのことが宗教界の権威者たちに重大な脅威を与えた。さらに悪いことに、スーフィーはムスリム・コミュニティーを離脱して、イスラーム知識人《ウラマー》に代わる導師《ピール》を唯一の宗教的権威者とする独自の「ウンマ」を形成しつつあるように見えた。

「イスラーム法《シャリーア》」とその「伝統的解釈《タフスィール》」の厳格さを拒否し、さまざまな形の地域信仰や慣習を熱心に取り入れたスーフィズムは、ムスリム帝国の中でもアラブ人多数派に支配されていない地域全般にわたって絶大な人気があった。インドでは、カースト制度に反対のムスリムの価値観と、信仰上のちがいをさておいて、伝統的なインド人の慣行である呼吸法、座り方、瞑想を熱心に融合させたために、スーフィズムは燎原の火のように広まった。中央アジアでは、ペルシア人スーフィーの幹部が、壮麗な詩歌やスーフィー文学をちりばめた、まったく新しい書き物による正典を創り出した。これはクルアーンとはちがう口語俗語で書かれていたため、ムスリム帝国全土に難なく普及した。

こうしたスーフィズムの起源の概略から、どのようにしてこの運動が発生し、広まったかがわかるであろう。だが、スーフィズムとは何かの説明にはなっていない。いや、説明しようとしてもできないのだ。それは、スーフィズムが、その特徴を述べることはできるが、定義できない宗教活動だからである。

もっとも偉大なスーフィー詩人ジャールッディーン・ルーミー（一二七三年没）の原作で、サルダーナの大導師イドリス・シャー（一九二四―一九九六）が脚色した次のようなたとえ話をごらんいただきたい。

ペルシア人、トルコ人、アラブ人、ギリシア人の四人が遠い国を旅行していたとき、共有の一枚のコインをどう使うかで議論になった。四人ともぜひ食べ物を買いたいという点では意見が一致したが、ペルシア人はこのコインをアングールに使いたいと言い、トルコ人はウズム、アラブ人はアイナブ、ギリシア人はスタフィーリにしようと言う。

それぞれが自分のほしいものにこだわるので、議論は白熱した。

そこへ通りかかった諸言語の達人が、彼らの言い争いを聞いて、「私にそのコインを預けてくれれば、あなた方全員の要望を満足させることができると約束する」と言う。

諸言語の達人はそのコインをもって近くの店に行き、小さな四房のブドウを買った。やがて戻ってきた彼はそれぞれに一房ずつ与えた。

「これが私のほしかったアングールだ！」とペルシア人が叫んだ。

「だが、私がウズムと言っていたのはこれだよ」とトルコ人が答えた。

「私のほしかったアイナブを買ってきてくれたんだね」とアラブ人が言った。

「ちがう！　私の国の言葉では、これはスタフィーリと言うんだ」

突然、男たちは自分たちそれぞれがほしかったのは、実は同じものだったことに気づいた。おたがいにどう表現したらよいのか知らなかっただけだった。

四人の旅人は、心のなかで必要としているものを探しているが、それを明確にできず、別々な方法で表現している人間を表わしている。諸言語の達人はスーフィーで、人間が求めているもの（宗教）がさまざまな名で呼ばれているが、実は同じ一つのものであることを教える。だが、――ここがこのたとえ話の一番大事なところだが――諸言語の達人が旅人に差し出すことができるのはブドウだけであって、それ以上は何もない。彼は「そのブドウのエッセンスである」ワインを差し出すことはできない。言葉を換えれば、人間に究極的な現実に隠された意味を教えることはできない。なぜならそのような知識は共有できないが、自我消滅への困難な心の旅を通して体験されるはずだから。卓越したイランの詩人、シーラーズのサアーディーはこう書いている。

私は口が利けない夢想者で
国民は耳が聞こえない。
私は言葉で言えない
そして彼らは聞くことができない。

「スーフィズム」とは何か？　それはマジュヌーンのライラに対する愛である。それは、スーフィーの導師ハルキの言葉を借りれば、「同じ海から打ち寄せ、瞬間的に太陽の光を反射する無数の波」である。〝スーフィズムの開祖〟イブン・ジュナイド（九一〇年没）は、「スーフィズム」とは、「より高度な特質すべてを取り入れ、下等な特質すべてを捨てる」習慣を指すという。「スーフィー」とは、「キリスト教徒でも、ユダヤ教徒でも、ムスリムでもない」とルーミーは書いている。「スーフィー」は「いかなる宗教や文化体系にも属さない……西からきたものでも東からきたものでもなく、海からでも山からでもない、自然界のものでも霊界のものでもない、学問的原理によって構成されたものでもない……この世の実在物でもなければ来世のものでもない」。イスハン・カイザーによれば、それは「拝火教信者の実在の寺院であり、ゾロアスター教の僧侶であり、あぐらをかいて瞑想するインテリの精神状態であり、画家の筆致や色彩である」という。

酒を飲まずに酔い、食べ物なしで満腹し、粗末な服を着た王であり、廃墟のなかの宝物である「スーフィズム」は、イスラームにとっては、人間にとってその生命の源、実存の中枢、すなわち心である。マジュヌーンの言う「貝殻のなかに隠された真珠、ヴェールの下の顔」だ。「スーフィズム」とは、ムスリムの信仰の奥深くに隠された神秘的で、名状しがたい現実であり、この不可解な宗派を理解するには、その奥深さを掘り下げてゆくしかない。

自我消滅の階梯

一〇世紀のバグダードでのこと、ある春の朝、熱気に溢れてはいるが周到な管理の行き届いている首都の市場は、フサイン・イブン・マンスール・ハッラージュ（九二二年没）という名のぼろをまとった男の登場で興奮状態に陥った。この男は初期のもっともよく知られたスーフィーの導師の一人で、人がいっぱいの広場に駆け込んでくるなり、声を限りに「私は真理（神）である《アナー・アル・ハック》」と叫んだからである。彼は「私は神である」と言っているつもりだった。

市場の管理人たちは憤慨し、ただちにハッラージュを拘束して、イスラーム知識人《ウラマー》に裁いてもらうために引き渡した。バグダードのイスラーム知識人《ウラマー》はすでに、この問題の多いスーフィーの導師のことはよく知っていた。ハッラージュはイラン南部のゾロアスター教の祭司の家に生まれ、イスラームに改宗したあと、かなり若いときにアッバース朝の首都バグダードに移住した。伝説的なスーフィー導師トゥスタリー（八九六年没）の初期の信奉者だった彼は、カリスマ性のある説教者に成長し、奇跡的なおこないや突飛な声明で知られるようになった。信奉者たちから「奨励者」と呼ばれていたハッラージュがまず評判を落としたのは、巡礼《ハッジ》は心の清らかな人間ならどこにいてもおこなえる〝心の〟巡礼であると言明したことである。言うまでもなく、これには宗教界の権威者たちが憤激した。彼はさらに、イエスを〝隠れスーフィー〟であると考えて、自分の説教の大半をイエスに焦点を当てておこなったため、イスラーム知識人《ウラマー》を離反させた。こうした宣言のため、彼は狂信的な〝隠れキリスト教徒〟だと非難された。だが、歴史上、スーフィーの殉教者は決して彼一人ではないのに、ハッラージュをもっとも有名にしているのは、神と一体化したというとても許せないような異端的発言をしたからであった。

八年間にわたる投獄中、何度も主張を撤回する機会を与えられたが、ハッラージュはそれを拒否した。しまいには、アッバース朝カリフ、ムクタディルも宗教界からの圧力に耐えかねて、彼に死刑を宣告した。異端は厳罰という見せしめのため、カリフはハッラージュに拷問、鞭打ち、身体の一部の損傷などで傷めつけさせ、遺体は斬首、手足を切断の上、火中に投げ入れ、灰はチグリス川に捨てさせた。

ハッラージュは何を志していたのか？　彼は実際に自分が神であると主張していたのだろうか？　もしそうなら、スーフィズムをイスラームのような徹底した一神教で偶像崇拝を激しく否定する宗教の正統な一宗派とどうして見なすことができるであろう？

傑出したスーフィーのなかでハッラージュを激しく非難する人はたくさんいる。イスラーム史のなかで、おそらくもっとも重要なムスリム神秘主義者であるアブー・ハーミド・アル・ガザーリーは、一一世紀の代表作である『幸福の錬金術』のなかで、ハッラージュを〝愚かなおしゃべり〟と呼んで、「彼の死は真の宗教の大義のために大きく貢献した」と述べている。アル・ガザーリーはハッラージュが神《アッラー》との霊的合一の達成、つまり彼の実在と神《アッラー》の実在が一つになったという主張を非難したのではなかった。彼やほかの人たちは、ハッラージュが秘密にしておくべきものを公開してしまったことに抗議したのだ。

ガザーリーはその生涯をイスラーム神秘主義とイスラームの「正統教義《オーソドクシー》」を調和させることに努め（彼は信じがたいことだが、スーフィーであるとともに伝統主義のアシュアリー学派の一員でもあった）、そのような深遠な知識はゆっくりと段階を踏んで明らかにされなければならないことをだれよりも良く理解していた。彼は『宗教諸学の再興』のなかで、「子どもは大人が獲得しているような真の知識がなく」、無学の大人は「学識のある人間の獲得したものを理解できない」のと同じように、たとえ学識のある人でも、「霊的洞察力のある聖者の体験」を理解することはできないと書いている。

ハッラージュの罪は、彼の驚くべき発言が神聖なものを冒涜したからではなくて、彼が言おうとしていることを理解できない可能性のある人たちに、不注意に暴露したことにある。スーフィーの教えは、受け入れ準備ができていない人や精神的に未熟な人に開示してはならないことになっている。ガズナ出身の神秘主義者アル・フジュウィリー（一〇七五年没）は、十分な知識や経験のない人はあまりにも安易に「［スーフィーの］意図していることを誤解し、その真の意味ではなく、神秘主義者らが自分たちなりに作り上げた概念も否定して」しまいがちだと言う。ハッラージュでさえ、自分の神《アッラー》との合一体験は長いあいだの奥深い瞑想のあとで得られたことを認めている。彼は『詞華集《ディーワーン》』のなかで神についてこう書いている。「あなたの心が私の心に少しずつ混ざってきた。再会と放棄とを繰り返しながら。そして今、私はあなた自身である。あなたの存在が私自身になり、私の意志にもなっている」

ハッラージュの心の旅がどこで終わったかを理解するには、その旅がどこから始まったかを振り返ってみなければならない。それは、スーフィーたちが「道《タリーカ》」と呼んでいるその長い困難な内省の旅を始める最初の階梯である。「道《タリーカ》」とは、スーフィーが宗教の外面的な現実を離れて、神聖な現実——唯一の存在である神《アッラー》へと導かれる神秘的な旅のことを言う（「タリーカ」という言葉はまた、こうした修行をおこなうスーフィー教団の総称としても使われる）。すべての旅と同じように、「道《タリーカ》」にも終着地がある。だが、それはあらかじめ決めておいた目的地へつながるまっすぐな道ではなく、神《アッラー》の存在を隠している壮麗な山の頂上のようなところを想像しなくてはならない。頂上にたどり着くには、もちろん、たくさんの道があり、ある道はほかの道よりよい場合がある。だが、どの道を行っても同じ目的地に到達するのだから、どの道をとるかはどうでもよい。大事なのは、頂上へと絶えず移動する道中で、一歩一歩計算され、管理され、厳重に監督される階梯である。「道《タリーカ》」に沿って、ある特定の〝心的状態と階梯〟を丹念にたどり、それぞれの場所で言語に絶する精神的進化を経験し、最後にやっと旅の終着地に到達するのである。悟りの境地に至った瞬間に、現実というヴェールは剥ぎ取られ、自我は跡形もなく消え、利己心は神《アッラー》によって完全に焼き尽くされる。

これまでのところ、修業者が自我消滅への旅路の途中、通過しなければならないスーフィーの「道《タリーカ》」と階梯について、もっとも有名なたとえ話を残しているのは、一二世紀のイランの調香師で錬金術師でもあったファリードゥッディーン・アッタール（一二三〇年没）である。アッタールの名作叙事詩『鳥の言葉』では、世界中の鳥たちが、鳥の王である「スィームルグ」に会う旅に出るに当たって、彼らのガイド役としてくじ引きで選ばれたヤツガシラ（神秘的な鳥）のまわりに集まっている。だが、旅を始める前に、鳥たちはまず、このヤツガシラに、

道中何を命じられても
われわれは抵抗せずに従う

と約束して、絶対的服従を誓わなければならない。

ヤツガシラの説明によれば、この旅は危険で、肉体的にも精神的にも災難が山ほどあり、「道《タリーカ》」を知っているのは自分だけであるから、こうした誓いを立ててもらう必要があるという。それゆえ、彼が何を命じても、疑うことなく従わなくてはならない。

「スィームルグ」のところに到達するには、鳥たちは七つの危険がはらむ谷を越えなくてはならない。それぞれの谷が「道《タリーカ》」に沿った階梯を表わしている。その第一は「求道の谷」で、鳥たちは「俗世を捨て」、自分の罪を悔い改めなければならない。次にくるのが「愛の谷」。ここでは鳥たちはそれぞれ火の海に飛び込み、「自分自身を燃え上がらせる」。次は「神秘の谷」で、鳥たちはそれぞれ別の道を行かなくてはならない。なぜなら、「道は非常にたくさんあり、どれも至当である、よって巡礼者はそれをたどらなければならない」からだ。「脱離の谷」では、「あらゆる要求、わけを知りたい願望は消え失せ」、「合一の谷」では、多くのことが一つになる。それは「多様なものにひそむ唯

一性であって、特異なものに固定された唯一性ではない」。

六番目の「当惑の谷」にくる頃には、鳥たちは疲れ、混乱しているが、伝統的な二元論のヴェールを突き破り、突然、自分の存在のむなしさに直面する。「自分には確固とした知識がもはやない」と鳥たちは混乱して嘆く。

私は自分の疑問を疑う、疑問そのものがはっきりしないからだ。
私は愛する、だが、私はだれのためにため息をつくのか？
ムスリムでもなく、不信心者でもない、私は何だろう？

旅の最後に、鳥たちは「虚無の谷」に到着する。そこでは自我が剥奪され、「忘却を象徴する外衣をまとい」、宇宙の精によって焼き尽くされた状態になる。これら七つの谷すべてを越えられたときにのみ、鳥たちは「自我の山を破壊し」、「愛の認知力を放棄し」、「スィームルグ」の王座へと旅をつづけることが許される。

ヤツガシラといっしょに旅を始めた数千羽の鳥たちのうち、最後まで残ったのはわずか三〇羽だった。「尾羽打ち枯らした失意の三〇羽の」鳥たちが「スィームルグ」のまえに案内された。だが、鳥たちがいよいよ目をこらして見ると、そこにいたのは驚いたことに彼らが期待していた「鳥たちの王」ではなく、自分たち自身の姿だった。「スィームルグ」とは、ペルシア語で「三〇羽の鳥」を表わす言葉である。そして、この「道《タリーカ》」の最後のところで、鳥たちは、あれほど「苦難と闘い、道に迷い、遠くまで旅した」のに、「自分たちが求めていたのは自分自身」であり、「そこにいるのは自分自身」であるという現実を突きつけられたのである。「スィームルグ」は言う。「私はあなたがたの目の前に置かれた鏡だ。光り輝く私の前にきたものはみな見る。自分自身を、自分自身のユニークな現実を」

アッタールは詩作や教えを通して〝精神的錬金術〟という概念を展開させたスーフィーの導師である。彼によれば、魂は変成しやすい卑金属のように扱われる。その金属は、独自の原初的な――最高にすばらしいと言い換えてもよい――状態に復元される前に、不純物を取り除かなくてはならない。多くのスーフィーたちと同じように、アッタールもすべての魂は神のメッセージを受け止める容器であると考えた。同時に、彼は個人の受容力には、その人が「道《タリーカ》」のどこにいるかによって大きな差があると信じていた。

「道《タリーカ》」の最初のいくつかの階梯（大多数の人間は自分がこの辺りにいると考える）にあるあいだは、スーフィー用語で自己、自我、魂、すなわち〝私〟を表わす「ナフス」――だが、人は〝個人の利己的な傾向の総体〟と定義したがる――が唯一の現実である。修業者たちが「道《タリーカ》」に沿って移行するにつれて、人は「霊《ルーフ》」に遭遇する。クルアーンでは、「霊《ルーフ》」は、神聖にして、アダムに吹き込んで、その身体に命を与えた〝神の息〟とされている（第一五章二九節）。この意味での「霊《ルーフ》」は、永久不変の森羅万象に行き渡る生き生きした霊と同等と考えられ――それ自体が森羅万象の本質である。「霊《ルーフ》」は〝非具象的な存在〟であり、ヒンドゥー教では「生気《プラーナ》」、道教では体内にある生命活力の源とされる「気」と呼ばれる。宇宙の根底にあって触知できないその力を、キリスト教徒神秘主義では「聖霊」という言葉で表わしている。

伝統的なスーフィーの教義では、「霊《ルーフ》」と「自我《ナフス》」は、人間の「心《カルブ》」の所有をめぐって永遠の争いを余儀なくされている。この場合の「心《カルブ》」とは、感情の中枢（多くのムスリム文化では、感情は腹部に存在すると考えられている）、人間存在の重要な中枢――スーフィズムの研究家タイタス・ブルクハルト（一九〇八―一九八四）の言葉を借りれば、「個々の人間の枠組を超えた霊的存在の中枢」である。もっと聞き慣れた言葉で言えば、「心《カルブ》」とは、伝統的な西欧の概念で言う知性の推進力としての魂に匹敵する。

人が「道《タリーカ》」の最終階梯に入るのは、「自我《ナフス》」が「心《カルブ》」を解放し、「霊《ルーフ》」を受け入れ始めたときである。すべての人間のなかには自我というヴェールで覆われている「霊《ルーフ》」が存在し、人の「心《カルブ》」を広大無辺な大海に落ちる一滴の露のように吸収する。これが起こると、人は「自我消滅《ファナー》」を達成し、うっとりとした忘我状態になる。これがスーフィーの「道《タリーカ》」の終着地である。「霊《ルーフ》」と一つになり、神《アッラー》との合一を達成するのは、まさにこの旅の終わりに、自我を消滅させたときである。

「道《タリーカ》」に沿った階梯の実際の数は、伝統によって異なるが（たとえば、アッタール教団では七つが認められている）、スーフィーたちは、その階梯は一度に一つずつ踏んで行くべきだと断固として主張する。ルーミーが書いているように、「五杯目を飲む前に、最初の四杯を飲み終わっていなければならない。それぞれ味わい深いのだから」。さらに、各階梯への到達は導師《ピール》の厳格な監督の下に達成されなければならない。この旅を自分自身が終えている人だけが、ほかの人たちの道案内ができる。「申し分のない導師の同行なしにこれらの階梯を通過する旅をしてはならない」と栄光あるスーフィー詩人ハーフィズは警告している。「暗闇がある。迷ったときの危険に用心せよ！」

導師《ピール》は、「求道者の心という銅を純金に変え、その存在を浄化する」〝最高の錬金術液〟であるとスーフィー学者ジャヴァド・ヌールバフシュは言う。導師《ピール》はヤツガシラと同様、修業者たちに完全な服従を命じる。修業者たちは、伝統的には長老《シャイフ》やカリフに対しておこなわれた忠誠《バイア》の誓いと同じ形式の忠誠を導師に誓う。だが、導師《ピール》は長老《シャイフ》やカリフよりもずっと大きな権威をもっている。なぜなら、導師《ピール》は「神の友」だからだ。導師《ピール》は単なる精神的案内役ではなく、「神が世界をごらんになる目」である。スーフィーの詩のなかでは、導師《ピール》はたびたび「宇宙の軸《クトゥブ》」、すなわち宇宙の霊的エネルギーはその軸のまわりを回転していると謳われている。この概念が鮮明に生活に密着しているのが、有名なトルコのスーフィー教団「旋回するデルヴィーシュ」である。修業者たちは宇宙の動きを真似て、精神的には忘我状態になるまで、時には一度に数時間もくるくるとまわりながら、同時に宇宙の中心となる導師《ピール》の周囲を軌道に見立てて旋回する。

「道《タリーカ》」を終えたスーフィーの導師《ピール》は聖者として尊敬される。聖者の命日は聖日（死んでこの世を去った導師《ピール》はついに神《アッラー》と一体化されたと考えられるため、ペルシア語では「婚礼」を意味する「ウルス」と呼ばれている）とされている。彼らの墓は巡礼地になっていて、とりわけマッカへの巡礼ができない貧しいムスリムの熱心な帰依者が、誓いや嘆願、とりなしの訴えなどを抱えてやってくる。導師《ピール》の霊的な力――「祝福《バラカ》」は非常に強いので、墓に触れただけでも病気が治ったり、不妊症の女性に子宝が授かったりすると言われる。スーフィーの活動の大半がそうであるように、これらの墓も、性別、民族、信仰についてさえもまったく平等である。とくにインド亜大陸では、キリスト教徒、シーク教徒、ヒンドゥー教徒、ムスリムらがほぼ同数ずつスーフィー聖者廟に集まることもめずらしくない。

導師《ピール》は精神的カリスマの威力によって、スーフィーが「エルファン」と呼ぶ選ばれた少数者だけにわかる深遠な知識を伝授するために修業者たちを集める。ギリシア語の「霊知《グノーシス》」と同様、深遠な知識《エルファン》はもっとも偉大なものの存在を直観によって理解できる高度の知覚のことを言う。だが、深遠な知識《エルファン》は知性や合理性とは関係のない知覚力なので、オヴェイッシー教団の第四二代導師、シャー・アンガーの言葉を借りれば、「自己修養と浄化を通してのみ」達成することができ、「その場合には理論的な手法に関わり合う必要はない」。なぜなら、知性では神の秘儀を計り知ることはできないため、スーフィーは、宇宙の本質やそのなかにおける人間の位置の真の理解は、愛のために理性を捨てて初めて達成されると信じている。

スーフィーの修業者が自分の人生に組み込まなければならないすべての原則のなかで、もっとも重要なのは愛の原則である。愛はスーフィズムの基盤である。スーフィズムはこの言葉を通してもっとも完全に表現され、この手段を通じてのみ、その理想を理解することができる。愛の経験はスーフィーの「道《タリーカ》」におけるもっとも普遍的な階梯を表わしている。なぜなら、神《アッラー》についての知識を生むのは理論でもなければ、法でさえなく、愛だからである。

スーフィーによれば、神《アッラー》の真髄――神《アッラー》の本質――は愛であるという。愛は森羅万象の主体である。スーフィズムは

「無からは何も生じない」という創造の概念を認めない。なぜなら、何かが存在する前に、愛があったからである。つまり、神《アッラー》は原始の一体化状態にある神《アッラー》ご自身を愛している。神《アッラー》はこの愛を〝他者〟に示したかったので、神《アッラー》のイメージに似せて人間を創造されたのだ。それゆえ、人間は神《アッラー》の顕現であり、愛を通して神《アッラー》が具象化したものである。スーフィーが神《アッラー》への愛について語るとき、彼らは伝統的なキリスト教徒の概念である「兄弟愛《アガペー》」ではなく、まったく反対のものを指している。それは情熱的で、ひたむきで、屈辱的な、自己否定的愛である。マジュヌーンのライラへの愛のように、スーフィーの愛は、自分自身の幸福を顧みず、愛する者の意志に無条件に降伏することを要求する。これは完全に自我消滅に達した愛である。事実、そこが大事な点である。アッタールによれば、愛は自我を消滅させ、魂を浄化させる火である。愛する人は、「燃え上がり、燃え尽きる……」。

その顔は熱を帯び、気も狂わんばかりに恋慕い、
思慮分別を失い、あまたの世界を喜んで紛れもない破滅へと差し出す。
信仰も冒涜も知らず、
疑問も確信ももつ暇がなく、
善も悪も分別がつかず、
そのどちらでもない、生きた炎なのだ。

多くの神秘主義者と同様、スーフィーも崇拝の対象を主体と客体に分けることを極力避ける。究極の目的は、個人と神《アッラー》とのあいだの分かちがたい一体感を生み出すことだからである。スーフィズムでは、こうした一体化はしばしば、もっとも生き生きした、もっともあからさまな性的比喩で表現される。たとえば、ハーフィズは神《アッラー》についてこう書い

ている。「あなたの髪の匂いがわが人生を充実させ、あなたの唇のみずみずしさはたとえようがない」

前述のバスラのラービア（七一七―七五二）〔没年については異説がある〕は、スーフィズムにおける性的比喩のもっとも魅惑的な使い方をしている一人であろう。幼いうちに孤児になったラービアは奴隷になり、主人の性的所有物にされた。だが、彼女は生涯を通じて、神《アッラー》との神秘的な一体化を経験したいと切望し、時には数週間もつづけて眠る時間も惜しんで断食し、祈り、宇宙の運動について瞑想した。そうした夜毎の瞑想中のある晩、主人は、彼女の頭からまばゆい後光が射し、それが家中を明るく照らしていることに初めて気づいた。恐ろしくなった主人は、ただちにラービアを自由の身にしてやり、「道《タリーカ》」の求道のために砂漠に行くことを許した。荒れ地のなかでラービアは「自我消滅《ファナー》」を達成し、最初の女性スーフィー導師になった。女性導師は彼女一人だけではないが、同時代の高名な学者ハサン・アル・バスリー（六四二―七二八）は、見たところ、すっかり気が触れた女性だと思ったという。

ラービアの詩は、キリスト教徒で彼女とよく似たアヴィラの聖テレサと同じように、神《アッラー》との非常に親密な遭遇を顕わにしている。

あなたは私の息、
私の希望、
私の道連れ、
私の切望するもの、
私の有り余るほどの富。
あなたなしには――私の人生、私の愛は――
果てしない国々を渡り歩きはしなかったでしょう……

どこへ行っても私はあなたの愛を探し求め——
すると突然、私はあなたの愛で満たされる。
おお、私の心の船長よ、
私の胸のうちにある思慕という輝く瞳、
私は決してあなたから逃れられない
私の生きている限り、
愛で私を満たしたまえ、
そうすれば、私は納得する。

ラービアの詩に横溢する、愛する人へのひたむきなあこがれは、スーフィーの愛の概念の重要な側面を顕わにしている。とりわけこの愛は、マジュヌーンがナツメヤシの果樹園で発見したように、決して〝満たされることがない〟ものであるはずだ。つまり、アッタールの物語の鳥たちが「スィームルグ」に会いに行く旅路で実感したように、人はこの「道《タリーカ》」の完遂を期待してスタートすることはできない。最終目的地にたどり着き、神《アッラー》との合一を達成するのはほんの一握りの人たちにすぎないのだ。そのため、スーフィーはしばしば、花婿は決してこないと知りながら、その到着を切望する初夜を待つ花嫁、「クッションのあいだにばらまかれたバラの花びら」にたとえられる。それでも花嫁は待つ。「愛ゆえに死にかけて」、愛する人のために心を痛め、一息ごとに、「私のところへきて！　私のところへきて！」と叫びながら永遠に待つ。やがて彼女は別個の存在であることをやめ、愛する人と、それを愛する自分とが完全に一体化する。ハッラージュは神との一体化の体験をこう書いている。

我はわが愛する彼の人であり、わが愛する彼の人は我なり。
我らは一つの身体のなかに棲む二つの魂なり。
汝、我を見るならば、汝、彼の人を見るなり、
しこうして、汝、彼の人を見るならば、汝、我ら二人を見るなり。

すると、完全な愛は強制されない愛であるなら——何も見返りを期待しないような愛——スーフィーにとって、完全な愛人と愛の模範は、はじめは「道で神に仕える《タリーカアッラー》」天使であったのにアダムに跪拝することを拒んだために神《アッラー》の御前《みまえ》から追放された「悪魔《イブリース》」〔「イブリース」は悪魔の固有名詞〕ということになる。ルーミーは「悪魔《イブリース》の弁明」のなかで、こうした神《アッラー》への服従の拒否は、「神《アッラー》への愛から生まれたものであって、不服従からではない」と言っている。つまり、「嫉妬はみな、愛から生まれる。ほかのだれかが、愛する人の道連れになることを恐れるからだ」。

地獄へ投げ込まれ、神《アッラー》の顔を二度と見ることのなくなった「悪魔《イブリース》」は、「私のゆりかごをやさしく揺すり、幼い私のためにミルクを探してくれた」〝愛する人〟を思慕しつづける。彼は永遠に神《アッラー》を慕いつづけ、地獄の底から、「私は彼の人の片割れだ、彼の人の片割れだ、彼の人の片割れだ！」と叫ぶようになる。

もしこのような「悪魔《イブリース》」におもねるような印象が多くのムスリムにとってショックを与えるとすれば、ここがまさにポイントであることを覚えておく必要がある。アッタールが言うように、「愛は信仰も冒涜も知らない」のだ。人間が適切な倫理と宗教的行動とを分類するために作った伝統的な二元論のヴェールを突き破ることによってのみ、「自我消滅《ファナー》」を達成できる。スーフィーは二元論を知らない、知っているのは一体性だけだ。善も悪もなく、光も闇もなく、神《アッラー》があるだけだ。こうした概念は、ヒンドゥー教の「幻力《マーヤー》」や、仏教の「空《スーニャーター》」と混同してはならない。なぜなら、スーフィーにとって、現実は「空虚」でもなければ「幻《まぼろし》」でもなく、神《アッラー》だからだ。「おまえたちがどこに

向きを変えても、そこに神《アッラー》のお顔がある。まことに神《アッラー》は広大無辺にして、よくご存じのお方」とクルアーン（第二章一一五節）にある。そして、「神の唯一性《タウヒード》」は神《アッラー》が一つであると主張するゆえに、スーフィーは、現実もまた一つでなければならないという。

原子、太陽、星雲、宇宙、
どれも単なる名称、イメージ、形にすぎない。
それらは現実には一つ、たった一つのものだ。

伝統的な西洋哲学では、こうした徹底した一体性の概念は〝一元論〟と呼ばれている。すなわち、すべてのものは、多様ではあるが、空間、時間、本質、特性のいずれにおいても、一つの統合された〝もの〟に集約できる。だが、スーフィーの理想である徹底した一体性は、「単一性」を意味する「アハディィーヤ」という言葉で表現するほうが、おそらく、より適切であろう。なぜなら、神の九九の美しき御名の第一番目のもっとも重要である「唯一の神」を表わす「アル・アハド」という、一元論が理想とする一神論の特性を強調しているからである。

スーフィーが伝統的な二元論を拒否するようになったのは、まさにこの一神論的一元論のためである。それは彼らが道徳的に正しい行為を避けるためではなくて、「神の唯一性《タウヒード》」という「存在一性論」しか認めていないためである。実を言えば、こうした概念は、宗教の外的側面を克服する手段として、おおっぴらに飲酒、賭博、女遊びをおこない、露骨にイスラーム法に違反する「酩酊したスーフィー」と呼ばれる人たちの行為を考えるだけでも、スーフィズムの真の教えにたいへん大きな混乱をもたらしている。だが、伝統的な二元論の不在は、通常、隠喩を使って表現される。そのもっともありふれた隠喩は、酩酊と放蕩で、この二つを表わす自我消滅と人を酔わせる愛がスーフィーの詩における支配的なシンボルになっている。

「今宵は百樽のワインを持参しよう。理性も宗教もすべてあとに残し、処女のごときワインの新鮮さをわがものとしよう」とペルシアの詩人オマル・ハイヤーム（一〇四八―一一三一）は傑作『四行詩《ルバイヤート》』で謳っている。ハイヤームの言う「ワイン」は、精神的なワインで、「造物主の恩寵」を表わしている。スーフィーは、伝統的な宗教的敬虔さや道徳的行為を拒否し、「理性や、もつれ合った網のような知性」から逃れ、神《アッラー》の愛という酔いを誘うワインで心の酒杯《さかずき》を満たそうとする。一四世紀のイランのスーフィー詩人ハーフィズは言う。「忘我状態にあるとき、敬虔さや素行のよさは関係がない。祈祷用マットをワインで染めよ！」

ひとたび伝統的な二元論のヴェールが外され、自我が消え、「霊《ルーフ》」が「心《カルブ》」を吸収できると、修道者はついに「神《アッラー》との合一」を達成する。これは、すでに述べたように、「自我消滅の法悦境」と言い換えられるであろう。「道《タリーカ》」の最後に、造物主との合一という真理が明らかにされ、スーフィーは、シャー・アンガーの言葉を借りれば、「せせらぎ、川、水滴、海、水泡はみな声を合わせて言う、われらは水、みんな水だ」

自我消滅という徹底した行為を通して、自分独自の特質や属性を排除することにより、スーフィーは神《アッラー》の特質と属性に完全に内包される。スーフィーは神《アッラー》になるのではない。「自我消滅《ファナー》」はスンナ派ムスリムにもシーア派ムスリムにもしばしば誤解されるが、スーフィーはどちらかと言えば、神《アッラー》におぼれ、造物主と被造物が一つになるのである。この神《アッラー》との合一という概念を、もっとも的確に言い表したのは、偉大な神秘主義者で学者のイブン・アラビー（一一六五―一二四〇）で、「神《アッラー》のほかに神なし」という伝統的なムスリムの信仰告白の形を変えて、「神《アッラー》の存在以外の存在はない。神《アッラー》の現実以外の現実はない」と表現した。

イブン・アラビーの学派の思想は、スーフィズムの発展に非常に大きな影響を与えているので、この章全体をそのために当ててもよいくらいだが、そのなかで、人類と宇宙は別物でありながら、「浄化された霊魂」の構成に密接なつながりをもっており、たがいに相手を映し出す二つの鏡のようなものだという。イブン・アラビーは、クルアーンの記述に「理性的解釈《タアウィール》」を適用することによって、神《アッラー》が人類を「一個の人間から」造った（第四章一節）とあるのは、宇宙そのものが「一つの存在」であるという意味だと解釈し直した。したがって、イブン・アラビーにとっての人類とは、「偉大な宇宙の書を縮約したようなもの」で、「神《アッラー》との完全な合一を達成した」ごく少数の人間は、イブン・アラビーの言う「完全人間」（もしくは「普遍的人間」とも呼ばれる）に造りかえられると、レナルド・ニコルソンはいう。

「完全人間」とは、個体は外的形態にすぎないが、内的実在は宇宙そのものを形成している存在を指す。アル・アラビーの最高の弟子であるアブドゥル・カリーム・アル・ジリーの言葉を借りれば、「完全人間」とは「神《アッラー》の似姿」であり、神《アッラー》の属性が完全に反映されていて、神《アッラー》を顕在化する媒介者である。

スーフィズムでは、すべての預言者と使徒ばかりでなく、「イマーム」や導師《ピール》もみな、「完全人間」の典型と考えるが、スーフィーにとってはこうしたユニークな存在の手本は預言者ムハンマド自身に他ならない。すべてのムスリムは預言者ムハンマドの手本が彼らを神《アッラー》の正しい道へと導いてくれることを期待する。だが、スーフィーにとって、ムハンマドはクルアーンにあるような「最良の模範」（第三三章二一節）以上の存在である。ムハンマドは、神《アッラー》の創造物の第一番目とされる原初の光なのである。

「ムハンマド的光《ヌール・ムハンマディー》」という概念は、スーフィズムがグノーシス主義的影響を深く受けていることを顕わにしている。つまり、スーフィーはムハンマドを、多くのキリスト教徒グノーシス主義者がイエスを永遠の〝神の言葉《ロゴス》〟と解釈するのと同じように受け止めている。ムハンマドは、ヨハネによる福音書の言葉（第一章五節）にあるイエスと同じように、「光は闇の中に輝いている。そして闇はこれに勝たなかった」し、トマスによる福音書から引用すれば、彼は「すべてのもの以前の光」なのである。

グノーシス主義的なヨハネによる福音書やトマスによる福音書にあるイエスとちがって、ムハンマドは「神《アッラー》が人間の形をとった」とは解釈されてはいない。クルアーンの第二四章三五節「神《アッラー》は天地の光である」は、一一世紀の宗教思想家アル・ガザーリーが『光の壁龕《へきがん》』で論じているように、「ムハンマド的光《ヌール・ムハンマディー》」とは、実際には神《アッラー》の光の反映にすぎないことを意味している。スーフィズムでは、神《アッラー》とムハンマドの関係を太陽と月の関係にたとえて、月は太陽の光を反射しているにすぎないという。太陽は力を表わし、創造力があり、月は美しさを表わし、受け身的である。イナヤット・ハーンによれば、「［神《アッラー》の］メッセージを伝える者は、神《アッラー》の知識を伝えているのであって、自分自身のではない……月の光が自分自身が光っているのでないのと同じように」。スーフィーが預言者ムハンマドを「神の想起《ズィクル・アッラー》」とたとえるようになったのは、ムハンマドのこのユニークな印象による。だが、後述するように、スーフィズムにおいては、この「ズィクル」はさまざまな意味をもった言葉なのである。

神の想起

懸念どおり、スーフィーの信仰は、その信奉者たちに、彼らの非合法な、反体制的理念を憂慮する宗教的権威筋からのきびしい、時には暴力を伴う迫害を及ぼす結果になることがしばしばあった。スーフィーはモスクでもめったに歓迎されなかったため、個人と神《アッラー》との分裂を防ぐことを主眼に、彼ら独自の儀式や慣行を生み出さざるを得なかった。その結果、神《アッラー》を想起する実際的な行為としての「ズィクル」が、すべてのスーフィーにとってもっとも重要な儀式的活動になっていった。だが、「想起《ズィクル》」の実際のやり方や役割は教団によってびっくりするほどちがう。

一番多く見られる「想起《ズィクル》」の形式は、主にシリア、トルコ、中央アジア、アフリカの一部に存在したカーディリー教団の儀式を通して広められた神の名を〝声を出して唱える〟ことである。スーフィズムにおける最初の公認スーフィー教団に相当すると言ってよいカーディリー教団では、「信仰告白《シャハーダ》」その他の宗教的語句を、リズムをつけて繰り返し唱える行為が中心だった。こうした「想起《ズィクル》」には、たいへんな努力を必要とする呼吸法や、頭と上半身の迅速な動きを伴うことも多く（信奉者たちは通常、輪になって座る）、唱える速度は次第に速くなって、しまいにはその語句が何を意味するのかわからないほどになり、アラビア語では神《アッラー》を意味する「彼の人《フー》」という音に近い、息を吐き出すときのような単音しか聞こえなくなる。このように身体を使って神《アッラー》を想起する行為を繰り返すことによって、修業者は次第に自我から脱却し、代わりに神《アッラー》の属性をまとうようになるのかも知れない。カーディリー教団によれば、こうして「想起者は想起される者になる」という。

カーディリー教団の〝声を出して唱える想起《ズィクル》〟のほかに、ナクシュバンディー教団によって広められた〝声を出さない想起《ズィクル》〟と呼ばれるものもある。スーフィー教団のなかではもっとも古い伝統があると考えられているナクシュバンディー教団は、本来、政治的に積極的な敬虔主義者を含んでいて、元をたどればアブー・バクルに行き着き、「イスラーム法《シャリーア》」を厳守している。スーフィズムのなかでもナクシュバンディー教団は名うての伝統主義者で、音楽や舞踊は拒否し、〝声に出さない想起《ズィクル》〟のような、もっと厳粛な儀式行為を好み、修業者宗団の行為として声を出すよりも、瞑想しながら心のなかで神の名を繰り返し唱えるのである。

〝声を出さない想起《ズィクル》〟は、たとえば、小乗仏教に見られる瞑想儀式とまったく同じものではない。だが、ナクシュバンディー教団には、他のいくつかの沈思黙考型のスーフィー教団と同じように「フィクル」と呼ばれる霊的瞑想の慣行があり、中世イスラーム哲学研究者のイアン・リチャード・ネットン（一九四八年生）は、これを「人間性の崇高な面を確信するにいたる瞑想」と正確に訳している。いずれにせよ、カーディリー教団と同様、ナクシュバンディー教団も、「想起《ズィクル》」あるいは「霊的瞑想《フィクル》」のいずれを通じても、目標はただ一つ、神《アッラー》との合一である。「想起《ズィクル》」とは、声を出すか、出さないかは別として、すべて「唱える」という形をとるわけではない。実際、もっとも広く認められている形の「想起《ズィクル》」は、ルーミーによって設立されたトルコのメヴレヴィー教団の宗教的な踊りで、「旋回するデルヴィーシュ」としてよく知られている。スーフィーのなかには、イスラーム書道を一種の神《アッラー》の「想起《ズィクル》」として利用する人もいるし、カフカス地方では、スーフィズムが古代のインド・ヨーロッパ人のシャーマン的な慣行をたくさん受け継いでおり、「神の想起《ズィクル・アッラー》」を、「想起《ズィクル》」や「霊的瞑想《フィクル》」ではなく、ショックを与えて信奉者を忘我状態にさせる手段として、肉体的苦痛を与える傾向がある。たとえば、マケドニアのリファイィー教団は、公《おおやけ》の場で修業者が神がかり状態になっているあいだに釘で自分に穴を開けるという自己損傷行為で有名である。モロッコのいくつかの地域では、物質的世界の偽りの現実から離れることを目的とした強さとスタミナを示す離れわざを通して、神《アッラー》の「想起《ズィクル》」をおこなうスーフィーもいる。

本来、インド亜大陸に勢力をもっていたチシュティー教団は、もう一つのよく知られた形の「想起《ズィクル》」をおこなっている。チシュティー教団は精神的な修行に音楽を利用するところが変わっている。彼らの「神の想起《ズィクル・アッラー》」は、「サマーウ」と呼ばれる熱狂的な宗教コンサートを通してもっともよく表現される。宗教学者ブルース・ローレンスは、これを、「人間の恋人と神の恋人のあいだのダイナミックな対話」と表現している。

もちろん、音楽と舞踊は、どちらも伝統的なイスラーム信仰では絶対に禁止されているが、インド亜大陸では長い歴史をもっていて、その理由の一つは、インドにおけるスーフィズムの急速な拡大が、その双方を宗教行事に利用していたからである。実際、初期のチシュティー教団の熱烈な唱道者たちが町に入るとき、人を集め、導師の話を始める前に、フルートを奏《かな》で、太鼓を打ち鳴らしていた。音楽と舞踊を伴うスーフィーの修行法「サマーウ」は、チシュティー教団が霊的世界を体験する手段としただけではなく、効果的な布教活動の道具にもなっている。実際、政治的静観主義をとりがちな多くのスーフィー教団とはちがって、インドにおけるスーフィズムは常に国家の社会的・政治的策謀に関わり合ってきた。とりわけムガル皇帝統治時代（一五二六―一八五八）の帝国に対して宗教的繁栄と道徳的正統性を提供するのと引き替えに、一部の選ばれたスーフィーたちは政府への多大な影響力を発揮していた。

おそらく、そうした〝政治力のあるスーフィー〟のなかでもっとも影響力が大きかったのは、一八世紀の著述家で哲学者のシャー・ワリーウッラー（一七六二年没）であろう。伝統主義をとるナクシュバンディー教団の熱心な信奉者であったワリーウッラーは、彼が考えているような、伝統主義的スンナ派正統信仰と堅く結びついた、昔ながらの純粋な形のイスラーム神秘主義を復活させるために、著書や講演を通して、スーフィズムから〝外国の〟影響（たとえば、新プラトン主義、ペルシアの神秘主義、ヒンドゥー教のヴェーダンタ哲学など）を排除しようと努めた。だが、ワリーウッラーは、単にスーフィズムを浄化しようとするよりも、国家の社会的・経済的領域に基本的なイスラームの価値観を再主張することにずっと大きな関心を抱いていた。その結果、彼の神《アッラー》を中心とした政治的イデオロギーは、広まるにつれて多様な解釈がされたものの、その後、数世代にわたる神学者や哲学者に深遠な影響を与えた。

一方、ワリーウッラーはイスラーム諸学の復興を主張し、彼の啓蒙的な社会経済学理論は、サイイド・アフマド・ハーン（一八一七―一八九八）のようなインドのイスラーム近代主義者に影響を与えた。アフマド・ハーンはアリーガル派運動によって知識人社会を形成し、インドにおけるヨーロッパ的教育制度の確立ばかりでなく、当時、インド亜大陸の政治問題にいっそう積極的な役割を果たし始めたばかりだった英国植民地主義者と、ムスリムの協力を奨励した。

他方、ワリーウッラーの「正統教義《オーソドクシー》」の強調は、インドにおけるたくさんのいわゆる〝ピューリタン〟運動の火付け役となった。なかでも有名なのがデーオバンド学院の生徒たち（アラビア語で「ターリバーン」）は、英国のインド占領反対に積極的役割を演じ、そのパシュトゥーン民族分遺隊がアフガニスタンの支配権を握り、彼らの「正統教義《オーソドクシー》」による過激な政治哲学を国家に押しつけた（その経緯については、別章をあてがわなくてはならない）。

インドにおける植民地主義体験の悲劇的な影響を考えると、シャー・ワリーウッラーの宗教を中心とした政治観のうちのどれが一番インドの抑圧されたムスリム人口の心をうまく捕らえたかが明らかになるはずだ。追って明らかにするように、中東と北アフリカの植民地全域に広がるヨーロッパ人植民地主義者の啓蒙的な理想と結びついた近代化や同化の声は、それよりはるかに大きい伝統主義と帝国主義への我慢できない圧政的支配に対する抵抗の声に絶え間なくかき消されていった。そういうわけで、大英帝国の独占的な経済的所有物になっていた国に生まれたインドのムスリムの新世代は、もはやスーフィーたちのあいだで人気のあった、「社会があなたを承認しないのなら、あなたが社会を承認すればよい」という感覚を共有しなくなっていた。彼らは代わりに、偉大な神秘主義詩人で哲学者のムハンマド・イクバール（一八七七―一九三八）――カーディリー教団の信奉者でワリーウッラーの帰依者でもある――が提供した「社会があなたを承認しないのなら、社会に対抗するために立ち上がれ！」という言葉を好むようになった。

第9章　東方の目覚め——植民地主義への反発

「インド大反乱」

一八五七年八月一日付、パンジャブ州アムリッツアル市地方長官代理フレデリック・クーパーより、インド、ラホールにおける反乱軍傭兵《セポイ》（ベンガル軍ムスリム兵）の末路に関する英国外務省宛急送公文書

七月三〇日、本国からの勅令により、第二六土着民歩兵連隊の傭兵《セポイ》約四〇〇人が、デリーのムスリム反乱に加担するのを防ぐために集合させ武装解除させておいたミヤンミルの捕虜収容所から脱走した。飢えて弱っていた傭兵たちは、ラヴィ川の堤防に難なく追い詰められ、そのうち一五〇人が銃撃を受け、追撃されて背後の川に落ちて溺死した。浮かんでいた木片などにつかまり、生き延びて対岸にたどり着いた者たちは、生け捕られるのを待っている野鳥の群れのように、一か所に集まった。逃げようとすれば、血みどろの戦いになることは避けられなかったであろう。だが、神の摂理か、そうはならなかった。実際、自然、偶然、人為的なことすべてが絡み合って、彼らの末路が決まったのである。

太陽は黄金色に輝きながら沈みかけていた。いずれ死ぬ運命にある兵士たちが、手をつなぎ合い、われわれの艇が近づこうとしている岸辺に群がり降りてくるにつれて、彼らの長い影がきらめく水面を横切るように荒々しく伸びてきた。絶望のあまり、四〇人から五〇人が川に飛び込んだ。泳ぐ者の頭をねらい打ちする位置にいた英国軍のインド人騎馬警官は発砲しないよう命じられた。反乱兵たちは驚くほど従順だった。彼らはきっと、いくらか贅沢な飲食物を与えられたあと、軍法会議にかけられることになるのではないかという、およそ正気では考えられない思いに突然とらわれたのだろう。彼らは降伏して、一人の男に縄をかけられ、奴隷のようにわれわれの数隻の艇の

船倉に入れられた。

深夜近く、雲間から輝く月が顔をのぞかせ、無数の水たまりや川面にその姿を映し出した頃、われわれは二八二人のベンガル反乱兵を集めた。朝になって、シーク教徒の一団が大量の縄をもって到着した。だが、木がほとんどなかったので、縄は使えなかった。それよりも問題だったのは、わが軍に忠実なムスリム騎馬警官らの取り扱いだった。彼らは反抗的な同信者が処罰されるのを黙って見てはいないことは確かだったからだ。幸いにして、八月一日はムスリムの断食明けの犠牲祭《ブクラ・イード》という大事な祝日だった。祭りを祝うためにムスリム騎馬警官を帰省させるには絶好の口実である。われわれキリスト教徒も、彼らの存在を気にせずに、忠実なシーク教徒に手伝わせて、彼らの同胞の別種の犠牲祭をおこなえそうだった。

最後にもう一つ問題が残った。それは死体処理の方法だった。だが、幸運が味方して、警察署から一〇〇ヤードほどのところに深い水なし井戸がみつかり、処刑者の処置に都合のよい解決策を授けてくれた。

夜明けとともに、囚人たちはグループごとに束ねられて収容所の外に連れ出された。裁判がおこなわれ、いわれのない不満の申し立てを聞いてもらえると信じていた傭兵たちは、いつになくおとなしかった。だが、銃撃が始まり、静かな朝の大気に発砲音が響き渡ると、彼らはただちに自分たちを待っている現実の恐ろしい運命に気づき、驚きと怒りでいっぱいになった。

処刑は間断なくつづき、わが軍の一人（彼は銃殺隊の最年長者だった）が気絶して倒れたために、小休止した。二三七人ほどのムスリムを銃殺したあと、自分たちの処刑が間近いことを知っている残りの捕虜たちが、臨時収容所になっていた要塞から出るのを拒否しているようだという連絡が、地区役人のところに入った。突撃と抵抗を予想して、彼らが脱走しないように、要塞を包囲してから、いくつかの扉を開けると、まさに仰天！　恐怖、憔悴、疲労困憊、暑さ、一部の酸欠状態から、四五人の死体が白日の下に引き出されたのである。これらの遺体は、処刑された仲間の遺体といっしょに、村の清掃夫によって井戸に投げ込まれた。こうして四八時間にわたる彼らの逃避行で、第二六連隊全員が殺され、処分された。

目に見える証《あかし》を好む人たちのために、われわれはいつも、デリーのキリスト教会のてっぺんで燦然と光輝く金色の十字架を指さす。十字架を支えているその下のボールには、町の反抗的な不信仰者が意図的に発砲した弾丸数発が貫通したが、十字架はまったく無傷のままだった。地球が粉砕されても、勝利を象徴しているかのように！　キリスト教の大義のために全能の神の顕在と、その驚くべき介在の前には、わが英国軍兵士の賢明な行動や英雄的行為など、まったくとるに足りないものにすぎないように思われる！

英国人が「傭兵の反乱《サポイ》」という言い方をする理由はたくさんあろうが、今日の世界では、一八五七年の「インド大反乱」として認識されている。大反乱に至った歴史は明白この上ない。インド市場を全面的に独占していた東インド会社の援助のもとに、大英帝国はインドの有能な支配者だったが、彼らがこの国の直接の支配権を握ったのは、ムガル帝国の最後の皇帝バハードゥル・シャー二世（一七七五―一八六二）が一九世紀初めに強制的に退位させられて以降のことである。一八五七年のこの大反乱までは、英国は無力な国民に自分たちの意志を難なく押しつけ、亜大陸の膨大な資源を思いのままに搾取していた。

ヨーロッパ産業の運営維持のために、植民地化された土地の近代化に拍車がかけられた。ヨーロッパでは数百年もかけて進められてきた啓蒙主義のすばらしい遺産である非宗教主義《セキュラリズム》、多元主義《プルーラリズム》、個人の自由、人権などのヨーロッパ人の理想、それに桁違いに度合いの低い民主主義が、植民地化された土地に、土着民がそれらを認めたり、理解したりするかどうかにはおかまいなく押しつけられた。欧米の科学技術を共同利用するには、生産を増やすしかない。古い都市の開発の代わりに、新しい都市が建設された。安い工業製品の輸入が地場産業の大半を潰滅させ、国内市場は植民地大国の経済需要にほとんど全面的に依存する以外、選択の余地はなくなっていった。

植民地化された国の人々には、土地の略奪、独立志向の抑圧、地元経済の破壊の見返りに、〝文明〟という贈り物が与えられた。デ・ビアス・ダイヤモンド鉱会社の設立者で、一時は今の南アフリカの事実上の独裁者だったセシル・ローズ(一八五三―一九〇二)が、「われわれ英国人は世界一の人種である。世界中でわれわれが住むところが増えれば増えるほど、人類のためになる」と宣言したことは有名である。

いわゆる〝文明使節団〟にはたくさんの問題があったが、たとえ善意からだったとしても、〝キリスト教化使節団〟の影がしばしば意図的につきまとう。その主たる目的は、インドのマドラス州知事チャールズ・トレヴェリアン卿の言葉を借りれば、「原住民をキリスト教に改宗させることに優るものはなかった」からである。インドでは、キリスト教の熱烈な唱道者は、英国軍のあらゆる階級を含む、政府のもっとも高い地位に就いていた。東インド会社取締役会会長チャールズ・グラント(一七四六―一八二三)(東インド会社は一八五八年まで政府のほぼ全権を保持していた)自身も積極的なキリスト教伝道師で、同国人の大半と同様に、英国人は、インドを異教徒の暗闇から立ち上がらせ、キリストの光のなかで育てるために、神によって遣わされ、この国を支配することを許されてきたのだと信じていた。インド亜大陸にある学校のほぼ半分は、原住民をキリスト教に教化するために大英帝国から多額の補助金を得ていたグラントのような宣教師によって運営されていた。

植民地主義者のすべてが英国の宣教活動に賛成していたわけではなかった。一八四二年から四四年までインド総督を務めたエレンボロ(一七九〇―一八七一)は、キリスト教の布教活動を国策として推進するのは、大英帝国の安全保障にとって有害であるばかりでなく、庶民のあいだに憤懣を招き、それがひょっとして暴動の発生にもつながりかねないと同国人に絶えず警告していた。だが、そのエレンボロでさえ、インドの宗教は「あまりに多くの粗野な醜行や肉体的に不条理なことと結びついており、ヨーロッパ人の科学の光の前にただちに道を譲るであろう」というトレヴェリアンの意見には同意したであろう。

「キリスト教国の大昔からの敵は文明を渇望している」という英国人の確信は、インドのムスリムたちのあいだに劣等感と不安を生み出していた。ムスリムのなかには自分たちの信仰や文化が攻撃にさらされているように思いこんでいる人が多かった。それゆえ、藩王国を次々と併合し、地主の土地を奪い、農民の苦境を顧みず、強欲な東インド会社がきびしい徴税政策をとったことが、インドに大量の怒りと反抗の薪を積み上げていった。そしてついに、ベンジャミン・ディズレーリ（一八〇四―一八八一）が言うところの「宣教事業と英国政府の政治権力の結合」が、暴動というマッチに火をつけたのである。

事実、一八五七年の「インド大反乱」を起こしたベンガル軍の兵士たちは、彼らの土地の天然資源を根こそぎにした植民地主義者の政策に腹を立てただけではなかった。彼らは、英国軍が彼らを強制的にキリスト教徒に改宗させようとしていると確信するのも無理もない状況にあったのだ。彼らは司令官が兵学校の授業すべてでおおっぴらに福音書の説教をするのにうんざりしていた。彼らのライフルの薬包に、ヒンドゥー教徒とムスリムの両方が禁忌としている牛と豚の油脂が染みこませてあることを発見したとき、彼らの最大の不安が強まった。兵士たちの小さなグループが、一種のボイコットとして、その薬包の使用を拒否した。すると英国軍司令官らが彼らを数珠つなぎにして軍の拘置所に監禁した。植民地主義者のもう一つの思考様式を示すこうした対応に、ベンガル軍連隊の残りの約一五万人の兵士が反乱を起こした。

兵士たちは迅速にデリーを支配下に入れ、退位させられていたムガル皇帝バハードゥル・シャーを彼らの指導者にまつり上げた。すでに八十代になっていた皇帝は、国に対して文書で声明を発表し、植民地支配下で「喘いでいる貧しい無力な国民を解放し、保護するために」力を貸してほしいとヒンドゥー教徒とムスリムの両方に訴えた。この声明はインドの隅々にまで行き渡り、まもなく傭兵部隊のなかで始まった軍事的反乱が一般国民を巻き込んだヒンドゥー教徒・ムスリム合同の暴動にまでエスカレートした。

英国軍は容赦なくこれに対応した。蜂起鎮圧のため、仕方なく、植民地の軍事力すべてを動員せざるを得なかった。国中で大量逮捕がおこなわれ、デモ参加者は青年であろうと老人であろうと、街頭でたたきのめされた。大きな都市のほとんどが破壊された。アラーハーバードでは、英国軍兵士が通りがかった人全員を無差別に殺害し、遺体を街路に積み重ねたまま腐敗させた。ラクナウは略奪され、デリーはまさに火の海になった。ジェラムでは約五〇〇人の第一四土着民歩兵部隊の傭兵《セポイ》が虐殺された。ベナレスでは民間シンパの遺体が木に吊され、村という村は全部略奪されたあげく火を放たれた。完全な植民地支配が復活するまでに、殺戮や略奪は二年近くつづいた。暴動が鎮圧され、東インド会社が解体されて、インド亜大陸の行政管理は女王の直轄になった。女王は「大英帝国に日の沈むところなし」と誇らしげに宣言することができた。

暴力行使の結果としてのインドにおける植民地支配の再開は、英国軍の士気は高いという幻想を永久に打ち砕いた。多くのムスリムには、中東におけるヨーロッパの文明使節団の真の意図がはっきりわかった。情け容赦のない軍事力を使って、政治的・軍事的支配のイデオロギーを成就することである。英国人が飽きることなく説教してきた啓蒙運動の理想とは、もはや植民地政権の抑圧的な帝国主義政策とは別物ではない。簡単に言えば、インドは正道を外れた植民地主義者の実験の見本になったのだ。

それでも、大勢のムスリム有識者たちは、ヨーロッパの帝国主義に直面してムスリム文明の急速な衰退を克服する唯一の手段は、法の支配や科学の進歩の追求などのヨーロッパ的価値観を取り入れることだと強く信じていた。近代主義者として知られるようになったこうしたグループのなかで、宗教改革運動の旗手と言ってよいインテリの代表がサイイド・アフマド・ハーン(一八一七—一八九八)だった。

ムガル帝国の貴族の家に生まれたサイイド・アフマド・ハーンは、インドの新神秘主義者シャー・アリーウッラーの熱烈な信奉者だったが、一九世紀半ばまでには、インドの反ヒンドゥー教、反シーク教暴動のいくつかにすでに火付け役になっていたイデオロギーのピューリタン的傾向とは距離を置いていた。「インド大反乱」のあいだは、サイイド卿は東インド会社の管理職の一人として働き、デリーの反体制民間人に対する英国軍の残酷な報復措置を彼自身、目撃していた。その経験が彼を大英帝国の忠実な臣民（彼の爵位が示しているような）でありつづけることをやめさせはしなかったが、それでも、反乱鎮圧後のインド人ムスリムの苦境に深く心を痛めていた。サイイド卿が憂慮していたのは、英国当局がこの反乱を、英国がインドに派遣した有名な宣教師アレクサンダー・ダフの言葉を引用して、「英国権力に対して、ムスリムが長年にわたってでっち上げた陰謀」というような表現をしていたことである。

こうした誤解と戦うために、サイイド卿は、彼のもっとも有名な著書である『インド大反乱の諸原因』を出版し、一八五七年の諸事件の背後にあるいくつかの理由を英国人読者に懸命に説明した。これは前々から計画された反乱ではなく、社会的・経済的不平不満が重なり合った結果、自然に発生したものだと彼は言う。「インド大反乱」の核心には、英国軍が原住民をキリスト教に改宗させ、彼らにヨーロッパ方式の採用を強制しようとしているのだという思い込みが広がっていたことをサイイド卿は認めている。サイイド卿によれば、それはまったくばかげた観念であった。証拠はたくさんあったにもかかわらず、彼は女王のインドにおける目的は国民の改宗であるという考え方を受け入れるのを拒否した。だが、サイイド卿は、植民地主義者のプロジェクトがインドの宗教に対するキリスト教徒の戦いであると思い込ませるだけで、大衆を蜂起させるに十分だったことを認めている。

敬虔なインド人ムスリムで、しかも忠実な英国臣民でもあったサイイド卿は、自分から進んで二つの文明の架け橋になり、双方の文化、信仰、価値観を、双方に説明しようとした。問題は、彼にもわかっていたように、インド人が「政府は臣民である自分たちにどんな権利をもっているのか、自分たちは政府に対してどんな義務があるのか」を理解していないことだった。「英国人の目標と理想が、原住民に彼らが理解できる言語で説明されさえすれば、インド人は社会の重荷ではなく、利益になるであろう」と彼は書いている。

一八七五年、サイイド・アフマド・ハーンはアリーガル校を創立した。その第一の目標は、近代ヨーロッパ的な教育を通してイスラームの栄光を再活性化させることだった。サイイド卿は、もし自分がヨーロッパの合理主義と科学的思考の光で伝統的なムスリムの信仰と慣習を輝かせることができれば、ムスリム世界を二〇世紀に向けて推進してゆく原住民のためのイスラーム啓蒙運動になるだろうと確信した。アリーガル校では学生に、イスラーム知識人《ウラマー》と彼らのイスラームの「教義への隷従《タクリード》」という束縛をかなぐり捨てよ、と教えた。なぜなら、近代世界でムスリムが直面している問題のどれ一つとして、彼らの古めかしい神学を通しては解決されなかったからである。イスラーム再興への唯一の希望は、「イスラーム法《シャリーア》」の近代化である。それを成し遂げる唯一の手段は、融通の利かない時代遅れのイスラーム知識人《ウラマー》の手からそれを奪い取ることだった。

「私が本来のイスラームとして認識しているものは……説教者たちが変形させてしまったような宗教ではない」とサイイド卿は断言した。

サイイド卿のカシミール人の愛弟子チラーグ・アリー（一八四四―一八九五）は、法的改革について恩師の説の骨子をもっとも明確に示した人物だった。チラーグ・アリーは、ヨーロッパ人がイスラームを「基本的に厳格で、変革の余地がない」とみなしていることに激怒した。イスラームの法と慣習は、「追加も、削除も、状況の変化に応じた修正もできない特定の規則集」を基盤にしているという概念は、ムスリム支配を維持したいイスラーム知識人《ウラマー》がでっち上げた作り話であるとチラーグ・アリーは言う。彼の説によれば、イスラーム法《シャリーア》は民法典と考えることはできない。なぜならイスラームの唯一の正統な法はクルアーンだからだ。そのクルアーンは、「政治問題に介入しないし、行動に特定の規制もしていない」。クルアーンはむしろ、「一定の宗教の教義と、一定の全般的な道徳規範」以上のものを教えてはいない。それゆえ、チラーグ・アリーがイスラーム知識人《ウラマー》の想像の産物と考えているイスラーム法《シャリーア》を「変更不可能な、永遠不変のもの」と考えるのはばかげているであろう。

イスラーム知識人《ウラマー》は想像どおり、融通の利かない、時代遅れの存在という非難を黙って受け止めず、国民を近代主義者の唱える新しいイスラームの自己認識《アイデンティティー》と激しく戦わせるために自分たちの影響力を利用した。たしかに、「インド大反乱」以降、近代主義者の大義名分はヨーロッパの啓蒙運動の理想と、その帝国主義的解釈の分離がますますむずかしくなったために、賛同を得にくくなっていた。だが、イスラーム知識人《ウラマー》のあいだの最大の関心事だったのは、イスラーム法《シャリーア》が市民生活領域から完全に撤廃されるべきであるという近代主義者の要求だった。パキスタンの社会改革者で、「イスラーム協会《ジャマーアテ・イスラミー》」の創設者であるマウラーナ・マウドゥーディー（一九〇三―一九八〇）のような宗教学者たちは、宗教法と民法を分離するどころか、イスラームは「神の法が国民生活のよりどころとなる法となるべきである」ことを要求しているのだといってアリーガル派の綱領に対決の姿勢を見せた。

皮肉なことに、マウドゥーディー自身は熱烈な反民族主義者であったが、彼の考え方は、世界初の〝イスラーム国〟パキスタンを生み出すイデオロギー的基盤を提供するのに役立った。だが、インドのムスリム・コミュニティーが「インド大反乱」の悲惨な余波から抜け出して百年もしないうちに独自の分離国家を創設するという快挙にいたるまでには、エジプトを経由するちょっとした回り道が必要だった。エジプトでは植民地支配下に暮らすもう一つのムスリム改革者グループが、ムスリム世界全体に波紋を起こすことになる東方の目覚めが始まる瀬戸際に立っていたのである。

ままならないイスラーム再興運動

一九世紀が始まる頃のエジプトは、ウィリアム・ウェルチの言葉を借りれば、「大英帝国の車輪の大事なスポークの一つ」だった。英国が市民行政のあらゆるレベルで、公然と、争う余地のない支配権をもっていたインドとちがい、エジプトは、まったく無能な副王《ヘディーヴ》による世襲的統治という形をとった見かけだけの独立国を維持することが許されていた。原則的には、オスマン帝国への忠誠の義務が残ってはいたが、一九世紀の副王《ヘディーヴ》たちは大英帝国の臣民同様だった。彼らは無力で、植民地宗主国の同意なしにはエジプトにおける政治・経済上の決定は何一つできなかった。返済不可能なことがわかりきった無尽蔵な借款と引き替えに、歴代の副王は政治には無関心で、自堕落な統治をつづけるようになっていた。

そのあいだに、エジプトには外国人労働者、金持ちの投資家、官僚機構のしがらみのない国で出世をもくろむ中流階級の英国人らが溢れるようになった。急増するヨーロッパ人を収容するために、地元民の居住区とは離れたカイロの周辺部に設備の整った町がいくつも建設された。外国人はたちまち主要輸出品であるエジプト綿の取引を掌中にし、港湾、鉄道、ダムなどを建設してこの国の経済を植民地支配の道具にした。彼らの最高の業績とも言えるスエズ運河の建設で、英国のもっとも価値ある植民地としてのエジプトの運命は決まった。

こうした大型プロジェクトの費用を賄うために、すでに平均的なカイロ市民には高すぎた税金がさらに増額された。地方の産業の崩壊で都会に移住せざるをえなくなった大勢の農民階級《フェラヒーン》にとってはさらに過酷な仕打ちだった。事態をいっそう悪化させたのは、副王が外国のエリートたちから、固定資産税以外のすべての税金の免除や、治外法権を認めるよう、圧力をかけられていたことである。

エジプトのゆがんだ現状に反植民地感情が高まり、蜂起が散発するようになったのは当然の成り行きだったであろう。英国はその両方を口実に、原住民の取締りを強化した。その結果、政府はヨーロッパからの借金でますます首が回らなくなり、公民権を剥奪された国民は、植民地主義者の脅威に結束して対抗するため、共通の自己認識《アイデンティティー》を切実に求めるようになった。一九世紀半ばまでには、エジプトの状況は、インドで形成された近代主義者のメッセージを受け止めるのに機が熟していた。そのメッセージをもたらすことになるのが、〝東方の覚醒者〟として知られるジャマール・アッディーン・アル・アフガーニー（一八三八―一八九七）だった。

アフガーニーは、名前から推測されるのとちがって、アフガン人ではなかった。アメリカの中東学者で、アフガーニーのすぐれた翻訳者だったニッキ・ケディーが証明しているように、アフガーニーはイランで生まれ育ち、イスラーム諸学について伝統的なシーア派の教育を受けた人である。なぜ彼がアフガニスタン出身のスンナ派ムスリムか、あるいはイスタンブール出身のトルコ人のようなポーズをとっていたのかはよくわからない。当時のムスリム世界の隅々にまで届いていたシャー・アリーウッラーのピューリタン運動の人気を考えて、アフガーニーは、自分の宗教改革計画をいっそう広めるには、シーア派ムスリムという素性を隠しておく方が得策と考えていたのかも知れない。

アフガーニーは十七歳でイランを離れ、自分の受けた宗教教育にいわゆる西欧的な学問を加味したいと考えて、一八五六年、インドに行った。インド亜大陸のほぼ三分の二が大英帝国の直轄領になっていた時代である。東インド会社とそのさまざまな系列組織の経済政策により、藩王たちの広大な所有地は英国に次々と併合されて行った。地方支配者たちは強制的に退位させられ、農民はわずかな収入の道を絶たれた。国中で反体制運動が醸成されつつあった。

最初、アフガーニーは自分の周囲で起こっているきわめて重大な出来事に関心がないように見えた。彼の最初の伝記作者サリーム・アル・アンフリーは、アフガーニーが勉学に没頭していて、インド原住民の苦境にまで気が回らなかったのだと記している。だが、翌年、インド人の憤懣が爆発して大々的な反乱にまで発展すると、アフガーニーは突然、行動に立ち上がった。青年期の彼は、暴動に対する英国の取締りの再強化ばかりでなく、一方では解放と国民の主権を望むインド人の訴えを残酷に抑圧しながら、啓蒙主義的価値観を高らかに説教する彼らの偽善に、深く心を傷つけられた。インド亜大陸での経験は、彼の心のなかに生涯変わらない英国への嫌悪感を生み、ムスリム世界のヨーロッパ植民地主義の軛《くびき》からの解放に、一途にのめりこむようになった。植民地主義こそイスラームにとって最大の脅威であると彼は考えたのである。
だが、アフガーニーは、イスラームについて宗教用語で語ることはめったになかった。イスラーム世界の政治思想に対する彼の最大の貢献は、イスラーム思想を純粋に宗教的な枠組から離して、ムスリム世界全体を帝国主義に対抗する連帯感で統合するための社会・政治的イデオロギーとして利用できるはずだと主張したことである。イスラームは、アフガーニーにとって、法律や神学ではなく、文明だった。西欧の知的基盤は、事実、イスラームから借用したものである。ゆえに、イスラームの方が実際にすぐれた文明だったのだと彼は論じた。社会的平等、主権在民、知識の探求と保存は、キリスト教徒ヨーロッパではなく、「ウンマ」が元祖である。個人間の民族的差別を完全に撤廃し、女性と子どもに前例のない権利と特権を付与する一方、支配政権に対する国民の制裁という概念を導入したのはムハンマドの革命によってできたコミュニティーだった。

アフガーニーは、イスラーム文明の衰退の責任はイスラーム知識人《ウラマー》にあるという点については、サイイド・アフマド・ハーンと意見が一致していた。イスラームの擁護者の役割を自ら任じたイスラーム知識人《ウラマー》が、ヨーロッパの啓蒙主義を覚醒させた独立した考え方や科学の進歩を抑圧したため、ムスリム世界は未だに中世時代でのたうちまわっている。法の限界や聖典の意味について、合理的な討論を禁じることによって、イスラーム知識人《ウラマー》はイスラームの本当の敵になってしまっていた。アフガーニーは彼らを「周囲を照らしもしなければ、他者に光明を与えもしない、先のほうがちょっとだけ燃えているひどく細いろうそくの芯」にたとえている。

だが、アフガーニーはアリーガル派の一員ではなかった。事実、彼はサイイド・アフマド・ハーンを、ヨーロッパ人の理想をたわいなく模倣させるための植民地勢力の手先とみなしていた。アフガーニーの知る限りでは、ヨーロッパがイスラーム文明に優る唯一の長所は、科学技術の発達と経済的躍進だった。このどちらの特質も、イスラームがかつての栄光を取り戻しさえすれば、ムスリム世界でも展開できるはずである。だが、この地域で継続的に社会、政治、経済の改革を達成する唯一の手段は、ムスリム・コミュニティーの基盤となって根づいているイスラーム的価値観を今の時代に合ったものにして行くことであろう。アフマド・ハーンがムスリムにさせようとしていたような、単なるヨーロッパの模倣は時間の浪費だった。

アフガーニーの心に芽生えた政治的イデオロギーは、オスマン帝国の教育委員会のメンバーとして在任中に強化された。アフガーニーはそこで、「新オスマン人」と呼ばれていたトルコの熱烈な改革者グループと接触するようになった。才気縦横の詩人で劇作家のナームク・ケマル（一八四〇—一八八八）を頂点とする一握りの作家や学者が主導する「新オスマン人」は、西欧の民主主義の理想と、伝統的なイスラームの根本方針を融合させたものを基盤にした魅力的な改革計画を進めていた。その結果、一般に「汎イスラーム主義」と呼ばれる民族を超えたプロジェクトが生まれた。その第一の目標は、「カリフ制」（明らかにトルコの）を唯一の中心的旗印として、文化、宗派、民族の壁を超えたムスリムの統合——言葉を変えれば、「ウンマ」の復活を奨励することだった。

アフガーニーは、「新オスマン人」の見解、とりわけ、ヨーロッパの帝国主義と戦うために、シーア派もスーフィーも含め、一つに統合されたムスリム・コミュニティーの再生への呼びかけに、心から共鳴した。一八七一年、「汎イスラーム主義」に新たな期待をかけたアフガーニーは、当時、ムスリム世界の文化の首都だったカイロに行った。うわべは、哲学、論理学、神学などを教えるのを目的としていたが、内実は、エジプトの政界に彼の近代主義計画の未来像を吹き込むことだった。このカイロで、彼は意欲に燃える若い学生ムハンマド・アブドゥ（一八四五—一九〇五）と友だちになった。アブドゥはやがてエジプトのもっとも有力なムスリム宗教改革の唱道者になる。

ナイル・デルタの小村にある農家でうまれたアブドゥはたいへん信心深い少年で、十二歳の時にはクルアーンを全部暗記してしまっていた。彼はスーフィーのシャズィリー教団に早くから弟子入りし、イスラーム諸学の研究にすぐれた才能を示したので、カイロのアズハル学院に送られ、そこで勉学をつづけた。だが、敬虔で疲れを知らない知性の持ち主であったにもかかわらず、アブドゥはアズハル学院のイスラーム知識人《ウラマー》の厳格な教授陣や伝統的な教えと衝突した。同時に、ヨーロッパ人の高邁な根本方針と、植民地主義者の行動計画とがはなはだしく矛盾することに衝撃を受けた。

「われわれエジプト人は、かつて英国人のリベラリズム、英国人の思いやりを信じていたが、もはや信じない。なぜなら、事実は言葉より強いからだ。われわれが見るところのあなたがたの寛大さは、あなた方自身のためのものであり、あなたがたのわれわれに対する思いやりは、自分が食べる予定の子ヒツジに対するオオカミのそれだからだ」

宗教・政治指導者に失望したアブドゥは、アフガーニーの熱心な弟子になり、彼の指導のもとにたくさんの著書や論文を出版し、マディーナに最初のムスリム・コミュニティーを築いた敬虔な先人たち《サラフ》の混じりけのない価値観への回帰を提唱した。自分自身を「新ムウタズィラ学派」と呼んだアブドゥは、独自の類推による法解釈《イジュティハード》の門の再開を要求した。ムスリムの権限を強化する唯一の方法は、イスラーム知識人《ウラマー》の頑固な統制と、彼らによる伝統的な「イスラーム法《シャリーア》」の解釈からイスラームを解放することである。サイイド卿と同様、アブドゥも、人間が定めた法源はすべて——預言者の慣行《スンナ》、イスラーム諸学者の合意《イジュマー》、類推《キヤース》などは、合理的に討議することを条件としなければならない、たとえ聖なるクルアーンであっても、ムスリム社会のすべてのセクターからの解釈、疑問の提示、討論が再開されなければならない、ムスリムは神聖な神の啓示に没頭するためにイスラーム知識人《ウラマー》の指導を必要としない、クルアーンを自分たちなりに体験する自由があるはずだ、と言う。

アブドゥは世俗の世界からイスラームの理想を分離する必要があるとは思っていなかったが、世俗の権力を宗教指導者の手に委ねる可能性に限っては、これを拒否した。彼らがムスリム・コミュニティーを新世紀に導く資格はまったくないと思っていたからである。代わりに必要とされるのは、伝統的なイスラームの理想を解釈し直し、平均的なムスリムにわかりやすい言葉で近代的な民主主義の原則を提示することである。たとえば、部族の協議《シューラー》制度は代議制民主主義、合意《イジュマー》は主権在民、忠誠の誓い《バイア》は普通選挙権という風にアブドゥは再定義した。こうした見解に従えば、「ウンマ」は国家であり、その支配者であるカリフの唯一の役目は、コミュニティーの福祉に貢献して、その構成員を保護することである。

アフガーニーとアブドゥは協力して近代主義プロジェクトのエジプト版である「サラフィー主義運動」〔イスラーム初期世代（サラフ）における原則や精神への回帰を目指す運動〕を立ち上げ、アフガーニーの死後は、アブドゥと親友で彼の伝記作者でもあったラシード・リダー（一八六―一九三五）が「サラフィー主義運動」の宗教改革計画を進めていった。だが、地域住民のあいだで人気は上昇しつつあったにもかかわらず、アブドゥの改革計画の核心であった「汎イスラーム主義」の理想は、その実現がきわめてむずかしかった。

「汎イスラーム主義」の問題点は、ムスリムの信仰をスタート時点から特徴づけてきた宗教的、知的多様性が、宗派間の方針を超えた宗教的連帯の達成見通しをほとんど不可能にしていることだった。それは、イスラームの文化的刷新をはばむピューリタン運動の台頭を見れば、たしかに本当だった。さらに、中東全域をカバーする規模も影響力も大きな非宗教的民族主義者のグループは、「サラフィー主義運動」の背後にある宗教的イデオロギーを、彼らの考える近代化の最大の目標である政治的独立、経済的繁栄、軍事力の強化と切り離せないことに気づいた。皮肉なことに、このような非宗教的民族主義者たちの多くは、アフガーニー版のイスラーム的リベラリズムに触発された人たちだった。事実、エジプトのもっとも影響力の大きい民族主義者サアド・ザグルール（一八二九―一九二七）は、ムハンマド・アブドゥの弟子としてそのキャリアをスタートしている。

ザグルールと彼の民族主義者仲間は、〝文明としてのイスラーム〟という「サラフィー主義運動」のヴィジョンに共鳴する一方、帝国主義は宗教的連帯を通して敗北させることができるという論法は拒否した。イスラーム知識人《ウラマー》の狭量で取るに足りない口論に注目するだけで、「汎イスラーム主義者」のプロジェクトの無益性を認識することができる、と彼らは論じた。それよりもむしろ、民族主義者たちは非宗教的な対抗運動を通してヨーロッパの植民地主義と戦うべきだ。そうした運動は、宗教的連帯という「サラフィー主義運動」の抱負を、人種的な連帯、言い換えれば「汎アラブ主義」というもっと現実的な目標に置き換えることになる。

実際の立場から言えば、「汎アラブ主義」のほうが「汎イスラーム主義」よりも達成しやすいように思われた。その主な唱道者の一人であるシリアの著作家で教育者のサーティゥ・フスリー（一八八〇―一九六八）は、「宗教は個人と神のあいだの問題だが、祖国はわれわれ全員の関心事であるから」とその理由を述べている。それにもかかわらず、「汎アラブ主義者」たちは、自分たちの運動を政治的でもあり宗教的でもあると考えていた。なぜなら、彼らの見方によれば、イスラームはそのアラブ的な根幹と分離することはできないからだという。民族主義唱道者アブドゥル・ラフマーン・アル・バッザーズ（一九一三―一九七三）の言葉を借りれば、「ムスリムの歴史のもっとも輝かしい頁は、アラブの歴史である」。そういうわけで、「汎アラブ主義者」は、ムスリムがマディーナに最初に建設されたコミュニティーの価値基準に戻らなければならないという点で「汎イスラーム主義者」と意見が一致する一方、コミュニティーをきわめてアラブ的なものとして定義した。ムスリムの統合は、アラブの統合を通して以外に実現できない。「汎アラブ主義」は、「汎イスラーム主義に先行する現実的なステップである」とみなされた。

もちろん、「汎アラブ主義者」には、アラブの統合が正確には何を意味するかを定義するのがむずかしい時期があった。人種的統合を謳ってはいるが、一つにまとまったアラブ人の民族性のようなものは率直に言ってなかった。たとえば、エジプトのアラブ人はイラクのアラブ人と事実上、何の共通点もない。この二つの国では同じアラビア語でも方言が異なる。いずれにせよ、「ウンマ」のルーツはアラブにあるとはいえ、二〇世紀初頭における世界におけるムスリム人口に占めるアラブ人の割合は二〇パーセント足らずで、その割合はもっとも少なくなっている。そうした理由があるせいか、民族主義者のなかには、自分たちのルーツを自国の古代文化と結びつけようとする人たちもいる。

エジプトの民族主義者たちは、想像をたくましくしてファラオを先祖としていることを強調し、イラクの民族主義者たちは、メソポタミア文明の伝統に戻ろうと懸命である。

アラブ民族主義者たちは、第一次大戦の終了で、オスマン帝国がケマル・アタチュルク（一八八一―一九三八）によって威信を奪われたとき、思いがけない追い風を受けた。落ち目にあったとはいえ、一五〇〇年近くムスリム共同体の精神的統合の象徴であったカリフ制が、突然、徹底した非宗教主義《セキュラリズム》を掲げる国粋主義的なトルコ共和国に置き換えられたのである。オスマン帝国は、英国を筆頭にした戦勝国によって解体され、いくつかの半自治国になった。エジプトでは、英国がこれを機会にトルコ人とのすべての絆を断絶し、この国の唯一の保護者であると宣言した。副王《ヘディーヴ》はエジプトの王であることを宣言したが、植民地主義者の傀儡のままであった。

カリフ制が廃止され、エジプトが英国にがっちり占領されると、「汎イスラーム主義」はムスリム統合の萌芽となるイデオロギーであるとして排除された。「汎アラブ主義」は、植民地主義に対する反体制派の中心的な代弁者として残されたが、国境を越えた広がりをもつ希望はもはやなくなった。ムスリムはコミュニティーのメンバーではなく、それぞれの国の国民としての自己認識《アイデンティティー》をもたされるだけになった。「汎イスラーム主義」は下火になり、「汎アラブ主義」も政治勢力としての力を失うにつれて、エジプトの自由と独立への抱負は、カリスマ性のある若い社会主義者ハサン・アル・バンナー（一九〇六―一九四九）の率いるムスリム新世代の手に委ねられた。

「ムスリム同胞団」の挫折

一九二三年、ハサン・アル・バンナーは高等教育を受けるためにカイロへきた。ガザーリーの神秘主義の教えに深い影響を受けたバンナーは早くからハサフィイーヤ・スーフィー教団に加わり、自分の信仰と文化の伝統を保持したり、更新したりすることに生涯を捧げるつもりでいた。のちに熱心で優秀な大学生になったバンナーは、アフガーニーやムハンマド・アブドゥの著作の虜《とりこ》になり、彼らと同じように、ムスリム文明の衰退は外国の影響だけではなく、マディーナのムハンマドが唱えたイスラーム本来の原則に、エジプト人の側の献身が欠けていたからだと感じた。

カイロで、バンナーはこの都市に蔓延している悪行と、極端な非宗教主義《セキュラリズム》に衝撃を受けた。平等主義や社会的正義といった伝統的なイスラームの理想は、この国の政界、宗教界のエリートのとどまるところを知らない強欲によって押しのけられていた。彼らは英国の植民地主義者に熱心に取り入って、見返りに富と地位を手に入れている者が多かった。外国人が政府のすべてのチャンネルを牛耳り、エジプト経済の独占権を掌中にしていた。カイロは事実上、人種隔離国家《アパルトヘイト》になり、少数の桁違いに裕福なヨーロッパ人と欧米化したエジプト人が、彼らの土地で働き、彼らの所有地の世話をする何百万もの貧しい農民を支配していた。

バンナーはエジプトのアズハル学院でイスラーム知識人《ウラマー》に訴えたが、近代主義者たちが非難していたとおり、彼らは融通のきかない、時代遅れな存在だとわかった。だが、近代主義者の企ては、「西欧諸国の文明の基盤になっている社会的正義」の採用に当たって、間違った方向に導かれたと、彼は確信していた。バンナーはまた、民族主義が、終わったばかりのきわめて残忍な世界戦争の大きな原因であったことを思い、「汎アラブ主義」の民族主義的イデオロギーも拒否した。最終的にバンナーは、ムスリムの独立と自分たちの権限の拡大につながる唯一の道は、近代的な生活とイスラームの価値観を融和させることだと考えるようになった。そのプロセスを彼は〝社会のイスラーム化〟と呼んだ。

一九二八年、バンナーはイスラーム化というヴィジョンを抱いて、スエズ運河に近いイスマイリィーヤの小村で初めての教職に就いた。仮にスエズ運河がエジプトにおける植民地主義体制のもっとも輝かしい業績であるとすれば、イスマイリィーヤはその体制の下に沈んだ深みを表わしていた。そこには外国軍人と文官が溢れていて、地元住民のごみごみした、惨めな隣接地の上にそびえるゲートで仕切られた豪勢な居住区に住んでいた。道路標識は英語で、カフェやレストランは人種によって差別され、公共の場には「アラブ人立入禁止」を警告するマークがちりばめられていた。

大英帝国の途方もない富を生み出している地元住民が直面する不正と屈辱は、バンナーを立腹させた。彼はイスラーム化のメッセージを公園やレストラン、コーヒーショップや家庭で説教し始めた。力のない自国政府と融通の利かない宗教指導者たちに裏切られたと感じている、若くてよりどころのない者たちは、バンナーのところに群がり、彼の「イスラームこそ答えだ」という単純なメッセージに心を惹かれた。結果的にはそれが、社会福祉を通じて人々の生活を変えて行くことに寄与する非公式の草の根組織にすぎないものから始まって、世界初のイスラーム社会主義運動という明確な形をとるようになっていった。

「われわれはイスラームに奉仕する同胞です。ゆえに、われわれはムスリム同胞であります」と二十一歳になったばかりのバンナーは、グループの最初の公式会合で発表した。

「ムスリム同胞団」のムスリム世界への影響を大げさには言いにくい。バンナーのイスラーム化プロジェクトは、たちまちシリア、ヨルダン、アルジェリア、チュニジア、パレスチナ、スーダン、イラン、イエメンに広がった。イスラーム社会主義は、明らかに「汎イスラーム主義」や「汎アラブ主義」よりもムスリムの不平不満を表明する上で成功した。「ムスリム同胞団」はほかでは口に出しにくい問題に積極的に取り組んだ。ムスリム世界におけるキリスト教徒宣教師の活動の拡大、パレスチナにおけるシオニズムの台頭、ムスリム国民の貧困と政治的劣等感、アラブ人君主たちの贅沢な暮らしや独裁などが、「ムスリム同胞団」では常に議題にされた。

バンナーの運動のもっとも重要な側面はおそらく、宗教、政治、経済、文化制度全般にわたるものとしてイスラームを提示しようとした最初の近代的試みの代弁者であったことだろう。バンナーの考え方によれば、イスラームは、世界が知っているほかのすべての社会組織のシステムよりもすぐれた普遍的なイデオロギーを提示していた。そのイデオロギー自体、社会の病弊を的確に指摘できる、はっきりしたイスラーム政権を要求していた。だが、バンナーは、このイデオロギーを現在のエジプトの政治制度に適用するのが自分の義務であるとは思っていなかった。「ムスリム同胞団」は社会主義者の組織であって、政党ではない。その最大の関心事は、人間の苦しみを和らげるために、心と精神を神と和合させることであって、政治革命を起こすことではなかった。正真正銘のスーフィーとして育ったバンナーは、自己改革によってしか国家を改革することはできないと確信していた。

バンナーの意見は政治には関わりのないものだったのに、政府の怒りを免れることはできなかった。一九四九年、エジプト国王〔原文はkhediveとなっているが、一九二二年以降のエジプト君主の称号は「国王《マーリク》」が正しい〕の命令でバンナーは暗殺されてしまう。植民地主義者上層部もそれを奨励したことは間違いない。だが、こうした行為で「ムスリム同胞団」のリーダーを黙らせることはできたかも知れないが、「ムスリム同胞団」そのものを返って強化した。その結果、一九五〇年代には、会員が五〇万人近いと豪語するほどのエジプトの反体制派のもっと影響力をもつ集団になっていた。それゆえ、数年のうちにエジプト軍の兵卒のなかに浮上してきた、芽生えたばかりの反植民地主義者、反帝国主義者の蜂起に際して、「ムスリム同胞団」が無視されるはずはなかった。

一九五二年七月二三日、自分たちを「自由将校団」と呼ぶ不満を抱いた軍部指導者グループがエジプトの無能な国王に対してクーデターを起こし、この国の植民地支配からの解放を一方的に宣言した。クーデターを仕掛けたのは、軍部の長、ムハンマド・ナギーブ将軍である。だが、蜂起の背後で実権を握っていたのは、ナギーブの腹心ガマル・アブドゥル・ナセル（一九一八―一九七〇）大佐であることは、エジプトではみんな知っていた。

ナセルは、革命後のエジプトに、「ムスリム同胞団」の社会主義的プロジェクトを実行すると約束していたから、彼らは「自由将校団」を熱烈に支持した。「ムスリム同胞団」の指導部は、「自由将校団」を〝喜ばしい動向〟と見て、クーデター直後の時期の大都市すべての秩序と安全の維持を手助けした。ナセルは彼らの支援の返礼に、バンナーの墓所へ謹んで巡礼の旅をし、さらに、「ムスリム同胞団」に新しい議会への参加を求めたが、彼らは政治には関与しないというバンナーの原則に泥を塗るのを恐れて断わった。

だが、ナセルはエジプトにおける自分の民族主義的課題を実行して行くうちに独裁色を強め、「ムスリム同胞団」が唱道してきた平等主義の価値観をつぶしにかかった。一九五三年一月、ナセル政権強化の一環として、国民の人気取りには欠かせない「ムスリム同胞団」をのぞく、すべての政党と政治組織を非合法化した。だが、翌年、アレクサンドリアで演説中のナセルが銃撃されたのを機に、「ムスリム同胞団」も解体の憂き目にあった。「ムスリム同胞団」内の陰謀によって彼の命がねらわれたことを理由に、ナセルは「ムスリム同胞団」を非合法化し、そのメンバーを根こそぎ収監し、リーダーたちを拷問、処刑した。

じめじめした嗜虐的なナセル時代のエジプトの拘置所のなかで、「ムスリム同胞団」はイデオロギー路線をめぐって分裂した。多くのメンバーは、社会を変えるには心を変えることだという社会主義ヴィジョンが失敗に終わったことを痛感した。こうした同胞たちによれば、バンナーのイスラーム化計画は、社会福祉という行為を通して実現することはできそうもなかった。もしナセルに学ぶことがあったとすれば、そのような高邁な理想は武力によってしか実現できないということだった。植民地時代後のエジプトは、イスラームの新たなヴィジョンと近代世界における役割を必要としていた。そうしたヴィジョンを提供することになる人物は、そのとき、カイロの拘置所の独房で、みじめな毎日を送っていたのである。

急進的イスラーム主義者クトゥブ

詩人、小説家、ジャーナリスト、批評家、社会主義活動家であったサイイド・クトゥブ（一九〇六―一九六六）は、やがて急進的イスラーム主義の父として知られるようになる。上エジプト生まれの彼は、バンナーと同じように一九二〇年代の激動期にカイロに出てきた。クトゥブは短期間、教育省に勤めたあと、一九四八年、教育制度研究のためアメリカに行った。そこで彼が発見したのは、個人の自由はあるが、「法の強制がなければ……人間同士の思いやりも責任ももたない」国であった。彼はまた、自分の目に映るアメリカの「物質主義」「悪意のこもった狂信的な人種差別」にも不快感をもった。そのどちらも、欧米が「日常生活から宗教離れ」を強制しているせいだと考えた。クトゥブは、中東と北アフリカの開発途上国に西洋人による文化的覇権が急速に広がっていることにも驚いた。この現象を、イランの社会評論家ジャラール・アーレ・アフマド（一九二三―一九六九）は〝西洋かぶれ〟と呼んだ。

一九五〇年にカイロに戻ったクトゥブは、「ムスリム同胞団」が社会主義的イスラーム政治体制の基盤づくりに熱烈な貢献をしていると見て、これに参加し、たちまち権威ある地位に出世し、組織のプロパガンダ部門のリーダーになった。一九五二年の革命後、ナセルはクトゥブに彼の政権に加わるように要請したが、クトゥブはこれを拒否し、「ムスリム同胞団」とともに社会的活動をつづける道を選んだ。ナセルの暗殺未遂事件後、クトゥブも、逮捕され、残酷な拷問を受けたあと、投獄され、忘れ去られた数知れない「ムスリム同胞団」の一人になった。

独房に閉じこめられていたクトゥブは啓示を受けた。「説教だけでは十分ではない」と釈放された一九六四年に出版された革命宣言、『道標』に書いている。「神《アッラー》の権威を踏みにじり、神《アッラー》の創造物である人間を抑圧する支配者たちは、説教を聞いただけで自分の手にした権力を放棄することはない」

クトゥブは、今のムスリムは、未だにイスラーム勃興以前の無明時代《ジャーヒリーヤ》に生きており、退廃的で腐敗した人間が、神の最高の属性の一つである統治権を握っているのだと断言して、彼らに衝撃を与えた。クトゥブは、完全な社会的、政治的、経済的制度としてのイスラームの優位性を自明の理とすることによってしか、社会の不公正に注意を向けることはできないという点で、バンナーと見解が一致していた。だが、バンナーとはちがい、クトゥブは、そのプロセスとして、イスラーム国家の樹立を通してしか起こせないような大変動、革命的な事件を心に描いていた。「地上に神の国を設立し、人間の王国を排除することは、人間の不法な王権簒奪者の手から権力を奪い取り、神の力を復活させることを意味している」と、彼は『道標』のなかで論じている。

クトゥブの見解によれば、イスラーム国には大統領や国王のような中央集権的な権力者は要らない。唯一の支配者は神であり、唯一の法は「イスラーム法《シャリーア》」である。政治組織をもったイスラームというクトゥブの急進的な構想は、中東の状況を完全に一変させ、「イスラーム主義」という新たなイデオロギーを勃興させようとしていた。

一人のカリフのもとに、民族を超えてムスリムを統合しようという「汎イスラーム主義」と混同してはならないのは、「イスラーム主義」はムスリムの価値観によってのみ定義される社会・政治的制度をもったイスラーム国家創設を呼びかけていることである。イスラームは信者の生活すべての面を統括する総合的なイデオロギーであると「イスラーム主義者」は言う。クトゥブが書いているように、イスラームの基本的な関心事は、「地上界と天上界を一つの体系に統合することである」。そうした体系を現実化するための最大の必要条件として、「イスラーム法《シャリーア》」を国民生活の隅々にまで適用しなければならない。欧米の非宗教的価値観はムスリム世界では拒否するべきである。なぜなら、イスラームは神学上の信仰と「非宗教的生活や慣習とを、事実上、あるいは外面的に、完全に分離することを」禁じているからである。それゆえ、ナセルのようなアラブ人が司っている政府を含めて、すべての非宗教的政権は、必要なら武力を行使して、独立可能な、道徳的にも責任のもてるイスラーム国家に置き換えられなければならない。

釈放から一年後の一九六五年、クトゥブは『道標』の出版による反逆罪で再逮捕され、絞首刑にされた。他方、「ムスリム同胞団」の過激派で、ナセルの怒りを免れた者たちは、両手を広げて彼らを受け入れてくれる唯一の国サウディアラビアに亡命した。当時のサウディアラビアは、部族長上がりの荒削りなリーダーたちが、経済ブームで世界一の金持ちに変貌しかけていた――わずか一〇年前にできた王国のこの驚くべき成功を達成させたのは、一人の名もない部族の長老《シャイフ》と、無学に近い宗教的狂信者だった。

歴史の流れを変えたワッハーブ派とサウディアラビア

一八世紀初め、ヨーロッパが地中海の彼方の膨大な天然資源が開発者を待っていることに気づき始めた頃、イスラームを生み、その萌芽期を支えた聖地はオスマン帝国の名目上の宗主権のもとにあり、カリフは預言者ムハンマドの子孫でハーシム家の相続人である「マッカの太守《シャリーフ》」にアラブ人住民を支配する権限を認めていた。だが、オスマン帝国の影響力も、太守《シャリーフ》の支配権もヒジャーズ地方以遠には及んでいなかった。アラビア半島東部の「台地《ナジュド》」と呼ばれる広大で近寄りにくい砂漠には、自分たち以外のだれにも頼らない、独立自尊の部族がたくさん棲んでいた。その険しく、不毛な光景は、進歩発達のない宗教的・文化的所産に似合っていた。そのなかに、ムハンマド・イブン・サウード（一六八七―一七六五年）という名の野心的な族長《シャイフ》が率いる平凡で小さな一族がいた。

イブン・サウードは決して裕福ではなかったが、一族が根拠地にしていたダルイーヤという小さなオアシスの町の耕作可能な土地の大半を所有していた。族長《シャイフ》の地位にあった彼は、この町の井戸と主な通商路の全面的な管理権をもっていた。小規模の隊商《キャラバン》を維持していたが、彼の財政状態ではその範囲も限られていて、オアシスの境界以内にとどまっていた。それでも、誇り高く、見栄っ張りのイブン・サウードは、アラブ人祖先伝来のネットワークに頼らず、自力で献身的に自分の家族と一族の面倒を見ていた。そこへ遍歴の説教師ムハンマド・イブン・アブドゥルワッハーブ（一七〇三―一七六六）がオアシスにたどり着いて、彼の保護を求めた。イブン・サウードはこれを自分の経済的繁栄と、軍事力の強化の両面に役立つ好機と見て、彼と同盟を結んだ。

ナジュドの砂漠の敬虔なムスリムの家族に生まれたアブドゥルワッハーブは、若いときから宗教に熱意を示していた。クルアーンの勉強に才能を認めた彼の父は、息子をマディーナに送って、最近、インド人のスーフィズムに対抗する運動を始めたばかりのシャー・ワリーウッラーの弟子たちといっしょに学ばせた。アブドゥルワッハーブは、ワリーウッラーのピューリタン的イデオロギーに深く影響を受けた。だが、それは、彼がのちにマディーナを出てバスラに行き、そこでシーア派やスーフィズムも地域によって実にさまざまな分派があることを、身をもって体験してからのことである。彼は、そうしたイスラームからの逸脱に怒りを感じ、その怒りは、イスラームの〝迷信と結びついた改革〟を排除し、本来のアラブ人のものに戻さなければならないという狂信的な妄想へと変わっていった。彼はアラビア半島に戻るとすぐ、一般には「ワッハーブ主義」として知られる徹底したピューリタン的なイスラーム「原理主義者《ファンダメンタリスト》」セクトの猛烈な推進運動を始めた。

ここでイスラームにおける「原理主義《ファンダメンタリズム》」という言葉の意味と使い方について少々述べておく必要がある。「原理主義《ファンダメンタリズム》」という言葉は、二〇世紀初頭の近代化と非宗教化《セキュラリゼイション》が急速に進むアメリカ社会に対して、キリスト教の原理を再主張するために始まったプロテスタント運動を表わす造語として初めて登場した。なかでも重要なのは、聖書の文字通りの解釈を信じることである。そのような考え方は、たとえば進化論のような、聖書の史実性を嘲笑的に扱いがちな科学的理論が発達するにつれて人気がなくなっていた。ムスリムはみな、クルアーンを神の直接の言葉として、〝文字どおりに〟信じている事実から考えると、ムスリム過激派、あるいは活動家だけを「原理主義者」と呼ぶのはおかしい。イスラームを基本とした政治体制の樹立を目的としたサイイド・クトゥブのような「イスラーム主義者」をこう呼ぶのも適切ではない。それにもかかわらず、「イスラーム原理主義《イスラミック・ファンダメンタリズム》」という言葉があまりにも普及して、ペルシア語やアラビア語にまで入り込んでしまったために（アラビア語の訳語の字義どおりの意味は「頑固」、ペルシア語の訳語は「時代遅れ」という意味に近い）、この言葉を筆者も本書のなかで使いつづけるが、政治色のあるイスラームのことを意味してはいない。そういう運動は、「イスラーム主義」という名で呼ぶことにする。それに反して、「イスラーム原理主義《イスラミック・ファンダメンタリズム》」という言葉は、ムスリム世界では「ワッハーブ主義」と言ったほうがずっとぴったりの、その起源からして超保守的で、ピューリタン的なイデオロギーを指す。

実際、ワッハーブ派の教義は、「神の唯一性《タウヒード》」の概念を過度に単純化したものにすぎない。ワッハーブ派が「神《アッラー》のほかに神はない」と宣言するとき、それは神が宗教的献身の唯一の対象でなければならないことを意味する。それ以外のいかなる存在物を崇拝の対象にするのも避けるべきだと考えられている。アブドゥルワッハーブにとって、スーフィー導師への崇敬、「イマーム」のとりなし、ほとんどの宗教的な祝日、預言者ムハンマドを中心としたすべての献身的な行為もその対象に含まれた。ワッハーブ主義者たちは、「神の想起《ズィクル・アッラー》」や、フサインの殉教死を悼む鞭打ち《マータム》の儀式や、イスラームがアラビア半島の部族たちの領域を越えて中東、中央アジア、ヨーロッパ、インド、アフリカなどの異文化に吸収されたことによって、逆にイスラームに浸透してきたさまざまな慣習も非合法化しようとした。アブドゥルワッハーブはそれらに代って、外国の影響や解釈をまったく受けない「イスラーム法《シャリーア》」の厳重な履行を求めた。アフガーニー、ムハンマド・アブドゥとその「汎イスラーム主義」、サアド・ザグルール、サーティゥ・フスリーとその「汎アラブ主義」、バンナー、「ムスリム同胞団」などの「イスラーム社会主義者」、サイイド・クトゥブ、マウドゥーディーらの過激な「イスラーム主義者」たちと同じように、アブドゥルワッハーブもマディーナにムハンマドが樹立した純粋なムスリム・コミュニティーへの回帰を求めた。だが、アブドゥルワッハーブの原初のコミュニティー観は、古めかしく、排他的なもので、とりわけスーフィーやシーア派を含むいかなるムスリムも、彼の見解を共有しない者は処刑された。

イスラーム研究者ハミッド・アルガー（一九四〇年生）が指摘しているように、ワッハーブ主義が台頭した当時の特異な状況がなかったならば、間違いなく「取るに足りない、短命な宗派活動として歴史に埋没していたであろう」。精神主義や知性偏重主義を基盤にした宗教において、これは精神的にも、知的にも取るに足りない運動であったばかりでなく、スンナ派ムスリムの大多数からも本当の「正統教義《オーソドクシー》」とさえ考えられていなかった。だが、ワッハーブ主義が、一千年前のカルバラーに最初に集まった悔悟者《タウワーブーン》たち以来、イスラームのもっとも重要な宗派活動と位置づけられるようになるには、二つの明確な利点があった。その第一は、アラビア半島という信仰復興運動の根深い伝統を主張できる聖地に出現したという幸運である。第二は、この運動を前例のないこの地の支配権獲得手段として理想的と単純に考えた人物が、喜んで、熱心にこの運動を擁護したことである。そのパトロンがムハンマド・イブン・サウードだった。

イブン・サウードとアブドゥルワッハーブのあいだの提携はすでに伝説になっている。この二人が最初に出会ったのは、アブドゥルワッハーブとその弟子たちが、墓を壊したり、神聖とされている木を切り倒したり、彼らのイスラームについての妥協を許さないピューリタン的な見解を認めない者を虐殺したりしていたときである。彼らがかくまってもらっていたオアシスを追放されたあと（アブドゥルワッハーブが女性を公開の石打刑にしたあと、恐怖に駆られた村人が彼に出て行ってくれと要求した）、一行はダルイーヤのオアシスに向かった。そこの族長《シャイフ》ムハンマド・イブン・サウードは大喜びでアブドゥルワッハーブと彼の聖戦戦士たちに無条件の保護を与えた。

「このオアシスはあなたがたのものだ。敵を恐れるな」とイブン・サウードは約束した。

アブドゥルワッハーブはそれに答えて異例の要求をした。「わしに誓わせてくれ」と彼は言った。「おまえが不信仰者［ワッハーブ派ではないムスリム］に対して「ジハード」をおこなうなら、その見返りに、おまえをムスリム・コミュニティーのリーダーにする。そしてわしは宗教関連問題のリーダーになる」

イブン・サウードは同意した。こうして結ばれた同盟は、イスラームの歴史ばかりでなく、世界の地政学的バランスを変えることになる。アブドゥルワッハーブの聖戦戦士たちはヒジャーズになだれ込み、マッカとマディーナを征服して、その太守《シャリーフ》を追放した。二つの聖都に地盤を確立すると、彼らは預言者ムハンマドとその教友たちの墓を壊し、預言者とその家族の出生地など、巡礼者が訪れる場所も破壊しはじめた。彼らはマディーナにある預言者モスクの財宝を強奪し、クルアーンを除くすべての目に付いた書物を焼き払った。聖都での音楽や献花は禁止され、タバコを吸うことやコーヒーを飲むことも違法とされた。男は髭を伸ばし、女にはヴェールをかぶらせ、隔離するように命じ、従わない者は死刑にすると発表した。

ワッハーブ派は、自分たちの運動をムスリム世界で最初の過激派であるハワーリジュ派と意図的に関連づけ、狂信的な先達と同様、自分たちの内心の怒りをムスリム・コミュニティーの欠陥と彼らが考えていることに対してぶつけた。たとえば、彼らはヒジャーズの支配権を確保すると、スーフィーやシーア派などの異端者に自分たちのメッセージを広めるために北部へ進軍した。一八〇二年の哀悼祭《アーシュラー》の祝日には、カルバラーの城壁をよじ登り、祭りに参加していたシーア派信徒二千人を虐殺した。怒りを抑えられなくなった彼らは、アリー、フサイン、「イマーム」などの墓をたたき壊し、とりわけ預言者の娘ファーティマの墓に激しく怒りをぶつけた。カルバラーの略奪と同時に、ワッハーブ派はさらに北のメソポタミアやオスマン帝国の中心部へと向かった。そのときになって初めて、彼らはカリフに注目された。

一八一八年、エジプトの副王《ヘディーヴ》ムハンマド・アリー（一七六九―一八四九）は、オスマン帝国カリフのたっての要請で、重装備の大軍をアラビア半島に送った。エジプト軍は、ろくな武器もなく、軍隊としての訓練も受けていないワッハーブ派兵士を難なく平定した。マッカとマディーナはふたたび太守《シャリーフ》の管理下に戻され、ワッハーブ派戦士たちはナジュドに強制的に送り返された。エジプト軍が撤退する頃には、サウード家は自分たちの力ではオスマン帝国に太刀打ちできないという貴重な教訓をえた。彼らはワッハーブ派よりもずっと強力な同盟相手を必要としていた。

そのような同盟を結ぶ機会は、一九一五年、「英国・サウディ協定」という形で実現した。ペルシア湾の支配権を切望していた英国は、サウード家にアラビア半島をオスマン帝国支配から奪い返すように奨励し、彼らの蜂起を助けるために武器と資金を定期的に提供した。イブン・サウードの後継者アブドゥルアジーズ（一八八〇―一九五三）の音頭取りで、この計画は成功した。第一次大戦終了時には、オスマン帝国は解体されて、カリフ制は廃止され、イブン・サウードはマッカとマディーナを再占領して太守《シャリーフ》をふたたび追い出した。四千人の兵士を公開処刑し、改めて、全住民に対してワッハーブ主義を強制したアブドゥルアジーズ・イブン・サウードは、アラビア半島を「サウード家の王国」と改名した。ナジュドの原始的な部族とその原理主義《ファンダメンタリズム》を信奉する同盟者たちは、「聖所《サンクチュアリ》の管理人」すなわち〝聖殿の鍵を握る人物〟になっていた。

それからまもなく、ムハンマドが啓示という賜物を奇跡的に授かった聖地には、もう一つの神の贈り物である石油が噴出し、ささやかなサウード一族は突然、世界経済の支配権を握るようになった。彼らは、自分たちの努力次第で、ピューリタン的な教義を世界に広め、宗派や民族のちがいをムスリム信仰から一掃することによって、この神からの恵みに応えることができると感じるようになった。

「ムスリム同胞団」は、実に運のいいときにサウディアラビアにやってきた。サウディアラビア王国は、イスラーム知識人《ウラマー》が社会全般への影響力を失っていない唯一のムスリム国だった。それどころか、サウディアラビアは徹底した全体主義と、妥協を許さないワッハーブ主義の国だった。この国では、近代主義者とイスラーム主義者のあいだの論争はなかった。そもそも論争などというものがないのである。「民族主義」、「汎アラブ主義」、「イスラーム社会主義」など、ムスリム世界に躍動する影響力の大きい運動のどれ一つとして、サウディ王国では重要な代弁者をもっていなかった。許されているのはワッハーブ派の教義だけであり、唯一のイデオロギーは「イスラーム原理主義《イスラミック・ファンダメンタリズム》」だった。ほかのいかなる逸脱もきびしく抑圧されていた。

サウディ王国の君主が、ナセルの非宗教的民族主義を自分たちの生き方への直接の脅威とみなしたのは驚くに当たらない。スエズ運河の国有化によって、欧米に気骨のあるところを示したナセルは、ムスリム世界ばかりでなく、他の第三世界諸国の大部分から、ほとんど神話的存在と見られていた。中東におけるナセルは、「汎アラブ主義」の最後のあえぎを組織としてまとめた。アラブ社会主義者としての彼のヴィジョンは、エジプトでは無惨な失敗に終わったが、多くのムスリムにとって、それは〝西洋かぶれ〟の広がりを防ぐ唯一の代案だった。たいへんカリスマ性のあった彼は、反体制派の容赦ない抑圧にも成功していたので、一九六〇年代までには、彼の権威はエジプト社会の隅々にまで恐れられていた。

ナセルのムスリム世界への影響力の増大をそぐために、サウディの君主は、エジプトからの亡命者ばかりでなく、非宗教主義アラブ国であるシリアやイラクからの急進的な「ムスリム同胞団」を諸手をあげて歓迎した。サウディ王国は「同胞団」に必要な資金、支援、保護を与えて、彼らの母国の非宗教的民族主義と戦わせようとした。だが、「ムスリム同胞団」はサウディアラビアにシェルター以上の魅力を発見した。彼らはワッハーブ主義に目を開かれたのである。それは彼らだけではなかった。ムスリム世界全域からサウディアラビアの油田で働くためにたくさんの貧しい労働者たちが流れ込み始めていた。彼らが母国に帰る頃には、すっかりサウディ的信仰心を吹き込まれていた。

政府の補助金や契約をもらうには、サウディ式の宗教への忠誠が前提条件であった。サウード家がさまざまなムスリムの慈善団体、彼らが設立した財団、モスク、大学、小学校に払う金の総額は莫大なものになった。サウード家がおこなうすべてのことはワッハーブ主義の紐つきである。一九六二年、ムスリム世界にワッハーブ主義を広めることを主目的にした「ムスリム世界連盟」が設立されて、宣教活動に弾みがついた。実際には、部族の戦士たちが近隣諸国を征服するためにアラビア半島の外に出て行かなくても新たなイスラームの拡大は可能だった。近隣の国から人々がこの国にやってきてくれたからである。カアバ聖殿の〝鍵を握る人物〟として巡礼団を牛耳るサウード家は、多くのムスリムが悲しくなるほど粗野な原理主義者《ファンダメンタリスト》の荒くれ者集団だった。数十億ドルを投じて巡礼行事の近代化と規模の拡大をおこなった結果、年間最大で百万人のムスリムが、マッカの涸れ谷に押し寄せるようになった。

「ムスリム世界連盟」創立以来、ワッハーブ主義の明快さ、確実さ、絶対的な道徳規律はムスリム世界の隅々にまで浸透した。サウディアラビアの宣教のおかげで、ワッハーブ派の教義は、「ムスリム同胞団」、マウドゥーディーの「イスラーム協会」、パレスチナの「ハマス」、「イスラーム聖戦」などいくつか名前を挙げたグループだけでも、宗教がらみの政治的イデオロギーに劇的な影響を与えてきた。サウード家は新たな「汎イスラーム主義」のパトロンになり、「イスラーム原理主義《イスラミック・ファンダメンタリズム》」の厳格で、非妥協的な、過激なイデオロギーが、このイスラーム国家の将来の決定に大きな影響力をもつようになった。

「原理主義《ファンダメンタリズム》」のもつ問題点は言うまでもなく、その運動が定義として反動的であるために、権力と共生しにくいことである。サウディ王国は、お金がどっと入ってきて、アブドゥルアジーズ・イブン・サウードが初めて手にした富を国王にふさわしい生活の建設のために使い始めたとたんに、そのことに気がついた。まもなくサウディアラビアには欧米からもたらされた近代的科学技術がどっと入ってきた。砂漠から石油を精製する複雑なプロセスは、たくさんの外国籍の人たち——主に英国人とアメリカ人——の立ち会いが必要だったが、彼らはアラビア半島にはあまり知られていない、魅力的な物質主義の文化を持ち込んだ。アブドゥルアジーズは大英帝国と親密な関係を築き、女王から爵位まで与えられた。ひとことで言えば、国王は〝西洋かぶれ〟になってしまい、その結果、国王を権力者の地位に就けるのに手助けをした「兄弟」を意味する「イフワーン」(「ムスリム同胞団」と混同してはいけない)と呼ばれるワッハーブ派の戦士たちに背を向けることになった。

一九二九年、サウード宮廷の強欲と腐敗に怒った「兄弟《イフワーン》」は、アル・サルバの町で暴動を起こした。彼らは国王に物質主義をやめ、外国人異教徒を聖地から追い出すことを要求した。アブドゥルアジーズはこれに対し、軍隊をアル・サルバに送り、「兄弟《イフワーン》」の戦士たちを虐殺した。

だが、サウディアラビアは、世界のほかの地域もやがて知るようになることに早くから気づいていた。つまりどの宗教の原理主義《ファンダメンタリズム》も、抑制がきかない。人がそれを叩きつぶそうとすればするほど、強くなる。反論すればするほど、信奉者が増える。指導者を殺せば、彼らは殉教者になる。圧政によって対処すれば、一つにまとまって反体制派となる。抑制しようとすると、背を向ける。懐柔しようとすれば、向こうが支配権をとるということである。

一九九一年、クウェートからサッダーム・フセインのイラク軍を撤退させようとしたペルシア湾岸戦争の最中に、「アル・カーイダ」と名乗るサウディアラビアの小さな反体制グループが、ワッハーブ主義の奇抜な革命イデオロギーを掲げて、サウディ王室に反旗を翻した。彼らはサウディ王室の人たちを、ムスリム・コミュニティーの利益を外国勢に売り渡した、貪欲な不埒者の腐敗集団と見なしていた。本物のハワーリジュ派よろしく、「アル・カーイダ」はムスリム世界を「天国へ行く人」(自分たち)と「地獄へ行く人」(自分たち以外の人々)とに分けていた。

「アル・カーイダ」は、サウディ王室のプリンスたちが罪深い行為によって、自ら後者のグループに仲間入りしているゆえ、そうした背教者は神の聖なるコミュニティーから追放することによって罰せられなければならないと考えた。「アル・カーイダ」が標的にしていたのは、サウディ王室だけではなかった。聖典の解釈や「イスラーム法《シャリーア》」の遵守の仕方がワッハーブ派の規範と一致しないムスリムはみな、不信仰者とみなした。その結果、「アル・カーイダ」の創設者ウサーマ・ビン・ラーディンは、「彼らは一掃されるべし!」と断言した。

九月一一日の悲劇、その後の欧米をターゲットに世界的に繰り広げられているテロ行為、一世を風靡した文明の衝突論、その背後にある一神教同士の対決説、あちこちの議会に響き渡る大声のはなはだしく無知な宗教がらみの弁論はいくらでも耳にはいるが、実はあまり強調されていないことが一つある。今、ムスリム世界で起こっているのは、ムスリムのあいだの内部抗争であって、イスラーム対欧米という外部的な戦いではないということだ。欧米は傍観者にすぎず、この物語の次の章をだれが書くかをめぐって、イスラーム世界で激しく揺れ動く対立関係に軽率に連座した被害者である。

偉大な宗教はみな、こうした問題に取り組む。場合によっては猛然と。プロテスタント連合軍とカトリック同盟軍のあいだでおこなわれ、ヨーロッパを大々的に破壊した「三〇年戦争」(一六一八―一六四八)を思い出してもらうだけでも、キリスト教史のなかの宗派間戦争がいかに残忍なものであったかがわかる。さまざまな点で、この「三〇年戦争」は、「宗教改革」の終わりを告げるもので、おそらく、信仰の未来を決定するのはだれかをめぐる重要な論争だったと言ってよい。ドイツの人口の約三分の一が死んだこの恐ろしい戦争のあと、キリスト教神学は宗教改革以前の教義上の絶対主義から、近代初期の教義上の多元主義へと次第に進歩し、やがて教義上の相対主義をとる啓蒙運動にいたった。キリスト教界におけるこのすばらしい進化には、その発端から宗教改革まで、残忍で、血なまぐさい、時にはこの世の終わりを思わせるほど破壊的な一五〇〇年という歳月がかかっている。

ムスリムであることはどういうことかについての極端な議論、クルアーンの解釈やイスラーム法の適用をめぐる熱っぽい論争、「神の唯一性」をアッピールして分裂したコミュニティーを和解させる試み、部族間の確執、十字軍、世界大戦などがあった一四〇〇年を経て、イスラーム世界の一五〇〇年目はようやく始まったばかりである。

第10章

マディーナへの重い足どり——イスラームの宗教改革

二〇年ぶりのテヘラン

テヘランのメフラーバード空港の駐機位置へと滑走する搭乗機「イラン航空」のパイロットが、「慈悲ぶかく慈愛あつき神の御名《みな》において」と抑揚をつけて唱え出すと、周囲の席に緊張感が走った。女性は立ち上がってスカーフを整え、手首足首などが露出していないかどうか、服装を確かめている。夫たちは眠い目をこすりながら、子供たちが通路に散らかした持ち物を集め始めた。

私は顔を上げて、ロンドンで搭乗して以来、注意深く観察していた二、三の顔を探す。彼らは私より若いが、私と同じように単身で旅行している二十代後半か三十代初めの男女だ。彼ら十、まるで中古衣料店で買ってきたような、不恰好な長袖シャツ、さえないスラックス、簡素なスカーフなどの不似合いな服装をしていた――どれもみな、できるだけ後ろ指をさされないようにするためである。私にそれがわかるのは、自分もまさにそういう格好をしているからだ。視線が合うと、私の身体のなかを突き抜けるのと同じ不安が彼らの目にきらめいているのがわかる。それは不安と興奮の入り交じったものだ。たいていは、子供時代に革命を逃れて国外脱出を余儀なくされて以来、初めて祖国の土を踏む連中だ。

一九八〇年代初めにヨーロッパやアメリカに逃げ出した大勢のイラン人離散家族と連絡を取ろうとする努力の一環として、イラン政府は最近、すべての国外在住者に対して、年に一度、三か月以内ならば、逮捕や兵役義務従事の不安なく滞在することを認めた。反響はすぐに現われ、大勢のイラン人の若者がどっと訪れ始めた。そのなかには、脱出時には幼くて、両親がノスタルジアに溢れて語るイランしか知らない人も、私のように、イラン生まれだが、幼くて物心つかないうちにこっそり連れ去られた者もいる。

飛行機を降りて、蒸し暑い早朝の大気のなかに滑り込む。辺りはまだ暗いが、すでに空港はパリ、ミラノ、ベルリン、ロサンゼルスなどからの到着便でにぎわっている。入国審査の窓口に集まった騒がしい群集は整列などしていない。赤ん坊は泣きわめき、汗とタバコの耐え難い匂いが空中に漂っている。四方八方から肘でつつかれる。すると突然、ずっと昔のこのまさに同じ空港で、家族と手をつなぎ、半狂乱の群衆を掻き分けて、国境が閉鎖され、航空機が飛ばなくなる前にイランを出ていこうとしていたときの記憶が蘇ってきた。母が、「妹とはぐれないでよ！」と叫んでいたのを覚えている。彼女の恐ろしいほど息も絶え絶えの声が今でも聞こえるようだ。まるで私が小さな妹の手を離したら、彼女は置いてきぼりになると警告しているかのようだった。あまりにきつく指を握ったので、妹は泣き出してしまったが、私は膝で周囲を蹴飛ばして道を空けさせ、乱暴に彼女を搭乗口の方へ引っ張っていった。

あれから二〇年、そして空港での窒息しそうな長い四時間を経て、ようやく私は入国審査の窓口に立った。若い、薄っすら髭の生えた男にガラス越しのスリットから必要書類を差し出した。彼がうわの空で頁をめくっているあいだ、私は自分が何者で、なぜここにいるか、すっかりリハーサルずみの答えを言おうと構えた。

「出発地は？」と係官はうんざりしたように訊ねた。

「アメリカ合衆国です」と私が答える。

彼は態度を硬化させ、私の顔を見上げた。疲れた目つきと無精髭のせいで老《ふ》けて見えるが、われわれは同年代だとはっきりわかる。彼は革命の子で、私は逃亡者——背教者だ。彼は歴史を生き延びて暮らし、私は遠く離れたところで勉学の日々を送った。私は突然、胸がいっぱいになり、「今までどこにいたのか？」という入国審査官のお決まりの質問を受けたとき、ほとんど彼の顔を見ることができなかった。彼の質問に非難の色を感じざるをえなかったからである。

ホメイニーがイランに帰国した日、危ないから外出してはだめだという母の警告を無視して、私は四歳の妹を連れ、テヘランの下町にある私たちのアパートを出て、街頭で喜びに浮かれる人たちの群に仲間入りした。私たちは何日も外出していなかった。国王《シャー》が国外に亡命してからホメイニーが戻るまでの数週間は殺気だった毎日だった。学校は閉鎖され、テレビもラジオも放送をやめ、私たちの住む隣近所には人通りもなかった。だから、その二月の朝、窓から外をのぞき、街頭の浮かれた雰囲気を目にすると、家のなかでじっとしていられなかったのである。

プラスティックの水差しにオレンジの香りがするソフト・ドリンク「タング」をいっぱいに入れ、母の食器棚から紙コップ二パックを盗んで、妹と私はそっと家を抜け出し、飲めや歌えの大騒ぎに加わった。紙コップに一つずつ飲み物を注ぎ、集まってくる人たちにどんどん配った。見知らぬ人たちが立ち止まり、私たちを抱き上げ、頬にキスしてくれた。両手いっぱいの甘いお菓子が窓から放り投げられた。あちこちで音楽が鳴り、踊りが始まった。人々が何を祝っているのかよくわからなかったが、そんなことはかまわなかった。私は瞬時に引き込まれて、みんなが口にしている「解放！　自由！　民主主義！」という聞いたことはあるが、まだ神秘的でよくわからない言葉が耳に入ってきた。

イラン・イスラーム革命とは何だったのか？

数か月後、そうした言葉が約束したことが、イラン・イスラーム共和国という名のもとにできた暫定政権が起草した憲法によって実現されそうに思われた。ホメイニーの指導によるその憲法は、第三世界の反植民地主義と、社会思想家ジャラール・アーレ・アフマド（一九二三—一九六九）やアリー・シャリーアティーらの社会経済理論、ハサン・アル・バンナーやサイイド・クトゥブの宗教政治哲学、伝統的なシーア派のポピュリズムを混ぜ合わせたようなものだった。基本条項には、男女の平等、宗教的多元主義《プルーラリズム》、社会的正義、言論の自由、平和的集会の権利など、革命が戦いとった高邁な原則が保証されていたが、同時にこの新しい共和国がイスラーム的性格をもつことも明記されていた。

イランの新しい憲法は、ある意味で、一九〇五年の最初の反帝国主義革命後に起草されたものと基本的には大差がないが、ちがいは、この憲法が二つの政府を想定しているように見えたことである。一つは、国民の統治権を代表する政府で、国民投票により選出された大統領を中央集権化された行政機関の長とし、国会が法律の創案と討議をおこない、独立した司法機関がそれらの法律の解釈をおこなう。もう一つは、神の統治権を代表する政府で、最高宗教指導者《アーヤトッラー》ホメイニー師一人だけで構成されている。

それはホメイニーがイラクとフランスに亡命中にひそかに構想を練り、執筆していた「イスラーム法学者の統治《ヴェラーヤテ・ファギーフ》」だった。理論的には、この「イスラーム法学者《ファキーフ》」とは、国内でもっとも学識のある宗教的権威者で、その主な役割は、国家のイスラーム的特質を確保することである。だが、イランでは大きな影響力をもった既成階級である宗教指導者たちの巧みな操作により、イスラーム法学者《ファキーフ》を道徳的権威の象徴から国家最高の政治的権威者に変身させてしまった。憲法は、このイスラーム法学者《ファキーフ》に、司法長官の任命権を与え、軍の総司令官を兼任させ、大統領の罷免権、国会で創案されたすべての法律に対する拒否権まで与えた。本来は、国民の自治共同体と神の権威を調和させることを目的とした「イスラーム法学者の統治《ヴェラーヤテ・ファキーフ》」は、突如として宗教指導者による絶対的支配の制度化を可能にしてしまったのである。

イラン人はまだ、新発見の独立に有頂天になっており、CIAとテヘランのアメリカ大使館が、また国王《シャー》の復位を（一九五三年のときと同じように）画策しているという巷の陰謀説に目がくらんでいて、新憲法の不吉な潜在的重要性に気づかなかった。暫定政府からの警告、ホメイニーのライバルである最高宗教指導者《アーヤトッラー》たち、とりわけシャリーアトマダーリー師（一九〇四―一九八六）らの声高な反対論があった（それを理由にホメイニーはシーア派の法律では数百年にもわたってそのような行為を禁じているにもかかわらず、彼の宗教的な資格を剥奪した）にもかかわらず、憲法草案は国民投票で有権者の九八パーセント以上の賛成によって承認された。

イラン人が、自分たちが賛成票を投じた新憲法の実態にようやく気づいたころ、アメリカがけしかけ、アメリカの疾病予防管理センター、ヴァージニア州を本拠にした民間会社である米国菌培養収集所の提供した生物・化学兵器素材の提供を受けたサッダーム・フセインが、イラン本土に攻撃を開始した。戦争が始まると、国家安全保障のために、あらゆる異論者の口は封じられ、一年前の革命が高揚させてくれた夢は、無制限の宗教的・政治的権威を振り回す宗教指導者支配体制がもたらすはなはだしく愚かな行為がはびこる全体主義国家の現実に押しのけられてしまった。

イラン・イラク戦争の期間中、アメリカ政府がサッダーム・フセインを支持した意図は、イラン革命の拡大を抑制することだったが、革命の進展抑制にはもっと悲惨な影響があった。イランの憲法に埋め込まれていた民主主義の理想が、国王《シャー》の独裁時代のことは覚えていないが、現在の制度は両親がそのために闘ってきたものとは違うことに気づいた世代によって、次第に明らかにされるようになったのは、一九八八年にイラン・イラク戦争が終わり、その一年後にホメイニーが死んでからだった。一握りの改革派の学者、政治家、哲学者、神学者らにイランの新たな革命へと駆り立てる活動を勢いづかせたのは、そうした世代の不満だった。それは国家を非宗教化《セキュラライズ》するのではなく、純粋にイスラーム的な長所である多元主義《プルーラリズム》、自由、正義、人権、つまりは民主国に焦点をふたたび合わせようとするものである。イラン最高のムスリム政治哲学者アブドルカリーム・ソーロウシュ（一九四五年生）が開き直って述べているように、「純粋に宗教を中心とした政権というものが民主的でありうるとはもはや言えない。だが、それ以外であっては困るのだ」。

植民地主義の終焉とイスラーム国家創設から半世紀、政権を正当化したり打倒したり、共和国主義を推進したかと思うと権威主義を擁護したり、君主制、独裁制、寡頭制、神政国家を正当化したり、テロリズム、派閥主義、敵意を増進させたりするたびに、イスラームが引き合いに出されてきた。それゆえに疑問は残る。中東において、純粋に自由な民主国家を樹立するためにイスラームを利用できるのであろうか？　近代イスラーム国家は、理性と、預言者ムハンマドによっておよそ一五〇〇年前にマディーナに樹立された倫理にかなった理想を基盤にした民主的社会を創造せよという神の啓示を両立させることができるのであろうか？

できるかどうかよりも、やらなければならない。そして実際にムスリム世界の一部で、すでにそれは始まっている。しかし、そのプロセスはイスラームの伝統と価値観のみを基盤にしたものになるはずだ。ヨーロッパの〝文明開化使節団〟の失敗から学んだ大事な教訓は、民主主義はいくら大事なものであっても、決して輸入できないということである。それは自分たちにわかりやすいイデオロギーを基盤にし、地域住民にわかりやすく納得できる言葉で、自分たちのなかで育てていかなければならない。

これまでの一九〇五年と一九五三年のイランの革命は、民主主義を抑圧するほうが得をする外国勢によって横取りされてしまった。一九七九年の革命は、自分たちが道徳規範の権威である立場を利用して絶対的権力を獲得しようとしたこの国の既成宗教指導者階級が横取りした。だが、今回の反革命は、イランの宗教指導者たちによる寡頭制政権からは非情に突っぱねられているけれども、鎮圧されてはならない。なぜなら、イランにおけるイスラームを基盤にした民主主義は、ムスリム世界で起こりつつある世界的な戦い――「ジハード」と言ってもよい――の一前線にすぎないからである。それは伝統主義的イスラーム知識人《ウラマー》に、イスラームの意味とメッセージの独占的解釈をやめさせ、長らく待たれていたむずかしい戦いであるイスラームの宗教改革を確実に実現することである。

これは世界で最初にイスラームのメッセージが紹介されたアラビア半島の砂漠でおこなわれる闘争ではなくて、ムスリム世界の発達しつつある首都――テヘラン、カイロ、ダマスカス、ジャカルタ――およびヨーロッパやアメリカのコスモポリタン都市――ニューヨーク、ロンドン、パリ、ベルリンなど、大勢のムスリム第一世代、第二世代によってイスラームのメッセージが再定義されつつある場所で起こる闘争である。祖先の価値観を、彼らが選んだ居住地の民主主義の理想に溶け込ませることによって、こうした地域のムスリムたちは、ハサン・アル・バンナーの孫でスイス生まれの知識人ターリク・ラマダンが言うところのイスラーム宗教改革のための「徴兵部隊」を形成しつつある。

過去の宗教改革と同様、それは恐るべき出来事になりそうだ。そしてそれはすでに始まっている。だが、イスラームの物語の新しい章は、大変動の灰のなかから現われるであろう。その章を書く者が現われるのを待つあいだに、すでにもう、ムスリム世界には新たな啓示が用意され、数百年のかたくなな眠りからようやく醒めて、重い足取りでマディーナに近づき、生まれるのを待っている。

民主的イスラーム国家は実現するか？

第二次大戦の終了後、戦勝国だが、経済的に疲弊していた英国は、もはやインドの植民地支配のコストを担えず、その事業を支えるイデオロギーの正当化もできなくなって、衰えつつある帝国の王冠の宝石と言われた帝国主義的野心の最大のシンボルであるインドが長らく求めていた独立をついに認めた。一九四七年八月一四日、三五〇年つづいたインドの植民地支配に終止符が打たれた。ところが、C・E・トレヴェリアンが、「［英国の］学識と政治制度を賦与された英国の善行のもっとも誇るべき記念碑」になるだろうと予言していたその日は、ヒンドゥー教徒インドとムスリムのパキスタンという宗教的線引きによって人口が力ずくで分離される運命の日になったのである。

インドの分割は、英国が三〇〇年にわたる分割支配政策をとってきた必然的な結果として起こったといえよう。「インド大反乱」の諸事件が立証しているように、英国は、民族主義感情を抑制する最上の方法は、地元住民をインド人としてではなく、ムスリム、ヒンドゥー教徒、シーク教徒、キリスト教徒などに分類することであると思いこんだ。

地元住民の民族、文化、宗教にほとんど配慮せず、恣意的に領土の線引きをした地域の植民地支配を維持する一般的な戦略は、住民を分類し、分離することだった。フランスは長期にわたってアルジェリアを階級別に分けていたし、ベルギーはルワンダを部族的な派閥に分けた。英国はイラクで宗派間の対立を醸成させた。そのどれもが、民族主義の興隆を押しとどめたり、独立を求める団結を阻止することには役立たなかった。それゆえ、植民地主義者たちがこれらの人為的に造られた国々から最終的に追い出されると、これらの国々は経済的にも政治的にも混乱に陥っただけではなく、一つの国民としての自己認識《アイデンティティー》を形成するための共通点もほとんどないまま、深刻な分裂状態に置かれた。

インドの分裂は、ムスリムとヒンドゥー教徒の単なる内輪の確執の結果ではなかった。それは孤立した出来事でもなかった。インドネシアの数々の分離運動、モロッコとアルジェリアの血みどろの国境争い、スーダンの北部アラブ人と南部アフリカ黒人の五〇年にわたる内戦、パレスチナの分離と暴力の連鎖、ルワンダのフツ族の手による五〇万近いツツ族の集団殺戮など、いくつかのケースを挙げただけでも、相当程度まで、みな植民地廃止の後遺症である。

英国がインドを放棄すると、圧倒的多数のヒンドゥー教徒が経済、社会、支持の権力を握り、民主主義の名のもとに英国の教育を受けた少数派のムスリムは、自立を達成する唯一の手段はムスリムの自決権の獲得以外にないと結論するに至った。つまり、イスラーム国家を誕生させることである。

だが、インドのムスリム・コミュニティーでは、民族自決権の要求以外に、国家におけるイスラームの役割に関する意見が一致することはほとんどなかった。パキスタンを気が進まないまま創設することになったムハンマド・アリー・ジンナー（一八七六―一九四八）にとって、イスラームは多様なインドのムスリムを一つの国にまとめることができそうな共通の遺産にすぎなかった。ジンナーはイスラームを、ガンディーがヒンドゥー教について考えたのと同様、宗教・政治的イデオロギーではなく、統一のための文化的シンボルとみなした。他方、パキスタンのイデオロギー先導者マウドゥディーにとっては、国家はイスラーム法の実現のための単なる媒体であった。彼は、イスラームは非宗教的民族主義に対するアンチテーゼであり、パキスタンはムスリム世界国家樹立への第一歩になるだろうと考えた。パキスタン最大の政党「ムスリム連盟」がイスラーム国家はその住民からの信任をえなければならないと論じていたのに対し、パキスタン最大のイスラーム主義者組織「イスラーム協会《ジャマーアテ・イスラーミー》」は、統治権は神の御手にのみ委ねられているとすれば、国家はイスラームのみを基本としたものしかありえないと反論した。

インド分裂による混乱と流血の惨事に引きつづき、歴史上最大である一七〇〇万人もが国境の両側に移動したが、ジンナーやマウドゥディーの想定したようなイスラーム国家は実現しなかった。立法機関としての議会、そうした法律がイスラーム法《シャリーア》の原則に合っているかどうかを審議する司法制度を盛り込んだ憲法草案が起草されたにもかかわらず、パキスタンはたちまちアユーブ・ハーン（一九〇七—一九七四）の軍事独裁政権に道を譲ってしまった。軍事政権支配は一九七〇年までつづき、イスラーム社会主義を掲げたズルフィカル・アリー・ブットー（一九二八—一九七九）が分離以来初めての自由選挙により、文民から支配者になったが、彼の社会主義改革は国民に人気があったのに、パキスタンの極右宗教指導者たちから非イスラーム的であると非難されて、ジア・アル・ハク将軍の軍事クーデターにより敗退させられた。政権を握ったジア将軍は、宗教界の権威者たちの助けを借りて、強制的なイスラーム化を進め、国民の行動規範も民法もすべてイスラームに則ったものにした。一九八八年のジア将軍の死後、新たな選挙民の動向を反映してズルフィカルの娘ベナズィール・ブットー（一九五三—二〇〇七）とナワーズ・シャリーフ（一九四九年生）の改革派政権が誕生し、ほぼ一〇年にわたる容赦のない原理主義《ファンダメンタリズム》にうんざりしていたパキスタン人の不満に目をつけて、二人とももっとリベラルなイスラームの理想を説いた。だが、一九九九年、選挙によって成立した政府の腐敗を非難するパキスタン陸軍参謀総長パルヴェーズ・ムシャラフ（一九四三年生）が、またもや軍事独裁政権を樹立した。これらすべてが五〇年のあいだに起こったのである。

パキスタンの例は、イスラーム国といっても、決して一様ではないことを思い起こさせる。実際、近代世界にイスラーム国と呼ばれる国はたくさんあるが、どれ一つとして他との共通点がない。エジプトは名ばかりの共和国で、大統領は終身制、議会はろくに機能していない独裁国家である。シリアは全権を有する軍隊に支配者が随時奉仕するアラブ的独裁国家だ。ヨルダンとモロッコは、若い君主が、絶対的支配権を没収されはしないが、民主化をおどおどと進める不安定な王国だ。イランは、少数の腐敗した宗教指導者たちが、民主的改革のあらゆる芽を摘んでしまう全体主義国家である。サウディアラビアは、クルアーンが唯一の憲法、「イスラーム法《シャリーア》」が唯一の法律とされる原理主義者《ファンダメンタリスト》の神政国である。しかも、どの国も自分たちはマディーナの理想の実現化に励んでいると見なすだけでなく、たがいに他国をそうした理想の卑しむべき冒涜国と見ている。

だが、イスラーム国本来の姿と機能を、真にマディーナの理想に基づいて定義するとしても、せいぜい「ウンマ」の民族主義的示威運動として特徴づけるのが精一杯であろう。まず、もっとも基本的レベルにおいて、イスラーム国はムスリムが支配するムスリムのための国家であり、価値観の決定、行動規範、法律の制定はイスラームの道徳観を反映したものになる。同時に、少数派宗教の信者は迫害から保護され、マディーナの場合と同様、共同体への完全な社会的、政治的参加が認められる。同様に、神の啓示は「ウンマ」の必要に応じて提示されたものであるから、すべての法律、行動規範について考慮すべき事項は、そのイスラーム国の住民によって決定されなければならない。なぜなら、アブー・バクルが預言者ムハンマドの跡を継ぐときに抜け目なく述べているように、ムスリムの忠誠の義務は、大統領や首相、宗教指導者、国王、あるいは世俗的なあらゆる権威者に対してではなく、コミュニティーと神に対してつくされるべきだからだ。預言者ムハンマドが一五〇〇年ほど前にマディーナで樹立し、正統カリフたちがその維持に腐心したこれらの基準が満たされている限り、イスラーム国がどのような形をとっても問題とされない。

それならば、民主主義でもよいではないか？

代議制民主主義は近代世界でもっとも成功した社会的、政治的試みであるといってよい。だが、それは常に進化をともなう試みである。今日では、アメリカの民主主義が世界の民主主義国家のモデルとして認められる傾向にあり、それはある意味で正しい。民主主義の種は古代ギリシアで撒かれたが、発芽し、開花したのはアメリカの土壌である。まさにそのために、アメリカ的民主主義はアメリカにおいてのみ可能なのであり、アメリカの伝統と価値観と切り離すことはできない。

　世界に一〇億人以上いるムスリムの大半は、すでに民主主義の基本原則を受け入れている。ムハンマド・アブドゥのような近代主義者の努力のおかげで、多くのムスリムは民主主義用語をイスラームに適用し、部族の協議《シューラー》制度は代議制、合意《イジュマー》は政治参加、忠誠の誓い《バイア》は普通選挙に相当することを認識している。立憲制、政府の責任、多元主義《プルーラリズム》、人権擁護などの民主主義の理想はムスリム世界でも広く受け入れられている。だが、必ずしも受け入れられてはいないのは、宗教と国家を完全に分離する非宗教主義《セキュラリズム》を民主主義社会の基礎とするべきだという欧米的概念である。サイイド・クトゥブがいみじくも言っているように、イスラームは常に、宗教以上のものであった。アフガーニーに言わせれば、文明であった。人間の宗教上の責務とこの世での責務は同一であるという強い信念は、個人のコミュニティーに対する義務と、神への義務の区別をつけさせない。マディーナにイスラーム的市民制度が初めて樹立されて以来、イスラームは非行を防ぐだけでなく徳行を奨励し、人々のニーズに応えるだけでなく、神意に適うように努力してきた。国家はその社会を反映したものである限り、その国は民主的と考えられるのなら、ある社会が特定の価値観を基盤に成立しているとすれば、その政府もまた、同じ価値観を基盤にしているはずではないのか？

　正直なところ、九月一一日の事件以降、「ターリバーン」政権下のアフガニスタンを思い起こすことなしにそのような疑問を呈することは不可能になっている。ブルカに包まれ、極端に女性嫌いの無知な一団から鞭打たれて従順を強いられているアフガニスタンの女性のイメージは、イスラーム的な統治法の概念にまつわる後進性と邪悪なものすべてのシンボルになってしまっており、そうしたイメージを政治哲学によって置き換えるのは容易ではない。

非宗教化《セキュラリゼイション》と非宗教主義《セキュラリズム》のちがい

一九九六年秋、アフガニスタンとパキスタンのもっとも貧しい、もっとも保守的で、もっとも識字率の低い地域出身のパシュトゥーン人神学生たちが、純粋さを表す白旗をトレードマークにカーブルに乗り込んできて、アフガニスタン大統領が隠れていた国連の建物を襲い、大統領を街頭に引きずり出して叩き殺した挙句、その無残な遺体を電柱にぶら下げた。これによって「ターリバーン」〔「神学生《ターリブ》」の複数形〕の恐るべき存在が世に知られるようになった。

「ターリバーン」は、ＣＩＡがアフガニスタンのソヴィエト占領軍に対する反乱に参加させるために、一九八二年から一九九二年のあいだに中近東、中央・東南アジア、北部および東部アフリカ方面から徴兵して武器を与えた聖戦戦士《ムジャヒディーン》として知られるムスリム過激派の大規模分遣隊とともに、初めて世界史の舞台に登場した。サウディアラビアの資金とＣＩＡ長官ウィリアム・ケーシーの采配のもとに、聖戦戦士《ムジャヒディーン》はパキスタンに送られ、そこで原理主義者《ファンダメンタリスト》体制を敷くジア・アル・ハク大統領の援助によりテロ戦略の訓練を受け、シャー・ワリーウッラーの宗教的・政治的イデオロギーとワッハーブ派の過激なピューリタニズムを叩き込まれた。

アメリカはワッハーブ主義を、「神なき共産主義」を相手に〝グレート・ゲーム〟を最後まで演じる重要な味方と長いあいだ考えていた。事実、サウディアラビアの支援をゆるぎないものにするために、ウサーマ・ビン・ラーディンのような政府や王族と親密なつながりのある裕福なサウディ人に金を出させ、アフガニスタンにおける蜂起を監督するように仕向けた。

ＣＩＡから「自由の戦士」と呼ばれ、当時のレーガン大統領からはアメリカの建国の父になぞらえられた外人部隊である聖戦戦士《ムジャヒディーン》と、アフガニスタンとパキスタンの神学生で構成された連合部隊は、ソヴィエト軍をアフガニスタンから撤退させただけでなく、ソヴィエトを崩壊させて「冷戦」を終結させた。

アフガニスタンでのミッションが完了すると、意気揚々の聖戦戦士《ムジャヒディーン》は、パキスタンでの軍事訓練、サウディの原理主義《ファンダメンタリズム》、アメリカの武器を土産に、それぞれの故郷パレスチナ、チェチェン、モロッコ、インドネシアなどに帰り、そこで自分たちなりの「ジハード」に乗り出した。アフガニスタンとパキスタンの国境に近いパシュトゥーン人地区に戻った「ターリバーン」は、宗教教育をつづけた。アフガニスタンは「冷戦」の勝利で大得意のアメリカからは見捨てられ、勢力争いに余念のないマフィアのギャングのような無法者の軍閥の手に委ねられた。彼らは支配権を求めて無差別に殺人、拷問、強姦をおこなった。

一九九二年、「ターリバーン」は、その宗教指導者であるオマル師の指導のもとで、今度は封建的軍閥の手からアフガニスタンを取り戻すために再結束することを決意し、今回も、アメリカ、サウディアラビア、パキスタンが再び彼らを支援した。パキスタン情報部の助けにより、彼らは一九九三年、カンダハルに拠点を築き、二年後、シーア派の町ヘラートを奪取、一九九六年には首都カーブルを支配下に入れた。アフガニスタンの四分の三以上を支配下に入れた「ターリバーン」は、次にアフガニスタン全土に、悪名高いワッハーブ主義的社会規範のようなものを広めはじめ、ムスリムであろうとなかろうと、すべての宗教施設を破壊し、タバコやコーヒーを禁止し、男性には髭を伸ばすこと、女性を隔離することを義務づけ、この国で重要な立場を占めるシーア派やスーフィーの住民を惨殺した。

アフガニスタンの「ターリバーン」、サウディアラビアの「ワッハーブ主義者」、イランの「イスラーム法学者《ファキーフ》」のような抑圧的な全体主義体制が進める過酷な政策を合理化するために、イスラームがどれほどたびたび利用されてきたかを考えると、〝イスラーム的民主主義〟という言葉に欧米側が懐疑的になるのも驚くに当たらない。アメリカやヨーロッパのもっとも著名な学者のなかには、そうした概念を頭から拒否する人たちさえいる。民主主義の原則は、原理主義的イスラームの価値観とは相容れないと信じているからだ。政治家が民主主義を中東に導入すると語るとき、それはアメリカ流の非宗教的民主主義を意味し、決してイスラーム固有の民主主義ではない。

中東の独裁政権は、世界に対して、彼らの粗暴な反民主主義的政策を、原理主義者《ファンダメンタリスト》たちが独裁もしくは神政国以外の選択を許さないからだという理由で正当化してはばからない。そうした政府から見れば、民主主義の問題点は、もし国民に選択を許せば、政府に反対する選択も許すことになるからだという。そういうわけで、アルジェリアでは、自由な民主的選挙を、もし実施すればイスラーム政党が勝利しそうになったときに中止させているし、エジプトでは、「ムスリム同胞団」のようなグループに政府への発言権を与えないように、国家非常事態法が常時適用されていて、事実上、自由な選挙は考えられなくなっている。

中東でムスリム過激派が生まれる第一の原因がこれらを含めた他のたくさんの独裁的政権が反民主的な政策をとっている点にあることには知らないふりをして、西側世界ではイスラーム的民主主義の概念に関してさらに突っ込んだ議論がおこなわれている。つまり、近代的な民主国の理論に基づいた行動規範の枠組が存在しえないというのである。純粋に民主的な社会の基盤は非宗教主義《セキュラリズム》でなければならないと考えるからだ。だが、この議論の問題点は、たくさんの近代民主主義国家がその創設の基盤にしている固有の行動規範をよく認識していないだけではない。もっと重要なのは、〝非宗教主義《セキュラリズム》〟と〝非宗教化《セキュラリゼイション》〟のちがいをよく認識していないことだ。

アメリカのプロテスタント神学者ハーヴェイ・コックス（一九二九年生）によれば、〝非宗教化《セキュラリゼイション》〟とは、「一定の責任を宗教界から政治的権威者に移すこと」であるのに対し、〝非宗教主義《セキュラリズム》〟は、宗教を公共の社会活動から排除することを主眼にしたイデオロギーであるという。非宗教化《セキュラリゼイション》は、社会が「宗教界の支配とその自己充足的で抽象的な世界観から」次第に解放されてゆく歴史的進化を意味している。非宗教主義《セキュラリズム》は、コックスによれば、自己充足的な抽象的世界観の一つで、それ自体、「あたかも新しい宗教のような役目をしている」。

トルコは非宗教主義《セキュラリズム》擁護国で、外観で宗教性を示す女性の「ヘジャーブ」のような被り物は禁止している。特定のイデオロギーに従わせる社会という意味では、非宗教主義《セキュラリズム》擁護国トルコも宗教国イランとあまり変わりがないと言える。だが、アメリカは非宗教化途上国である。アメリカはだれもが知るように、ユダヤ教とキリスト教、もう少し簡単に言えば、プロテスタントの行動規範の枠組を基礎にして建設された国である。二〇〇年ほど前にアレクシス・ド・トクヴィルが認めているように、宗教はアメリカの政治制度の基盤である。それはアメリカの社会的価値観を反映しているばかりでなく、それを規定していることが多い。中絶の権利やゲイの結婚を認めるかどうかなどが政治問題として議会で論議されるということは、アメリカ国民の自己認識《アイデンティティー》、憲法、法律、国民の慣習の倫理的基盤として、宗教が今日でも重要な役割を占めていることを認めざるをえない。子供が学校の歴史教科書で何を学ぼうと、現実には、「教会と国家」の分離がアメリカ政府の基盤となっていないのは、二〇〇年にわたる非宗教化《セキュラリゼイション》のプロセスが、非宗教主義《セキュラリズム》ではなく、多元主義《プルーラリズム》を基盤にしてきたためである。

宗教的多元主義の理想

民主主義の顕著な特性は、非宗教主義《セキュラリズム》ではなくて、多元主義《プルーラリズム》である。民主国家は、多元主義《プルーラリズム》がその合法性の起源として認められる限り、どのような行動規範の枠組の上にも設立することが可能である。イスラエル国家は、排他的ユダヤ教の行動規範の枠組を基盤にした国家で、国籍に関わらず、世界中のユダヤ人を国民として認める。英国は相変わらず国教会の長が国王を兼ねている。インドでは最近まで、「ヒンドゥー性原理《ヒンドゥトヴァ》」というエリート主義神学の熱心な支持者に支配されていた。彼らは思いのほか大成功を収めた「真のヒンドゥー教」というヴィジョンをこの国に適用することに熱心だった。だが、アメリカと同様、これらの国々がみな、民主国と考えられているのは、それらが非宗教主義擁護国であるためではなく、少なくとも理論上は、多元主義《プルーラリズム》を認めているからである。

イスラームは昔から宗教的多元主義《プルーラリズム》をとってきた。ムハンマドはユダヤ教徒、キリスト教徒を庇護民《ズィンミー》として認め、すべての啓典は「書物の母《ウンム・アル・キターブ》」と呼ばれる一つの共通の聖典から出たものであると信じており、アブラハムを祖とするこの三つの宗教すべてを含む一つの「ウンマ」をつくることを夢見ていた。これは、宗教が事実上、国境を生み出していた時代には、驚くほど革命的な思想である。一部の過激派や原理主義者《ファンダメンタリスト》のなかには、こうした歴史的・文化的背景を考慮に入れることを拒否する者もいるが、世界の偉大な宗教の啓典のなかで、クルアーンほど、他宗教の伝統に敬意を表しているものはほとんどない。

クルアーンが多神崇拝に対しては、一神教徒と同じような敬意を表していないのは確かである。ムハンマドへの神《アッラー》の啓示が、〝多神崇拝の〟クライシュ族との長期にわたる悲惨な戦いの最中に示されたためである。一般には、クルアーンのいう庇護民《ズィンミー》の定義には柔軟性があり、公共政策にマッチするように調整される。イスラーム世界がインドやイランにまで拡大されたとき、二元主義のゾロアスター教徒や、多神崇拝のヒンドゥー教徒のいくつかの宗派も庇護民《ズィンミー》に指定された。クルアーンでは、ほかの宗教の信徒がムスリムの価値観の根源的なものに違反することは許さないが、世界中どこでも、その国の行動規範に従わなければ、信教の自由は制限される。多元主義《プルーラリズム》とは、宗教に対する寛容を意味するのであって、信教の自由を野放しにすることではない。

イスラーム的多元主義《プルーラリズム》の基盤は、クルアーンの「宗教に無理強いは禁物」という一節（第二章二五六節）にある。世界を「イスラームの家《ダール・アル・イスラーム》」と「不信仰者の家《ダール・アル・ハルブ》」（原義は「戦争の家」で、「イスラーム法《シャリーア》」が適用されずに、イスラーム世界と戦争状態にある領域）に分ける古臭い概念は、十字軍時代に広がったもので、今でも伝統主義神学者のなかにはこれに固執する人たちがいるが、まったく筋が通らない。また、イスラームを勃興時の純粋性という架空の理想に戻すことを願う「ワッハーブ主義者《ワッハービスト》」のイデオロギーも断じて破棄されるべきである。イスラームは今も昔も、常に多様性をもった宗教である。イスラームが独特の純粋な宗教であって、異端や分派は認められないというのは歴史上の作り話である。シーア派もスーフィーズムも、イスラーム勃興の初期から存在したすばらしい思想の流れである。どちらも預言者ムハンマドの言葉や行動にインスピレーションをえたものだ。神《アッラー》は唯一かもしれないが、イスラームは決して一つではない。

イスラーム的民主主義は多元主義《プルーラリズム》の理想を基盤にするということはきわめて重要である。なぜなら、宗教的多元主義《プルーラリズム》は、中東における効果的な人権政策樹立への第一歩であるからだ。タンザニア生まれ（一九四二年）のインド系アメリカ人宗教学者アブドゥルアジーズ・サケディーナが言うように、宗教的多元主義《プルーラリズム》は、「さまざまな宗教的背景をもつ人たちが、地球規模のコミュニティーを自発的に形成するための民主的、社会的多元主義《プルーラリズム》の有効な理論的枠組《パラダイム》」として機能するはずである。イスラーム的多元主義《プルーラリズム》に関しては、イスラームの人権政策の着想の源は、マディーナの理想を基盤にしなければならない。

コミュニティー内の社会的弱者についてムハンマドが与えた画期的な権利、それを撤回しようとするムハンマドの政治的・宗教的後継者たちとの絶え間ない戦いについては、本書に余すところなく書いた。だが、イスラームにおける人権承認とは、市民的自由を保護する手段の一つであるだけではなく、基本的な宗教的義務である。そのことを認識するために、預言者ムハンマドのマディーナにおける平等主義者としての措置を疑問視する人は、「［彼らは］地獄に投げ込まれて、そこに永遠にとどまり、恥辱の懲罰を受けるであろう」（第四章一四節）という預言者の警告をぜひ思い出す必要がある。

とは言っても、イスラームの人権構想は道徳的相対主義を規定するものでもなければ、倫理的制約からの自由を意味してもいない。コミュニティーの調和を最重要視するイスラームでは、必然的に、いかなる人権政策も、個人の権利よりも共同体の権利を考慮に入れることを余儀なくされる。事情によっては、イスラームの行動規範が個人の権利より優先されて、クルアーンにあるように飲酒やギャンブルを禁止するようなことがあるが、こうしたことも、またほかのすべての倫理的問題も、コミュニティーの要請に従わせるために常に再評価する必要がある。

多元主義《プルーラリズム》と同様、人権尊重は、民主主義国家のなかで自然に進行するプロセスの一つであると解釈しなければならない。アメリカの二五〇年の歴史のなかで、ほぼ二〇〇年は黒人は白人よりも法的に劣等者とみなされていたことを心に留めておくべきだろう。最後に、人権尊重も、多元主義《プルーラリズム》も、非宗教化《セキュラリゼイション》の結果生まれたのではなく、その根拠となる大義である。したがって、イスラーム国であろうとなかろうと、多元主義《プルーラリズム》と人権尊重の原則の遵守に熱心な民主社会というものはみな、行政の非宗教化《セキュラリゼイション》という避けて通れない道へと驀進しなければならない。

改革派論議のむずかしさはまさにここにある。イスラーム的民主国は、〝神政民主国〟を意図しているのではなく、イスラームの行動規範の枠組を基盤にした民主制度を求めている。それは、マディーナで初めて導入されたような多元主義《プルーラリズム》と人権尊重というイスラームの理想の保持に貢献する制度であり、行政の非宗教化《セキュラリゼイション》への避けられないプロセスが受け入れられやすい制度である。イスラームは非宗教主義《セキュラリズム》を避けるかもしれないが、行政の非宗教化《セキュラリゼイション》のプロセスに反対する基本的なイスラームの価値観というものは存在しない。宗教的権威と現世における権威を併せもっていたのは預言者ムハンマドだけだったが、その預言者はもはや私たちのあいだにはいない。歴史上、イスラーム文明の最盛期におけるカリフ、国王、スルタンらと同じように、イスラーム的民主国の指導者たちは、公民としての責任しかもつことができない。そのうえ、そのような制度における主権はどこにあるかについては疑問の余地がない。人民の、人民による、人民のための政府は、人民の意思によってのみ樹立も打倒も可能である。つまり、法律をつくるのは人間であって、神《アッラー》ではない。聖典に基づいた法律でさえ、この世での適用には、人間の解釈が必要である。いずれにせよ、統治権は法律をつくるだけでなく、それを守らせる能力を必要とする。これは、天罰を除いて、神《アッラー》がこの世でめったに行使するのを好まない能力の一つである。

統治権は神《アッラー》にあるのでなければイスラーム国とは言えないというのは、事実上、宗教指導者が統治するのが当然であると言うのに等しい。なぜなら、宗教とは、解釈であり、宗教国家における統治権は、宗教を解釈する権力をもった人たちに属することになるからである。だが、まさにこの理由から、イスラーム的民主国は宗教国家ではありえない。それは民主国でなければ、少数独裁政治国になってしまうからだ。

預言者ムハンマドの時代から「正統カリフたち」の統治を経て、ムスリム世界の大帝国やスルタン国にいたるまで、イスラームの信仰や実践の意味や重要性について一枚岩的な解釈を樹立しようとする意図が成功したことはなかった。実際、イラン・イスラーム共和国が成立するまで、世界史上にイスラーム的政治組織が、聖典のたった一人の解釈によって支配されたことはなかった。それゆえ、イスラーム的民主国における「イスラーム法学者による統治《ヴェラーヤテ・ファキーフ》」もしくは「イスラーム法学者による後見」は、あくまで「後見」であるべきで、支配であってはならない。

これは、宗教的権威者たちが国家に何の影響も及ぼさないという意味ではない。ホメイニーが、生涯を宗教の探求に捧げている者は、それを解釈する最適者であると断言したのは一理あったかもしれない。だが、ローマにおける教皇のように、そのような影響力は行動規範に対してのみ可能であって、政治に対してではない。イスラーム的民主国における宗教指導者の役目は、国家を支配することではなくて、行動規範の維持、さらに重要なのはそれを国家の行動規範に反映させることである。行動規範に権威ある決定を下すのは、宗教ではなく、宗教の解釈である。そうした解釈は常に、そのコミュニティーの同意をえたものでなければならない。

究極的には、イスラーム的民主国は、人間の統治権と神《アッラー》の統治権の折り合いをつけることではなく、アブドルカリーム・ソーロウシュの言葉を借りれば、「民意が神意に適うようにする」ことに留意しなければならない。もし双方のあいだに葛藤があれば、民主主義の現実よりもイスラームの解釈のほうが優先されるべきであって、決してその逆ではない。神《アッラー》がムハンマドに「読め！」という啓示の最初の言葉を発したまさにその瞬間から、イスラームの物語は、それを語る者の社会、文化、政治、そのときどきの世情に対応するように、常に進化してきた。今、もう一度、進化しなければならないときがきている。

二〇〇一年九月一一日の悲惨な出来事は、宗教とは信仰を指し、聖典は神の言葉であるとしばしば勘違いしているように見えるムスリム、キリスト教徒、ユダヤ教徒のあいだの一神教徒同士の衝突という心理構造《メンタリティー》を際立たせてしまったかもしれない。だが、この出来事は、ムスリムのあいだでも、二一世紀におけるイスラームの意味とメッセージについて、活発な論議を起こすきっかけになった。あの運命の日以来、起こっているのは、まさにもう一つの「内乱《フィトナ》」である。すなわち、預言者ムハンマドの死後に起こったイスラームの定義をめぐる対立と同様、それはムスリム・コミュニティーを、対立するいくつもの派閥に引き裂きつつある。

イスラームの物語の次章を書くのはだれかを知るには早すぎるであろうが、改革派と反改革派のどちらが最後の勝者になるかを認識するのには早すぎない。一四〇〇年前、ムハンマドはマッカで、当時の旧態依然とした、厳格で不平等な部族社会の拘束を、神《アッラー》の示した行動規範、社会的平等主義というまったく新たなものに入れ替える革命に着手したとき、伝統的なアラブ社会の組織をずたずたに引き裂いた。ヒジャーズから〝邪教の偶像〟を一掃するための激しい戦いは長い歳月を要した。元祖ムハンマドが想定した寛容と協調の未来像を、憎しみと争いという自分たちの究極目標に置き換えた人々が崇拝する、イスラーム社会の新たな邪教的偶像である「偏狭頑迷さと狂信的行為」を一掃するにはさらに多くの時間がかかるであろう。だが、浄化は不可避である。改革の潮流は止めることができない。イスラーム世界の宗教改革はすでに始まっている。私たちはみな、その渦中に暮らしているのだ。

したもの
ハニーフ（Hanif） イスラーム勃興以前の「純粋な一神教徒」
バラカ（baraka）「祝福」。神が預言者、聖者に与えた超能力
ハワーリジュ派（Kharijites） アリーのカリフ時代にシーア派から分離した過激派
汎アラブ主義（Pan-Arabism） 世界のアラブ人口の民族的統一を求める思想と運動
汎イスラーム主義（Pan-Islamism） 世界のムスリム人口の宗教的統一と協力を目指す思想と運動
ピール（Pir） スーフィーの「導師」（“長老”あるいは“神の友”ともいう）
ヒジャーズ（Hijaz） サウディアラビア西部の紅海寄りの山岳地域の名称
ヒジャーブ（hijab）「覆い」「隔離」。頭髪をヴェールでしっかり覆う習慣
ヒジュラ（Hijra）「聖遷」。622年にムハンマドとその信奉者たちがマッカからヤスリブ（マディーナ） に移住したこと。イスラーム暦ではこの年を元年とする
ビドア（bid'a）「逸脱」。異端
ファキーフ（Faqif）「イスラーム法学者」、イランの最高指導者
ファキール（faqir）「神以外に何ももたない者」すなわちスーフィーを指す
ファトワー（fatwa） 有資格者による「法学裁定」「法的見解」
ファナー（fana）「自我消滅」。消融、神秘的合一体験を表すスーフィー用語
フィクル（fikr） ある種のスーフィー教団でおこなわれる霊的瞑想
フィトナ（fitnah）「内乱」
ヘディーヴ（khedive） 大英帝国を宗主とした時代のエジプトの「副王」。
ヘノセイズム（henotheism） 多数神からとくに一つの神を選んで信仰すること
マータム（matam） フサインの殉教死を悼む「鞭打ち儀式」
マドラサ（madrassa） 主にイスラーム諸学を対象とする寄宿制の高等教育施設
マフディー（Mahdi）「救世主」。「神意により正しく導かれた者」の意。最後の審判の日まで姿を隠している「隠れイマーム」で裁きの時に先導役として戻ってくると信じられている
ムウタズィラ学派（Mu'tazilah） 合理主義イスラーム神学を形成した学派
ムジャーヒディーン（Mujahadin）「ジハードの遂行者」を意味するムスリム戦士
ムジュタヒド（mujtahid） イスラーム法解釈の有資格者
ムスリム同胞団（Muslim Brothers） 1928年エジプトでハサン・アル・バンナーにより結成されたイスラーム社会主義組織
ムルーワ（muruwah） イスラーム勃興以前の部族の行動規範で、「男らしさ」を意味する倫理
ラーシドゥーン（Rashidun）「正しい道を歩いた人々」の意。初代4人の「正統カリフ」アブー・バクル、ウマル、ウスマーン、アリーを指す
ラスール（rasul）「使徒」
ルーフ（ruh）「霊」
ワッハーブ主義（Wahhabism） アラビア半島でムハンマド・イブン・アブヅルワッハーブにより創立されたピューリタン的一派
ワリー（wali）「聖者」

ジン（Jinn）「幽鬼」
ズィクル（dhikr）「想起」。スーフィーの大事な儀式としては、「神名の念誦」など
ズィンミー（dhimmi）「庇護民」、ユダヤ教徒、キリスト教徒、その他の「啓典の民」としてイスラーム法で保護される人たち
スーフィズム（Sufism） イスラームの神秘的な伝統に与えられた名前
スーラ（Surah） クルアーンの「章」
スンナ（Sunna）『ハディース』を形成している預言者ムハンマドの慣行
スンナ派（Sunni） イスラームの主流派もしくは“正統”派
タアウィール（ta'wil） クルアーンの「理性的解釈」。原義は「根源に遡及すること」
ターズィイェ（ta'ziyeh） カルバラーにおけるフサインの殉教死を再現する「受難劇」
タービウーン（Tabiun） 預言者ムハンマドの教友の後継世代
タウヒード（tawhid）「神の唯一性」。神が唯一であることを信じ、それを表明すること
タキーヤ（taqiyyah）「信仰秘匿」。自分や家族の生命、財産、名誉、あるいはコミュニティーの安全に関わる重大な危険に際し、自らの信仰を隠すこと
タクリード（taqlid）「儀礼主義・伝統主義への隷従」。信徒がイスラーム学者の見解に盲従すること
タサウウフ（tasawwuf） スーフィーになること、スーフィーとして生きること
タジュウィード（tajwid） クルアーンを読誦するための「音声の心得」
タハンヌス（tahannuth） イスラーム勃興以前の多神教徒の「お籠もり場」
タフスィール（tafsir） クルアーンの「伝統的解釈」
タリーカ（tariqah）「道」「修行道」。スーフィー用語
ダルヴィーシュ（darvish）（ペルシア語）「托鉢僧」、広義には、スーフィーを指す
タワーフ（tawaf）「周礼」。カアバ聖殿の周りを７回まわる儀式
タンズィール（tanzil） 神からムハンマドへ直接渡された啓示
ドウアー（du'a） 個人的な「祈り、祈願、祈祷、祈念」
トポス（topos） ありきたりの文学テーマ
ナビー（nabi） 預言者
ナジュド（Najd） アラビア半島中央部の内陸地帯を指す地名、「台地」の意
ナスフ（naskh）「破棄」「取消」の意。クルアーンのなかには一見相反する記述が見られ、一方の記述が他方を「取り消した」と解釈することによってその矛盾を解決することをいう
ナフス（nafs）「息」の意。スーフィーでは「自我」を意味する
ハーカム（Hakam）「調停者」。イスラーム勃興以前のアラビア半島における部族間、部族内のもめごとを解決するための仲介役
ハーシム（Hashim） 預言者ムハンマドの親族、「ハーシム家」
バーティン（batin）「隠れているもの」。『コーラン』の奥義
バイア（bay'a）「忠誠の誓い」。通常、部族が長老に対して示す臣従の誓い
バイト / バヌー（bayt/banu）「家 / 息子たち」、「支族」を意味する
バスマラ（Basmallah）「慈悲深く慈愛あつき神の御名において」という『コーラン』各章（9 章をのぞく）のはじめに唱えられる言葉
ハズラジ族（Khazraj） アウス族とともにマディーナの主な多神教徒アラブ支族の一つで、ムハンマドのメッセージを最初に承認した
ハッジ（Hajj） マッカ巡礼
ハディース（hadith）「言行録」。預言者ムハンマドおよび初期の教友の言行を記録

エルファーン（erfan）　選ばれた少数者だけにわかる「深遠な知識」
カーイド（Qa'id）　イスラーム勃興以前の部族の「軍事指導者」
カアバ（Ka'ba）　マッカの聖モスクのほぼ中心にある立方体の聖殿。ムハンマドによって再建される前はヒジャーズ地方の部族神が祀られていた古代の聖所
カーヒン（Kahin）「霊能者」。イスラーム勃興以前からアラビアに存在した、「ジン」から霊感を受けたと言われる予言者もしくは忘我状態の詩人
カーフィル（kafir）「不信仰者」
カラーム（kalam）「言葉」「理性」「議論」。イスラーム神学
カリフ（Caliph）　ムハンマドの後継者でムスリム・コミュニティーの一時的指導者
カルブ（qalb）「心臓」と「心」の両方を表すスーフィー用語
キブラ（qiblah）　ムスリムの「礼拝方向」。具体的にはマッカのカアバ聖殿の方向
キヤース（qiyas）「類推」および類推による判断抽出、イスラーム法の解釈の典拠とされるものの第４番目
クッラー（Qurra）「クルアーン読誦者」を指すアラビア語
クトゥブ（qutb）「枢軸」「極」の意。聖者のヒエラルキーにおいて頂点にいるとされる人間
クライシュ族（Quraish）　預言者ムハンマドが属するマッカの名門一族の名称、イスラーム勃興以前はマッカの支配階級だった
コンパニオン（Companions）「教友」。「移住者」、「ムハージルーン」ともいう。従来の血縁・地縁から離れて、ムハンマドとともにマッカらヤスリブへ最初に移住した人たち
ザーキル（zakir）「ムハッラム」の行事の際に殉教者の物語を読誦するシーア派の宗教専門家
ザーヒル（zahir）「表面的」「外面的」の意。クルアーンの字句通りの表面的意味
サウム（sawm）「断食」
ザカート（zakat）「喜捨」。ムスリム・コミュニティーにおける施しの義務、貧しい人たちに分け与えられる
ザムザム（Zamzam）　カアバ聖殿のそばにある泉
サラート（salat）「礼拝」。１日５回、日の出、正午、午後、日没、夜に行う
サラフィー主義（Salafiyyah）　ムハンマド・アブドゥとジャマル・アッディーン・アル・アフガーニーによりエジプトで始まったムスリム改革運動。19 世紀以降のイスラーム復興運動の主流をなす
シーア派（Shi'ism）　アリーの信奉者によって創設されたイスラーム最大の分派
ジズヤ（jizyah）　庇護民に賦課される人頭税
ジハード（jihad）　奮闘、努力
ジャーヒリーヤ（Jahiliyyah）　イスラーム以前の「無明時代」
シャイフ（Shaykh）「長老」「年配者」の意。部族や親族の長、「サイイド」とも呼ばれる
シャハーダ（shahadah）　イスラーム入信における「信仰告白」。「アッラー以外に神なし」「ムハンマドはアッラーの使者である」と証言すること
シャリーア（Shariah）　クルアーンと『ハディース』を主な法源とする「イスラーム法」
シューラー（shura）「協議」、「部族間の協議制度」。イスラーム勃興以前のアラビアで族長を選ぶ部族の年長者たちの相談会のことをこう呼んだ
シルク（shirk）　偶像崇拝などの多神教、多神崇拝のこと。原義は神と同列にほかの何かを置くこと

用語解説

アーシュラー（Ashura）　ヒジュラ歴１月（ムハッラム）　の「第10日」。シーア派では、3代目イマーム、フサインがカルバラーでウマイヤ朝軍によって虐殺された日として哀悼行事がクライマックスに達する日

アーヤ（ayah）　クルアーンの「節」

アーヤトッラー（ayatollah）「アッラーの徴」の意。シーア派の最高宗教指導者の尊称

アウス族（Aws）　ハズラジ族とともにマディーナの二大多神教徒アラブ族の一つ

アシュアリー学派（Ash'ari）　アシュアリー（873-935）　を始祖とする伝統主義イスラーム神学の一派

アスバブ・アル・ヌズル（Asbabal-nuzul）　特定の詩句がムハンマドに啓示される時、もしくはその理由

アハディイーヤ（ahadiyyah）「一体化」。神との一体化を理想とするスーフィー用語

アフル / カウム（ahl/qawm）　人々 / 部族

アフル・アル・キターブ（ahlal-Kitab）「啓典の民」（通常、ユダヤ教徒とキリスト教徒を指す）

アフル・アル・バイト（ahlal-bayt）「預言者家の人々」

アミール（amir）　ムスリム管轄区の総督

アル・カーイダ（al-Qaeda）　ウサーマ・ビン・ラーディンの率いるワッハーブ派組織

アンサール（Ansar）「支援者」。イスラームに改宗したマディーナの支族をこう呼んだ

イジュティハード（ijtihad）　権威ある法学者による「法解釈」。その能力と資格を有する学者を「ムジュタヒド」と呼ぶ

イジュマー（ijma）「合意」。クルアーンと『ハディース』でカバーされない法的問題についてのイスラーム諸学者の合意。

イスナード（isnad）「伝承経路」。最終的な語り手もしくは記録者が伝承の経路を明示すること

イスラーム主義（Islamism）　イスラームの理念を掲げ、イスラーム法によって秩序づけられた国家（コミュニティー）の建設を主目的とする政治（時として社会、文化）　運動

イブリース（Iblis）「悪魔」の固有名。サタン

イフワーン（Ikhwan）「兄弟」。サウード家のアラビア征服を助けたワッハーブ派の"聖戦戦士"をこう呼んだ

イマーム（Imam）　シーア派コミュニティーにおける霊感を受けた宗教指導者。ペルシア語では「エマーム」

ヴェラーヤテ・ファキーフ（Yalayat-eFaqih）「法学者の統治」

ウムラ（umra）　マッカへの小巡礼

ウラマー（Ulama）「イスラーム知識人」。イスラーム国の既成宗教界

ウンマ（Ummah）　イスラーム共同体。マディーナのムスリム・コミュニティーがこう呼ばれたことから始まる

ウンム・アル・キターブ（Ummal-Kitab）「書物の母」天の書板に刻まれたクルアーンの原型

(2002) および *The War for Muslim Minds* (2004) 以上にすぐれた一般向けの入門書はほとんどない。Anthony Shadid の *The Legacy of the Prophet*(2002)も参照されたい。ウサーマ・ビン・ラーディンの言葉は、1998年5月にABCのリポーター、ジョン・ミラーとによるインタヴューから引用した。

第10章　マディーナへの重い足どり

1979年の革命後、憲法草案は2つあった。最初の草案では、宗教指導者に政府における重要な役割を与えていなかったが、皮肉なことに、それはイランの左派諸政党から否決された。第2の草案は、73人のメンバーによる専門家会議によって11月にまとめあげられたもので、最初の草案を改定して、宗教指導者による国家支配を樹立させた。

イラン・イラク戦争以前と戦争中におけるアメリカの疾病予防管理センターと米国菌培養収集所の活動については、最近情報公開された政府文書に記録されている。"Report: U. S. Supplied the Kinds of Germs Iraq Later Used for Biological Weapons, " in *USA Today*, September 30, 2002 を参照されたい。

「ターリバーン」についてさらに知りたい人は、Ahmed Rashid, *The Taliban* (2000) を参照されたい。Harvey Cox の *The Secular City* (1966) は、宗教と政治を学ぶ学生すべての必読書である。Will Herberg の *Protestant, Catholic, Jew* (1955) もおすすめする。

Abdulaziz Sachedina の *The Islamic Roots of Democratic Pluralism* (2001) は、イスラーム的多元主義を論じた好著である。Abdolkarim Soroush の英語で書かれた書物は少ないが、彼のもっとも重要な言葉を、Mahmoud and Ahmad Sadri が集めて編集・英訳し、*Reason, Freedom, and Democracy in Islam: Essenntial Writings of Abdolkarim Soroush* (2002) というタイトルで出版している。彼の言葉は、2004年、ワシントンD.C.にあるCenter for the Study of Islam and Democracy によって与えられた "Muslim Democrat of the Year" 賞の受賞記念講演から引用した。

第9章　東方の目覚め

フレデリック・クーパーによる第26土着民歩兵連隊の処刑の記述は、Edward J. Thompsonの*The Other Side of the Medal*（1925）から抜粋したが、歴史的背景と文学的表現については、クーパーの説明を多少補い、話の順序も少し変更した。トレヴェリアンのイギリス下院でのコメントは、Thomas R. Metcalfの*The Aftermath of Revolt*（1964）から引用した。C. E. Trevelyanの*On the Education of the People of India*（1838）も参照されたい。ベンジャミン・ディズレーリとアレクサンダー・ダフの言葉は、Ainslee T. embreeの*1857 in India*（1963）から引用した。バハードゥル・シャーのインド国民への訴えは、Charles Ballの*The History of the Indian Mutiny*（1860）のなかのAzimgarh Proclamationから引用した。インド大反乱に対するイギリスの反応の生々しい記述は、C. G. Griffithsの*Siege of Delhi*（1912）およびW. H. Russellの*My Indian Diary*（1957）を参照されたい。セシル・ローズの言葉は、*The Columbia Encyclopedia*, 6th ed., 2001から引用した。

サイイド・アフマド・ハーンの著述や見解については、*The Causes of the Indian Revolt*（1873）およびChristian W. Trollの*Sayyd Ahmed Khan: A Reinterpretation of Muslim Theology*（1978）より抜粋した彼の“Lecture on Islam”を参照のこと。アリーガル派についてもっと知りたい人は、*The Aligarth Movement: Basic Documents 1864-1898,* collected by Shan Muhammad（1978）をご覧いただきたい。チラーグ・アリーの言葉は、*The Proposed Political, Legal, and Social Reforms in the Ottoman Empire and Other Mohammadan States*（1883）から引用した。マウラーナ・マウドゥーディーについてもっと知りたい人は、*Nationalism and Islam*（1947）および*The Islamic Movement*（1984）を参照されたい。

エジプトにおける植民地主義についての文献としては、Joel Gordonの*Nasser's Blessed Movement*（1992）, Juan R. I. Coleの*Colonialism and Revolution in the Middle East*（1993）, William Welchの*No Country for a Gentleman*（1988）などがある。アフガーニーの生涯と著作について分析しているのは、Nikki R. Keddieの*Sayyid Jamal al-Din "al-Afghani": A Political Biography*（1972）, M. A. Zaki Badawiの*The Reformers of Egypt*（1979）, Charles C. Adamsの*Islam and Modernism in Egypt*（1933）がある。ムハンマド・アブドゥについては、Osman Aminの*Muhammad 'Abduh*（1953）およびMalcolm H. Kerrの*Islamic Reform: The Political and Legal Theories of Muhammad 'Abduh and Rashid Rida*（1966）を参照されたい。ハサン・アル・バンナーについては、彼自身の*Memoirs of Hasan al-Banna Shaheed*（1981）およびRichard P. Mitchellの*Society of the Muslim Brothers*（1969）, *Pioneers of Islamic Revival,* edited by Ali Rahnema（1995）をおすすめする。

「汎アラブ主義」についてのすぐれた文献としては、Sylvia G. Haimの収集した*Arab Nationalism*（1962）, Nissim Rejwanの*Arabs Face the Modern World*（1988）, Abd al-Rahman al-Bazzazの*Islam and Nationalism*（1952）, Michael Doranの*Pan-Arabism Before Nasser*（1999）, Taha Husaynの*The Future of Culture in Egypt*（1954）がある。

サイイド・クトゥブについては、彼の代表作*Milestones*（1993）および*Social Justice in Islam,* translated by William Shepard as *Sayyd Qutb and Islamic Activism*（1996）を参照されたい。Jalal-e Ahmadの*Gharbzadeghi*（1997）もある。

サウディアラビアの歴史をくわしく述べているのは、Madawi al-Rasheedの*A History of Saudi Arabia*（2003）である。ワッハーブ派については、Hamid Algerの短くまとめた入門書*Wahhabism: A Critical Essay*（2002）をおすすめする。ワッハーブ主義者は自分たちを「アフル・アル・タウヒード」もしくは「アル・ムワッヒドゥーン」（どちらも「神の唯一性信者」の意）と呼びたがることも気をつけておくべきであろう。

政治面から見たイスラーム史としては、Gills Kepelの*Jihad: The Trial of Political Islam*

の *The Unity of Religious Ideals*（1929）, Ian Richard Netton の *Sufi Ritual*（2000）, Nasrollah Pourjavady and Peter Wilson の *Kings of Love*（1978）, J. Spencer Trimingham の *The Sufi Orders in Islam*（1971）, Carl Ernst の *Teachings of Sufism*（1999）, Titus Burckhardt の *An Introduction to Sufi Doctrine*（1976）をおすすめする。

Shaykh Muhammad al-Jamal ar-Rafa'i ash-Shadhili の教えについては、彼の *Music of the Soul(1994)* を参照されたい。シーア派とスーフィズムの歴史的、神学的関連性については、Kamil M. as-Shaibi が、*Sufism and Shi'ism*（1991）でそのあらましを述べている。最後に、味わうのはむずかしいが、非常に役に立つのは、*Seyyed Hossein Nasr* の Sufi Essays（1972）である。

al-Ghazali の *The Alchemy of Happiness*（1980）は Claud Field によって英訳されたものであり、*The Niche of Lights*（1998）は、David Buchman による英訳である。al-Ghazali の哲学についてもっと知りたい人は、Montgomery Watt の *The Faith and Practice of al-Ghazali*（1953）を参照されたい。al-Hujwiri の *The Revelation of the Mystery*（1911）は、Reynold Nicholson による英訳である。Farid ad-Din Attar の英訳は、Afkham Darbandi and Dick Davis による *The Conference of Birds*（1984）が問題なく最高の書である。ペルシア人学者でスーフィーでもある Javad Nurbakhsh は、導師とその弟子の関係を徹底的に調べ、*Master and Disciple in Sufism*（1977）という小冊子にまとめている。スーフィーの修行道における階梯については、Shaikh Abd al-Khaliq al-Shabrawi の *The Degrees of the Soul*（1997）および Abu'l Qasim al-Qushayri の *Sufi Book of Spiritual Ascent*, translated by Rabia Harris（1977）を参照されたい。al-Hallaj の *Kitab al-Tawasin* は、偉大なスーフィズム学者 Louis Massingnon による仏訳（1913）しかない。Massignon の *Essay on the Origins of the Technical Language of Islamic Mysticism*（1997）は、スーフィズムの基本についてはすでに知っている学生には便利な 1 冊である。

スーフィズムにおける一元論の概念については、Molana Salaheddin Ali Nader Shah Angha の *The Fragrance of Sufism*（1996）でくわしく論じられている。Ibn al-Arabi　の *Fusus al-Hikam* には、*The Wisdom of the Prophets*（1975）という英訳がある。ラービアその他の女性スーフィーについてもっと知りたい人は、Camille Adams Helminski の *Women of Sufism*（2003）、および Margaret Smith の *Rabi'a the Mystic and Her Fellow-Saints in Islam*（1928）を参照されたい。ラービアの詩は、Charles Upton のすぐれた編纂と英訳による *Doorkeeper of the Heart: Versions of Rabi'a*（1988）がある。

ルーミーのすぐれた翻訳としては、Colman Barks の *The Essential Rumi*（1995）および A. J. Arberry の 2 巻本 *Mystical Poems of Rumi* がある。他には、Reynold Nicholson の *Rumi: Poet and Mystic*（1950）を参照されたい。ルーミーの生涯についてもっと知りたい人には、Annemarie Schimmel の *I Am Wind, You Are Fire: The Life and Works of Rumi*（1992）をおすすめする。ハーフィズについては、Nahid Angha の *Selections*（1991）および *Ecstasy*（1988）をご覧いただきたい。スーフィーの詩についての学術論文には、Ali Asani and Kamal Abdel-Malek の *Celebrating Muhammad*（1995）および J. T. P. de Bruijin の *Persian Sufi Poetry*（1997）がある。

インドのスーフィズムについては、Muhammad Mujeeb の *Indian Muslims*（1967）および Carl W. Ernst の *Eternal Garden: Mysticism, History and Politics at a South Asian Sufi Center*（1992）をおすすめする。Bruce Lawrence の "The Early Chisti Approach to Sama, " in *Islamic Societies and Culture: Essays in Honor of Professor Aziz Ahmad*, edited by Milton Israel and N. K. Wagle（1983）も参照されたい。

イクバールの言葉は、Ali Shariati の注解書、*Iqbal: Manifestations of the Islamic Spirit*（1991）から引用した。Muhammad Iqbal の *The Reconstruction of Religious Thought in Islam*（1960）も参照されたい。

in *Ta'ziyeh: Ritual and Drama in Iran*, edited by Peter Chelowski（1979）で哀悼儀式の起源をたどっている。

シーア派については、前述の Moojan Momen の *An Introduction to Shi' i Islam*（1985）と、S. Husain M. Jafri の *The Origins and Early Development of Shi'a Islam*（1979）を含む格段にすぐれた入門書が数冊ある。Tabataba'i の著書は、Seyyed Hossein Nasr により、*Shi'ite Islam*（1977）という表題で英訳されている。イスラーム法についてのシーア派の概念については、Hossein Modarressi の *An Introduction to Shi'i Law*（1984）を参照されたい。"前世のイマーム" の概念については、Mohammad Ali Amir-Moezzi の *The Divien Guide in Early Shi'ism*（1994）にくわしく述べられている。シーア派のクルアーン観については、Tabataba'i の *Qur'an in Islam*（1987）を参照されたい。Ja'far as-Sadiq の「光の章」の解説は、Helmut Gatje の *The Qur'an and Its Exegesis*（1976）から引用した。

だが、イスラームにおける「マフディー」の起源と発達についてくわしく述べた書物はごくわずかしかない。もっとも有用な研究書は、Jassim M. Hussain の *The Occultation of the Twelfth Imam*（1982） および Abdulaziz Abdulhussein Sachedina の *Islamic Messianism*（1981）である。Sachedina は、*The Just Ruler in Shi'ite Islam*（1988）で、イマームの代理人の役割を取り上げている。

Ibn Khaldun の独創性に富んだ歴史書、*The Muqaddimah* は、傑出したイスラーム学者 Franz Rosenthal の英訳による全訳と抄訳がある。イランの宗教指導者階級の策謀について突っ込んだ見方に関心のある人は、Roy Mottahedeh の好著、*The Mantle of the Prophet*（1985）をぜひご覧いただきたい。イラン革命についての全般的な歴史書は枚挙に暇がないほどたくさんあるが、筆者としては、Said Amir Arjomand の *The Turban for the Crown*（1988）と、最近出版された Charles Kurzman の *The Unthinkable Revolution in Iran*（2004）をおすすめする。同時代人の見方をもっと知りたい人は、Dariush Zaheri の *The Iranian Revolution: Then and Now*（2000）を参照されたい。Sandra Mackey の *The Iranians*（1996）は、楽しく読めるイランの歴史である。

ホメイニーについてさらに知りたい人は、Ervand Abrahamian の *Khomeinism: Essays on the Islamic Republic*（1993）を参照されたい。ホメイニーの著作の英訳は、*Islamic Government*（1979）, *Islam and Revolution*（1981）, *A Clarification of Questions*（1984）などがある。ホメイニーのシアー派についての再解釈は、Mohammad Manzoor Nomani の *Khomeini, Iranian, Revolution, and the Shi'ite Faith*（1988）できびしく批判されている。ホメイニーの詩は、Baqer Moin の伝記、*Khomeini: Life of the Ayatollah*（1999）から引用した。

第 8 章　祈祷用マットをワインで染めよ

Nizami の *The Legend of Layla and Majnun* には、Colin Turner（1970）, R. Gelpke（1966）, James Atkinson を含むすぐれた英訳がたくさんある。筆者はペルシア語版の私自身の翻訳に、この 3 冊をざっと付き合わせながら物語風に記した。この詩の評論家による分析としては、Ali Asghar Seyed-Gohrab の *Layli and Majunun: Love, Madness and Mystic Longing in Nizami's Epic Romance*（2003）をご覧いただきたい。初期のスーフィズムの発達について論じたものには、Shaykh Fadhlalla Haeri の *The Elements of Sufism*（1990）と Julian Baldick の *Mystical Islam*（1989）がある。Baldlick は、スーフィズムへのさまざまな宗教と文化の影響について有益な分析をおこない、かつ、この用語の意味も探求している。R. A. Nicholson には、*The Mystics of Islam*（1914）と *Studies in Islamic Mysticism*（1921）の 2 著がある。Idris Shah はスーフィズムについてたくさんの貴重な本を書いているが、なかでも *The Sufis*（1964）と *The Way of the Sufi*（1969）をご覧いただきたい。ほかにも、Martin Lings の *What Is Sufism?*（1993）, Inayat Khan

アリーが死者を生き返らせたとか、水の上を歩いたとかいう話と同様、本来、信念や行動を説明し、正当化するためのもので、自分の神聖な使命を証明するためにトリックを使う預言者に慣れてしまっている批判者を黙らせるのが目的である。

クルアーンは創造されたものであるかどうかをめぐる論議について、さらに総括的な検証をしたい人には、Harry Austryn Wolfson の *The Philosophy of Kalam*, とりわけ pages 235-78 を参照されることをおすすめする。本書のハズムとイブン・クッラブの言葉は、この Wolfson の著書から引用した。イスラーム書道における「バラカ」の役割と機能についてされに知りたい人は、Seyyed Hossein Nasr の *Islamic Art and Spirituality*（1987）を参照されたい。クルアーンにおける「バラカ」についての全般的な解説は、John Renard の *Seven Doors to Islam*（1996）の第 1 章を見てほしい。William Graham の洞察力に富んだ論文、"Qur'an as Spoken Word, " は、*Approaches to Islam in Religious Studies*, edited by Richard C. Martin(2001)に収録されている。クルアーンの読誦の仕方には、「タジュウィード」（めりはりをつける）と「タルティール」（速度を調節する）の 2 種類ある。後者はあまり音楽的ではなく、本来、礼拝用である。くわしくは、Lois Ibsen al-Faruqi の "The Cantillation of the Qur'an, " in *Asian Music*（1987）および Kristina Nelson の "Reciter and Listener: Some Factors Shaping the Mujawwad Style of Qur'anic Reciting, " in *Ethnomusicology*（1987）を参照されたい。

正典と考えられている「ハディース」6 書の編者は、ブハーリー、ハッジャージュ、スィジスターニー、ティルミズィー、ナサーイー、イブン・マージャである。シーア派では、このリストに、最初に成文化したマーリク・イブン・アナスの編書を加えている。これらについては、Joseph Schacht の *Origins of Muhammadan Jurisprudence*（1950）および *An introduction to Islamic Law*（1964）を参照されたい。Schacht の言葉は、"A Revaluation of Islamic Traditions, " in the *Journal of the Royal Asiatic Society*（1949）から引用した。ほかには、Jonathan Berkey の *The Formation of Islam*, pp.141-51 を参照されたい。あるパキスタン人学者とは、Abdul Qadir Oudah Shaheed で、彼の言葉は、*Criminal Law of Islam*（1987)p.13 から引用した。

Mahmoud Taha のクルアーンについての見解は、*The Second Message of Islam*（1996）に見られる。Abdullahi an-Na'im の *Toward and Islamic Reformation*（1996）も参照されたい。Nasr Hamid Abu Zayd に関しては、彼の小論文、"Divine Attribution in the Qur'an: Some PoeticAspects, " in *Islam and Modernity*, edited by John Cooper et al.（1998）を参照されたい。ガザーリーの言葉は、Zakaria's Appendiz 1, p.303 から引用した。

「ナスフ（取消）」についてさらに知りたい人は、Ahmad Von Denffer の *Ulum al-Qur'an: An Introduction to the Sciences of the Qur'an*（1983）を参照のこと。「ナスフ」の概念をまったく否定する学者もいるが、これについては、Ahmad Hasan の *The Early Development of Islamic Jurisprudence*（1970), pp.70-79 に見ることができる。だが、その Hasan でさえ、クルアーンの解釈における歴史的背景の重要性は認めている。

第 7 章　殉教者の足跡をたどる

筆者のカルバラーの物語は、Syed-Mohsen Naquvi の *The Tragedy of Karbala*（1992), および Lewis Pelly の *The Miracle Play of Hasan and Husain*, 2 vols.（1879）をもとに描いた。シーア派の「ムハッラム」の儀式の変遷と役割については、Heinz Halm の *Shi'a Islam: From Religion to Revolution*（1997）を参照。Halm の言葉は、その p. 41 から引用した。この問題の社会学的考察については、Vernon Schubel の *Religious Performance in Contemporary Islam*（1993）および David Pinault の *The Shi'ites*（1992）を参照。2 人の参加者の証言は、後者の pp. 103-106 に出ている。Pinault の *The Horse of Karbala*（2001）も一読をおすすめする。Ehsan Yarshater は、"Ta'ziyeh and Pre-Islamic Mourning Rites"

しい物語をのぞく)。クルアーンには、「昼間の始めと終わりに、そして宵の口に、かならず礼拝を守れ」(第11章114節)と記されている。最終的には、さらに2回の礼拝が義務づけられるようになったが、それがいつ、どういう理由で定められたかは明らかではない。Ibn Jubayr のマッカと巡礼についての言葉は、彼の著書 *Voyages*(1949-51)から引用した。Malcom X の言葉は、*The Autobiography of Malcom X*(1965)からのものである。

Al-Ghazali の *The Ninety-nine Beartiful Names of God* は、David B.Burrell と Nazih Daher による英訳(1970)である。同著者の *Rivival of the Religious Sciences* は、Nabih Amin Faris により *The Foudations of the Articles of Faith*(1963)というタイトルで英訳されている。Ali Shariati のタウヒードについての考察は、彼の *On the Sociology of Islam*(1979)に見られる。

伝統主義者と合理主義者のあいだの論争は、Binyamin Abrahamov の *Islamic Theology: Traditionalism and Rationalism*(1998)に活写されている。*Religious Schools and Sects in Medieval Islam*, edited by Wilferd Madelung(1985)に収録されているエッセイ、および Montgomery Watt のすでに引用した *The Formative Period of Islamic Thought* も一読をおすすめする。ムウタズィラ学派の信仰については、Richard S. Martin, Mark R. Woodward, Dwi S. Armaja が *Defenders of Reason in Islam*(1997)でくわしく述べており、アシュアリー学派の立場については、Richard McCarthy の *The Theology of the Ash'ari*(1953)に描かれている。al-Tahawi の言葉、および Abu Hanifah, Ibn Hanbal, al-Ash'ari の信条については、すべて Watt のすぐれた編集による *Islamic Creeds: A Selection*(1994)から引用した。George F. Hourani の *Islamic Rationalism: The Ethics of Abd al-Jabbar*(1971)も参照されたい。

アリストテレスの『形而上学』の注釈を含む Ibn Rushd のすぐれた英訳書としては、*Metaphysics*, translated by Charles Genequand(1894), *The Epistle on the Possibility of Conjunction with the Active Intellect*, translated by Kalman P. Bland(1982), および *Averoes' Three Short Commentaries on Aristole's "Topics," "Rhetoric," and "Poetics,"* translated by Charles E. Butterworth(1977)がある。「2つの真理説」という言い方は誤称であることに注目するべきである。なぜなら、Ibn Rushd によれば、哲学的真理は "唯一の" 真理だからである。Ibn Sina に関しては、彼の伝記、*The Life of Ibn Sina*, translated by William E, Gohlman(1974), および彼の著書、*Treatise on Logic*, translated by Farhang Zabeeh(1971)を参照されたい。

口頭による言語しかもたなかった人々についてさらに知りたい人は、Denise Lardner Carmody と John Tully Carmody の *Original Visions: The Religions of Oral Peoples*(1993)を参照されたい。カアバ聖殿の祭儀における詩人と詩の役割については、Michael Sells の *Desert Tracings: Six Classical Arabian Odes*(1989)に見られる。奇跡の分野についてよく調べてあるのは、Mohammed Bamyeh の "The Discourse and the Path" in *The Social Origins of Islam*, pp.115-40 である。筆者の議論の展開は、すべてこれを参照している。ほかに Cragg の The Event of the Qur'an, p.67 も参照されたい。ダヤの言葉は、Annemarie Schimmel の *And Muhammad Is His Messenger*(1985), p.67 から引用した。

追って明らかにするが、信心深さのあまり、ムハンマドとその教友たちの奇跡的な行為について典拠の不確かな物語をたくさんでっち上げるムスリムもいる。だが、正統派のイスラーム教徒は、ムハンマドはクルアーンの啓示を受け止める空の容器にすぎず、熱心に見習われるべき人物ではあっても、キリストのように崇拝されるべきではないと考え、そうした物語を頭から否定する。ちなみに、タバリーは、ムハンマドがあるナツメヤシの木を指でパチンとはじき、これを根こそぎ掘り起こして自分のところへもってこいと言ったという奇妙な話を残している(p.1146)。だが、この話は、

Statesman, p.36 から引用した。

ウマルの身体的特徴、および彼の国王の立場に関する言葉は、*Encyclopedia of Islam*, edited by Cyril Glasse, p.462 から引用した。ネックレス事件については、al-Tabari, pp.1518-28 を参照。伝承によれば、ウマルは Amir al-Mu'manin という称号を用いた最初のカリフだったが、アブー・バクルも同様にこの称号を使っていたらしい証拠がある。

Noeldeke のクルアーンについてのすぐれたエッセイは、*Encyclopedia Britannica*, 9th ed., vol.16（1891）に、Caetani の論文、"Uthman and the Recension of the Koran" は、*The Muslim World*（1915）から引用した。現存するさまざまなクルアーンの写本の読み方の例としては、Arthur Jeffery の "A Variant Text of the Fatiha, " in *Muslim World*（1939）を参照。ウスマーンの暗殺に関して、*The Succession to Muhanmmad,* pp.78-140 に見られる Wilferd Madelung の分析のおかげで、この章の数頁を書くことができたことを改めて感謝する。

アリーの生涯とカリフ時代についてはたくさんの本がある。この項でとりわけ役に立ったのは、Momen の *An Introduction to Shi'i Islam*, および S. Husain M. Jafri の *The Origins and Early Development of Shi'a Islam*（1979）である。Mohamad Jawad Chirri の *The Brother of the Prophet Mohammad*（1982）も参照。ハワーリジュ派の教義と歴史についてさらに知りたい人は、Montgomery Watt の *The Formative Period of Islamic Thought,* pp.9-37 を参照されたい。アリーの言葉は、*A Selection from "Nahjul Balagha,"* translated by Ali A. Behzadnia and Salwa Denny, p.7 から引用した。アリーは「イマーム」と呼ばれた最初の人物ではなかった。4人のカリフはみな、この称号で呼ばれたが、アリーの「イマーム」の称号は、預言者との特別な関係を強調している。

Sir Tomas W. Arnold の言葉は、*The Caliphate*（1966）, p.10 から引用。イスラームにおける宗教と政治の関係についてのさまざまな見方については、Abu-l Ala（Mawlana）Mawdudi の *Nationalism and India*（1947）, Abd ar-Raziq のすでに引用した *Islam and the Bases of Power*, Sayyid Qutb の *Social Justice in Islam*（1953）, Ruhollah Khomeini の *Islamic Government*（1979）をご覧いただきたい。

第6章　この宗教は一種の学問である

ムウタスィムの面前でのアフマド・イブン・ハンバルが受けた異端審問についてはたくさんの記述が残っているが、その大半を編集し、すばらしい分析をしているのは、Nimrod Hurvitz の *The Formation of Hanbalism: Piety into Power*（2002）である。ハンバルとマアムーン両人の伝記については、Michael Cooperson の *Classical Arabic Biography: The Heirs of the Prophets in the Age of al-Ma'mun*（2000）を参照されたい。イブン・ハンバルの身体的特長、臨終の床での言葉は、Cooperson から引用した。異端審問の影響についてさらに知りたい人は、Jonathan Berkey（2003）, pp.124-29 および Richard Bulliet, *Islam: The View from the Edge*（1994）, p.115-27 を参照されたい。この問題は、Patricia Crone の最新刊 *God's Rule: Government and Islam*（2004）でもくわしく取り上げられている。マーリク・イブン・アナスの言葉は、Mernissi, p.59 から引用した。

Wilfred Cantwell Smith のイスラームの正統教義については、彼の著書 *Islam in Modern History*（1957）, p.20 から引用した。「イスラームの五柱」については、Mohamed A. Abu Ridah の "Monotheism in Islam: Interpretations and Social Manifestations, " in *The Concept of Monotheism in Islam and Christianity*, edited by Hans Kochler（1982）, および John Renard の *Seven Doors to Islam*（1996）を参照されたい。

初期の伝承では、礼拝は1日3回のみとされていた証拠がある（ムハンマドが天に昇ったとき、礼拝の回数を55回から5回にするように取り決めたという出所の怪たい。たとえイブン•サイヤドがムハンマドの預言者的な使命を認めていたとしても、ムハンマドはイブン・サイヤドを否定していたように思われる。事実、Halperin は、後年のイスラームの伝承では、イブン・サイヤドは反キリスト的人物に作りかえられていることを証明している。イエスとムハンマドの関連については、Neal Robinson の *Christ in Islam and Christianity*（1991）を参照されたい。

ユダヤ教徒とキリスト教徒の分裂については、M. J. Kister の “Do not Assimilate Yourselves..., ” in *Jerusalem Studies in Arabic and Islam*（1989）で検証されている。ムハンマドの一神教的多元主義についてさらに知りたい人は、Mohammed Bamyeh の *The Social Origins of Islam*（1999）, pp.214-15 を参照されたい。ペルシアの征服にともない、すでにクルアーン（第 22 章 17 節）でも言及されていて、ユダヤ教徒、キリスト教徒よりも古い Gathas という啓典をもつゾロアスター教徒も「啓典の民」に含められるようになった。サービア教徒というのはどんな人たちかはよくわかっていない。いくつかのキリスト教徒やヒンドゥー教徒の宗派を含む、何らかの宗教団体だったことは確かで、ムスリムに征服されたあと、「啓典の民」として数えられ、「庇護民」にしてもらえるように、「サービア教徒」というアイデンティティーを熱心に求めた。初期のムスリムとユダヤ教徒の関係についての Nabia Abbot の研究は、*Studies in Arabic Literary Papyri,* vol.2（1967）に見られる。Abbot によれば、トーラーを読む習慣は、「非イスラーム的思考や文書」とりわけ「啓典の民」の文書が頭にこびりついている初期のムスリムの特徴であったという。

第 5 章　正しく導かれた者たち

ムハンマドの死にまつわる物語は、Ibn Hisham（Guillaume 訳）の pp.1012-13 から引用した。Goldziher の言葉は *Introduction to Islamic Theology and Law,* p.31-32 からの引用である。彼の著書 *Muslim Studies*（1971）も参照されたい。John Wansbrough の説は、すでに引用した *Quranic Studies: Sources and Methods of Scriptural Interpretation*（1977）および *The Sectarian Milieu: Content and Composition of Islamic Salvation History*（1978）に見られる。Wansbrough の *Quranic Studies* および Cook と Crone の *Hagarism* についての Sarjeant の書評は、*Journal of the Royal Asiatic Society*（1978）に出ている。Dale F. Eickelman は、社会人類学者の視点から見た「偽預言者」について、“Musaylima, ” *Journal of Economic and Social History of the Orient*（1967）に書いている。「預言者家の人々」についてもっと知りたい人は、M. Sharon の “Ahl al-Bayt——People of the House, ” in *Jerusalem Studies in Arabic and Islam*（1986）を参照されたい。Sharon は、ahl al-bayt という言葉がウマイヤ朝以前には形成されていなかった呼称であると考えていることに注目するべきであろう。おそらくそれは確かであろうが、この言葉の裏の意味（ハーシム家に社会的優位性を示す）はムハンマドの死以前でさえ、十分理解されていた。初期のカリフ位の宗教的影響についての反論は、Patricia Crone と Martin Hinds の *God's Caliph: Religious Authority in the First Centuries of Islam*（1986）に見られる。

これまでのところ、後継者問題の分析でもっともすぐれているのは、Wilferd Madelung の *The Succession to Muhammad*（1997）である。Madelung 教授の著作に依拠せずにこの章は書けなかったであろう。Rafiq Zakaria の *The Struggle Within Islam*（1988）も一読をおすすめする。アブー・バクルの言葉はこの p.47 から引用した。Zakaria はまた、ウマルのカリフ時代の貴重な分析を p.48-53 でおこなっている。M. A. Shaban の *Islamic History*（1994）pp, 16-19, Moojan Momen のシーア派についてのすばらしい入門書、*An Introduction to Shi'i Islam*（1985）, pp.9-22 も参照されたい。Momen によれば、Ibn Hanbal は、p.325 に、アリーはムハンマドにとっての “アーロン” だったとする異なった伝承 10 話を記録しているという。Watt の言葉は、*Muhammad: Prophet and*

の学者のほとんど全員が、この文書は典拠も確かで、ユダヤ教徒も含まれていることを認めている。クライザ家にまつわる伝承については、M. J. Kister の "The Massacre of the Banu Qurayza: A Reexamination of a Tradition, " in *Jerusalem Studies in Arabic and Islam*（1986）および Hodgson（1974), p.191 を参照されたい。Kister は、虐殺者数を約 400 人と推定している。Ahmad の推定によれば、マディーナに残されたユダヤ教徒の数は、24,000 人から 28,000 人のあいだだったという。ユダヤ教徒の見方については、H. Graetz の History of the Jews, vol.3（1894), Salo Wittmayer Baron, *A Social and Religious History of the Jews*, vol.3（1964), Francesco Gabrieli, *Muhammad and the Conquests of Islam*（1968）を参照されたい。引用した Gabrieli のバドルに関する言葉は、p.68 にある。

クライザー族の虐殺に対するアラブ人の反応については、Ahmad（1976), pp.76-94, および W. N. Arafat, "New Light on the Story of Banu Qurayza and the Jews of Medina, " in *Journal of the Royal Asiatic Society*（1976）を参照。Tor Andrae の言葉は、*Muhammad: The Man and His Faith*（1935), pp. 155-56 から引用した。

この虐殺について、もう少し客観的な研究をしたい人には、Karen Armstrong の Muhammad（1993), および Norman A. Stillman の *The Jews of Arab Lands*（1979）をおすすめする。アウス族のメンバー数人が、クライザ族の味方として、ムハンマドに手加減を求めた。彼がそのうちの一人を「ハーカム」として選んだのはそのためだった。だが、サアドの判決のあと、アウス族もしくはこの件に関して他のだれからも異議申し立てはなかった。

ダマスカスでウマルがモスクを破壊した話については、J. L. Peters の *Five Years in Damascus: With Travels and Researches in Palmyra, Lebanon, the Giant Cities of Bashan, and the Hauran*（1855）にくわしく書かれている。ムハンマドの自軍への指令については、Ignaz Goldziher の *Introduction to Islamic Theology and Law*, pp.33-36 で取り上げられている。Maria Menocal の *The Ornament of the World*（2002）には、中世スペインでウマイヤ朝によって築かれた宗教的寛容の文化が描かれている。S. D. Goiten は、ムスリム統治下のユダヤ教徒についてのくわしい学問的考察を *Jews and Arabs*（1970）で述べており、彼の言葉の引用は、その p.63 からのものである。ユダヤ教徒とキリスト教徒の保護に関するムハンマドの言葉は、*The Shorter Encyclopedia of Islam*, p.17 から引用した。Peters の言葉は、*Muhammad*, p.203 から、Watt の言葉は、*Muhammad at Medina*（1956), p.195 からである。

H. G. Reissener のマディーナのユダヤ教徒に関する見解は、"The Ummi Prophet and the Banu Israil, " in *The Muslim World*（1949）に、D. S. Margoliouth の見解は、*The Relations Between Arabs and Israelites Prior to the Rise of Islam*（1924）に見られる。アラビアのユダヤ教徒の聖書の知識については、S. W. Baron（1964), p.261 の脚注 87 をご覧いただきたい。Gordon Newby によるヤスリブのユダヤ教徒支族の経済支配についてのあらましは、*A History of the Jews in Arabia*（1988), pp.75-79 および pp.84-85 に見られる。ムハンマドとマディーナのユダヤ教徒支族の関係を取り上げているのは、Hannah Rahman のすぐれたエッセイ、"The Conflicts Between the Prophet and the Opposition in Medina, " in *Der Islam*（1985), Moshe Gil の "The Medinan Opposition to the Prophet, " in *Jerusalem Studies in Arabic and Islam*（1987), および同氏の "Origin of the Jews of Yathrib, " in *Jerusalem Studies in Arabic and Islam*（1984）などである。考古学的考察およびユダヤ教徒の自己認識の問題については、Jonathan L. Reed が、*Archaeology and the Galilean Jesus*（2000）で所見を述べている。

イブン・サイヤドの歴史については、David J. Halperin の "The Ibn Sayyad Traditios and the Legend of al-Dajjal, " in *Journal of the American Oriental Society*（1976）を参照され

Literature, " in *Muslim Studies*（1977）で、女性の原典研究者のすばらしい貢献について、そのあらましを述べている。

クローマー卿の言葉は、Leila Ahmed（1992), pp. 152-53 から引用した。Ali Shariati の言葉は、*Fatima Is Fatima*（1971), p.136 からの引用。シーリーン・エバーディーの言葉は、ノルウェー・ノーベル賞委員会議長 Ole Danbolt Mjos 教授の祝辞から引用した。全文は、http://www.payvand.com/news/03/dec/1065.html で見ることができる。

今日のムスリム社会における女性の役割についてはたくさんのすぐれた研究書がある。筆者がおすすめするのは、*Faith and Freedom*, edited by Mahnaz Afkhami（1995), *Islam, Gender, and Social Change,* edited by Yvonne Yazbeck Haddad and John L. Esposito（1998), *In the Eye of the Storm: Women in Post-Revolutionary Iran,* edited by Mahnaz Afkhami and Erika Friedl（1994), および Haideh Moghissi の *Feminism and Islamic Fundamentalism*（1999）などである。*Iranian Studies*（2002）に掲載した筆者の Moghissi の著書の書評もご覧いただきたい。

第4章　神の道のために戦え

この章の冒頭のウフドの戦いの描写は、al-Tabari, pp.1384-1427 から引用した。Samuel Huntington の言葉は、彼の論文、"The Clash of Civilizations?" in *Foreign Affairs*（Summer 1993), pp.35 から引用した。Bernard Lewis の言葉は、Hilmi M. Zawati の *Is Jihad a Just War?*（2001), p.2 に見られる。Zawati は、「ジハード」の防衛戦としての利用について、pp.15-17, 41-45, 107 に概説を記している。Weber の言葉は、Bryan S. Turner の *Weber and Islam: A Critical Study*（1974), p.34 から引用した。半月刀を振り回すアラブ人戦士については、Rudolph Peters の *Islam and Colonialism: The Doctrine of Jihad in Modern History*（1979), p.4 から引用した。

「ジハード」教義の利用、目的、展開についてもっと知りたい人は、Rudolph Peters の別書、*Jihad in Classical and Modern Islam*（1996), および *Jihad and Shahadat*, edited by Mehdi Abedi and Gary Legenhausen（1986), とりわけその定義については、pp. 2-3, Mustansir Mir の洞察力に富んだ論文、"Jihad in Islam, " in *The Jihad and Its Times*, edited by Hadia Dajani-Shakeel and Ronald A. Messier（1991）を参照されたい。女子供の殺害を禁じる「ハディース」は、al-Hajjaj の「真正集」、nos.4319 and 4320 に見られる。ヴァイシナヴァ王国、シヴァ王国、およびそれらに刺激を受けた諸王国についてもっと知りたい人には、Gavin Flood の *An Introduction to Hinduism*（1996）を参照されたい。

ムスリムの「ジハード」観の形成に果たした十字軍の役割については、Hadia Dajani-Shakeel の論文、"Perceptions of Counter Crusade, " in *The Jihad and Its Times*, pp. 41-70 で論じられている。引用した Mustansir Mir の言葉は p.114 にある。「正当な戦争論」としての「ジハード」の教義、ならびに相対的に見た戦争の倫理に関心のある人は、Michael Walzer の *Just and Unjust Wars*（1977）および John Kelsay の *Islam and War*（1993), とりわけ pp.57-76 をぜひ一読されたい。Dr. Azzam の言葉は、Peter L. Bergen の *Holy War, Onc.: Inside the Secret World of Osama bin Laden*（2001), p.53 から引用した。Moulavi Chiragh Ali の「ジハード」観については、*A Critical Exposition of the Popular Jihad*（1976）を参照されたい。Mahmud Shaltut の見解については、Kate Zabiri の *Mahmud Shaltut and Islamic Modernism*（1993）で論じられている。

マディーナの「ハニーフ」のなかにいたムハンマドの敵についてもっと知りたい人は、Uri Rubin の "Hanafiyya and Ka'ba, " in *Jerusalem Studies in Arabic and Islam*（1990）を参照されたい。「マディーナ憲章」は本来、ユダヤ教徒を含んでいないと確信しているのは Moshe Gil だけのようだが、これについては、"The Constitution of Medina: A Reconsideration, " in *Israel Oriental Studies*（1974), pp. 64-65 を参照されたい。それ以外た（それによって「ウンマ」の一員になった）非常に多くの人たちが、預言者の死後、自分たちの誓いは無効になったと考えているからである（部族の慣習によれば、「バイア」はその部族の「シャイフ」の死とともに消滅する）。第5章で述べるように、「バイア」の消滅によって、「背教者との戦い」がおこっている。ついでに言うと、「イスラーム」という言葉は、預言者自身が最後の巡礼を終えるまで、ムハンマドの運動を指すものとして使われてはいなかった可能性がある。クルアーンには、「今日わしは、おまえたちのために宗教を完成し、おまえたちの上にわしの恩恵をまっとうし、イスラームをおまえたちのための宗教として是認した」（第5章3節）とあるからだ。

「アル・アイハム」の物語にはいくつものヴァージョンがある。筆者は、Watt の *Muhammad at Medina*, p.268 から引用した。ムハンマド時代の経済市場についてもっと知りたい人は、M. J. Kister の "The Market of the Prophet, " *Journal of the Economic and Social History of the Orient*（1965）を参照されたい。

「創世記」にはもちろん、2つの創生物語がある。その第1は、祭司たちの伝承と呼ばれ、神は男女を同時に創られたとするもので、第1章に見られる。第2は、こちらのほうがよく知られているアダムとイヴの伝承で、これは第2章にある。

ムハンマドの女性を対象にした改革とそれに対する反発については、Fatima Mernissi の *The Veil and the Male Elite*（1991）を参照されたい。Al-Tabari の言葉は、この Mernissi の著書の p.125 から引用した。男女の相続人のあいだで遺産をどうわけるかについての明確な指示は、クルアーンの第4章 9-14 節に見られ、そのくわしい説明は、Watt の *Muhammad at Medina*, pp.289-93 で述べられている。Watt はまた、マッカ社会の母系制から父系制への移行について、pp.272-89 で貴重な検証をおこなっている。結婚に際して新郎が新婦に払う婚資に関する規定についてさらに知りたい人は、Hodgson（1974）, p.182 を参照されたい。イスラーム勃興以前の結婚と離婚、ヴェールの強制的着用などの慣習については、Leila Ahmed の好著 *Women and Gender in Islam*（1992）でくわしく取り上げられている。

姦通罪に対する石打ちの刑について関心のある人は、筆者の論文、"The Problem of Stoning in Islamic Law: An Argument for Reform, " *UCLA Journal of Islamic and Near Eastern Law*（2005）および Ahmad Von Denffer の *Ulum Al-Qur'an*（1983）, pp. 110-11 の一読をおすすめする。石打ちによる死刑は、実際にはユダヤ法の伝統を引き継いだもので、モーセ五書の一つ「申命記」によれば、姦通罪（「申命記」第22章 13-24 節）、両親への不服従（同21章 18-21 節）などの罪に適用されている。クルアーンでは、ある姦通者には鞭打ちの刑（第24章2節）、別の者には生涯にわたる監禁（第4章 15-16 節）が命じられている。al-Bukhari と al-Hajjaj の「真正集」は両方とも、ムハンマド自身が姦通罪に石打ちの刑を命じたと主張している。だが、こうした伝承にはたくさんの矛盾がある。たとえば、Abdullah ibn Aufa はムハンマドが実際に石打ちを実行したと報告しているが、その行為が、姦通者に明らかに鞭打ちの刑を命じている「光の章」（第24章）の前なのか、あとなのかを尋ねられると、Ibn Aufa はわからないと答えている（al-Bukhari 8.824）。ウマルの女性不信者らしい改革について、さらに知りたい人は、Leila Ahmed（1992）, pp.60-61 を参照されたい。

「スファーハ」と Abu Bakra の言行についての論評は、Mernissi, p.126, 49（45-46 も）参照のこと。女性の権利についての言行は、Kitab al-Nikah（結婚の書）, no.1850, 預言者の女性の短所についての発言は、al-Bukhari, vol. 1, no. 304, ar-Razi の論評は、彼の大著 *at-Tafsir al-Kabir* から引用した。（ムハンマドがフダイビーヤで妻のウンム・サラマーに相談した挿話については、al-Tabari, p.1550 を参照）。「ハディース」の起源および問題点について書いているのは、Ignaz Goldziher の *Introduction to Islamic Theology and Law*（1981）である。Goldziher はまた、彼の小論文、"Women in the Hadith

たい人は、*The Fables of Luqman*, edited by Reyes Carboneli（1965）を参照されたい。Maxime Rodinson の *Mohammad*（1971）は少々古いが、預言者の生涯について興味深い見方を示している。ムハンマドのハディージャとの結婚についての彼のコメントは、p.51 にある。ムハンマドの身体的特徴については、Annemarie Schimmel, *And Muhammad Is His Messennger*（1985）に引用されている Tirmidhi のすばらしい描写を借用した。

第３章　預言者の町

預言者モスクについての記述はおそらく、Ibn Batuta の名著 *Travels*（1958）にあるものが最古のものと思われる。ヤスリブの住民たちは、ムハンマドの到着以前から、すでにこのオアシスを「マディーナ（町）」と読んでいたことを示す証拠があるが、ムハンマドの出現で、その名の解釈が変わったことは明らかである。

Ali Abd ar-Raziq の *Islam and the Bases of Power* は、L. Bercher によるフランス語訳 “L'Islam et les Bases du Pouvoir, ” in *Revue des Etudes Islamiques*, VIII（1934）がある。その重要部分の英訳は、*Islam in Transition*, edited by John J. Donohue and John L. Esposito（1982）がある。Ahmed Rashid の *The Taliban*（2000）は、アフガニスタンにおける「ターリバーン」の歴史に関する最上の入門書である。

「ナディール家」と「クライザ家」は、それぞれがいくつかの支族から成っているが、たがいに同盟関係にあったようだ。両家はまとめて、「ダーリフ家」という名でも知られていた。だが、すべての部族関係がそうであったように、これも政治的、経済的提携で、共通の宗教的慣習とはまったく関係がない。ヤスリブのユダヤ人は改宗者だったのか移住者だったのかについては、今でも異論がある。大半の学者は、彼らはアラブ人改宗者であると見ており、後述するように、証拠からもこれに同意してよさそうだ。この論議のあらましは、Watt の *Muhammad at Medina*（1956）および S. D. Goiten の *Jews and Arabs*（1970）に出ている。Barakat Ahmad は、*Muhammad and the Jews: A Re-Examination*（1979）のなかで、ヤスリブのユダヤ人の人口を 24, 000 人から 36, 000 人と計算しているが、この数字はやや多すぎるかもしれない。

この地方が短期間ではあるがペルシアの支配下にあったこと、およびヤスリブがユダヤ人とアラブ人とに分離していたことについて、さらにくわしく知りたい人は、Peters の *Muhammad* を参照されたい。ワキーディーの言葉の引用は、Peters のこの本の p.193 に見られる。のちのアウス族の改宗については、Michael Lecker の *Muslims, Jews, and Pagans: Studies on Early Islamic Medina*（1995）で論じられている。

「マディーナ憲章」がつくられた時期とその意味するところをめぐる論争を徹底的に検証しているのは、Moshe Gil の “The Constitution of Medina: A Reconsideration, ” in *Israel Oriental Studies*（1974）に見られる。「移住者」たちの「シャイフ」としてのムハンマドの役割についてもっと知りたい人は、Watt の *Islamic Political Thought* を参照されたい。Watt はまた、この本の補遺 pp. 130-34 に「マディーナ憲章」の英訳も載せている。

「ウンマ」という言葉の起源に関してさらにくわしく知りたい人は、*Encyclopedia of Islam* を引いてみることをおすすめする。Bertram Thomas は、*The Arabs*（1937）で、「ウンマ」を「超部族」と表現しているし、Marshall G. S. Hodgson は、*The Venture of Islam*, vol. 1（1974）で、「新部族」という言葉で表わしている。「ウンマ」と多神教徒部族の儀式の目的や機能の類似性については、Anthony Black が *The History of Islamic Political Thought*（2001）のなかで、貴重な洞察を披露している。

「シャハーダ」は、はじめは神に対してではなく、ムハンマドに対しておこなわれたのだと筆者は信じる。なぜなら、ムハンマドの存命中に「シャハーダ」をおこなっ

Interpretation（1994）の著者 M. A. Shaban も含まれる。Patricia Crone のこの説への反論は、*Meccan Trade and the Rise of Islam*（1987）に見られる。これに対する折衷説は、Peters の *Meccan Trade and the Origins of Islam*(1994), pp.27, 74-75, 93 に述べられている。ムハンマドとイスラームの勃興に関する Crone の諸説に関心のある人は、彼女の著書 *Hagarism: The Making of the Islamic World*（1977）（M. A. Cook と共著）および *God's Caliph: Religious Authority in the First Centuries of Islam*（1986）（Martin Hinds と共著）を参照されたい。

イスラーム勃興以前のアラビアにおける「シャイフ」の役割と機能については、W. Montgomery Watt の *Islamic Political Thought*（1968）がある。規範的な法慣習（スンナ）の発達にともなう「ハーカム」の役割について、もっとも明確に論じているのは、Joseph Schacht の *An Introduction to Islamic Law*(1998)である。「ハニーフ」のクライシュ族への忠誠の誓いについては、Rubin の "The Hanafiyya and Ka'ba, " p.97 から引用した。孤児と未亡人の保護は、常に公正な法則のもっとも大事な基準であったことに注目していただきたい。社会を統治するための最初の成文法を有名な石碑に刻ませた偉大なバビロニアの王ハンムラビは、「孤児と未亡人を正当に扱う」ために、敵を征服したと公言している。

「アン・ナビー・アル・ウンミー」のさまざまな意味について、さらにくわしく知りたい人は、Kenneth Cragg のクルアーンの歴史と意味についてのすばらしい著書 *The Event of the Qur'an*（1971）をおすすめする。Conrad の言葉は、"Abraha and Muhammad, " 374-75 から引用した。ムハンマドの最初の啓示体験と彼のハディージャとの結婚にまつわる挿話は、Ibn Hisham, pp.150-55 および al-Tabari, pp.139-56 に出ている。

第 6 章で述べているように、クルアーンは年代順に整理されていないので、どの啓示が最初だったのかを判定するのはむずかしい。異論は多々あるものの、初期の詩句を編集したものとしては、Theodor Noeldeke と Richard Bell が個々におこなったものが最上であると一般に認められている。Montgomery Watt は、この二人の了解を得て、双方を突き合わせながら、クルアーンの初期の詩句であると彼が判断したもののリストを新たにつくった。大半の学者が認めている Watt のリストについては、それが完璧であるかどうかに関わらず、それが最初のメッセージである必然性をもった優れたリストであること以外、筆者としてはコメントは差し控えたい。Watt のリストに載っている詩句は、クルアーンの第 96, 74, 106, 90, 93, 86, 80, 87, 84, 51, 52, 55 章からとられている。筆者としては、これに Noeldeke のリストにある 104, 107 章を付け加えたい。なぜなら、これらの詩句は、ムハンマドのメッセージに対する初めての反論があったことを示しているので、最初期の詩句の直後に提示された可能性があるからである。Watt の *Muhammad: Prophet and Statesman*（1974）を参照されたい。Richard Bell は、Noeldeke と William Muir のものに加えて、ウスマーンとエジプト人の作成した年代記の分析を *Introduction to the Qur'an*（1953), pp.110-14 でおこなっている。

ムハンマドの最初期の信奉者の名前は、Ibn Hisham, pp.159-65 に挙げられている。al- Tabari は、このグループの人数は「少数」だったとはっきり述べている。アブー・バクルとアリーのどちらが最初の男性改宗者であったかについては、スンナ派とシーア派では意見が一致しないが、これはイデオロギー的な議論である。アリーは、当時のムハンマドのもっとも、身近にいた人物として、イスラームへの最初の男性改宗者だったことに重大な疑問はないはずだ。クライシュ族の多神教擁護については、al-Tabari, p.1175 と Richard Bell（1968), p.55 を参照。マッカにおける宗教と交易については、Muhammad Shaban の "Conversion to Early Islam, " in *Conversion to Islam*, edited by Nehemia Levtzion（1979）から引用した。「賢者」ルクマーンについてもっと知り

(2001)、あるいはそれに代わるものとして、Farhang Mehr の *The Zoroastrian Tradition*（1991）をおすすめする。マズダク教は、ひとことで言えば、マズダクという名のゾロアスター教の異端者が始めた社会・宗教運動で、すべての物や財産（女性を含む）の共有を主眼として平等と連帯を強調した。マニ教は、預言者マニが樹立した教義で、ゾロアスター教、キリスト教、ユダヤ教の影響を強く受け、闇／悪の軍隊と光／善の軍隊を対置した複雑で急進的な二元論を説くグノーシス派的な社会•宗教運動だった。

ザイドと「ハニーフ」の物語は、Ibn Hisham, pp.143-49 に見られる。Jonathan Fueck の "The Originality of the Arabian Prophet, " in *Studies on Islam*, ed. Scjwartz（1981）も参照されたい。Khalid ibn Sinan と Qass ibn Sa'idah を讃える言葉は、Mohammed Bamyeh の必読書 *The Social Origins of Islam*（1999）から引用した。マディーナにおけるムハンマドのムスリム・コミュニティーに激しく反対した Abu Amir ar-Rahib と Abu Qais ibn al-Aslat についてさらに知りたい人は、Rubin の "Hanafiyya and Ka'ba" を参照されたい。Rubin は「ハニーフィズム」がイスラーム勃興以前から存在していたとはっきり証明しているが、Montgomery Watt, Patricia Crone, John Wansbrough を含む他の学者たちは彼の説を認めていない。ザイドの詩句は、後年のアラブ人年代記作者たちによって、彼が言ったものとされたことは明らかだが、それは彼らアラブ人が彼の詩の内容を「ハニーフィズム」と考えていたことを示している。

ザイドとムハンマドの伝承の分析は、M. J. Kister の "A Bag of Meat: A Study of an Early Hadith, " *Bulletin of the School of Oriental and African Studies*（1968）に見られる。筆者がここに挿入した物語は、folios 37b-38a in the Qarawiyun manuscript 727 と Alfred Guillaume によるその翻訳 "New Light on the Life of Muhammad, " *Journal of Semitic Studies*（1960）の二つの伝承を混ぜ合わせたものである。「タハンヌス」の厳密な定義については、いまだに学者間で討議されているが、Ibn Hisham と al-Tabari は二人とも、これはマッカの "庭" や "谷間" や "山中" でおこなわれていたカアバ聖殿崇拝となんらかの関係のある多神教徒の宗教的慣行だったことを示唆している。この問題についてさらに知りたい人は、M. J. Kister の "*al-Tahannuth:* An Inquiry into the Meaning of a Term, " *Bulletin of the School of Oriental and African Studies*（1968）を参照されたい。F. E. Peters は、*The Hajj*（1994）のなかで、第7節の「迷っていた」に相当するアラビア語（「ダッラ」、「間違って導かれた」「堕落していた」の意）は、「ムハンマドが単にまごついていたのではなく、神が "お導き" を与えたあとになっても、クライシュ族がつづけていたような非難されるべき慣習にどっぷりつかっていたという意味であることは間違いない」と書いている。

カアバ聖殿の再建は、al-Tabari, pp.1130-39 に見られる。この伝承によれば、ムハンマドが、多神教徒の聖所の再建に全面的に協力したわけではないという証拠を挙げてはいないけれども、そのプロセスに何らかの形で携わっていたことを示唆している。アビシニア軍の攻撃と、ムハンマドの誕生の時期に関する徹底的な研究は、Lawrence I. Conrad の "Arabia and Muhammad, " *Bulletin of the School of Oriental and African Studies*（1987）を参照されたい。ムハンマドの幼少時の物語は、Ibn Hisham, pp.101-19 および al-Tabari, pp.1123-27 にある。

第2章　鍵を握る人物

Rubin はクサイイのカアバ聖殿にまつわる宗教的新機軸について論じている。南北交易ルートにおけるマッカの地理的位置は、Richard Bulliet の *The Camel and the Wheel*（1975）で分析されているたくさんの問題の一つにすぎない。マッカの役割をヒジャーズ地方の重要な交易の中心地とする伝統的見解を維持しがちな学者のなかには、*Muhammad at Mecca*（1953）の著者 W. Montgomery Watt や *Islamic History: A New*

Schwartz（1981）をおすすめする。ムハンマドは厳格な一神教信者だったにもかかわらず、「ジン」の存在を心から認め、そのためにクルアーンの第18章を与えている。ムハンマドは、「ジン」を漠然とした天使論的な概念で見ていたのかも知れない。たとえば、善良な「ジン」は天使で、邪悪な「ジン」、とりわけ「ジン」と呼ばれることが多かった「イブリース」（サタン）は悪魔とされている（クルアーン第18章50節参照）

カアバ聖殿のユダヤ教徒への影響について、洞察力に富んだ説は、G. R. Hawtingの "The Origins of the Muslim Sanctuary at Mecca, " in *Studies on the First Century of Islamic Studies,* edited by G. H. A. Juynboll（1982）に見られる。イスラーム以前のカアバ聖殿の起源にまつわる伝承をきちんと検証しているのは、Uri Rubinの論文、"Hanafiyya and Ka'ba: An Enquiry into the Arabian Pre-Islamic Background of *din Ibrahim,* " *Jerusalem Studies in Arabic and Islam*（1990）である。「黒石」周辺の伝承をくわしく調べたものによれば、これは地球に落下した隕石であることは明らかである。アラブ人歴史家Ibn Sa'dによれば、これが最初に発見されたときには、「マッカの人たちにはこの黒石が月のように輝いていたが、人々が汚れた手で触っているうちに黒くなってしまった」という。「ヤコブの夢」の話は、「創世記」第28章10-17節にある。アラビアのユダヤ教徒について、くわしく知りたい人は、Gordon Darnell Newbyの *A History of the Jews of Arabia*（1988）のpp.49-55を参照されたい。「カーヒン」と「コーヘン」の関係について知りたい人は、*The Encyclopedia of Islam*を引いてみるとよい。

クルアーンが明らかにキリスト教徒の比喩的表現を取り入れている例として、たとえば、「最後の審判の日」に吹き鳴らされる「ラッパ」については第6章73節、18章99節、23章101節など、地獄で罪人を待っているすさまじい呪いについては第104章6-9節、天国を花園に見立てているのは第2章25節などがあるが、後者の起源はイランの宗教的伝承にあった可能性もある。こうした関連性についてのさらなる研究は、John Wansbroughの *Quranic Studies: Source and Methods of Scriptural Interpretation*（1977）およびH. A. R. Gibbの表題はいただけないが、内容はたいへん有益な *Mohammedanism*（1970）を参照されたい。アラビア半島におけるキリスト教の影響について、さらに一般的な論評を知りたい人は、Richard Bellの *The Origins of Islam in Its Christian Environment*（1968）を参照されたい。バクラの話は、al-Tabariのp.1135および、Petersの *Mecca* に引用されているal-Azraqiの年代記にも出ている。クルアーンは、十字架にかけられたのはイエスではなくて、外見のよく似た別の人物だったとしているのは、イエスの神性について、グノーシス派と同様、キリスト単性論信仰とよく似ていることを示している。キリスト教に改宗したほかの部族のなかには、タグリブ族、バクル・イブン・ワーイル族、ハニーファ家などがある。

ザラスシュトラが自分の信仰をいつ唱導するようになったか、正確にはわかっていない。この預言者の出現時期は、紀元前8000年というまったくの神話時代から、紀元前7世紀のイラン王朝出現の直前までばらつきがある。筆者は、最も必然性の高いゾロアスター教の誕生期は紀元前1100-1000頃と推定している。その理由については、拙文 "Thus Sprang Zarathustra: A Brief Historiography on the Date of the Zoroastrianism, " in *Jusur*（1998-99）を参照されたい。ゾロアスター教の終末論の影響は、エッセネ派（あるいは「死海文書」を書いたとされる人たち）のようなユダヤ教徒の大惨事の予告運動にはっきり現われている。彼らは、終りの日に光の子と闇の子が戦い（どちらもゾロアスター教用語）、最終的には義にかなった導師の統治が予告されるという非常に複雑な終末論を展開していた。ゾロアスター教についてもっと知りたい人は、Mary Boyceの3巻にわたる総合的な研究書 *History of Zoroastrianism*（1996）を参照されたい。時間的ゆとりのない人には、その要約版 *Zoroastrians, Their Religeous Beliefs and Practices*

原　注

プロローグ　一神教徒同士の衝突

フランクリン・グラハム牧師は、2002年11月16日、NBCの「ナイトニュース」に出演して、イスラームに関し、「われわれはイスラーム教徒を攻撃しているのではない。イスラーム教徒がわれわれを攻撃したのだ。イスラーム教徒の神はわれわれの神と同じ神ではない。彼らの神は、キリスト教徒、もしくはユダヤ・キリスト教徒信仰における神の子ではない。それは別の神だ。イスラームは有害で邪悪な宗教であると私は思う」と述べた。

アン・コールターの記事、「これは戦争だ。われわれはムスリム諸国に侵攻するべきだ」は、2001年9月3日、*National Review Online* に寄稿されたものである。ジェイムズ・インホーフの2002年3月2日の上院妨害演説の全文は、Middle East Information Center の http://middleeastinfo.org/article316.html で見ることができる。

Barry Yeoman は、ムスリム世界で秘密裏におこなわれている宣教活動について、"The Stealth Crusade" in *Mother Jones*（May/June 2002）と題するすぐれた記事を書いている。

第1章　砂漠の聖所

多神教時代のカアバ聖殿の描写は、Ibn Hisham と al-Tabari の著述、および Michael Wolfe のさまざまな巡礼行の挿話を集めた好著、*One Thousand Roads to Mecca*（1997）のなかで述べられている *The Travels of Ali Bey al-Abbasi* に依拠している。F. E. Peters の *Mecca: A Literary History of the Muslim Holy Land*（1994）も一読をおすすめする。Ibn Hisham の英訳は、Alfred Guillaume の *The Life of Muhammad*（1955）がある。Al-Tabari の英訳は、数巻にわたる *The History of Al-Tabari*（1988）, edited by Ihsan Abbas et al. を参照されたい。

聖所に祀られていた360体という神々の数は、実数ではなくて、聖数と解釈しなければならない。カアバ聖殿の大きさから考えて、マッカに祀られていた偶像は、全部ではないにしても、ほとんどが、本来、聖所の外側の「ヒジュル」と呼ばれる半月型の地域に安置されていた可能性が高い。「ヒジュル」の役割と機能について、さらにくわしく知りたい人は、Uri Rubin の論文、"The Ka'ba: Aspects of its Ritual Function and Position in Pre-Islamic and Early Times, " in *Jerusalem Studies in Arabic and Islam*（1986）を参照されたい。私見では、聖所に関する最上の文献は、今のところ、Mircea Eliade の *The Sacred and the Profane*（1959）があり、同著者の *The Myth of the Eternal Return*（1954）も参考になる。「世界のへそ」の話は、G. R. Hawting の小論文、"We Were Not Ordered with Entering It but Only with Circumambulating It: *Hadith* and *Fiqh* on Entering the Kaaba, " in *Bulletin of the School of Oriental and African Studies*（1984）に取り上げられている。アーミル部族の「ズー・サマウィ」崇拝がほとんど知られていないことを記しているのは、Sheikh Ibrahim al-Qattan と Mahmud A. Ghul の "The Arabian Background of Monotheism in Islam, " in *The Concept of Monotheism in Islam and Christianity*, edited by Hans Kochler（1982）である。

イスラーム勃興以前の近東における多神崇拝についてのすぐれた論評は、Jonathan P. Berkey の *The Formation of Islam*（2003）に見られる。ほかに、Robert G. Hoyland の *Arabia and the Arabs*（2001）も参照されたい。イスラーム勃興以前のアラビア半島に存在したさまざまな宗教的慣行についてさらに詳細な分析をしたい人には、Joseph Henninger の小論文、"Pre-Islamic Bedouin Religion" in *Studies on Islam*, edited by Martin

(1915)380-90.
Conrad, Lawrence I. “Abraha and Muhammad, ” *Bulletin of the School of Oriental and* African Studies 50 (1987) 225-40.
Gil, Moshe. “The Constitution of Medina: A Reconsideration, ” *Israel Oriental Studies 6*(1974) 44-65.
——. “The Medinan Opposition to the Prophet, ” *Jerusalem Studies in Arabic and Islam* 10 (1987) 65-96.
——. “Origin of the Jews of Yathrib, ” *Jerusalem Studies in Arabic and Islam* 4 (1984)203-24.
Guillaume, Alfred. “New Light on the Life of Muhammad, ” *Journal of Semitic Studies*(1960) 27-59.
Halperin, David. “The Ibn Sayyad Traditions and the Legend of al-Dajjal, ” *Journal of the American Oriental Society* 96 (1976) 213-25.
Hawting, G. R. “We Were Not Ordered with Entering It but Only with Circumambulating It: *Hadith* and *Fiqh* on Entering the Kaaba, ” *Bulletin of the School of Oriental and African Studies* 47 (1984) 228-42.
Huntington, Samuel. “The Clash of Civilizations, ” *Foreign Affairs* 72:3 (Summer 1993)22-49.
Kister, M. J. “*al-Tahannuth*: An Inquiry into the Meaning of a Term, ” *Bulletin of the School of Oriental and African Studies* 30 (1968) 223-36.
——. “ ‘A Bag of Meat: ’ A Study of an Early Hadith, ” *Bulletin of the School of Oriental* and *African Studies* 31 (1968) 267-75.
——. “Do Not Assimilate Yourselves..., ” *Jerusalem Studies in Arabic and Islam* 12(1989) 321-71.
——. “The Market of the Prophet, ” *Journal of the Economic and Social History of the Orient* 8 (1965) 272-76.
——. “The Massacre of the Banu Qurayza: A Reexamination of a Tradition, ” *Jerusalem Studies in Arabic and Islam* 8 (1986) 61-96.
Nelson, Kristina. “Reciter and Listener: Some Factors Shaping the Mujawwad Style of Qur’ anic Reciting, ” *Ethnomusicology* (Spring/Summer 1987) 41-47.
Rahman, Hannah. “The Conflicts Between the Prophet and the Opposition in Medina, “*Der Islam* 62 (1985) 260-97.
Reissener, H. G. “The Ummi Prophet and the Banu Israil, ” *The Muslim World* 39 (1949).
Rubin, Uri. “Hanafiyya and Ka‘ba: An Enquiry into the Arabian Pre-Islamic Background of *din Ibrahim*, ” *Jerusalem Studies in Arabic and Islam* 13 (1990) 85-112.
——. “The Ka‘ba: Aspects of Its Ritual Function and Position in Pre-Islamic and Early Times, ” *Jerusalem Studies in Arabic and Islam* 8 (1986) 97-131.

辞典・辞書

A Dictionary of Buddhism. Damien Keown, ed. Oxford, 2003.
The Encyclopedia of Gods. Michael Jordan, ed. Great Britain, 1992.
The Encyclopedia of Indo-European Culture. J. P. Mallory and D. Q. Adams, eds. New York, 1997.
The Encyclopedia of Islam (11 vols.). H. A. R. Gibb et al., eds. Leiden, 1986.
The Encyclopedia of Religion (16 vo1s.). Mircea Eliade et al., eds. New York, 1987.
The Encyclopedia of World Mythology and Legend. Anthony S. Mercatante, ed. New York, 1988.
The Encyclopedia of World Religions. Wendy Doniger, ed. Springfield, Mass., 1999.
The New Encyclopedia of Islam. Cyril Glasse, ed. Walnut Creek, Calif., 2002.
The Oxford Dictionary of World Religions. John Bowker, ed. Oxford, 1997.
The Oxford Encyclopedia of the Modern Islamic World. John L. Esposito, ed. Oxford, 1995.

——. *Iqbal: Manifestations of the Islamic Spirit*. New Mexico, 1991.
Smith, Margaret. *Rabi'a the Mystic and Her Fellow-Saints in Islam*. Cambridge, 1928.
Smith, Wilfred Cantwell. *Islam in Modern History*. Princeton, 1957.(『現代イスラムの歴史』上・下、中村廣治郎訳、中公文庫、1998 年)
Soroush, Abdolkarim. *Reason, Freedom, and Democracy*. New York, 2000.
Stillman, Norman A. *The Jews of Arab Lands*. Philadelphia, 1979.
Tabataba'i, Muhammad H. *Qur'an in Islam*. London, 1988.——. *Shi'ite Islam*. New York, 1979.(『シーア派の自画像——歴史・思想・教義』森本一夫訳、慶應義塾大学出版会、2007 年)
Taha, Mahmoud. *The Second Message of Islam*. Syracuse, 1987.
Thompson, Edward J. *The Other Side of the Medal*. London, 1925 .
Trevelyan, C. E. *On the Education of the People of India*. Hyderabad, 1838.
Trimingham, J. Spencer. *The Sufi Orders in Islam*. Oxford, 1971.
Troll, Christian W. *Sayyid Ahmed Khan: A Reinterpretation of Muslim Theology*. New Delhi, 1978.
Turner, Bryan S. *Weber and Islam: A Critical Study*. London, 1974.(『ウェーバーとイスラーム』香西純一ほか訳、第三書館、1994 年)
Von Denffer, Ahmad. *Ulumn al-Quran: An Introduction to the Sciences of the Qur'an*. Leicester, 1983.
Wadud, Amina. *Quran and Woman: Rereading the Sacred Text from a Woman's Perspective*. New York, 1999.
Walzer, Michael. *Just and Unjust Wars*. New York, 1977.
Wansbrough, John. *Quranic Studies: Sources and Methods of Scriptural Interpretation*. Oxford, 1977.
——.*The Sectarian Milieu: Content and Composition of Islamic Salvation History*. Oxford, 1978.
Watt, W. Montgomery. *The Faith and Practice of al-Ghazali*. London, 1953.
——. *Islamic Creeds*. Edinburgh, 1994.
——. *Islamic Political Thought*. Edinburgh, 1968.
——. *Muhammad at Mecca*. London, 1953.
——. *Muhammad at Medina*. Oxford, 1956.
——. *Muhammad: Prophet and Statesman*. London, 1961.(『ムハンマド——預言者と政治家』牧野信也・久保儀明訳、みすず書房、2002 年)
Welch, William M. *No Country for a Gentleman*. New York, 1988.
Wolfson, Harry Austryn. *The Philosophy of Kalam*. Cambridge, 1976.
Zabiri, Kate. *Mahmud Shaltut and Islamic Modernism*. New York, 1993 .
Zaheri, Dariush. *The Iranian Revolution: Then and Now*. Boulder, Colo., 2000.
Zakaria, Rafiq. *The Struggle Within Islam: The Conflict Between Religion and Politics*. London, 1989.
Zawati, Hilmi M. *Is Jihad a Just War?* Lewiston, Me., 2001.

論　文

Abbot, Freedland. "The Jihad of Sayyid Ahmad Shahid, " *Muslim World* (1962) 216-22.
al-Faruqi, Lois Ibsen. "The Cantillation of the Qur'an, " *Asian Music* 19:1 (1987) 2-23.
Arafat, W. N. "New Light on the Story of Banu Qurayza and the Jews of Medina, " *Journal of the Royal Asiatic Society* (1976) 100-107.
Aslan, Reza. "The Problem of Stoning in the Islamic Penal Code: An Argument for Reform, " *Journal of Islamic & Near Eastern Law* 3 (2004).
——. "Thus Sprang Zarathustra: A Brief Historiography on the Date of the Prophet of Zoroastrianism, " *Jusur: Journal of Middle Eastern Studies* 14 (1998-99) 21-34.
Caetani, Leone. "Uthman and the Recension of the Koran, " *The Muslim World* 5

ユダヤ人、キリスト教徒の中世スペイン』足立孝訳、名古屋大学出版会、2005年）
Mernissi, Fatima. *The Veil and the Male Elite*. Cambridge, 1991.
Metcalf, Thomas. *The Aftermath of Revolt*. Princeton, 1964.
Mitchell, Richard P. *Society of the Muslim Brothers*. New York, 1969.
Momen, Moojan. *An Introduction to Shi'i Islam*. New Haven, 1985.
Mottahadeh, Roy. *The Mantle of the Prophet*. New York, 1985.
Naquvi, M. A. *The Tragedy of Karbala*. Princeton, 1992 .
Nasr, Seyyed Hossein. *Islamic Art and Spirituality*. New York, 1987.
——. *Sufi Essays*. London, 1972.
Netton, Ian Richard. *Sufi Ritual*. Surrey, 2000.
Newby, Gordon Darnell. *A History of the Jews of Arabia*. South Carolina, 1988.
Nicholson, R. A. *The Mystics of Islam*. London, 1914.（『イスラムの神秘主義——スーフィズム入門』中村廣治郎訳、平凡社、1996年）
——. *Studies in Islamic Mysticism*. Cambridge, 1921.
Nicholson, Reynolds. *Rumi :Poet and Mystic*. London, 1978.
Nurbakhsh, Javad. *Master and Disciple in Sufism*. Tehran, 1977.
Peters, F E. *Mecca: A Literary History of the Muslim Holy Land*. New Jersey, 1994.
——. *Muhammad and the Origins of Islam*. New York, 1994.
——. *The Hajj*. New Jersey, 1994.
Peters, Rudolph. *Islam and Colonialism: The Doctrine of Jihad in Modern History*. The Hague, 1979.
——. *Jihad in Classical and Modern Islam*. Princeton, 1996.
Pinault, David. *The Horse of Karbala*. New York, 2001.
——. The Shiites. New York, 1992.
Pourjavady, Nasrollah, and Peter Wilson. *Kings of Love*. Tehran, 1978.
Qutb, Sayyid. *Milestones*. Indianapolis, 1993.
——. *Social Justice in Islam*. Leiden, 1953 .
Rahnema, Ali, ed. *Pioneers of Islamic Revival*. London, 1995.
Rejwan, Nissim. *Arabs Face the Modern World*. Florida, 1998.
Renard, John. *Seven Doors to Islam*. Berkeley, 1996.
Robinson, Neal. *Christ in Islam and Christianity*. London, 1991.
Rodinson, Maxime. *Mohammad*. New York, 1971.
Rumi, Jalal al-Din. *Mystical Poems of Rumi* (2 vols.). Chicago, 1968.
——. *Rumi: Poet and Mystic*. London, 1950.
Russell, W. H. *My Indian Diary*. London, 1957.
Sachedina, Abdulaziz Abdulhussein. *Islamic Messianism*. Albany, 1981.
——. *The Islamic Roots of Democratic Pluralism*. Oxford, 2001.
——. *The Just Ruler in Shi'ite Islam*. New York, 1988.
Schacht, Joseph. *An Introduction to Islamic Law*. Oxford, 1998.
——. *Origins of Muhammadan Jurisprudence*. Oxford, 1950.
Schimmel, Annemarie. *And Muhammad Is His Messenger*. Chapel Hill, N. C., 1985.
——. *I Am Wind, You Are Fire: The Life and Works of Rumi*. Boston, 1992.
Schubel, Vernon. *Religious Performance in Contemporary Islam*. Columbia, 1993.
Schwartz, Martin. *Studies on Islam*. New York, 1981.
Sells, Michael. *Desert Tracings: Six Classical Arabian Odes*. Connecticut, 1989.
Shaban, M. A. *Islamic History: A New Interpretation*. Cambridge, 1994.
Shah, Idris. *The Sufis*. New York, 1964.（『スーフィー——西欧と極東にかくされたイスラームの神秘』久松重光訳、国書刊行会、2007年）
——. *The Way of the Sufi*. New York, 1969.
Shariati, Ali. *Fatima Is Fatima*. Tehran, 1971.

Herberg, Will. *Protestant, Catholic, Jew*. New York, 1955.
Hodgson, Marshall G. S. *The Venture of Islam*. Chicago, 1974.
Hourani, George. *Islamic Rationalism*. Oxford, 1971.
Hoyland, Robert G. *Arabia and the Arabs*. New York, 2001.
Hurvitz, Nimrod. *The Formation of Hanbalism: Piety into Power*. London, 2002.
Ibn Batuta. *The Travels of Ibn Batuta*. Cambridge, 1958.（『大旅行記』1 ～ 8、家島彦一訳、平凡社、1996 ～ 2002 年）
Ibn Hisham. *The Life of Muhammad*. Oxford, 1955.
Ibn Rushd. *Commentary on Aristotle's Metaphysics*. Leiden, 1984.
——. *The Epistle on the Possibility of Conjunction with the Active Intellect.* New York, 1982.
——. *Three Short Commentaries on Aristotle's "Topics, " "Rhetoric, " and "Poetics. "* Albany, 1977.
Ibn Sina. *The Life of Ibn Sina*. Albany, 1974.
——. *Treatise on Logic.* The Hague, 1971.
Israel, Milton, and N. K. Wagle, eds. *Islamic Societies and Culture: Essays in Honor of Professor Aziz Ahmad*. New Delhi, 1983.
Jafri, S. Husain M. *Origins and Early Development of Shi'a Islam*. London, 1978.
Juynboll, G. H. A., ed. *Studies on the First Century of Islamic Studies*. Carbondale and Edwardsville, Ill., 1982.
Keddie, Nikki R. *Sayyid Jamal al-Din "al-Afghan": A Political Biography.* Berkeley, 1972.
Kelsay, John. *Islam and War,* Kentucky, 1993.
Kepel, Gilles. *Jihad: The Trail of Political Islam*. Cambridge, 2002.（『ジハード——イスラム主義の発展と衰退』丸岡高弘訳、産業図書、2006 年）
——. *The War for Muslim Minds: Islam and the West*. Cambridge, 2004.（『ジハードとフィトナ——イスラム精神の戦い』早良哲夫訳、NTT 出版、2005 年）
Kerr, Malcolm H. *Islamic Reform: The Political and Legal Theories of Muhammad 'Abduh and Rashid Rida*. Berkeley, 1966.
Khan, Inayat. *The Unity of Religious Ideals*. London, 1929.
Khan, Sayyid Ahmed. *The Causes of the Indian Revolt*. Benares, 1873.
Khomeini, Ruhollah. *A Clarification of Questions*. Boulder, 1984.
——. *Islam and Revolution*. Berkeley, 1981.
——. *Islamic Government*. New York, 1979.（『ホメイニ　わが闘争宣言』清水学訳、ダイヤモンド社、1980 年）
Kochler, Hans. *The Concept of Monotheism in Islam and Christianity*. Austria, 1982 .
Lammens, Henri. *Islam: Beliefs and Institutions*. London, 1968.
Lecker, Michael. *Muslims, Jews, and Pagans: Studies on Early Islamic Medina*. Leiden, 1995.
Lings, Martin. *What Is Sufism?* Cambridge, 1993 .
Mackey, Sandra. *The Iranians*. New York, 1996.
Madelung, Wilferd. *Religious Schools and Sects in Medieval Islam*. London, 1985.
——. *The Succession to Muhammad.* Cambridge, 1997.
Margoliouth, D. S. *The Relations Between Arabs and Israelites Prior to the Rise of Islam*. London, 1924.
Martin, Richard. *Approaches to Islam in Religious Studies*. Oxford, 2001.
Martin, Richard, et al. *Defenders of Reason in Islam*. Oxford, 1997.
Massignon, Louis. *Essay on the Origins of the Technical Language of Islamic Mysticism*. Bloomington, Ind., 1997.
Mawdudi, Abu-l Ala (Mawlana). *Nationalism and India.* Lahore, 1947.
——. *The Islamic Movement*. London, 1984.
McCarthy, Richard. *The Theology of the Ash'ari*. Beirut, 1953.
Mehr, Farhang. *The Zoroastrian Tradition*. Amherst, Mass., 1991.
Menocal, Maria Rosa. *Ornament of the World.* New York, 2002.(『寛容の文化——ムスリム、

Bergen, Peter L. *Holy War,* Inc.: *Inside the Secret World of Osama bin Laden*. New York, 2001.（『聖戦ネットワーク』上野元美訳、小学館、2002 年）
Berkey, Jonathan P. *The Formation of Islam*. Cambridge, 2003 .
Black, Anthony. *The History of Islamic Political Thought*. New York, 2001.
Boyce, Mary. *History of Zoroastrianism* (3 vols.). Leiden, 1996.
——. *Zoroastrians, Their Religious Beliefs and Practices*. New York, 2001.（『ゾロアスター教——3500 年の歴史』山本由美子訳、筑摩書房、1983 年）
Bulliet, Richard. *The Camel and the Wheel*. Cambridge, 1975.
——. *Islam: The View from the Edge*. New York, 1994.
Burckhardt, Titus. *An Introduction to Sufi Doctrine*. Wellingsborough, 1976.
Chelowski, Peter. *Ta'ziyeh: Ritual and Drama in Iran*. New York, 1979.
Cole, Juan R. I. *Colonialism and Revolution in the Middle East*. Princeton, 1993.
Cooper, John, et al., eds. *Islam and Modernity*. London, 1998.
Cooperson, Michael. *Classical Arabic Biography*. Cambridge, 2000.
Cox, Harvey. *The Secular City*. New York, 1966.（『世俗都市』塩月賢太郎訳、新教出版社、1967 年）
Cragg, Kenneth. *The Event of the Qur'an*. Oxford, 1971.
——. *Readings in the Qur'an*. London, 1988.
——. *God's Rule: Government and Islam*. New York, 2004.
Crone, Patricia. *Meccan Trade and the Rise of Islam*. New Jersey, 1987.
——. and M. A. Cook. *Hagarism: The Making of the Islamic World*. Cambridge, 1977.
——. and Martin Hinds. *God's Caliph: Religious Authority in the First Centuries of Islam*, Cambridge, 1986.
Dajani-Shakeel, Hadia, and Ronald A. Messier, eds. *The Jihad and Its Times*. Ann Arbor.1991.
de Bruijn, J. T. P. *Persian Sufi Poetry*. Surrey, 1997.
de Tocqueville, Alexis. *Democracy in America*. New York, 1969.（『アメリカのデモクラシー』1 〜 2 巻、松本礼二訳、岩波文庫、2005 〜 2008 年）
Donohue, John J., and John L. Esposito, eds. *Islam in Transition*. New York, 1982.
Doran, Michael. *Pan-Arabism Before Nasser* Oxford, 1999.
Eliade, Mircea. *The Myth of the Eternal Return*. Princeton, 1954.（『永遠回帰の神話——祖型と反復』堀一郎訳、未来社、1963 年）
——. *The Sacred and the Profane*. San Diego, 1959.
Embree, Ainslee. *1857 in India*. Boston, 1963.
Ernst, Carl. *Eternal Garden: Mysticism, History, and Politics at a South Asian Sufi Center*. New York, 1992 .
——. *Teachings of Sufism*. Boston, 1999.
Esposito, John L., and John O. Voll. *Makers of Contemporary Islam*. New York, 2001.
Gabrieli, Francesco. *Muhammad and the Conquests of Islam*. New York, 1968.
Gatje, Helmut. *The Qur'an and Its Exegesis*. Berkeley, 1976.
Gelpke, R. *Layla and Majnun*. London, 1966.
Gibb, H. A. R. *Mohammedanism*. London, 1970.（『イスラム入門』加賀谷寛訳、講談社学術文庫、2002 年）
Goiten, S. D. *Jews and Arabs*. New York, 1970.
Goldziher, Ignaz. *Introduction to Islamic Theology and Law*. Princeton, 1981.
——. *Muslim Studies* (2 vols.). Albany, 1977.
Graetz, Heinrich. *History of the Jews (3 vols.)*. Philadelphia, 1894.
Griffiths, C. G. *Siege of Delhi*. London, 1912.
Haeri, Shaykh Fadhlalla. *The Elements of Sufism*. Great Britain, 1990.
Haim, Sylvia G., ed. *Arab Nationalism*. Berkeley, 1962.
Halm, Heinz. *Shi'a Islam: From Religion to Revolution*. Princeton, 1997.
Helminski, Camille Adams. *Women of Sufism*. Boston, 2003.

参考文献

書 籍

Abbott, Nabia. *Studies in Arabic Literary Papyri*. Chicago, 1957-1972.
Abd al-Rahman al-Bazzaz. *Islam and Nationalism*. Baghdad, 1952.
Abedi, Mehdi, and Gary Legenhausen, eds. *Jihad and Shahadat*. Houston, 1986.
Abrahamian, Ervand. *Khomeinism: Essays on the Islamic Republic*. Berkeley, 1993.
Abrahamov, Binyamin. *Islamic Theology: Traditionalism and Rationalism*. Edinburgh, 1998.
Adams, Charles C. *Islam and Modernism in Egypt*. London, 1933.
Ahmad, Barakat. *Muhammad and the Jews: A Re-Examination*. New Delhi, 1979.
Ahmad, Jalal-e. *Gharbzadeghi*. California, 1997.
Ahmed, Leila. *Women and Gender in Islam*. New Haven, 1992.（『イスラームにおける女性とジェンダー――近代論争の歴史的根源』林正雄ほか訳、法政大学出版局、2000 年）
Ahmed, Rashid. *The Taliban*. New Haven, 2000.（『タリバン――イスラム原理主義の戦士たち』坂井定雄・伊藤力司訳、講談社、2000 年）
al-Banna, Hasan. *Memoirs of Hasan al-Banna Shaheed*. Karachi, 1981.
Algar, Hamid. *Wahhabism: A Critical Essay*. New York, 2002.
al-Ghazali. *The Alchemy of Happiness*. London, 1980.
――. *The Foundations of the Articles of Faith*. Lahore, 1963.
――. *The Niche of Lights*. Utah, 1998.（「光の壁龕」中村廣治郎訳『中世思想原典集成』11 巻に収録、平凡社、2000 年）
――. *The Ninety-nine Beautiful Names of God*. Nigeria, 1970.
al-Rasheed, Madawi. *A History of Saudi Arabia*. Cambridge, 2003.
al-Shaibi, Kamil M. *Sufism and Shi'ism*. Great Britain, 1991.
al-Tabari, Abu Ja'far Muhammad. *The History of al-Tabari*, ed. Ihsan Abbas et al. New York, 1988.
Amin, Osman. *Muhammad 'Abduh*. Washington, D. C., 1953.
Andrae, Tor. *Mohammed: The Man and His Faith*. New York. 1960
Angha, Molana Salaheddin Ali Nader Shah. *The Fragrance of Sufism*. Lanham, 1996.
Angha, Nahid. *Ecstasy*. California, 1998.
――. *Selections*. California, 1991.
An-Na'im, Abdullahi. *Toward an Islamic Reformation*. Syracuse, 1990.
Arjomand, Said Amir. *The Turban for the Crown*. New York, 1988.
Armstrong, Karen. *Muhammad*. San Francisco, 1992.
Asani, Ali and Kamal Abdel-Malek. *Celebrating Muhammad*. South Carolina, 1995.
Ash-Shabrawi, Abd al-Khaliq. *The Degrees of the Soul*. London, 1997.
Attar, Farid ad-Din. *The Conference of the Birds*. New York, 1984.
Badawi, M. A. Zaki. *The Reformers of Egypt*. London, 1979.
Baldick, Julian. *Mystical Islam*. New York, 1989.
Ball, Charles. *The History of the Indian Mutiny*. London, 1860.
Bamyeh, Mohammed A. *The Social Origins of Islam*. Minneapolis, 1999.
Baqer, Moin. *Khomeini: Life of the Ayatollah*. New York, 1999.
Barks, Colman. *The Essential Rumi*. San Francisco, 1995.
Baron, Salo Wittmayer. *A Social and Religious History of the Jews* (3 vols.). New York, 1964.
Bell, Richard. *The Origin of Islam in Its Christian Environment*. London, 1968.（『イスラムの起源』熊田亨訳、筑摩書房、1983 年）

訳者あとがき

二〇〇九年二月、「タワーリング・インフェルノ」ではじまった二一世紀世界史劇の第一幕は、「対テロ戦争」に協力を呼びかけるモノローグが十八番《おはこ》の主役が、少し色褪せた〝文明の衝突〟を戯画化した書き割りの彼方《かなた》に退場し、代わって前代未聞の黒人系アメリカ大統領バラク・オバマが登場したところである。バック・グラウンドには世界不況を通奏低音にした短調の間奏曲が響いている。耳を澄ませば、舞台の後方から、聞き慣れない声がする。それは、かつての主役が「あちら側」と一括《ひとくく》りにしていた「想像の共同体」に住む若者たちの「聞け、東方のざわめきを」の叙唱《レチタティーヴォ》のようだ。

彼らの祖国は大方産油国で、これまで石油収入を当て込んだ独裁的政治指導者と、伝統的な宗教・経済システムを固守したい保守的宗教指導者層の牙城だった。囲いの向こう側の若者たちの生《なま》の声は、めったに「こちら側」には聞こえてはこなかった。だが、折からの世界不況で、原油価格は昨夏の最高価格一バレル一四七ドルからこの一月には三〇ドル台まで下落した。歳入の激減で国民の人気取り政策がままならなくなった政治指導者たちは、強硬な外交姿勢を軟化させるゼスチュアを示したり（イラン）、初の女性閣僚を任命したり（サウディアラビア）して、世界史の舞台でのイメージアップに忙しい。

この二月でイラン・イスラーム革命からちょうど三〇年。イランでは現在、三十歳以下の若年層が人口七千万余の六〇パーセントを占めている。この年齢層は、革命を直接経験しておらず、それ以前の国王統治時代の国民の苦労も知らない。長々とつづいた残忍なイラン・イラク戦争に出征してもいない。彼らは形だけは民主制度をもつ宗教指導者統治国しか知らずに育ってきて、そのいびつな実態にうんざりしている。

皮肉なことに、革命のおかげで教育制度は格段によくなり、識字率、高等教育進学率は向上した。女子の大学進学率は男子のそれを上回る。だが、革命後の抑圧的な政策に失望して国外に亡命した者も大勢いた。そのなかには地球社会の普遍語である英語を駆使して、「イラン・イスラーム革命とは何だったのか?」「イスラーム的民主国家の形成は可能か?」果ては「宗教とは何か?」までを問いかけたり、閉ざされた自分たちの故郷で今、何が起こりつつあるか発信したりする者が現われ始めている。

本書 *No god but God: The Origins, Evolution, and Future of Islam*, Random House, 2005 の著者レザー・アスランもその一人である。一九七二年テヘラン生まれの三十七歳。革命後まもなく、妹とともに両親に連れられてアメリカへ亡命し、カリフォルニア州のサンタ・クララ大学で宗教学を学んだあと、ハーヴァード大学神学大学院で修士号、カリフォルニア大学サンタ・バーバラ校で宗教史の博士号を取得した。アメリカで初の創作学科を創設し、世界にたくさんの優秀な作家や詩人を送り出していることで名高いアイオワ大学の小説部門でさらに修士号をとり、著作のほかに『ロサンゼルス・タイムズ』『ニューヨーク・タイムズ』『ワシントン・ポスト』『シカゴ・トリビューン』などにも寄稿、中東アナリストとしてCBSニュース、ナイトラインなどのメディアにも出演している。

日本の出版界への登場も、これが初めてではない。検閲されていない一五人のイラン人の肉声を集めたレイラ・アーザム・ザンギャネー編の『イラン人は神の国イランをどう考えているか』(白須英子訳、草思社、二〇〇七年)に、「宗教指導者国の本山へ」というエッセイを寄稿している。近年、離散したイラン人亡命者の一時帰国を認めるようになったイランに、二〇年ぶりで帰国したアスランが、シーア派の総本山とも言うべき有名なフェイズィーエ神学校のあるゴムに行き、ここでイスラーム諸学を学んでいる従兄に、「今のイランはあなたがたが夢見ていたイスラーム共和国ですか?　あなたがそのために闘った国ですか?」と訊ねる話である。

革命当初、宗教指導者層は、国民から尊敬され、あの独特の僧衣とターバン姿はレストランでも上席を譲られ、スーパーの行列でも「お先にどうぞ」と敬意を表されたものだった。ところが昨今は、坊さんを見たら、「しーっ!」と声をひそめ、さっさと通り過ぎたり、卑劣なことをする人に、「坊主の真似をするな!」とたしなめたりするのだという。

私はこの一文を読んで、イスラーム世界は変わりつつあるという予感がした。ムスリム自身、とりわけ人口比では大きな割合を占める若者たちは、宗教指導者統治体制をどう受け止めているのか？　それを知りたくて、さっそく本書を取り寄せた。

一読して意表を衝かれたのは、「今、ムスリム世界で起こっているのは、ムスリムのあいだの内部抗争であって、イスラーム対欧米という外部的な戦いではない」という指摘である。西側諸国は、「イスラーム世界で激しく揺れ動く対立関係に軽率に連座した被害者」なのだと著者は言う。

では、その内部抗争とはどんなものなのか？　それは宗教が次第に制度化され、形骸化して、宗教界の権威者の支配の道具になり、政治勢力と結びついた結果、その圧政と横暴に怒った民衆の抵抗運動の一種で、一六世紀のキリスト教の宗教改革に似た現象であるという。するとイスラームとはいったい何なのか、それはどんな社会的・歴史的背景のもとに生まれ、どのような経路をたどって制度化され、人々の救済ではなく、失望をもたらすにいたったのか？

本書には、一人の若いイスラーム教徒が、その経緯の解明に真剣に取り組み、西側とは異なった視点から見たイスラームという宗教そのものの源流、進展、未来に寄せる真摯な思いがみなぎっている。

まず、私たちが「イスラーム過激派」の枕詞《まくらことば》のように聞かされつづけてきた「原理主義《ファンダメンタリズム》」という言葉は、イスラーム世界の語彙にはなかったという指摘に驚く読者も多いであろう。「原理主義《ファンダメンタリズム》」とは、二〇世紀初頭のアメリカのプロテスタント・キリスト教徒のあいだで、折から台頭してきた新しい科学的合理性に沿うような聖書の解釈を認めず、聖書の記述を文字どおりの事実として受け止めるべきだという主張を指した言葉である。それは急速に近代化、宗教離れが始まったアメリカ社会に起こった抵抗運動の一つだった。近年、西側メディアでイスラーム過激派の枕詞として「原理主義《ファンダメンタリズム》」という言葉が頻繁に使われるようになったために、イスラーム世界にも〝輸入〟されたが、イスラーム教徒はクルアーンを神の言葉としてそのまま信じているので、原義どおりに解釈するとイスラーム教徒はみな「原理主義者《ファンダメンタリスト》」になってしまう。そこで、西側メディアでよく使われる「原理主義者《ファンダメンタリスト》」という言葉は、アラビア語では「頑固者」、ペルシア語では「時代遅れの人」に近い言葉に訳されているという。その結果、「イスラーム原理主義者《イスラミック・ファンダメンタリスト》」という言葉は、イスラーム世界では実質的には「ワッハーブ主義者《ワッハービスト》」を指し、多くのムスリムにとって同じムスリムと一絡《ひとから》げにされたくない、あまりにも偏狭頑迷な人たちと目されている。そして、ムスリム最大の巡礼地マッカが、この「ワッハーブ主義者《ワッハービスト》」の伝統を継ぐ太守に管理されていることに心穏やかではないのである。

だからと言って、社会の近代化・民主化には「政教分離」が不可欠であるとする欧米先進国の主張にイスラーム教徒は納得しない。彼らから見れば、欧米先進国は「非宗教主義《セキュラリズム》」と「非宗教化《セキュラリゼイション》」のちがいをよく認識していないという。「非宗教化《セキュラリゼイション》」とは、「一定の責任を宗教界から政治的権威者に移してゆくこと」、つまり、社会が「宗教界の支配とその閉鎖的な世界観から次第に解放されてゆく歴史的進化を意味している」。だが、「非宗教主義《セキュラリズム》」とは、「宗教を公共の社会活動から排除することを主眼にした一種のイデオロギーである」と著者は説明する。「非宗教主義《セキュラリズム》」は、それ自体、「あたかも新しい宗教のような役目をして」おり、公共の場でヴェールや十字架の着用を禁じるなどは、宗教的多元主義を基盤とするイスラーム本来の理想に反する。イスラーム的行動規範を大切にしたいムスリムは、「非宗教主義《セキュラリズム》」には不賛成だが、行政の「非宗教化《セキュラリゼイション》」には反対ではないのだ。

原題の *No god but God* についても記しておこう。これは、イスラーム教徒の「信仰告白《シャハーダ》」である「神《アッラー》のほかに神なし。ムハンマドはその使徒なり」の前半部分の言葉で、大文字で始まるGodは「神《アッラー》」を意味し、小文字のgodはほかのいかなる神々も含むとされている。しかし、この四語の示唆する意味はそれだけではない。God（アッラー）は、いわゆる「啓典の民」とされるユダヤ教徒、キリスト教徒ら一神教徒の信じる神と同じ「神」を「神《アッラー》」という言葉で表現しているに過ぎず、旧約聖書、福音書、クルアーンはそのGod（アッラー）の〝天の書板〟に書かれていることを、それぞれの地域の人たちにその時代の流れに合わせて啓示したものであるとイスラームでは理解されている。そこには、いつの日か世界の三大宗教の「啓典の民」のあいだで宗教的多元主義をもとにした寛容と協調が進んだ暁には一つの真理、一つの調和ある地球社会へと収斂してゆくであろうという祈念がこめられている。無論、そのことをめぐる見解・解釈の相違は山ほどあり、未だに激しい論議もある。「啓典の民」のいずれの信仰の文化的・歴史的背景も乏しい日本で、この原題をそのまま日本語の表題として使うには無理があったので、本書全体に論調を象徴する『変わるイスラーム』というタイトルにしたが、本書が、原題のこの「四語」にこめられた意味を、さらに深く考えていただくきっかけになれば著者も本望であろう。

イスラーム世界は今、宗教改革現象の渦中にあり、それが時として狂信的行為やテロを起こすにいたる経緯は、本書全編にわたって詳述されているように、実に複雑で微妙な政治的・経済的・社会的要素がからみついている。テロ行為を犯罪として摘発・処罰したり、軍事力でその組織網の撃破を試みるだけでは「対テロ戦争」には勝てない。この点について、著者は本書の続編とも言うべき *How to Win a Cosmic War: God, Globalization, and the End of the War on Terror* を書いており、同じランダムハウスからこの四月に発売が予定されている。

フランスの人口統計学者・人類学者エマニュエル・トッドは、識字率の向上と、出生率の激減がイスラーム圏でも起こっていることを挙げて、それは権威関係、家族構造、イデオロギーの依拠する基準、政治制度などの文化の深層に変貌が起こっている普遍的な徴候ではないかと推論しているが、彼の論調に早くから注目し、その著書を出版している藤原書店の藤原良雄社長と、編集者の西泰志氏が本書を目に留めてくださったのは幸いだった。

翻訳に当たっては、イスラーム関連用語は『岩波イスラーム辞典』を参照した。アラブ人の名前の前に付いている定冠詞「アル」はこの辞典の表記例に合わせて省略した。

クルアーンの日本語訳は、中央公論新社発行の『コーラン』I、II(藤本勝次、伴康哉、池田修訳)から引用させていただいた。内容的に著者の引用している英文と、その日本語がそぐわないと思われるときには、別の訳者のものを参照させていただき、その書名、訳者名を記した。なお、章節の番号は、原著と日本語訳と多少ずれている場合があるが、日本語版のほうの番号に統一した。訳者による補足は〔 〕で示した。[ ]は、原著者による補足である。

本書の第八章全体が捧げられている「スーフィズム」については、その思想、用語に関して、シャイフ・ハーレド・ベントゥネス著『スーフィズム――イスラムの心』(中村廣治郎訳、岩波書店)を参考にさせていただいた。

登場人物や参考文献の著者名のあとに、公表されていないものをのぞき、調べられる限りで生没年を記入した。参考文献の著者たちの年代による見解の相違や研究動向を知る上でお役に立てば嬉しい。また、巻末の参考文献については、日本語訳があるものは付記した。また、著者自身が巻末にていねいな原注を付けているので、ムスリムの宗教学者がどのような文献を根拠にしているかに関心のある方はご覧いただきたい。

本書は英国の『ガーディアン』紙ファースト・ブック賞や、PEN・USA賞の受賞候補作品に選ばれ、一三か国語への翻訳がすでに刊行もしくは進行中という。

レザー・アスランは中東関連の気鋭の論客であるばかりでなく、現在、カリフォルニア大学リバーサイド校の創作学科の助教授を務め、二〇一〇年には、中東地域の文学作品をみずから編集した *Words Without Borders: Writings from the Middle East* がノートン社から出版の予定である。これからも幅広い分野で、私たちにどんな新しい視野を切り開いて見せてくれるのか楽しみである。

二〇〇九年二月

白須英子

ワ

サ

カ

索　引

本文に登場する重要語句・重要人物を対象とした。

著者紹介

レザー・アスラン（Reza Aslan）

ライター、宗教学者。1972年テヘラン生まれ。サンタ・クララ大学で宗教学を学んだあと、ハーヴァード大学神学大学院およびアイオワ大学創作学科小説部門で修士号、同大学でトルーマン・カポーティ基金小説部門の特別研究員および中東・イスラーム学の講師を務めたあと、カリフォルニア大学サンタ・バーバラ校で宗教史の博士号を取得。カリフォルニア大学リバーサイド校創作学科助教授。CBSニュース、ナイトラインなどのTV番組の中東アナリストを務め、『ロサンゼルス・タイムズ』『ニューヨーク・タイムズ』『ワシントン・ポスト』『シカゴ・トリビューン』『ネーション』などにも寄稿。著書：*How to Win a Cosmic War: God, Globalization, and the End of the War on Terror*（Random House, 2009）、さらに *Words Without Borders: Writings from the Middle East* (Norton, 2010) が出版を予定されている。

訳者紹介

白須 英子（しらす・ひでこ）

翻訳家。日本女子大学文学部英文学科卒業。フリーランス翻訳者として雑誌，新聞，報道（『中央公論』，『英エコノミスト』，ＮＨＫなど）の翻訳に携わる。1983年の翻訳奨励賞最優秀賞受賞。主訳書に『ナポレオン1812年』『クラウゼヴィッツ　戦争論の誕生』『ベルリン・ダイアリー』『オスマン帝国衰亡史』（中央公論）『日本の暗号を解読せよ』『スターリンとは何だったのか』『ソヴィエトの悲劇』『実録　ラスプーチン』『エルサレムの20世紀』『イスラーム世界の二千年』『図書館の興亡』『イランは神の国イランをどう考えているか』（草思社）『レーニンの秘密』（ＮＨＫ出版）など。著書に『イスラーム世界の女性たち』（文春新書）。

変《かわ》わるイスラーム——源流《げんりゅう》・進展《しんてん》・未来《みらい》

2009年3月30日　初版第1刷発行 ©

訳　者　白　須　英　子

発行者　藤　原　良　雄

発行所　藤　原　書　店

〒162–0041　東京都新宿区早稲田鶴巻町523

電　話　03（5272）0301

ＦＡＸ　03（5272）0450

振　替　00160 - 4 - 17013

info@fujiwara-shoten.co.jp

印刷・製本　中央精版印刷

落丁本・乱丁本はお取替えいたします　Printed in Japan

定価はカバーに表示してあります　ISBN978–4–89434–676–5

戦後日中関係史の第一級資料

時は流れて㊤㊦

〔日中関係秘史五十年〕

劉 徳有　王 雅丹訳

卓越した日本語力により、毛沢東、周恩来、劉少奇、鄧小平、郭沫若ら中国指導者の通訳として戦後日中関係のハイライトシーン、舞台裏に立ち会ってきた著者が、五十年に亙るその歴史を回顧。戦後日中交流史の第一級史料。

四六上製　各三八〇〇円

㊤四七二頁＋口絵八頁　㊦四八〇頁

（二〇〇二年七月刊）

㊤◇978-4-89434-296-5

㊦◇978-4-89434-297-2

「在日」はなぜ生まれたのか

歴史のなかの「在日」

藤原書店編集部編

上田正昭＋杉原達＋姜尚中＋朴一／金時鐘＋尹健次／金石範 ほか

「在日」百年を迎える今、二千年に亙る朝鮮半島と日本の関係、そして東アジア全体の歴史の中にその百年の歴史を位置づけ、「在日」の意味を東アジアの過去・現在・未来を問う中で捉え直す。

四六上製　四五六頁　三〇〇〇円

（二〇〇五年三月刊）

◇978-4-89434-438-9

「人々は銘々自分の詩を生きている」

金時鐘詩集選

境界《きょうがい》の詩

〔猪飼野詩集／光州詩片〕

〔解説対談〕鶴見俊輔＋金時鐘

七三年二月を期して消滅した大阪の在日朝鮮人集落「猪飼野」をめぐる連作詩『猪飼野詩集』、八〇年五月の光州事件を悼む激情の詩集『光州詩片』の二冊を集成。「詩は人間を描きだすもの」（金時鐘）

〈補〉「鏡としての金時鐘」（辻井喬）

A5上製　三九二頁　四六〇〇円

（二〇〇五年八月刊）

◇978-4-89434-468-6

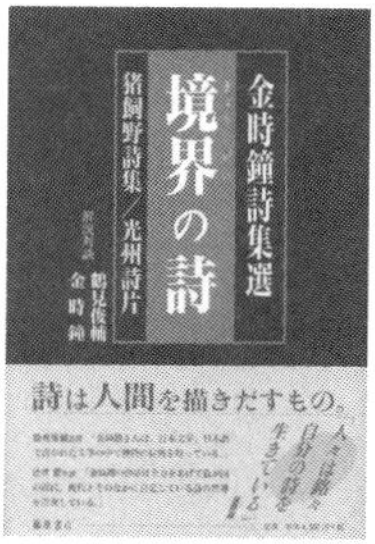

激動する朝鮮半島の真実

朝鮮半島を見る眼

〔「親日と反日」「親米と反米」の構図〕

朴一

対米従属を続ける日本をよそに、変化する朝鮮半島。日本のメディアでは捉えられない、この変化が持つ意味とは何か。国家のはざまに生きる「在日」の立場から、隣国間の不毛な対立に終止符を打つ！

四六上製　三〇四頁　二八〇〇円

（二〇〇五年一一月刊）

◇978-4-89434-482-2

半島と列島をつなぐ「言葉の架け橋」

「アジア」の渚で

〈日韓詩人の対話〉

高銀・吉増剛造

［序］姜尚中

民主化と統一に生涯を懸け、半島の運命を全身に背負う「韓国最高の詩人」、高銀。日本語の臨界で、現代における詩の運命を孤高に背負う「詩人の中の詩人」、吉増剛造。「海の広場」に描かれる「東北アジア」の未来。

四六変上製　二四八頁　二二〇〇円

（二〇〇五年五月刊）◇978-4-89434-452-5

韓国が生んだ大詩人

高銀詩選集

いま、君に詩が来たのか

高銀

金應教編　青柳優子・金應教・佐川亜紀訳

自殺未遂、出家と還俗、虚無、放蕩、耽美。投獄・拷問を受けながら、民主化・統一に生涯をかけ、朝鮮民族の運命を全身に背負うに至った詩人。やがて仏教精神の静寂を、革命を、民衆の暮らしを、民族の歴史を、宇宙を歌い、遂にひとつの詩それ自体となった、その生涯。

［解説］崔元植　［跋］辻井喬

A5上製　二六四頁　三六〇〇円

（二〇〇七年三月刊）◇978-4-89434-563-8

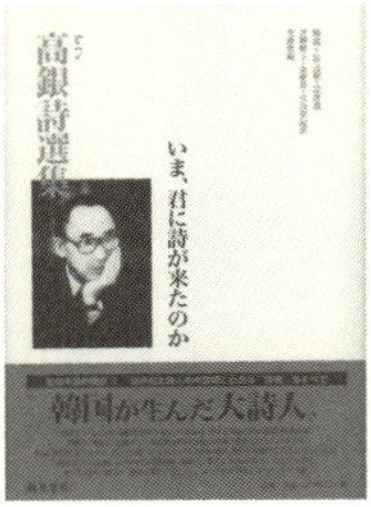

陸のアジアから海のアジアへ

海のアジア史

〈諸文明の「世界=経済」〉

小林多加士

ブローデルの提唱した「世界=経済」概念によって、「陸のアジアから海のアジアへ」視点を移し、アジアの歴史の原動力を海上交易に見出すことで、古代オリエントから現代東アジアまで、地中海から日本海まで、躍動するアジア全体を一挙につかむ初の試み。

四六上製　二九六頁　三六〇〇円

（一九九七年一月刊）◇978-4-89434-057-2

西洋・東洋関係五百年史の決定版

西洋の支配とアジア

〈1498-1945〉

K・M・パニッカル　左久梓訳

「アジア」という歴史的概念を夙に提出し、西洋植民地主義・帝国主義の歴史の大きなうねりを描き出すとともに微細な史実で織り上げられた世界史の基本文献。サイードも『オリエンタリズム』で称えた古典的名著の完訳。

A5上製　五〇四頁　五八〇〇円

（二〇〇〇年一一月刊）◇978-4-89434-205-7

ASIA AND WESTERN DOMINANCE

K. M. PANIKKAR

人類学的手法で世界史像を刷新！

エマニュエル・トッド

（1951-　）

世界中の家族制度の緻密な歴史的統計調査にもとづいて、従来の「常識」を覆す数々の問題提起をなす、今もっとも刺激的な知識人。実証的知見に裏づけられた分析から、ヨーロッパ統合やグローバリゼーションなどのアクチュアルな問題にもシャープに回答し、ジャーナリズムの論客としても活躍中。

衝撃的ヨーロッパ観革命

新ヨーロッパ大全　Ⅰ・Ⅱ

E・トッド

石崎晴己・東松秀雄訳

宗教改革以来の近代ヨーロッパ五百年史を家族制度・宗教・民族などの〈人類学的基底〉から捉え直し、欧州の多様性を初めて実証的に呈示。欧州統合の問題性を明快に示す野心作。

A5上製

Ⅰ三六〇頁　三八〇〇円（一九九二年一一月刊）

Ⅱ四五六頁　四七〇〇円（一九九三年六月刊）

Ⅰ◇978-4-938661-59-5

Ⅱ◇978-4-938661-75-5

L'INVENTION DE L'EUROPE

Emmanuel TODD

グローバリズム経済批判

経済幻想

E・トッド

平野泰朗訳

「家族制度が社会制度に決定的影響を与える」という人類学的視点から、グローバリゼーションを根源的に批判。アメリカ主導のアングロサクソン流グローバル・スタンダードと拮抗しうる国民国家のあり方を提唱し、世界経済論を刷新する野心作。

四六上製　三九二頁　三二〇〇円（一九九九年一〇月刊）

◇978-4-89434-149-4

L'ILLUSION ÉCONOMIQUE

Emmanuel TODD

移民問題を読み解く鍵を提示

移民の運命

〈同化か隔離か〉

E・トッド　石崎晴己・東松秀雄訳

家族構造からみた人類学的分析で、国ごとに異なる移民政策、国民ごとに異なる移民に対する根深い感情の深層を抉る。フランスの普遍主義的平等主義とアングロサクソンやドイツの差異主義を比較、「開かれた同化主義」を提唱し「多文化主義」の陥穽を暴く。

A5上製　六一六頁　五八〇〇円（一九九九年一一月刊）

◇978-4-89434-154-8

LE DESTIN DES IMMIGRÉS

Emmanuel TODD

エマニュエル・トッド入門

世界像革命
〈家族人類学の挑戦〉

E・トッド
石崎晴己編

『新ヨーロッパ大全』のトッドが示す、「家族構造からみえる全く新しい世界のイメージ」。マルクス主義以降の最も巨視的な「世界像革命」を成し遂げたトッドの魅力のエッセンスを集成し、最新論文も収録。**対談・速水融**

A5並製　二二四頁　**二八〇〇円**
（二〇〇一年九月刊）
◇978-4-89434-247-7

全世界の大ベストセラー

帝国以後
〈アメリカ・システムの崩壊〉

E・トッド
石崎晴己訳

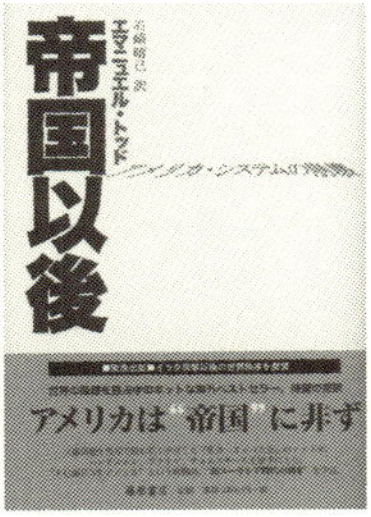

アメリカがもはや「帝国」でないことを独自の手法で実証し、イラク攻撃後の世界秩序を展望する超話題作。世界がアメリカなしでやっていけるようになり、アメリカが世界なしではやっていけなくなった「今」を活写。

四六上製　三〇四頁　**二五〇〇円**
（二〇〇三年四月刊）
◇978-4-89434-332-0

APRÈS L'EMPIRE
Emmanuel TODD

「核武装」か？　「米の保護領」か？

「帝国以後」と日本の選択

E・トッド
池澤夏樹／伊勢﨑賢治／榊原英資／佐伯啓思／西部邁／養老孟司 ほか

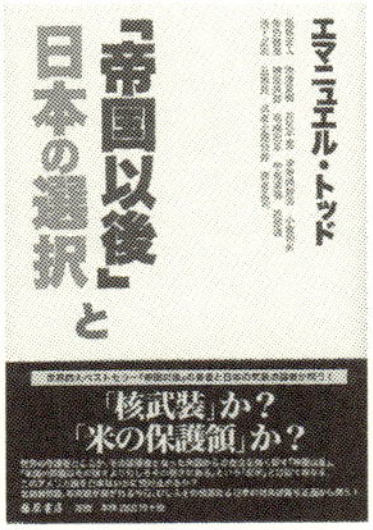

世界の守護者どころか破壊者となった米国からの自立を強く促す『帝国以後』。「反米」とは似て非なる、このアメリカ論を日本はいかに受け止めるか？　北朝鮮問題、核問題が騒がれる今日、これらの根源たる日本の対米従属の問題に真正面から向き合う！

四六上製　三四四頁　**二八〇〇円**
（二〇〇六年一二月刊）
◇978-4-89434-552-2

「文明の衝突は生じない。」

文明の接近
〈「イスラームvs西洋」の虚構〉

E・トッド、Y・クルバージュ
石崎晴己訳

「米国は世界を必要としているが、世界は米国を必要としていない」と喝破し、現在のイラク情勢を予見した世界的大ベストセラー『帝国以後』の続編。欧米のイスラーム脅威論の虚構を暴き、独自の人口学的手法により、イスラーム圏の現実と多様性に迫った画期的分析！

四六上製　三〇四頁　**二八〇〇円**
（二〇〇八年二月刊）
◇978-4-89434-610-9

LE RENDEZ-VOUS DES CIVILISATIONS
Emmanuel TODD,
Youssef COURBAGE

トッドの主著、世界像と歴史観を一変させる革命的著作！

LA DIVERSITÉ DU MONDE

世界の多様性

〔家族構造と近代性〕

エマニュエル・トッド

Emmanuel TODD

荻野文隆訳

Ａ５上製　560 頁　4600 円

（2008 年 9 月刊）

トッドが、弱冠 32 歳で世に問うた衝撃の書。コミュニズム、ナチズム、アングロ・サクソン型リベラリズム、フランス革命の平等主義的な個人主義、イスラム原理主義……すべては家族構造から説明し得る。全世界の政治体制、経済体制、文化的特質を家族構造の多様性から読み解き、従来の世界像と歴史観を一変させる。

「金融不安が連日報じられている。不安の本質は何だろうか。資産が減り「きちんと暮らせなくなる」ことが不安なら、この「きちんと」とは何だろうか。イラク戦争前から米国型社会の崩壊を説く人類学者エマニュエル・トッドは、本書で全世界の家族制度を調べあげた。「きちんと暮らす」という安心の原点は、家族制度にあるからだ。（中略）

中でも日本は特筆されている。天然資源もマネーもないのに成長した国は他にないためだ。日本の成長は家庭が理性を育み、その理性を社会が共有するという文化の力で回っていると結論づけられている。今後、日本の強みを我々はどう見直すべきだろうか。分厚い本書の熟読なしに、現在の金融不安への対策を語っても上滑りな言説になるだけだろう。」

（三神万里子氏評『読売新聞』2008 年 10 月 12 日付）

保護主義こそ平和をもたらす

デモクラシー以後

（自由貿易主義からの脱却）

E・トッド

石崎晴己訳

今日の世界経済とデモクラシーの危機を克服する道はどこにあるか？　各国支配層のイデオロギーたる自由貿易主義こそ、アメリカ発の経済危機の元凶と喝破し、世界経済の再建とデモクラシーの擁護のために、均衡のとれた保護主義を提唱する！

最新著、六月刊行予定！

イスラームは「世界史」の中心か？

別冊『環』

イスラームとは何か

〔「世界史」の視点から〕

〈座談会〉『世界史』の中のイスラーム」
三木亘＋西谷修＋板垣雄三

〈寄稿〉ウォーラーステイン／トッド／サドリア／飯塚正人／梅村坦／岡田恵美子／加賀谷寛／黒木英充／黒田壽郎／黒田美代子／小杉泰／桜井啓子／鈴木董／鈴木均／田村愛理／中堂幸政／東長靖／鷹木恵子／中村光男／西井凉子／奴田原睦明／羽田正／久田博幸／日野舜也／堀内勝／宮田律／松原正毅／三島憲一／宮治美江子／武者小路公秀／フサイン

菊大並製　三〇四頁　**二八〇〇円**
（二〇〇二年五月刊）
◇978-4-89434-284-2

サイードの一歩先へ

イスラームの国家・社会・法

〔法の歴史人類学〕

H・ガーバー　黒田壽郎訳＝解説

イスラーム理解の鍵、イスラーム法の歴史的実態を初めて明かす。ウェーバーの「東洋的専制」論を実証的に覆し中東における法と理性の不在という既存の定説に宿るオリエンタリズムの構造をあばいた、地域研究の最前線。

A5変上製　四一六頁　**五八〇〇円**
品切（一九九六年一一月刊）
◇978-4-89434-053-4

STATE, SOCIETY, AND LAW IN ISLAM
Haim GERBER

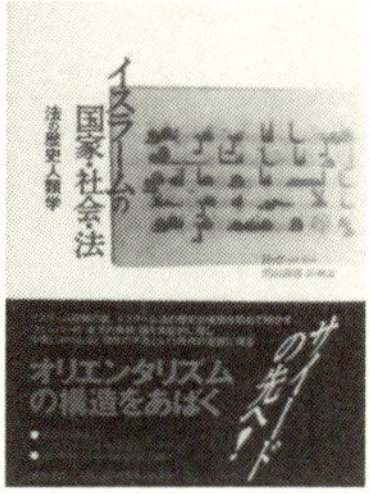

イスラームのインフォーマル経済

商人たちの共和国

〔世界最古のスーク、アレッポ〕

黒田美代子

アラビア語でスーク、ペルシャ語でバザールと呼ばれる、定価方式によらない中東の伝統的市場での積年のフィールドワークから、〝差異を活力とする〟イスラームの経済システムの精髄に迫る。世界初の実証的中東・イスラーム社会研究の誕生。

四六上製　二四〇頁　**口絵一六頁　二七一八円**
品切（一九九五年七月刊）
◇978-4-89434-019-0

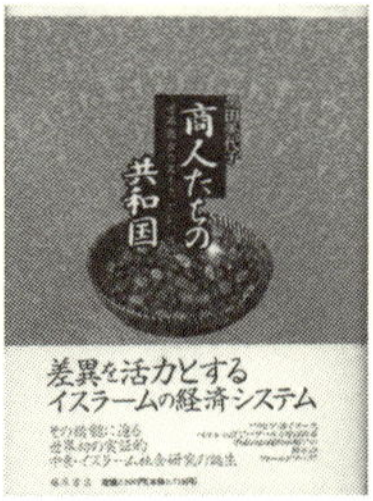

共存の歴史を明かす

イスラーム治下のヨーロッパ

〔衝突と共存の歴史〕

Ch・E・デュフルク　芝修身・芝紘子訳

ヨーロッパ世界とイスラーム世界は果たして水と油なのか？　イスラーム治下の中世ヨーロッパにおける日常生活の歴史から、共存の実態を初めて明かし、二大文明の出会いを描く。

四六上製　三五二頁　**三三〇〇円**
（一九九七年四月刊）
◇978-4-89434-066-4

LA VIE QUOTIDIENNE DANS L'EUROPE MÉDIÉVALE SOUS DOMINATION ARABE
Charles-Emmanuel DUFOURCQ

パムク文学のエッセンス

父のトランク

〈ノーベル文学賞受賞講演〉

O・パムク　和久井路子訳

父と子の関係から「書くこと」を思索する表題作の他、作品と作家との邂逅の妙味を語る講演「内包された作者」、自らも巻き込まれた政治と文学の接触についての講演「カルスで、そしてフランクフルトで」、佐藤亜紀氏との来日特別対談、ノーベル賞授賞式直前インタビューを収録。

B6変上製　一九二頁　一八〇〇円
（二〇〇七年五月刊）
◇978-4-89434-571-3

BABAMIN BAVULU　Orhan PAMUK

ノーベル文学賞受賞作家、待望の最新作

イスタンブール

〈思い出とこの町〉

O・パムク　和久井路子訳

画家を目指した二十二歳までの〈自伝〉と、フロベール、ネルヴァル、ゴーチエら文豪の目に映ったこの町、そして二百九枚の白黒写真――失われた栄華と自らの過去を織り合わせながら、胸苦しくも懐かしい「憂愁」に浸された町を描いた傑作。

写真多数

四六変上製　四九六頁　三六〇〇円
（二〇〇七年七月刊）
◇978-4-89434-578-2

İSTANBUL　Orhan PAMUK

目くるめく歴史ミステリー

わたしの名は紅《あか》

O・パムク
和久井路子訳

西洋の影が差し始めた十六世紀末オスマン・トルコ――謎の連続殺人事件に巻き込まれ、宗教・絵画の根本を問われたイスラムの絵師たちの動揺、そしてその究極の選択とは。東西文明が交差する都市イスタンブルで展開される歴史ミステリー。

四六変上製　六三二頁　三七〇〇円
（二〇〇四年一一月刊）
◇978-4-89434-409-9

BENIM ADIM KIRMIZI　Orhan PAMUK

「最初で最後の政治小説」

雪

O・パムク
和久井路子訳

九〇年代初頭、雪に閉ざされたトルコ地方都市で発生した、イスラム過激派に対抗するクーデター事件の渦中で、詩人が直面した宗教、そして暴力の本質とは。「9・11」以降のイスラム過激派をめぐる情勢を見事に予見して、アメリカをはじめ世界各国でベストセラーとなった話題作。

四六変上製　五七六頁　三二〇〇円
（二〇〇六年三月刊）
◇978-4-89434-504-1

KAR　Orhan PAMUK